The Great Cellists

Margaret
Campbell

不朽的大提琴家

［英］玛格丽特·坎贝尔 ———— 著

张世祥　陈珂瑾———译

广西师范大学出版社
·桂林·

著作权合同登记号桂图登字:20－2013－145 号

图书在版编目（CIP）数据

不朽的大提琴家／（英）坎贝尔 著;张世祥,陈珂瑾
译.—桂林:广西师范大学出版社,2015.1
（不朽名家系列）
书名原文：The great cellists
ISBN 978－7－5495－5323－5

Ⅰ．①不… Ⅱ．①坎… ②张… ③陈… Ⅲ. 大提琴－演
奏家－生平事迹－世界 Ⅳ．①K815.76

中国版本图书馆 CIP 数据核字（2014）第 074168 号

出 品 人:刘广汉
责任编辑:解华佳　李　昂
装帧设计:胡　斌
广西师范大学出版社出版发行
（广西桂林市中华路22 号　　　邮政编码:541001）
（网址:http://www.bbtpress.com　　　）
出版人:何林夏
全国新华书店经销
销售热线: 021－31260822－882/883
北京东君印刷有限公司印刷
（北京市大兴区黄村镇三间房工业区　邮政编码: 102600）
开本: 690mm×960mm　　1/16
印张: 29.5　　　　　字数: 472 千字
2015 年 1 月第 1 版　　2015 年 1 月第 1 次印刷
定价: 68.00 元

如发现印装质量问题,影响阅读,请与印刷单位联系调换。

1　使用水平的姿势演奏大提琴。/Nona Pyron
2　林德利，十八世纪最著名的英国大提琴家。/Keith Harvey
3、4　贝克和富克斯，均为著名演奏家、教师和室内乐音乐家。

5

6

7

8

5　皮亚蒂，伟大的演奏家。

6　克林格尔，德国著名教师，教出过皮亚蒂戈尔斯基、费尔曼、萨金、克鲁兹和普利斯等演奏家。/Edmund Kurtz

7　包佩，大提琴中的萨拉萨蒂。

8　亚历山尼安，备受争议的教师。/Edmund Kurtz

9

10

11

9　年轻的哈里森与埃尔加。/Sylvia Cleveland-Peck
10　萨德罗，著名捷克大提琴家、教师。/Eva Súdlova
11　皮亚蒂戈尔斯基，最后一位浪漫主义大师。/Jephta Drachman

12

13

12 博洛尼尼，被卡萨尔斯称为"前所未有的天才"。/Jay Florian Mitchell
13 罗斯特罗波维奇，精力充沛的俄国人。/Margaret Campbell

14 纳尔索瓦，具有非凡的舞台魅力。/Christian Steiner

15

16

17

15　杜普蕾和佩雷森。/Adrian Siegal
16　威塞尔，柴科夫斯基国际比赛获奖者。/Uzi Wiesel
17　瓦尔菲施，德沃夏克大提琴协奏曲最佳录制者。/Raphael Wallfisch

18

19

20

21

18 斯塔克，受人尊敬的独奏家、教师。/Margaret Campbell

19 卡萨尔斯，对大提琴演奏技法进行革新。

20 库尔兹，唯一在托斯卡尼尼指挥下录制过德沃夏克大提琴协奏曲的演奏家。/Edmund Kurtz

21 普利斯，大提琴独奏家、室内乐音乐家，也是一位富有传奇色彩的伟大教师。/Jan Theo

22

23

24

22　纳瓦拉，自学成才的伟大演奏家。/Gordon Clarke, Sydney

23　费尔曼，被称为"皇冠上的明珠"。/Franz Rupp

24　邦廷，独奏家、教师，是卡萨尔斯的弟子。/Christopher Bunting

大提琴家传承表

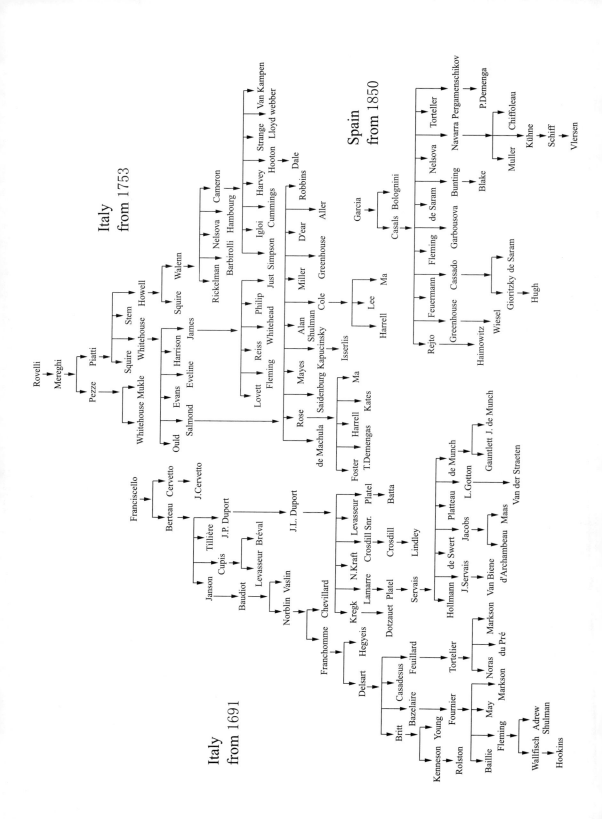

Germany and Russia
from 1759

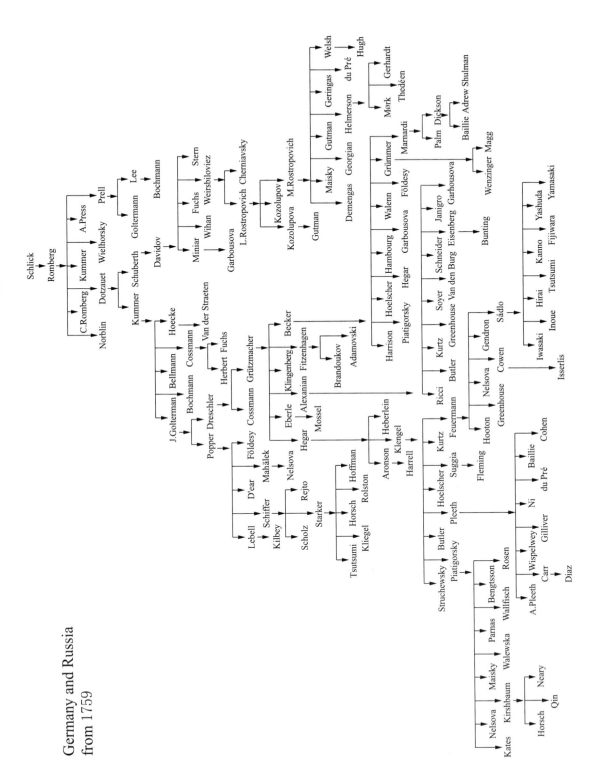

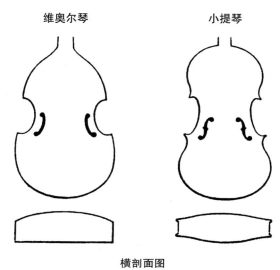

维奥尔琴　　　　小提琴

横剖面图

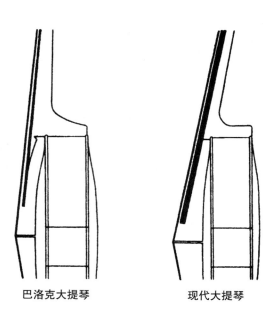

巴洛克大提琴　　　　现代大提琴

序

弓弦乐器的历史起源于民间传说。有关弦乐器演奏的传说最早出现在印度和远东。很可能提琴家族的祖先是具有三根琴弦的雷贝克（rebec），这件乐器大约是在九世纪从阿拉伯传到西班牙的。从这时起，古代的画家和雕刻家就为我们留下了许多关于弦乐器的资料。

显然，几个世纪来一直并存着两大乐器家族：一是有弦品、肩部倾斜呈梨状的维奥尔琴家族；另一则是没有弦品的提琴家族，包括小提琴、中提琴和大提琴。这两大家族在外形的设计上有相同之处，也有不同之处。在古代的画作中，我们会看到大提琴和低音维奥尔琴并肩演奏，很容易发现它们的不同之处。

我们现在所说的小提琴是在十二世纪末或十三世纪初出现的，而大提琴则要等到十五世纪才出现。大提琴之所以出现得晚，是因为在中世纪时西欧人心目中"理想的人声"是带有鼻音的高音演唱。当时歌唱的声音很像我们今天东方人的音乐。而为声乐伴奏的乐器就是按照这样的声音设计出来的，所以当时没有必要使用低音声部。

大约在 1450 年左右，佛兰德乐派的作曲家开始使用越来越低的人声音域。低音声部第一次在乐谱中出现，并且有了单独一行乐谱，因此就需要有低音乐器，这就是低音维奥尔琴和低音提琴。这两种乐器几乎并存了约三个世纪，而且各有各的用途。低音维奥尔琴作为独奏乐器，存在的时间比维奥尔琴家族中的其他乐器要长得多，一直延续到十八世纪中期。因此，很长一段时间内人们都有着错误的观念，认为大提琴是低音维奥尔琴的后代，是维奥尔乐器家族中的一员。

早期大提琴有三或四根琴弦，通常以五度定音；而低音维奥尔琴则有五或六根琴弦（十七世纪甚至达到七根），四度定音，中间两根弦以三度定音。这两种乐器还有一些会影响声音的差别。低音提琴的琴面和背板都有明显的弧度，而维奥尔琴的背板是平的，琴面的弧度也很小。低音提琴的侧板比维奥尔琴要窄，音孔呈 f 状，而维奥尔琴的音孔则呈 c 状。

在十六世纪初，低音提琴是很常见的乐器，它通常为三根弦，定弦为 f-c-g，而且大约有三种尺寸以配合低音、中音和高音使用。到了十六世纪中期，四弦低音提琴出现了，增加了更低的降 B 音。这些琴有的是放在地上，有的是夹在两腿之间，有的则是放在胸前演奏的。在演奏提琴家族的乐器时，握弓的方式很像我们现在的握弓方式——手心向下。而维奥尔琴则因为受阿拉伯人的影响，握弓的方式是手心向上的。在早期的音乐术语中，提琴被称为"手臂维奥尔琴"，而维奥尔琴则被称作"膝上维奥尔琴"。较小的"手臂维奥尔琴"是抱在胸前演奏的，而较大的则是直立演奏的。为了方便在宗教游行活动中移动，背板的中间有一个小孔，可以拴一条带子将乐器挂在脖子上演奏。这或许就是被称为"古小提琴"的那种乐器。

低音声部的乐器不仅出现得比较晚，而且名字也很不相同。提琴家族中最大的乐器最早叫作"低音大提琴"，意大利人还给它加上包含有"小"的含意的名字"violoncino"。到了十七世纪四十年代左右，出现了体型较小的低音提琴，有着各种各样的名字，如 violoncino、violonzino、violonzelo、violoncelo，等等，最后则叫它为"大提琴"（violoncello），简称"cello"，这是 1765 年由卡尔·菲利普·埃马努埃尔·巴赫叫出来的。在北欧，"violone"也被用来称呼维奥尔乐器家族中的大家伙。"低音提琴"这种叫法一直流行到十八世纪，直到 1737 年，伦敦出版商约翰·沃尔什将"低音提琴"改称为"大提琴"。

第一位著名的大提琴制作师是安德烈亚·阿玛蒂，他是克雷莫纳制琴学派的奠基人。他所制作的大提琴中最著名的是"国王"阿玛蒂，由教皇皮乌斯五世订制，献给了法国国王查理九世。这是一把非常漂亮的乐器，镶嵌了各种装饰品。它是阿玛蒂所制作的三十八件乐器中的八把大提琴之一。1790 年法国大革命期间，这把"国王"阿玛蒂就在路易十六的宫中。10 月 6 日和 7 日两天，民众毁坏了共计二十四把小提琴（十二把大的，十二把小的）、六把中提琴和八把大提琴。后来，三把小提琴、一把中提琴和"国王"阿玛蒂大提琴被找回。在拿破仑时代，这把琴归拿破仑乐队里的让-路易·迪波尔所有，他是当时最优秀的大提琴家。经过多年的使用，这把琴有些损伤，但是仍然保存得很好。它有着丰满而有力的声音，基本上和现在的大提琴一样，但是要改小尺寸，以便使用。它现在的主人是比利时的维奥尔琴演奏家库依肯。

布雷西亚小提琴制作学派的奠基人卡斯帕罗·萨洛（原名 Bertolotti）肯定也制作过一些大提琴，但是几乎没有留存下来。他于 1580 年制作的一把好琴现在在英国大提琴家库林的手中。

乔瓦尼·保罗·马基尼是萨洛的学生，制作过一些优质大提琴，有大尺寸的也有小尺寸的，都有双层镶边，这是布雷西亚学派的特点。

尼古拉·阿玛蒂是安德烈亚的孙子，他不仅将小提琴制作水平提升到新的高度，他制作的大提琴也非常受人欢迎。他的琴全是大尺寸的，但是其中大多数的琴都已经改小了。皮亚蒂就有这样一把大提琴，当今许多大提琴家都喜欢阿玛蒂所制作的大提琴的声音。

安东尼奥·斯特拉迪瓦里是阿玛蒂的学生，他将克雷莫纳学派的成就带到一个至今还没有人能超越的高峰。他所做的琴不管是外表还是音响都非常好。1902 年，据希尔兄弟估算，到 1700 年为止，斯特拉迪瓦里至少制作了三十把大提琴，其中的二十五把有据可查。这些都是大尺寸的琴，只有一把 1697 年制作的名叫"卡斯特巴科"的琴已经改小了尺寸。

十八世纪初，斯特拉迪瓦里开始将他的创造力放到大提琴演奏者身上。马基尼和其他一些提琴制作者已经开始制作小尺寸的乐器来满足日益增长的大提琴演奏家的需要。斯特拉迪瓦里于 1699 ~ 1700 年开始向这种新潮流妥协，但是大约在 1707 ~ 1710 年才动手制作小尺寸的大提琴，他的这种尺寸到了十九世纪初几乎成为每一位制琴师的标准。在所谓黄金时期，他制作了大约二十把琴，"这些琴有着特别的音质，即使演奏极弱的声音也能传遍整个大厅，反应灵敏，声音有力"。[1] 在斯特拉迪瓦里生命的最后十年里，他开始制作比较窄的大提琴，虽然这些琴的质量亦佳，但是无法和同一时期制作的"迪波尔"及其他一些琴相比。它们之中许多都在现今著名的大提琴家手上，我们将在相关的章节中谈到。

鲁杰里和罗基里都是著名的制琴家族。贝尔贡齐制琴家族只有两个人较为著名。来自米兰的格兰奇诺制作的琴具有很大的音量，很适合在大厅中演奏。威尼斯的戈弗里勒以制作声音优美动听且洪亮有力的大提琴著称，卡萨尔斯和费尔曼两人都曾经多年使用戈弗里勒制作的大提琴。蒙塔尼亚纳也来自威尼斯，他是斯特拉迪瓦里的学生，制作了一些声音响亮有力的乐器，特别适合那些身强体壮的演奏家；皮亚蒂戈尔斯基就有一把蒙塔尼亚纳大提琴。瓜达尼尼在克雷莫纳、帕尔马和都灵工作，他曾经制作过一些很优秀的大提琴，这些琴尺寸虽小，却都有着温暖而洪亮的声音。瓜达尼尼的学生普雷森达和他的学徒罗卡也制作过一些很漂亮的大提琴。

奥地利制琴学派最著名的人物是斯坦纳，他制作的琴以琴面和背板都有很大的弧形，并有狮子形的涡状琴头而著名。大约在十八世纪晚期，斯坦纳的琴一度被公认为比斯特拉迪瓦里的琴更好。泰克勒是另外一位提洛尔地区的优秀制琴

① 见 Charles Beare 给作者的信件。

师，他定居罗马，其大提琴是按照阿玛蒂和斯坦纳的新风格制作的。

威廉·福斯特、托马斯·多德和约翰·F.洛特都是英国的制琴师，也都为后人留下了美好的作品。

十九世纪的法国小提琴制作学派享有很高的声誉，他们所制大提琴的共鸣效果非同凡响。早期两位重要的制琴师是鲁波特和西尔维斯特里。最著名的则是维尧姆，他曾经制作过许多仿品，同时还是巴黎最著名的琴商。他的乐器是那样令人信服，购琴的人往往把他制作的仿品当成原作。据说帕格尼尼曾经误将维尧姆的仿制品当成自己那把由瓜奈里制作的名为"加农炮"的小提琴。其他法国优秀的大提琴制作师还有根特、伯纳德尔和米雷蒙。

二十世纪最杰出的大提琴制作师是意大利的佩雷森、比绍洛蒂和比绍洛蒂的学生赞贝里，还有美国的贝克和英国人布特。

最后，让我们来看看现代人用古乐器演奏的有趣现象。近年来，出现了所谓的"巴洛克"大提琴，而且已经拥有了许多颇有造诣的演奏者。然而对于什么是真正的"巴洛克"大提琴，人们时常会感到迷惑不解。许多人认为那是一种古代乐器，后来让位给了现代的大提琴。事实可能并非如此，因为像现在这样的大提琴已经存在四个多世纪了。由斯特拉迪瓦里、阿玛蒂以及他们那个时代的人所制作的乐器实际上就是巴洛克乐器，但是它们的装配都曾改变过，以适合现代人的需要，换句话说，也就是使用了不同的"组装"。派伦的示意图[①] 显示了这两种乐器的不同之处。由于钢琴在十八世纪快速发展，人们开始追求更辉煌、更有穿透力的声音，弦乐演奏者如果想在室内乐方面与钢琴竞争的话，就必须寻找增加音量的办法。到了十九世纪，弦乐器的形制开始发生变化。琴颈往后倾斜，琴桥加高，指板也加长以便于高把位的演奏，这样就能产生更辉煌的声音。二十世纪开始，金属弦逐渐代替了通常所用的羊肠弦（许多现代的大提琴家仍使用羊肠弦），

① 见 William Pleeth，*The Cello*，第 26 页。

声音从此更富有穿透力。

纵观十八世纪，人们对演奏风格的喜好似乎有了一些改变，要求有更长的旋律线条、更大的力度变化和短促的跳弓。自然，大提琴家需要寻找新的方法来达到这种效果。早期的弓张力小，有着和琴桥一样的弧形，轻轻地贴在琴弦上，从琴弦中发出柔和而丰富的声音来。在演奏巴洛克音乐时，音节的清晰度和柔和的运弓是非常重要的，向上拱起的琴弓正好适合这种需要。逐渐地，这种向上拱起的弓被向内弯的弓所取代。十八世纪末期，图尔特对琴弓进行了改进。他制作的弓有着与琴桥相反的弧形，弓毛具有更大的紧张度，能取得现代作曲家所要求的各种细微变化和力量。

在弦乐器的发展中，形制和琴弓是最重要的因素。当然，还有其他一些因素也会对演奏风格产生一定影响，它们会按照时间顺序和与大提琴家的关系被提及。

目 录

蝴蝶的诞生

　　大多数的历史书籍都说早期大提琴家的生活是很平淡的，仅仅从事伴奏工作。直到十八世纪鲍凯里尼崛起后，他们才开始走上演奏家的道路。大提琴家的主要作用就是为歌唱家和器乐演奏家担任伴奏，而且是任何演奏形式都不可缺少的。在这种情况下，人们往往要求大提琴家能演奏一些"短小的引子和装饰音"，但是"演奏时要手下留情……要在适当的地方使用装饰音，而且趣味要高雅"①。然而，早在十七世纪八十年代，马克-安东尼·夏庞蒂埃为低音维奥尔琴和低音提琴创作的奏鸣曲中，就有了独奏片段和伴奏乐章。许多巴洛克晚期作曲家，尤

---

① 见 Van der Straeten，*History of the Violoncello、the Viola da Gamba、their Precursors and Collateral Instruments*，第 371 ～ 372 页。

1

其是巴赫和亨德尔，在康塔塔、清唱剧和歌剧咏叹调中为大提琴专门创作了助奏段。巴黎音乐学院于 1804 年建议使用的方法指出，"为了能伴奏好宣叙调，大提琴演奏者不仅乐器要演奏得好，还要有良好的和声知识"[①]。

其实，早在十八世纪以前就有大提琴独奏者，他们的演奏技巧完全可以和当时的小提琴演奏者相比。一些认为在鲍凯里尼之前没有令人激动的大提琴演奏曲目，因而也就没有大提琴独奏家的说法，只是那些被一代代能言善道的著述者承袭下来的众多迷思之一而已。之所以会产生这样错误的假设，是因为小提琴的独奏曲目（以奏鸣曲等形式）早在十七世纪初期就已经风行了，而大提琴却还没有这样的曲目出现。从十八世纪晚期以来，人们就假设大提琴是个原始的乐器，只能演奏和声的低音，直到鲍凯里尼"发现了大提琴作为独奏乐器的可能性，提琴家族中的这条毛毛虫才蜕变成蝴蝶"[②]。

在法国，最早提到大提琴的是德费的著作《音乐梗概》（1556 年），而最早使用大提琴演奏的则是在 1581 年的芭蕾舞剧《莱茵河的喜剧》中。十七世纪时，路易十三组建了"国王的二十四把小提琴"乐队，后来在吕利的法国宫廷管弦乐团中，大提琴则与低音维奥尔琴一起演奏。

然而，在十六和十七世纪时，意大利的大提琴演奏水平是最高的。我们知道为大提琴所写的第一首作品，是大约在 1650 年由维塔利创作的《Partite sopra diverse Sonate》。这首作品未曾出版过，但在大约三十年后，加布里埃利和其他一些人出版了专为大提琴写的奏鸣曲和利切卡尔。十八世纪初期大提琴独奏作品大量出现，另外还有小提琴与大提琴一起演奏的作品。到十八世纪中期，为大提琴写的作品已达数千首。

第一位职业大提琴家是博洛尼亚圣彼得罗尼奥教堂所雇佣的福兰卡西尼，他

---

① 见 Julie Anne Sadie, Charpentier and the early French ensemble sonata, *Early Music 7/3*, 1979 年 7 月，第 330 ~ 335 页。

② 见 William Pleeth，*The Cello*，第 231 页。

鼓励作曲家们创作大提琴作品,朱塞佩·亚基尼便为大提琴创作了奏鸣曲和协奏曲。他的《Concerti per camera a 3 e 4 strumenti, con violoncello obbligato》（Op. 4），被认为是世界上第一首大提琴协奏曲。

至于维瓦尔第这位天才,则写了第一批大提琴协奏曲。他一共写了二十七首,大多数都是为威尼斯仁爱音乐学院的女子乐队所作的,因此这些协奏曲都不难。不过它们仍然包括音阶、琶音、换弦和双音等。维瓦尔第在他的六首大提琴奏鸣曲中,一如既往,充分运用乐器的歌唱性能。贝内代托·马切洛所写的十二首奏鸣曲也是对大提琴曲目的重大贡献。虽然他本人不是一位大提琴家,但是这位威尼斯人很了解这件乐器。从这些奏鸣曲当中,我们可以发现小提琴音乐开始影响大提琴的线索。这些奏鸣曲很有独创性,经过句的发展自由流畅,超过了当时所有的作品。这些作品也是最早出版的巴洛克奏鸣曲,是 1874 年由皮亚蒂编订的。

乔瓦尼·博农奇尼是第一位进行巡回演出的大提琴家,他也为大提琴写过许多作品。让-巴普蒂斯特·斯图克 1680 年生于佛罗伦萨,父母都是德国人。他于十八世纪初来到巴黎,并且成为奥尔良公爵私人乐队的成员,后来成为大歌剧院乐团的大提琴首席。据说是他将现代大提琴介绍到法国的。[①]

三十年后出现了安东尼奥·范蒂尼,他是帕多瓦圣安东尼奥教堂管弦乐团的大提琴首席,当时他的朋友塔尔蒂尼领导该乐团。据说范蒂尼演奏时,能使他的乐器"说话"。

第一位对公众有真正影响的大提琴家是那不勒斯的弗朗西斯科·阿尔博雷,世人都称他为"Franciscello"。他也是第一位将大提琴演奏艺术介绍到东欧去的大提琴家。匡茨（腓特烈大帝的有造诣的长笛演奏家兼宫廷作曲家）在那不勒斯

---

① 见 Sylvette Milliot, Jean-Baptiste Stuck, *Recherches sur la musique française classique*, Vol.9, 1969 年,第 91～98 页。

听了阿尔博雷的演奏后，认为他的演奏是"杰出的"和"无与伦比的"。小提琴家本达到维也纳跟随阿尔博雷学习，并完全继承了他的演奏风格。据查尔斯·伯尼记载，当斯卡拉蒂和阿尔博雷为歌唱家尼科里尼演唱斯卡拉蒂的一首清唱剧伴奏时，杰米尼亚尼专程来罗马聆听。阿尔博雷似乎伴奏得非常好，甚至有人说："作为一名天主教徒而且生活在一个能创造奇迹的国家里，人们确信阿尔博雷演奏的不是一把大提琴，而是一位装成大提琴模样的天使。"[1] 阿尔博雷在维也纳逝世，他在那里受雇于乌伦菲尔德伯爵，担任宫廷室内乐独奏家。

来自维罗那的埃瓦里斯托·达尔阿巴科是位小提琴家兼大提琴家和作曲家，有一段时间他还出任慕尼黑选帝侯埃马努埃尔的室内乐音乐家。他的儿子约瑟夫生于布鲁塞尔，是当时最杰出的演奏家之一。他在欧洲各地的巡回演出非常成功，在维也纳因演奏了自己为五把大提琴所写的一首乐曲而造成轰动。他所写的其他乐曲也需要高深的演奏技巧。伯尼对他的评价很高，认为他使大提琴在英国得以普及。另外一位生于帕多瓦的意大利人朱塞佩·达尔奥里奥是著名小提琴家多明尼科·达尔奥里奥的弟弟。1735 年兄弟二人来到圣彼得堡，成为帝国室内乐团的成员，以该乐团的"台柱"身份在那里工作了二十九年。

另一位在整个欧洲进行巡回演出，并且用他精湛的技巧使听众惊艳的是萨尔维托·兰泽蒂。据说他演奏上下弓的连顿弓很精彩。他还为大提琴写了十首协奏曲和两首奏鸣曲。

---

[1]　见 Burney，*A General History of Music* Vol.1，第 629 页。

贝蒂奥和迪波尔兄弟

在意大利，大提琴非常盛行，到十七世纪中期它已经超过了低音维奥尔琴。然而在北欧，维奥尔琴仍然颇受人们喜爱，且在法国，大提琴被看作外来侵入者而遭到抵制。1740 年休伯特·列·布兰克在《Défense de la basse de viole contre les enterprises du violon et les prétentions du violoncelle》中这段反对整个提琴乐器家族的话，就是最好的说明：

大提琴至今还被人们看成是可怜的、可恨的乐器，它饥饿万分，很想得到免费的一餐，现在它自鸣得意地感到它受到了人们的一点喜爱……它希望能温柔的哭泣。

生于法国瓦朗谢讷的马丁·贝蒂奥是法国大提琴演奏学派无可争议的奠基人。他对法国演奏学派有着很大影响，他的学生中有一些成为十八世纪后期最著名的人物，如让-皮埃尔·迪波尔、库皮、蒂里耶尔和扬森。这些学生都继承了贝蒂奥那有力而甜美的声音，并且又把这一优秀特质传给了他们的学生。

贝蒂奥本来是演奏低音维奥尔琴的，但是后来他听到了阿尔博雷传奇般的演奏后，立即就被大提琴所吸引，并从此献身于大提琴。他在巴黎的沙龙中取得了巨大的成功，迷人的个性和机智使他深受法国上流社会的喜爱。为求演出顺利，他在演奏前会要求"上松香"，且马上会有一名仆人提着一大瓶酒和一个银杯上场。据说，他在开始演奏前喜欢喝酒，这就使得人们称"现在没有谁可以夸口说他比贝蒂奥更有热情"[1]。

动听的声音和深刻的表情似乎一直是他演奏的主要特点。他练习并且大量使用当时在大提琴上不常见的泛音。1739 年在巴黎举办的"高雅音乐会"[2] 中，他首次演出了自己的作品并获得成功。

有趣的是贝蒂奥使用手心向上的握弓法，这种方法是他演奏低音维奥尔琴时学来的。他使用的指法也很先进，这一点可以从他的学生库皮和蒂里耶尔写的教材中见到。贝蒂奥还在他的演奏中使用了拇指把位[3]。

我们对贝蒂奥的同胞、同时代的大提琴家让·巴里耶尔的生活知道得很少。他出生在一个贫苦的家庭中，对法国大提琴演奏艺术发展最大的贡献在于他的作品。从其 1733 年出版的第一批奏鸣曲中，已经可以看出他超越了前人，其中有许多难句即使是对今天的演奏者来说也很困难。他的晚期作品多炫技性。他逝世后，在那一年的《路易十五的时代》里这样写道："著名的巴里耶尔最近去世了，

[1] 见 Van der Straeten，*History of the Violoncello*，第 263 页。
[2] "高雅音乐会"始于 1725 年，起初只作圣歌的演出，后来也演奏世俗的器乐作品。
[3] 拇指把位就是以拇指作为可移动的弦枕，使得大提琴演奏者可以在各个把位中仍像在第一把位中利用空弦一样来演奏音阶。

他在大提琴上做到了我们所希望的一切；他的演奏无人可比。"

米歇尔·科莱特是十八世纪最多才多艺的音乐家之一，他演奏大键琴、管风琴、大提琴和小提琴。他写了声乐教材以及从长笛到缪赛特风笛的几乎所有乐器的教材。1741 年，他出版了一本名为《Méthode，théorique et pratique，pour apprendre en peu de temps le violoncelle dans sa perfection》的大提琴教材。这本教材的重要意义在于它恐怕是第一本这样的教材，也使我们更清楚地看到早期大提琴演奏发展的情况。他描述了三种不同的握弓方法，准确指明了拇指的位置、指法、换把以及如何演奏双音和琶音。他还告诉我们如何从低音维奥尔琴转学大提琴，而且显然因受到旧式乐器的影响，他主张在指板上画出格子以确保音准。

法国大提琴家让-巴普蒂斯特·库皮 1741 年生于巴黎。他经常会和他的叔叔、同为大提琴家的弗朗索瓦混淆。他们二人都是贝蒂奥的学生，又都在巴黎歌剧院管弦乐团待过。让-巴普蒂斯特创作了多首大提琴奏鸣曲、二重奏和一首 D 大调协奏曲，还著有一本书名长达八十五个字母的大提琴教程。让·亨利·莱瓦瑟尔和让-巴普蒂斯特·布雷瓦尔都是库皮的学生。

布雷瓦尔是一位大提琴独奏家，兼任高雅音乐会的管理者，曾创作七部协奏曲以及多部三重奏、二重奏、独奏曲、交响乐协奏曲和喜歌剧。1804 年，他出版了《Traité du violoncelle》(Op. 42)。在前言中，他声称这是第一部解读大提琴演奏技巧的著作。

贝蒂奥最重要的学生之一就是让-皮埃尔·迪波尔。他通常被称作 Duport l'aîné，是更加著名的让-路易·迪波尔的哥哥。父亲是巴黎的一位舞蹈教师，兄弟俩从小就显现出音乐方面的才能。二十岁那一年，让-皮埃尔·迪波尔在巴黎的高雅音乐会中首次亮相，演出的成功立即使他成为康提王子私人乐队的成员。接下来他又应邀在音乐会上连续两个星期每晚进行独奏演出。1762 年 4 月的《法国信使》杂志上这样写道：

在他手中这个乐器完全变样了：它叙述着、表现着它的感情，比人们认为只有小提琴才能表达出来的还要美妙。他演奏中的那种活力，总是由于他准确地演奏了那些只有内行人才能明白的困难片段而加强。这位年轻人是我们沙龙中最独特的人物。

1769 年他放弃了乐队的职务，以便进行巡回演出。在这个时期他访问了西班牙和英国。在伦敦汉诺威广场的汉诺威大厅，他与拉豪塞叶和西尔曼一起在"职业音乐会"中演出，与他同台的两位都是塔尔蒂尼的学生。塔尔蒂尼于 1760 年所写的那封谈到"运弓的艺术"的著名信件，就是给西尔曼这位年轻姑娘的。

让-皮埃尔·迪波尔在法国有过一段有趣的经历。他在一个小城市的布告牌上看到他今晚将在这里演出的消息。出于好奇，他决定隐瞒身份前去参加这次音乐会。他那演奏家的名声很快就传开了，房间内挤满了渴望听他演奏的听众。这位冒牌迪波尔终于来了，并且进行了非常拙劣的演奏。听众开始烦躁不安、窃窃私语，当他们终于鼓噪起来时，迪波尔再也无法忍耐了，他向听众做了自我介绍。这位冒名顶替者感到很惭愧，把大提琴交给了迪波尔，由迪波尔接下去演奏，而听众也都听得入了迷。这位冒名顶替者向迪波尔深深致歉，并把他用不诚实手段赚来的钱递给了迪波尔。迪波尔把钱丢回给他，并且警告他不可再做这种骗人的事情。

1773 年让-皮埃尔·迪波尔去了柏林，腓特烈大帝任命他为皇家教堂的室内乐演奏家和皇家歌剧院的大提琴独奏家，而且他也是后来继位的威廉二世的大提琴教师。1786 年这位王子继位后，就任命迪波尔为皇家室内乐团的负责人，自此之后他就只在宫廷音乐会中演奏。在这段时期里，他遇到了莫扎特和贝多芬。莫扎特献给皇帝的 K575、K589 和 K590 三首弦乐四重奏，使用了很难的大提琴演奏技巧，这恐怕是由于迪波尔的影响。1789 年莫扎特在波茨坦时，曾根据迪波尔的一首小步舞曲写了一组钢琴变奏曲（K573）。贝多芬献给皇帝的为大提琴与钢琴写的两首奏鸣曲（Op. 5），也显示出同样的影响。

让-皮埃尔·迪波尔的弟弟让-路易·迪波尔起初学习小提琴，由于他的哥哥在大提琴上取得了傲人的成绩，所以他也改学大提琴。他的哥哥给他上了第一课。1768 年 2 月 2 日，他首次在高雅音乐会中演出，《法国信使》杂志做出了这样的评价："他的演奏辉煌而惊人，声音既丰满又甜美，大胆而有把握是他演奏的特点，这位有着优秀才能的年轻人前途无量。"

1783 年让-路易·迪波尔抵达伦敦，也参加了大约十五年前他哥哥参加过的"职业音乐会"。当年克拉玛的《音讯》中提到，虽然他的声音不够有力，但是他的表情与演奏风格都超过了切尔维托。

他的同学兼好友约翰·克罗斯蒂尔劝他去伦敦发展。克罗斯蒂尔也是让-皮埃尔·迪波尔的学生。让-路易·迪波尔与克罗斯蒂尔多次同台演奏，并且成了终生好友。有一次克罗斯蒂尔和小提琴家维奥蒂约好一起在安东妮特的私人寓所演奏一首协奏曲时，这位伟大的小提琴家没来。让-路易·迪波尔本来只演奏一首奏鸣曲，但是人们请求他代替缺席的维奥蒂演奏一下小提琴，他的视奏非常快，并且示意克罗斯蒂尔可以开始演奏。看来他们那次合作非常成功，令人感到即使是维奥蒂来了，在他那个小乐器上演奏的效果也不会好多少。有趣的是，迪波尔总是把维奥蒂当成他的榜样，他的演奏中也有许多维奥蒂的演奏特点，例如流动的旋律和纯净的发音。维奥蒂曾经多次跟迪波尔一起演奏，后来迪波尔亦被誉为"大提琴上的维奥蒂"。十八世纪八十年代，让-路易·迪波尔访问日内瓦时结识了伏尔泰。这位作家并不懂音乐，但是当他听到迪波尔竟能从这样大的乐器中演奏出这样优美的声音时，他感叹道："迪波尔先生，当我看到你能把一头公牛变成一只夜莺时，你使我确信世上有奇迹！"[①]

法国大革命爆发之后，迪波尔立即动身去柏林找他的哥哥，也同样在皇家教

---

① 见 Van der Straeten，*History of the Violoncello*，第 278 页。

堂任职，并且在那里工作了十七年。经过多次搬家，也由于军队入侵和他那皇家赞助人的逝世，让-路易·迪波尔返回了巴黎，并且举行了一场音乐会使他重获名声。当时的巴黎仍然处在不稳定的状态下，于是他就加入了当时旅居马赛的前西班牙国王查理四世的私人乐队。1812 年，国王去了罗马，迪波尔就返回巴黎，他事业的巅峰期也自此到来。

他被任命为巴黎音乐学院的教授、皇帝的大提琴独奏家和玛丽皇后室内乐团的成员。他经常以这样的身份在杜伊勒里宫的私人音乐会中演出。在一次演出中，拿破仑出其不意地走了进来，他像往常一样穿着带有马刺的靴子。在专心地听了一会儿后，他大步走到迪波尔面前，把乐器接过来夹在两腿之间。他一面模仿迪波尔演奏的样子，一面说："迪波尔先生，你是怎样演奏这个鬼家伙的？"看到那把美丽的斯特拉迪瓦里大提琴被皇帝的马刺夹破，迪波尔不禁痛苦地高叫："先生！"拿破仑笑了，把乐器还给了他。可是乐器已经损坏了，虽然经过精心修理，但这个粗暴的行为仍然在乐器的侧板上留下了一个凹陷的伤痕。这把乐器后来由法朗萧姆以两万五千法郎买去，再卖给谢尔瓦斯，谢尔瓦斯把这把琴留给了他的儿子约瑟夫，约瑟夫死后被他的妻子以一百万法郎卖掉了。现在这把琴在伟大的俄罗斯大提琴家罗斯特罗波维奇的手中。

让-路易·迪波尔是少数到晚年仍能保持发音与技巧的弦乐器演奏家之一。要是有人跟他谈起这个问题，他会说："所有的技巧都是刻苦练出来的，至于音准的问题我只能感谢上帝了。"[1] 为了证明自己的说法，他曾把满满一杯水放在手背上，绕着屋子走一圈而滴水不漏；那时他已将近七十岁。迪波尔为大提琴写了许多作品，包括协奏曲、为大提琴与钢琴创作的二重协奏曲以及三首夜曲，但是这些作品现在已经无人演出了。

在他的《Essai sur le doigté du violoncelle et sur la conduite de l'archet》中，他

---

[1]　见 Van der Straeten，*History of the Violoncello*，第 281 页。

写道：

> 我十分仔细地阐释了双音的问题，这样做有两个原因：第一，在这方面
> 还没有人写过任何东西，但双音对演奏者来说是至关重要的；第二，这些
> 东西经常为我提供证据，因为如果不建立指法系统的话，演奏双音是不可
> 能的。

显然，迪波尔忘记了科莱特。因为科莱特在他的《大提琴教程》中，虽然所
占比例不多，但是的确对如何演奏双音给过指导。当时出版的大提琴教材有很
多，然而让-路易·迪波尔所写的教材是其中最重要的，而且包括了许多前人没
有写过的优秀练习曲。当时他所针对的对象主要是业余爱好者，这可能是学习大
提琴的人越来越多的缘故。迪波尔为大提琴建立起牢固的指法体系，而且根据博
蒂奥所说，他还发明了半音音阶的指法。目前这些练习曲已有现代版本，而且至
今仍被认为是有价值的。

在让-路易·迪波尔这本教材的前言中，谈到了他与哥哥之间的密切关系，
他写道："在这本教材中你会发现许多困难之处，但是没有任何东西是不可演奏
的，因为我自己反复验证过，我的哥哥也试过这些东西。不论过去或将来，我的
哥哥永远都是我的老师。"

法国的影响

在贝蒂奥的学生中，让-巴著蒂斯特·扬森是个悲惨的人物。起初他作为独奏家在欧洲取得极大的成功，而且自 1795 年法国巴黎音乐学院成立时起，他就是该院颇有名望的教授。但不幸的是他卷入了有关行政管理方面臭名昭彰的争论，于是他被音乐学院辞退了。虽然当时只有四十二岁，可是他没能从这个打击中恢复过来，后因精神崩溃而逝世。

查尔斯·尼古拉斯·博蒂奥是扬森最优秀的学生，接替了他在音乐学院的职位。博蒂奥是位多才多艺、精明能干的人，他在财政部有一个官方的职务，同时又在皇家教堂任职。与此同时他亦继续从事独奏家的工作。

据说他的演奏是建立在充分发展的技巧和完美的音准基础上的，但是缺少力量和感情，这是当时对法国大提琴演奏家常有的一种批评。博蒂奥真正的才能在

12

于他的教学，诺布林和瓦斯林是他最著名的学生。

关于他还流传着一个有趣的故事。有一次博蒂奥在著名的艺术赞助家卡塔里尼夫人举办的音乐会中演奏时，被安排在一首海顿交响曲后面演奏，而他演奏的曲子正好是用该交响曲的慢板写的幻想曲。博蒂奥对前面的演出一无所知。听众以为是在开玩笑就笑起来了，弄得可怜的博蒂奥完全不知所措。这种令人难堪的场面使他完全失去了对演奏的控制，听众则笑得更厉害。最后他只得放弃演奏，颓丧地离开了舞台。

博蒂奥为大提琴写了许多东西，大多数都已过时。他在他的学生诺布林的帮助下完成的两卷本著作《教程》是献给当时音乐学院的院长凯鲁比尼的。在这本著作中包括了许多有用的建议。他认为过多的练习会妨碍技巧的发展，并且坚决主张要给儿童提供最好的教师。"大家都承认在科学、文学、艺术以及在我们的社会生活中，要对早期的教育给予特别的重视。初学时所造成的缺点，往往是日后无法弥补的。"关于握弓他主张使用与小提琴相同的方式，也就是说将所有的手指都放在弓根部分。

出生在巴黎的让·亨利·莱瓦瑟尔师从库皮和让-路易·迪波尔。他的父亲是巴黎歌剧院的总监及声乐教师，因此莱瓦瑟尔加入了歌剧院管弦乐团。1789 年他被擢升为大提琴首席，后来成为拿破仑私人乐队的成员。在拿破仑战败之后，他仍继续在皇家乐队供职。

莱瓦瑟尔还是巴黎音乐学院一位备受尊重的教授，1804 年出版的《大提琴和低音提琴伴奏教程》是由巴约、莱瓦瑟尔、卡特尔和博蒂奥合著的。这本著作还被译成德文，并由彼得斯在莱比锡出版。从某些解说来看，大提琴在该世纪初期显然还不是一件为人熟知的乐器。最令人感兴趣的是关于如何持琴以及握弓的讲解，与十九世纪末的出版品所讲的完全一样，只是当时还没有使用尾柱。该书建议右脚打开，脚踝向内。运弓方面则与十九世纪末期的方法有着很大的不同。作者们不主张使用弓尖演奏分弓的音符，因为他们认为弓尖的力量不足，无法使较粗的大提琴弦振动，发出来的声音太硬、太干。

莱瓦瑟尔最著名的学生是拉玛雷和诺布林。雅克·米歇尔·雷尔·拉玛雷出生于巴黎一个非常贫困的家庭，但是他有着杰出的音乐才能。七岁时进入皇家音乐学校学习，并在那里接受一流的音乐教育。十五岁时师从让-路易·迪波尔学琴，二十二岁时已经是音乐学院的教授和费多剧院的大提琴手。

为了发展独奏演出事业，他于 1801 年离开巴黎，独奏家的名声传遍了整个欧洲和俄国。他在莫斯科和圣彼得堡取得了巨大成功。1815 年他与一位名媛结婚，从此离开了公众舞台。

拉玛雷非常欣赏小提琴家罗德（另一位小提琴家施波尔也很欣赏罗德），因此人们往往称拉玛雷是"低音罗德"。经常听他演奏的比利时作家费蒂斯说："他演奏得非常精彩，但他最擅长室内乐，他比我听过的所有大提琴家都更能掌握作品的精髓，更能把作品的美表达出来。"[1]

出生在法国的尼古拉斯·约瑟夫·普雷特尔由于当时在布鲁塞尔音乐学院任教，所以被认为是比利时大提琴演奏学派的奠基人。他出生在凡尔赛，父亲是皇家教堂乐队的成员。开始他在一所皇家音乐学校学习，十岁即显露出在大提琴上的惊人天赋。于是他的父亲便说服他的朋友让-路易·迪波尔教他拉大提琴。迪波尔教了两年，在这段时间里普雷特尔掌握了优美的发音，这种发音是迪波尔学生的共同特点。1789 年迪波尔前往柏林，普雷特尔就改从拉玛雷学琴。普雷特尔担任的职务很多，如巴黎剧院和歌剧院管弦乐团的大提琴首席；音乐会演出也取得了很大的成功。

普雷特尔非常喜欢旅游，如果他喜欢上一个城市，就会取消一切安排，待在那里直到他想离开为止。当地居民会感到很高兴，因为他会参加各种音乐活动，唱歌，演奏大提琴，还有教学。有一次在比利时的根特，他是那样愉快，以致决

---

[1] 见 Van der Straeten，*History of the Violoncello*，第 293 页。

定取消一次非常重要的巡回演出并在那里住了七年。

1813 年普雷特尔去了安特卫普，在那里担任歌剧院管弦乐团的大提琴首席。六年后他移居布鲁塞尔，并在皇家歌剧院担任同样的职务。1826 年希迈王子为他安排了布鲁塞尔新成立的皇家音乐学校的教职，并有五百法郎的丰厚年薪。当这所学校于 1831 年升级为音乐学院时，他就成了大提琴教授。他的学生有谢尔瓦斯、巴塔和德·芒克。这些人后来都成为杰出的独奏家和教师，持续影响了好几代优秀大提琴家。他为大提琴写了许多作品，包括五首协奏曲和三本奏鸣曲集。

至十九世纪初，法国已经具有相当高的大提琴演奏水平，并与德国竞争霸主宝座。本来直到十八世纪下半叶还是意大利居于领先地位的，但与此同时，各个国家都出现了各自的特点。德国喜欢有力的声音、高度发展的左手技巧和内敛的情感表达，而法国的风格则与路易十五和路易十六宫廷里的各式优美典雅风情一致。关于发音方面，则是维奥蒂将意大利的小提琴演奏风格带到了巴黎，并且成为法国演奏学派的奠基人。结果大提琴也采取了比较轻巧的运弓，也像小提琴一样善于演奏击跳弓 ① 和连顿弓 ②。虽然法国大提琴家亦有着很灵巧的左手演奏技巧，但是并没有达到德国的罗姆伯格一派那样的水平。

在这个时期法国大提琴家中最突出的是诺布林和法朗萧姆。路易斯-皮埃尔·诺布林生于华沙，父亲是位著名的法国画家，和一位波兰女人结婚并定居在那里。诺布林自幼就显示出在大提琴上的才能。1798 年到巴黎在音乐学院师从博蒂奥学琴，后来跟莱瓦瑟尔学琴。他在意大利剧院演奏，1811 年成为歌剧院的大提琴首席，在那里工作了三十年。1823 年，他接替了老师莱瓦瑟尔的职位，成为音乐学院的教授，他最著名的学生是法朗萧姆。

① 以一弓击弦发出连续的音（顿弓），但弓不离弦。
② 用一弓奏出一个单独的音（分弓）。

诺布林作为一位优秀的独奏家和造诣颇深的四重奏成员，曾经在巴约弦乐四重奏中演奏过多年。诺布林还与小提琴家兼指挥哈贝内克一起演奏，并且于1828年与他一起创建了"音乐学院音乐会"，这些音乐会以演奏古典曲目而闻名。诺布林对音乐以外的许多事情也颇感兴趣，据说他搜集的油画、水彩画、印章、硬币是巴黎最优秀的。

法国大提琴最伟大的大师之一是生于里尔的奥古斯特·法朗萧姆。他最初在里尔音乐学院跟一位名叫马伊斯的老师学习，但是在1821年，他获得了第一名，于是就晋升到包曼的班级中去了。包曼是位优秀的音乐家，法朗萧姆亦自认包曼是他最重要的老师。1825年他进入巴黎音乐学院，跟莱瓦瑟尔和诺布林学琴。一年后他又获得了第一名。在他还是音乐学院的学生时，他就已经在 L'Ambique-Comique 剧院中演奏了，后来成为歌剧院和意大利剧院的大提琴首席。

1828年音乐学院音乐会成立后，法朗萧姆就在音乐学院任教，并任皇家乐队的独奏家。1825年，他被任命为音乐学院的第二教授。1846年诺布林逝世后，他接替诺布林的职位成为第一教授。独奏和室内乐演奏一直比在管弦乐队中演奏更吸引法朗萧姆，所以几年以后他就离开剧院，专心从事独奏和室内乐的演奏以及教学工作了。法朗萧姆与著名的小提琴家德尔芬·阿拉尔成立了一个弦乐四重奏组，并且与钢琴家哈雷（即后来的查理爵士，也就是哈雷管弦乐团的创始人）合办室内乐音乐会。

作为肖邦的密友，法朗萧姆与肖邦根据《恶魔罗勃》的主题合写了《大二重协奏曲》和奏鸣曲（Op. 65），这首奏鸣曲就是献给法朗萧姆的。法朗萧姆为大提琴写了许多作品，包括他改编的莫扎特和贝多芬的小提琴奏鸣曲、钢琴伴奏的独奏曲、一首协奏曲和著名的《十二首随想曲》（Op. 7），这部作品至今仍然是大提琴的标准曲目。

他不仅把丰满动听的声音和辉煌的左手技巧巧妙地结合在一起，而且表现出少见的音乐才能。据说他演奏歌唱性的乐句最为动听，而且总是引起听众们的热烈反响。法朗萧姆后来从迪波尔的儿子那里得到了那把著名的"迪波尔"大提琴。迪波尔的儿子跟他说："你是迪波尔的继承人，你理当得到这把大提琴。"然而这并没有妨碍他要价天文数字般的两万两千法郎，这在 1842 年时大约相当于八百八十英镑。

朱尔斯·德尔萨特是法朗萧姆的学生，他的教师名声比独奏家身份更响亮，后来还在音乐学院继承了老师的职位。他出生于瓦伦西亚，教过许多一流的大提琴家。其中最著名的是巴泽雷尔和卡扎德絮。

德尔萨特曾多次在伦敦演奏，其中之一是他于 1892 年首演了波佩尔为三把大提琴和乐队写的《安魂曲》，他是与作曲家以及豪维尔一起演奏的。他为大提琴写的作品包括改编和编订的古典作品，其中就有法朗克的《A 大调小提琴奏鸣曲》。

瓦斯林是博蒂奥的学生，我们对他的早期生活几乎一无所知，只知道他于 1808 年，也就是十四岁时进入了巴黎音乐学院。第二年他就加入了综艺剧院管弦乐团，后来成为音乐学院的教授，奥芬巴赫就是他的学生。当时奥芬巴赫是位非常有前途的大提琴家，后来以歌剧作曲家闻名于世。

1884 年瓦斯林出版了《大提琴的艺术》一书。他在该书的前言中提到，他已经九十岁了，学了八十二年大提琴，对自己所教的握弓方法是非常清楚的。他反对手腕低于手臂这种习惯，他说自己是通过观察小提琴家巴约的演奏而形成自己的演奏风格的，因此有"小巴约"的别名。

瓦斯林有一把 1725 年由斯特拉迪瓦里制作的优质大提琴，根据希尔的说法，他是 1827 年花了一百六十英镑买来的。1869 年他把这把琴拆了，希尔对此写了一篇很有趣的文章。那时瓦斯林已经八十多岁了，他似乎进入了"年老古怪"的年龄，固执地认为那把斯特拉迪瓦里琴的琴颈有问题，形状不对。根特、拉姆宾等一些巴黎的乐器修理师尽力去解决那个假想的错误，但是都没能使他满意。接下来他自己拆卸这把琴，也无济于事，最后由著名的业余大提琴家和乐器收藏家加利买走。加利写道："我怀着难过的心情跟着这把可爱的乐器到各个制琴师那里去，多年来我等待着机会，终于在 1869 年——我开价六百英镑，再加上我那把价值四百英镑的斯特拉迪瓦里——我买到了它。"[1] 这把"瓦斯林"大提琴现在在"阿玛迪斯弦乐四重奏"的大提琴家罗维特手中。

---

① 见 Hill et al，*Antonio Stradivari: His Life and Work*，第 141 页。

被遗忘的天才

"他是意大利真正的器乐作曲家之一⋯⋯从小就是位令人羡慕的大提琴家。有着无与伦比的声音和丰富表情的音乐表演才能，使他的演奏有着迷人的美妙。"1805 年《莱比锡民众音乐报》讣告中的这段话，显示了鲍凯里尼在他同时代音乐家中的声誉。

身为十八世纪下半叶大提琴演奏艺术发展史中的关键人物，路易吉·鲍凯里尼对意大利、西班牙和法国的器乐音乐贡献良多。他是这些国家中最早写四重奏的作曲家之一，甚至在海顿之前，他所写的四重奏就已经引起轰动。

鲍凯里尼生于意大利的卢卡，父亲是位低音提琴职业演奏家，并以低音提琴独奏第一人而闻名。鲍凯里尼自幼即显示出在音乐上的才能。五岁开始跟着父亲学习大提琴，九岁时已进步到可以师从圣马蒂诺大教堂的瓦鲁切神父。十三岁首次公演，1757年随圣彼得教堂的科斯坦齐学了几个月琴。科斯坦齐是塔尔蒂尼的学生。

1757年底，鲍凯里尼和他的父亲一起被维也纳的帝国剧院管弦乐团聘用。1759年和1760年，年轻的鲍凯里尼曾两次返回故乡卢卡，并做短暂停留。十七岁时他开始作曲，写了六首为两把小提琴与大提琴创作的三重奏（根据他自己编写的目录是1760年作，Op. 1）。

鲍凯里尼本来可以到维也纳宫廷任职，但是他的愿望是回到家乡，在那里做一些大提琴的推广工作。遗憾的是，他给卢卡市议会写的申请信没有被接受，但是鲍凯里尼父子还是回到了卢卡，他们除了在教堂和剧院的管弦乐队有一些工作外，并没有固定的工作。因此他们又回到维也纳，并受到热烈欢迎，而且除了工资外，还给鲍凯里尼六十六个弗罗林和两个十字硬币。一份有他名字的文件记录着："大提琴家鲍凯里尼在他父亲里奥波德的助奏下，举行了品质很高的音乐会，发表了他为一把或两把大提琴写的作品。看过这场音乐会后，我们认为他是一位伟大的演奏家。"[1]

1764年4月，卢卡市议会任命鲍凯里尼为市议会的"大提琴演奏家，每月的工资是五个斯库蒂，而且规定如果他不在这座城市就不发工资，请假也不得超过一个月，并且要得到市议会的批准"。[2]

为了这五个斯库蒂，鲍凯里尼工作得很辛苦。实际上他的这份工作分为剧院和教堂两个部分，而且在市议会的议长吃早餐时还要为他演奏。

尽管鲍凯里尼很渴望在卢卡工作，但是现实是令人失望的。也许在这样一个小乐队中工作会使他感到很孤独，而他也需要有与他同样才能的艺术家们的鼓励。1765年1月他在卢卡进行了最后一场演出，之后就和父亲去米兰了。现在大家普遍认为最早演奏四重奏的地方是1765年的米兰，这种演奏形式的发明者就

---

[1][2]　见 Germaine de Rothschild, *Luigi Boccherini: His Life and Work*，第14页。

是鲍凯里尼。坎比尼在《回忆录》中这样写道：

> 年轻时，我曾幸福地在这种愉快的环境中度过了六个月的时光。三位大师——不论在管弦乐队或四重奏中都是意大利最优秀人物的小提琴大师曼佛雷迪、以完美演奏风格和技巧著称的小提琴家纳尔迪尼和功勋卓著的鲍凯里尼——给了我无上荣誉，邀请我与他们一起演奏。[①]

第二年他的父亲去世了，他必须独自生活，于是就去找小提琴家曼佛雷迪，两人后来成为好友以及音乐上的亲密伙伴，并在北意大利进行巡回演出，1767年来到巴黎。

在巴黎的音乐生活中已经建立起这样的惯例，每位应邀参加高雅音乐会的艺术家，首先都要参加著名的巴格男爵在维克多皇宫豪华住所举办的活动。作为音乐艺术的鉴赏家和富有的艺术赞助家，这位男爵每星期五都会举行社交晚会。他邀请前来访问的演奏家和那些有才能的业余爱好者，并请当时最有修养的音乐家聆听他们的演奏。在这里我们可以见到大提琴家让-皮埃尔·迪波尔、伟大的小提琴家戈塞克和加瓦内等人。

这位男爵不仅喜欢鲍凯里尼的演奏，也喜欢鲍凯里尼的为人，还邀请他住到自己家里。在男爵家中，鲍凯里尼结识了法国大革命前所有的杰出艺术家。有意思的是，虽然他与这些重要人物往来密切，但是从未被邀请到宫廷去演奏。

在十八世纪后期，意大利音乐失去了它从前享有的声誉，潮流开始转向德国人的概念，现在人们强调的是演奏中的自发性、纯朴和自然的感觉。1768 年 3 月 20 日，鲍凯里尼和曼佛雷迪在高雅音乐会中演出时，很机智地打算激发听众的感情，而不是靠炫技使听众大吃一惊。毫无疑问，他们成功了，听众报以热烈

---

① 见 Germaine de Rothschild, *Luigi Boccherini: His Life and Work*，第 19 页。

的掌声。同年 4 月的《法国信使》上这样写道："我们已经听过鲍凯里尼先生那些动人的三重奏和四重奏，他以高明的方式利用大提琴演奏了他自己写的一首奏鸣曲。"

1769 年通过西班牙驻法大使的安排，鲍凯里尼和曼佛雷迪访问了马德里。在那里他结识了唐·刘易斯亲王，并为他写了六首四重奏（Op. 8）。次年年初鲍凯里尼被任命为"室内乐大提琴家和作曲家"，并由查理三世签发认可书。在这份工资合约中规定他只能为他的主人创作音乐，但是可以出版。年薪是三万里亚尔，相当于当时的三百五十镑，这份工资比亲王的忏悔神父、私人医生、图书管理员、衣物保管员所能得到的要高得多。这个安全、稳定而且工作很愉快的时期，持续了十五年之久。鲍凯里尼热情而充满活力地工作，而且他十分幸运地结识了芬特一家。芬特家的三个儿子和父亲一起组成了一个十分优秀的四重奏，鲍凯里尼曾与他们一起演奏他的五重奏作品。

1771 年鲍凯里尼与帕利基尔结婚，共生了五个孩子。1785 年帕利基尔因心脏病突然逝世，不幸的是同年唐·刘易斯也去世了，这使得鲍凯里尼陷入绝境。鲍凯里尼写了一份祈求书给查理三世，要求皇族能继续发给他薪金。国王答应照旧发给他年薪（一万两千里亚尔），而且同意在皇家教堂乐队大提琴声部有空缺时，首先让他补上，这样他就不必为他的未来担心了。

1780 年初，马德里为了对普鲁士腓特烈大帝的特使表示欢迎之意，特别准备了一场音乐会，鲍凯里尼的六首五重奏被选为音乐会曲目。有人将此事上报给普鲁士王储、天才大提琴家腓特烈·威廉。1783 年 10 月，鲍凯里尼接到了威廉的一封信，还附上了一个金制的小盒子。信中说他非常喜欢演奏鲍凯里尼的作品，而且盼望能听到他更多的作品。当时鲍凯里尼还在唐·刘易斯手下，只能对这种称赞报以礼节性的回复。不久后亲王的逝世，意味着鲍凯里尼可以把他的作品献给别的赞助人了。

王子也意识到了这个事实，所以于 1786 年 1 月便写信给鲍凯里尼，通知他已被任命为"皇家室内乐作曲家",每年的收入是一千德国克朗,并要创作一定数量的四重奏和五重奏。鲍凯里尼从来没有像此时这样受欢迎过,他还要为著名的本纳文特-奥苏娜女伯爵创作作品。她是一位富有的艺术赞助人,其沙龙深受意大利和法国音乐家的影响。身为女伯爵的十六人管弦乐队的指挥,鲍凯里尼身穿天鹅绒和白缎子制成的耀眼服装,而乐队成员只穿着普通衣料的制服。女伯爵的音乐会是马德里社交生活中的大事,但是从 1787 年起,鲍凯里尼的名字就从奥苏娜家族的年鉴上消失了,柏林宫廷也不见他的踪迹,尽管他的职务一直保留到 1798 年。我们仅知,1787 年鲍凯里尼再婚了,娶的是他的大提琴同行波雷蒂之女玛丽亚。

十八世纪末,巴黎出版商普列尔得到了鲍凯里尼作品的出版权。这个贪婪的普列尔也是作曲家,他知道鲍凯里尼的作品能使他赚大钱。这位"和气、耐心而有礼貌的"鲍凯里尼对自己的作品能有稳定的市场感到很高兴,不幸的是,事实远非如此。从鲍凯里尼写给普列尔的信中(在罗斯奇尔所著的鲍凯里尼传中,全文发表了这封信),我们见到的是不守承诺,几乎每件事都是不可靠的。鲍凯里尼很少收到回信,手稿也没有寄回来,不断地遭到拒绝付款。尽管鲍凯里尼长年遭受不幸,可是他在给普列尔的信中还是称他为"我亲爱的普列尔",并说自己是"你亲爱的朋友和仆人"。

1802 年鲍凯里尼的两个女儿患了传染病,并在几天内相继去世,这对他是又一次的悲惨打击。鲍凯里尼失去了继续活下去的兴趣,再加上他非常贫穷,查理三世给他的津贴已经很少,他生活的唯一收入就是出卖自己的作品,那位无耻的普列尔一如既往,总是从中克扣他应付给鲍凯里尼的钱。1805 年 5 月 28 日鲍凯里尼与世长辞,享年六十二岁。

登在《巴黎音乐报》上的讣告,说他是"一位了不起的大提琴家,最重要的是他那洪亮的声音使人着迷,特别是从那把乐器上发出来的富有表情的歌唱性声音"。鲍凯里尼逝世后,年轻人的注意力都集中在浪漫主义的演奏风格上,施波尔很少想到鲍凯里尼的音乐，而门德尔松则把鲍凯里尼的一首五重奏说成是"假发下面露出来的一位和善老人的笑脸"[1]。

荷兰大提琴家毕尔斯马认为鲍凯里尼是器乐史上最伟大的人物，但是他强调要用古乐器演奏鲍凯里尼的作品，对其他作曲家的作品倒并没有提出这样的先决条件。他从鲍凯里尼的室内乐作品中举了一个例子：

在一首五重奏中，声音的织体和感觉比实际的主题更重要。可以连续不断地听到所有五个声部的演奏，而且对演奏者和听众来说这五个声部都是同等重要的。很少有这样的音乐。一位大提琴演奏者十分专心地演奏着空弦，而中提琴和第一小提琴一起演奏着旋律，第二大提琴拨奏着琶音，第二小提琴则在高把位的两根弦上交替演奏八度音。最使人感到惊讶的是鲍凯里尼使用了许多不同的词汇来表示"柔和"这个意思：他使用了*piano*、*pianissimo*、*suave*、*amorosa*、*mezzovoce* 等等。他的作品在轻时令人极度悲伤，但是同时又使人感到甜蜜；当演奏强力度时，音乐就变得很有"民间风味"而且非常愉快。[2]

鲍凯里尼是最早通过在高音区建立拇指把位，从而为乐器的演奏赋予表现力的意大利学派的大提琴家之一。在演奏需要很强灵活性的双音和快速经过句方面，他比前人要多得多。毕尔斯马曾举过一个例子："不协和音经常在低音弦的高把位上出现。而不协和的解决是在高音弦的低把位上，很像通过按弦的音来获得通过法国号所得到的不协和音。"[3]

直到鲍凯里尼的时代，作曲家（如莫扎特和贝多芬）都是用小提琴的谱号记

① 见 Germaine de Rothschild，*Luigi Boccherini: His Life and Work*，第 89 页，引自 Mendelssohn，*Reisebriefe aus den Fahren 1830 ~ 1832*。

②③ 本书作者采访所得。

谱，实际演奏时要比谱上记的低一个八度。借由使用五种谱号（高、中、次中、低和最高音谱号），鲍凯里尼所写的乐谱就是实际的音高，因此在最高的音域中也不需要那么多的加线了。借由他的作品，他打开了大提琴音乐的新视野。

> 音乐织体是鲍凯里尼室内乐作品的一个动力成分……他将一组器乐合奏的声音非常动听地呈现在人们面前，在内声部中大量运用弓奏震音来赋予音乐动力和活力；他使用双音的目的是为了丰富音乐，而不是出于和声的需要；使用三音或四音的和弦是为了产生戏剧性的重音。[①]

鲍凯里尼大部分时间都是在国外度过的，他的同胞不仅没能欣赏到他的才能，也无法亲自领受他的教学。如果他留在意大利的话，他对大提琴的贡献就会像科雷利和塔尔蒂尼对小提琴的贡献一样。他离开意大利所造成的损失是无法弥补的，因为在意大利没有任何人能像他那样称职地工作。

---

① 　见 *The New Grove Dictionary of Music and Musicians*，第六版，第二册，第 828 页。

英国的大提琴家

大提琴在英国发展得比较缓慢，直到十八世纪中期，维奥尔琴仍旧拥有绝对优势。这主要是因为人们认为维奥尔琴是一件绅士演奏的乐器，而小提琴是平民使用的乐器，只能在酒馆和市集上给舞蹈伴奏，上流社会是不使用这种乐器的。查理一世、弗朗西斯·诺兹勋爵、克鲁勋爵以及其他一些贵族都会加入维奥尔乐队的演奏。

我们知道第一位"低音"提琴的演奏者是桑德斯，他是查理二世的"二十四把提琴"乐队成员之一。该乐队是按照法国路易十四的"大乐队"模式组织而成，由于到 1660 年复辟之前，查理一直流亡在法国宫廷，因此他在处理所有的事情时都模仿法国。但是查理这种做法并没有在宫廷以外产生什么影响。

当大卫·加里克在伦敦受到人们追捧时，切尔维托正担任德鲁里巷剧院的大提琴独奏家。他经常拿加里克的大鼻子开玩笑："加油呀，大鼻子！"切尔维托非常善于与人交流。一次，加里克演奏约翰·布鲁特爵士的作品，当观众们正全神贯注地欣赏演出时，切尔维托大声地打哈欠，引来观众们一阵阵大笑。加里克当时很不高兴，但是切尔维托却说："请您原谅我，我每次非常享受时都会这样。"[①]后来，切尔维托成为剧院的管理人员，并且名利双收。他始终坚持演奏大提琴，并且培养了很多学生，其中最为优秀的学生就是他的儿子——詹姆斯。

巴塞洛缪·约翰逊是约克郡人，活了一百零四岁。大约在 1770 年，他以一位大提琴独奏家的身份出现在伦敦，而且作为一位街头艺人，在那里生活了七十年。他的为人以及音乐才华都受到人们的高度尊重，"因为他个性中的许多优秀品质"。他在福里马森的住所举行了一百岁生日晚宴和音乐演出。为了纪念这个节日，还制造了一枚纪念章。大约在十点钟，这位老人参加了一首弦乐四重奏的演出，演奏他约在六十年前创作的一首小步舞曲。出席这次纪念活动的约有七十位重要人物，其中包括马尔格雷夫勋爵，他邀请杰克逊为巴塞洛缪画像。这幅画像送给了当地的自治机关，现在悬挂在市政厅的会议室里。1814 年刊登在《绅士》杂志上的讣告，称巴塞洛缪是"一位杰出的音乐家"。

另一位英国大提琴家斯蒂芬·帕克斯顿出生于达拉谟一个显赫的音乐世家。在四十多年的职业生涯中，帕克斯顿不仅是伦敦著名的大提琴演奏家，也是阿那克里翁社和贵族绅士卡奇杜俱乐部的男低音歌唱家。查尔斯·伯尼称赞他的表演"与声音完美结合"。帕克斯顿曾出版过几部大提琴独奏曲集、大提琴与小提琴二重奏作品集、弥撒曲集和赞美歌集，他的《大提琴协奏曲》在其过世后出版。1756 ~ 1783 年，他曾加入威廉·夏普的私人乐队（起初在民辛巷，1769 年后，乐队迁至老犹太区）。据《大众广告》称，1761 ~ 1787 年间，帕克斯顿曾作为室内乐音乐家以及大提琴独奏家参加多场音乐会，其中包括 1784 年首次为纪念亨

① 见 Van der Straeten, *History of the Violoncello*，第 154 页。

德尔而举行的演出。莫迪玛在 1763 年出版的《名录选》中，将帕克斯顿列入伦敦大提琴教授和大师的行列。

1757 年，帕克斯顿成为皇家音乐协会成员，并为已逝的音乐家及其家眷筹集了大量善款。在改信天主教后，他积极协助撒丁岛人教堂募集资金。帕克斯顿逝世的消息由《绅士》杂志发出，讣告中称帕克斯顿是一位为人正直、专注慈善事业的伟大音乐家。[1]

詹姆斯·麦克阿德尔笔下的本杰明·哈雷特是"一个不满五岁的儿童，在奥斯瓦尔德先生的指导下，于 1748 年在德鲁里巷剧院连续演奏了五十个晚上的长笛，技巧高超也很受欢迎；次年他就能参加任何音乐会，演奏大提琴了"。

从图片上可以看出，他不仅是以左手很像低音提琴的方式持琴，而且持弓的位置距离弓根至少三分之一，因此要达到任何运弓技巧都会很困难。

在宣传广告上他的名字叫"小孩"，并且被安排与加里克先生和西伯尔夫人这样的剧院明星放在一起。1752 年"在许多贵族的特别要求下"，九岁的哈雷特举行了演出。在演奏完"大鼓和小号合奏的一首大型乐曲"之后，由丘比特演奏大提琴——"丘比特"是哈雷特的艺名。演奏完大提琴之后，他还像丘比特那样朗诵一段结束语。评论说"室内很暖和，而且点了许多蜡烛"[2]。第二年哈雷特又举行了多场音乐会，但是由于某种原因，他不再公开演出。

约翰·克罗斯蒂尔生于伦敦，他的职业生涯是以威斯敏斯特教堂童声合唱团成员开始的，父亲对他进行了音乐启蒙教育。九岁时，克罗斯蒂尔作为神童在西普鲁蒂尼举办的音乐会上演出，他与西普鲁蒂尼一起演奏了一首为两把大提琴创作的二重奏。1768 年他只有十三岁，就被选入皇家音乐家协会。一年后，被任命为在格洛斯特举行的三个合唱团音乐节的大提琴首席，一直做到退休；只有

---

[1] 见 Brian Crosby, Stephen and Other Paxtons: An Investigation into the Identities and Careers of a Family of Eighteenth-Century Musicians, *Music and Letters*, 81/1，2000 年 2 月，第 41 ~ 64 页。

[2] 见 *The General Advertiser*，1752 年 2 月 6 日。

1778 年，切尔维托代替过他的职务。1775 年，克罗斯蒂尔在巴黎跟随让-皮埃尔·迪波尔继续学习，因此他既是让-路易·迪波尔的同学又是他的好朋友，正是克罗斯蒂尔劝说让-路易·迪波尔后来去伦敦发展的。

1776 年"古乐音乐会"成立时，克罗斯蒂尔被任命为大提琴首席。他还是皇家教堂及国王乐队的成员，也是夏洛特女王的室内乐音乐家。在此期间，他给威尔士王子，也就是后来的乔治四世上大提琴课，因此特别受到宫廷的喜爱，是英国最走红的大提琴教师。他的许多学生都是贵族，后来成为专业音乐家。出生于约克郡的林德利和来自哥本哈根的亨利·格里斯巴赫都是克罗斯蒂尔的学生。

他经常在汉诺威广场大厅的"专业音乐会"中演出，同时也是在社会名流贵妇家中举行的"仕女音乐会"的组织者。克罗斯蒂尔与一位非常富有的女人结婚，因而获得了一大笔财产，并退出了公众生活。自从他退休后，他只于 1821 年在乔治四世的加冕典礼上演出过一次。

据说克罗斯蒂尔非常和蔼，对他的音乐同行也非常慷慨。他在遗嘱中交代要遗赠一千英镑给皇家音乐家协会，这个数字阔气得简直就像位王子。

生于伦敦的詹姆斯·切尔维托最初跟随父亲学琴，进步很快。1760 年 4 月 23 日，那时他才十三岁，却已在小秣市剧院演出。1771 年他被任命为女皇私人乐队的大提琴首席。据说他缺少克罗斯蒂尔那种火热的气质，但是他的声音更甜美、更富有表情。这可能是由于接受过阿贝尔指导的关系。阿贝尔是位著名的低音维奥尔琴演奏家，也是当时许多大提琴家学习的典范。伯尼谈到切尔维托时说："当他还是个小孩时，只要是演奏他力所能及的东西，他的声音就比他的父亲更动听。当他长大成人后，他的声音和表情可以媲美那些最好的男高音。"[①]

1780 年以来，切尔维托一直在"专业音乐会"上与克罗斯蒂尔及其他音乐家一起演奏。1783 年迪波尔与鲍姆加滕访问伦敦时也和克罗斯蒂尔一起演出过。

① 见 Burney，*A General History of Music*, Vol.2，第 1012 页。

根据《克拉玛》杂志的报道，1784年3月他演奏了自己的一首协奏曲，"有着独特的有力声音和高贵风格"。切尔维托在欧洲各主要城市进行了七年的巡回演出，取得了巨大成功。

他为大提琴写了许多作品，其中有《十二首大提琴独奏曲和大键琴的低音伴奏》以及《十二首小奏鸣曲和六首嬉游曲》。他的作品与早期意大利作曲家相比，明显使用了高深的技巧，其中有许多高难度的经过句和双音。

我们知道早期的大提琴家几乎没有任何指导性书籍，教学方法是口传心授。最早的教材之一是1765年由克罗姆出版的《最易学的大提琴指导大全》，在该书的第二版中有一些有趣的建议和一段有关尾柱雏形的话：

> 我们可以将这件乐器看成是一把大的小提琴，但是持琴的方法不同，第四根弦靠近运弓的手臂，由于身体要向下弯曲，乐器的下半部分就放到双腿之间，由膝盖支持。但是为了学习者方便，我们建议在拉弦板的尾部钻个洞，装一根木棍支撑在地板上，必要时可以拿掉。①

他指示道，一旦学生能正确持琴，可能就不再需要木棍了。

另外一件有趣的事情是克罗姆主张使用现代的握弓方法。虽然当时并不普遍，但是很显然在十八世纪时就已经有人使用这种握弓方法了。他还建议将小提琴的弦绑在大提琴的弦下面形成格子作为辅助工具，以利音准。

约克郡似乎一直是培育大提琴家的好地方。生于罗瑟勒姆的罗伯特·林德利是当时最伟大的大提琴家。他的父亲是位小提琴家，为他上了几节小提琴课，但是林德利很快就改拉大提琴了。他九岁时就在布莱顿剧院演出，顶替一位身体不适的独奏家。他那辉煌的演奏不仅博得了满堂彩，并且后来多次应邀参加音乐会

① 见 Elizabeth Cowling，*The Cello*，第47～48页引用克罗姆这段话。

演出。

十六岁时，他跟詹姆斯·切尔维托学琴，在 1794 年成为伦敦国王剧院的大提琴首席，并担任这个职务长达五十七年。与此同时，他还进行独奏演出，如"古乐音乐会"和爱乐协会举办的音乐会。

林德利与低音提琴演奏家德拉戈内蒂的友谊持续了五十年。瓦西莱夫斯基说："他们演奏的科雷利奏鸣曲堪称传奇。没有什么能比他们在音乐上的共鸣更亲密的了。他们在同一个谱架前演奏，在每一场重要的乐队音乐会中演奏，林德利用和声低音为歌剧宣叙调伴奏，既细致又具有独创性。"[①]

法国作家韦达尔对林德利的演奏似乎没有留下什么好印象。他说他的演奏是"冷的，从技巧和风格来讲都远远落后于罗姆伯格、拉玛雷、博雷尔和谢尔瓦斯"。[②] 一个世纪之后，哈斯克的描述要热情得多："林德利有着纯净、丰满、甜美和巨大的声音，十分引人注目。他的技巧在当时来说也是非凡的，虽然他的伴奏风格完全不适合宣叙调，但是就他对歌剧宣叙调的伴奏所使用的方法却是完美的。"[③] 这个批评是因为他在为歌剧宣叙调伴奏时，使用了过多的装饰音，而实际上只需要对歌唱旋律给予支撑就行了。

1822 年皇家音乐学院在伦敦成立时，林德利被任命为大提琴教授。

① 见 Wasielewski, *The Violoncello and its History*，第 193 页。
② 见 *Berliner Musikzeitung*，约十八世纪中期。
③ 见 *The New Grove Dictionary of Music and Musicians*，第六版，Vol.2，第 4 页。

德国大提琴演奏之父

伯恩哈德·海因里希·罗姆伯格不仅是德国大提琴演奏之父，也是十八世纪下半叶最重要的大提琴家之一。他的技巧和音乐才能，以及他那突出的作曲天赋，吸引着整个欧洲的听众。罗姆伯格革新了大提琴演奏的技巧，迎着十九世纪对大提琴所提出的要求，开发了它更为广阔的表现力。从大提琴的角度来说，是他将古典时期和浪漫时期连接在一起，在鲍凯里尼和迪波尔之间架起一座桥梁。他所发展的事业，后来由谢尔瓦斯和达维多夫延续下去。

罗姆伯格生于德国丁克拉格一个杰出的音乐家庭，多年来这个家族培养出好几代弦乐和木管演奏家、钢琴家以及歌唱家。他的父亲是明斯特选帝侯王子的竖笛演奏家，他的堂兄安德列斯是位小提琴家和作曲家。

罗姆伯格起初跟伟大的演奏家，也是明斯特选帝侯王子的大提琴手施里克学习，后来又跟从维也纳来的马尔托学习。七岁时他和拉小提琴的堂兄安德烈斯一起，在一次公开音乐会中演出，后来与安德烈斯在欧洲的主要城市进行巡回演出。1784 年这两个人在巴格男爵家里举行的一次晚会上征服了巴黎人。在一次高雅音乐会中，他们的演奏给人们留下了深刻的印象，作曲家菲里多尔（他对国际象棋有着强烈的兴趣，据说在这方面是天下无敌的）把他们介绍给当时正处于巅峰期的小提琴家维奥蒂。罗姆伯格还在巴黎听了让-皮埃尔·迪波尔的演奏，法国对他演奏和作曲的影响可以说是从这个时期开始的。

多年来罗姆伯格和他的堂兄在明斯特宫廷乐队中演奏，后来移居波恩并在那里结识了里斯家族、捷克杰出的大提琴家约瑟夫·瑞加和贝多芬，贝多芬当时在宫廷演奏管风琴和中提琴。在这个时期，里斯、安德烈斯和罗姆伯格组建了一个弦乐四重奏，贝多芬在这个四重奏中担任中提琴。他们还与贝多芬一起演奏钢琴三重奏，贝多芬弹钢琴。1782 年法国入侵德国时，贝多芬和罗姆伯格在莱茵河的一条船上扮作厨役才得以逃跑。

贝多芬对罗姆伯格和他的演奏评价很高，但是罗姆伯格却不理解贝多芬的音乐。施波尔在他的传记中说道，罗姆伯格认为贝多芬的四重奏（Op. 18）是"如此荒诞的东西"，根本无法演奏。还有一次，罗姆伯格演奏拉苏莫夫斯基四重奏的其中一首，由于他不能理解乐曲的内容，所以将它扔到地板上说："没人拉得了这种东西！"他这种令人无法原谅的自大态度致使他拒绝了贝多芬要为他写一首大提琴协奏曲的心意，因为他只演奏自己的作品。

在法国大革命爆发时，罗姆伯格和他的堂兄们一起移居汉堡，并且从那里开始了一次漫长的巡回演出，其中包括他们在维也纳的首演。在那里他们得到了贝多芬的帮助，音乐会上，罗姆伯格演奏了两首贝多芬的大提琴奏鸣曲（Op. 5），由贝多芬亲自弹钢琴伴奏。

后来，罗姆伯格独自到英国、西班牙和葡萄牙进行巡回演出，这是他第一次不与堂兄在一起。在里斯本的宫廷音乐会中，费迪南德七世演奏了小提琴。

1801 年罗姆伯格在巴黎举行的那些成功的音乐会，使他成为巴黎音乐学院的教授。他接受了这一职务，但是两年后就回到了汉堡。在柏林他成为普鲁士皇家教堂的大提琴首席，并且经常与迪波尔兄弟一起演奏。施波尔在这个时期听了他的演奏，说他"正处于风华正茂的时期"。德国评论家罗赫利兹（以不易讨好著称）也写道："罗姆伯格是当代最有造诣的大提琴家……自从莫扎特以来，有着过人鉴赏力的听众，除大提琴演奏家兼作曲家罗姆伯格以外，从来没有真正地被任何演奏家征服过。"[1]

四年后，拿破仑的战争把普鲁士卷入混乱之中，罗姆伯格再次迁居。这是他第一次访问俄国（他一生中总共去了六次），同样很成功。俄国评论家对他的演奏给出了非常辉煌的评价，贵族们争先恐后地邀请他去家中作客。在此期间他与维尔豪斯基伯爵结为密友，维尔豪斯基是一位优秀的业余大提琴演奏家，后来成为罗姆伯格的学生。罗姆伯格促使俄国人民对大提琴产生兴趣，特别是在许多小城市，在那里他见到了许多音乐家，这些人可能从来都没有机会听到像这样伟大的演奏家的演奏。

在他逐渐成熟后，他改变了对贝多芬的看法。1824 年他在贝多芬晚期的《降 E 大调四重奏》（Op. 127）的首演中担任大提琴声部，这首作品是尼古莱王子的委托之作。

显然罗姆伯格一直到晚年都保持着精湛的技巧。1833 年他六十六岁时，一位维也纳评论家写道："这位艺术家的完美技巧的确迷人。虽然他年事已高，但仍然是一位了不起的大师，他通过自己的乐器放声歌唱，并能轻而易举地拿下那些极为困难的东西。毫无疑问他仍将是一位无人能超越的演奏家。"[2] 三年以

---

① 见 *Allgemeine Musikzeitung*，1807 年，第 543 页。
② 同上，1833 年，第 394 页。

后，一位慕尼黑的评论家写道："即使是时间也得让位于这位艺术家，他失去了力量，可是他用亲切、真诚和准确加以弥补，他演奏的那种完整和完美依旧惊人。"[1]

罗姆伯格的作品在今天仅存学术研究的价值，但是在当时，这些作品是非常宝贵的。除一些歌剧外，他还创作了十首协奏曲、六首小协奏曲、奏鸣曲、二重奏、弦乐四重奏、幻想曲、嬉游曲、变奏曲和无数的小曲。虽然无法和某些伟大的古典作品相比，但是他的协奏曲在教学中特别有用，二十世纪初的杰出大提琴教师贝克认为罗姆伯格的协奏曲——尤其是对左手——是最好的练习。同时期的许多年长的大提琴家，都记得罗姆伯格的名字，而且把他的名字和"所有那些非常难的协奏曲"联系在一起。罗姆伯格写出了所有的华彩乐段，可能他不希望演奏者即兴。

他使用了许多新手法，启发作曲家进一步发展，并且扩展了大提琴的表现力。例如，他比任何人都使用了更多的拇指把位。罗姆伯格很感谢迪波尔为大提琴建立了指法体系，并且将大提琴的左手技巧发展到一个非常高的水平，他把这一切都用到自己的作品中了。他还主张节制使用揉弦，认为只有在必要的地方才能使用揉弦。他对使用击跳弓和泛音也采取同样的态度；他虽然很欣赏帕格尼尼，但也批评他滥用泛音和其他的特殊技巧。

罗姆伯格于 1839 年完成了一本大提琴教材，并把这本教材的手稿送给了巴黎音乐学院。1840 年，这本教材在巴黎、德国、奥地利和英国出版。从手稿中我们发现，连顿弓显然不是他本人擅长的技巧，他从未在任何协奏曲中使用过这种技巧。罗姆伯格认为只有使用僵硬的运弓手臂，或拧得很紧的弓毛，才能演奏好连顿弓，而且即使这样，是否能成功也很难说。他写道："的确，由于大提琴家很少要求演奏连顿弓，因此，因练习连顿弓而毁坏了右手的运弓，将

---

[1]　见 *Allgemeine Musikzeitung*，1834 年，第 515 页。

是件很遗憾的事情。"[①] 这项劝告一定给许多德国的演奏者带来了负面影响，这些人很可能又将这种看法传给了他们的学生。总之，罗姆伯格属于维奥蒂和施波尔的学派，他们认为大提琴应当表现高尚的情感和趣味，为技巧而技巧是庸俗的。

罗姆伯格还把他的创造力用到改进乐器上。正是罗姆伯格建议将指板右手的那一边修平，以避免用力演奏C弦时碰到指板。其他一些改革如大提琴琴颈和指板的粗细、长度以及加大指板和面板的距离等，都是罗姆伯格的贡献。

简化大提琴乐谱所使用的谱号也与罗姆伯格有着很大的关系。直到十九世纪中期，意大利人和德国人在大提琴作品中只使用次中音谱号，而法国人只使用中音谱号，鲍凯里尼使用五种谱号。正如我们在前面一章中所说，这在很大程度上是由于直到十八世纪末大提琴的地位一直都不明确造成的。由于大提琴的演奏音域扩展到了高把位，因此使用有利于演奏者视谱的谱号就变得很有必要了。拇指的标记也是罗姆伯格发明的。

罗姆伯格使用的是一把1711年斯特拉迪瓦里黄金时期制作的大提琴。希尔说这把琴的特点在于它的背板只有一条黑色的镶边，而不是通常的两条黑、一条白的三条镶边。斯特拉迪瓦里从来没有在其他乐器上用过一条镶边。这把大提琴的特殊之处还在于它的背板和侧板都使用白杨木，而不是通常的枫木。斯特拉迪瓦里制作的乐器只有极少数是用这种木料制作的，而且多数都是在1700年前制作的。罗姆伯格还有两把非常好的图尔特弓，标记为"罗姆伯格一号"和"罗姆伯格二号"（现在在大提琴家库尔兹之手）。

罗姆伯格有许多学生，其中最杰出的是他的侄子塞普瑞安、诺布林、维尔豪斯基、普莱斯、库米尔和普莱尔。罗姆伯格对他那个时代大提琴演奏的影响，对像德累斯顿学派奠基人多特佐尔这样一些音乐家的影响，以及对几代学生的影响

---

① 见 Van der Straeten, *History of the Violoncello*，第 228 页。

不朽的大提琴家 | The Great Cellists

都是不能低估的。贝克在讨论他那个时代伟大的大提琴家时说，罗姆伯格、谢尔瓦斯和达维多夫是"在艺术王国中最辉煌、最具创造性的人物，他们的作品对大提琴演奏的发展有着巨大的影响"①。

---

① 见 Ginsburg，*History of the Violoncello*，第 27 页；引自 Becker and Rynar，*Mechanik und Asthetik des Violoncellspiels*，第 264 页。

德累斯顿学派

德累斯顿是一个活跃的音乐中心，德累斯顿宫廷也一直设法吸引许多国外的，特别是意大利的天才们。这样做就使得他们的水平大大提高，而且使德累斯顿宫廷管弦乐队享有很高声望。十八世纪末期，多特佐尔以及所谓的德累斯顿大提琴演奏学派的出现，将大提琴的学习带到一个高峰。直到二十世纪初，德累斯顿一直是大提琴演奏的中心。

贾斯特斯·约翰·弗里德里希·多特佐尔出生于靠近希尔德堡豪森的哈赛尔赖特，父亲是教堂的牧师。多特佐尔自幼学习小提琴和钢琴，并显示出不凡的音乐才能。此外，当地为市集和舞蹈演奏的铁匠也教他低音提琴，据说他还演奏法国号和竖笛。当地一位名叫鲁亭格的管风琴家还教他乐理。令人难以置信的是他最初是由宫廷中的一位小号手负责教习大提琴的。所以年轻的多特佐尔的早期音乐教育是非常丰富多彩的。

在决定学习大提琴之后，1799 年，他被送到迈宁根跟克里克学习，克里克是让-路易·迪波尔的学生。1805 年，多特佐尔加入了莱比锡管弦乐团。1811 年他又加入了德累斯顿的宫廷管弦乐团，十年后被任命为大提琴首席，并一直工作到 1850 年退休为止。

1806 年，多特佐尔到柏林跟罗姆伯格学习了一段时间，使他从另外一条途径与迪波尔兄弟联系在一起。当时他学习了许多罗姆伯格的协奏曲。他对演奏弦乐四重奏的兴趣是他成立著名的莱比锡教授弦乐四重奏的主因。甚至连十分挑剔的施波尔也对多特佐尔演奏弦乐四重奏的能力给予很高的评价，说他有着十分纯净的音准和完美无缺的技巧。

虽然多特佐尔以一名独奏家的身份成功地出现在维也纳以及德国和荷兰的主要城市，但是他作为教师则更出名。在他的学生中有库米尔、卡尔·舒伯斯、卡尔·路德维希·沃依格特和卡尔·德雷西勒。

在多特佐尔的《大提琴教程》中，他所使用的持琴方式和罗姆伯格很相似，将大提琴夹在两个小腿间而且没有尾柱。但是从插图中我们不难看出他所使用的姿势比罗姆伯格更为自如，而且握弓方式似乎也更加松弛。法国大提琴演奏学派建议握弓的位置不要紧靠弓根，必须与弓根保持一段距离；而多特佐尔的《大提琴教程》中所使用的姿势则更靠近弓根，与我们现代的演奏方法很相似。总的来说，他力图训练他的学生在运弓时各部位都使用自然的动作，这看上去很像二十世纪的演奏方法。

他为大提琴写过许多作品，其中许多交响曲、歌剧、协奏曲、小协奏曲、奏鸣曲、弥撒曲以及一些室内乐作品现在都已被人们遗忘，但是他为教学所写的那些教材却流传了下来。他写过三本大提琴教材、一百八十首练习曲和随想曲，有些还包含前奏曲和赋格。这些作品仍然是优秀的教材。

弗里德里希·奥古斯特·库米尔诞生于迈宁根，父亲是公爵乐队中著名的双簧管演奏家。库米尔最初跟他的父亲学习双簧管，但是当他的父亲晋升到德累斯顿宫廷工作后，库米尔就开始跟多特佐尔学习大提琴。1814年他申请到皇家教堂去工作时，那里没有大提琴的空缺，所以他就以双簧管演奏者的身份进入该乐团，三年后才加入大提琴声部。多特佐尔退休时，库米尔接替了他的位置，担任大提琴独奏家。他在那个职务上一直工作到1864年，也就是说他在这个管弦乐团中整整工作了五十年。另外从1856年德累斯顿音乐学院成立起，一直到1879年他逝世为止，库米尔一直在这所音乐学院任教。他所教过无数的学生包括他的儿子恩斯特和马克斯、伯恩哈德·科斯曼、朱利叶斯·戈特曼、理查德·贝尔曼和费迪南德·博赫曼。

库米尔一向以细致而勤奋的工作著称，他坚持不懈地从技术和艺术方面改进自己的演奏。据说他那平静而谨慎的气质使他的演奏缺少激情，但是也有人持不同观点，认为他的演奏风格是崇高的，没有矫揉造作，能将作品的精神传达给听众。《大众音乐报》的一位评论家这样写道："他主要的特点是他那悲歌式的演奏风格；库米尔能够非常精彩地表达这种情绪，而且能够从容不迫地将听众带入这种情绪中。"[1] 斯特拉滕同意库米尔是一位优秀大提琴家的看法，但是他也有所保留："不幸的是，他对法国和比利时学派所培育出的那种轻快而辉煌的运弓技巧，仍然是一位门外汉。"[2] 似乎库米尔认为击跳弓、连顿弓以及用跳弓演奏的琶音是一种"没有效果的把戏"。由于斯特拉滕早期曾跟库米尔一位名叫约翰内斯·霍克的学生学过大提琴，他是从霍克那里直接了解到这些情况的。

然而，无论如何库米尔在整个欧洲和斯堪的那维亚都很有名望，而且深受人们喜爱。在德累斯顿，他加入波兰小提琴家卡罗尔·列宾斯基所领导的弦乐四重奏。这个"学院四重奏"演奏海顿、莫扎特和贝多芬的音乐，并且成为这座城市

---

① 见 *Allgemeine Musikzeitung*，约十九世纪晚期。
② 见 Van der Straeten, *History of the Vialoncello*，第250页。

最重要的一项音乐活动。评论界交口称赞他们优秀的演奏技巧、有表情的乐曲处理以及纯正的音乐风格。

库米尔写过许多大提琴作品，包括小协奏曲、二重奏、一首协奏曲以及许多改编曲。他出版过一百六十三首作品，还有两百首未出版的为皇家宫廷剧院写的幕间曲。这些作品现在已经不再演奏，但是就像他的老师多特佐尔那样，他写的大量教材有着极大价值。他的《大提琴教程》《十首旋律练习曲》(Op. 57) 和八首《辉煌练习曲》(Op. 44)，都被认为是大提琴教材中最优秀的练习曲。在他的教材中有一幅库米尔本人演奏大提琴的图片，持琴方式在许多方面都和多特佐尔相同，但是更加自然。库米尔在演奏中所追求的正是这种自然性。在握弓的方法方面，库米尔更接近现代人的想法，也就是将手指放在弓根处，而且他认为运弓动作的自如性是非常重要的。但是在衡量运弓手臂的作用时，他往往容易夸大手腕的动作。

多特佐尔另外一位叫卡尔·德雷西勒的学生，生于德国的萨克森，最初他在德绍的军乐队中工作。安哈尔特-德绍公爵的乐队长弗里德里希·施奈德注意到德雷西勒的才能，就建议公爵送他到多特佐尔那里学习。当德雷西勒完成学业之后，就在整个欧洲包括英格兰和苏格兰进行了广泛的巡回演出，并于 1826 年被任命为德绍管弦乐团的大提琴首席。

瓦西莱夫斯基说德雷西勒的演奏既纯净高雅又有非常良好的感觉与趣味。他的演奏虽然不是很有力量，但却非常优美精致。由于他是一位非常能干的大提琴首席，所以在德国各地举行音乐节时，人们都邀请他去担任这个职务。他还是一位优秀的教师，他把德累斯顿大提琴学派的所有优点都带到了德绍，而且通过他的学生一代一代传下去。他最著名的学生有奥古斯特·林德纳、科斯曼、弗里茨·埃斯本哈恩和弗里德里希·格鲁兹马赫尔。

塞巴斯蒂安·李生于德国汉堡，师从罗姆伯格的一位学生普莱尔学琴，主要生活在法国。1830 年在汉堡、莱比锡和法兰克福举行了成功的首演，两年后在巴黎的盛情邀请下，很快就去那里定居了。1837 年他是法国巴黎大歌剧院管弦乐团的大提琴首席，并在那里工作了三十多年。退休后他返回自己的家乡，主要从事教学和作曲。博赫曼就是他的学生。

由于受到德国和法国学派的双重影响，所以在李的演奏中包含了这两个学派的特点。在他所著的《大提琴教程》（1845 年在巴黎出版）中也反映出这种双重影响。他的大提琴教材作为音乐学院的学习手册，献给了那里的大提琴教授诺布林。今天他的作品除了《练习曲》（Op. 57）仍然被作为教学曲目使用外，其他作品已经不多见了。

卡尔·舒伯斯出生于马格德堡，父亲戈特罗布是一位竖笛和双簧管独奏家。舒伯斯五岁时开始学习大提琴，十一岁时首次公演，十三岁跟多特佐尔学琴。他在欧洲、英格兰和斯堪的那维亚举行了成功的独奏演出。1835 年舒伯斯来到圣彼得堡，担任圣彼得堡皇家乐队的指挥及宫廷剧院附属音乐学校的检查员，他还被任命为大学的音乐系主任。1863 年他前往苏黎世疗养，但是很快就在那里逝世了。

瓦西莱夫斯基在描述舒伯斯的演奏时说："他非常聪明，在表现力方面以使用装饰的办法使自己的演奏变得漂亮，然而并不是充满真正的感情。"[①] 另外一位评论家说他的演奏很辉煌，但是缺少宽广的气息和雄伟的气势。他所写的作品虽然能充分发挥乐器性能，对学生也很有用，但是也和他的演奏一样缺少真正的价值。今天人们之所以还记得舒伯斯，主要是因为他那著名的俄国学生达维多夫。

伯恩哈德·科斯曼主要是因为他那本现在被广泛使用的练习曲而著名。科斯曼生于德绍，是一位犹太商人的儿子。他是德雷西勒和西奥多·米勒（也就是著名的米勒弦乐四重奏的大提琴家）的学生，后来在德累斯顿跟从库米尔完成自己的学业。从 1840 年起，他在巴黎任意大利剧院的大提琴首席，与此同时他还在

① 见 Wasielewski, *The Art of Violoncello Playing*，第 124 页。

伦敦、柏林和莱比锡演出。1847 年门德尔松任命他为莱比锡布商大厦音乐会的独奏大提琴家。在这个时期他还师从莫里茨·豪普特曼学习作曲。1849 年他进行了广泛的巡回演出，其中包括英格兰、爱尔兰，还在温莎城堡为维多利亚女王演出，此外他还在都柏林的爱乐协会音乐会中演出。

在莱比锡期间，科斯曼与李斯特结下了深厚的友谊。1850 年 7 月李斯特在写给瓦格纳的信中说："从巴黎来的科斯曼将加强我们的大提琴声部……从 8 月 15 日起他将成为我们管弦乐队中的一员……而且将会是一名优秀的成员。"1850 年 8 月在魏玛由李斯特指挥，科斯曼参加了瓦格纳的《罗恩格林》的首演。除此之外，他还作为魏玛公爵的独奏大提琴家进行演出，同时也是魏玛管弦乐团的大提琴首席。在此职位上他工作了十六年。

瓦西莱夫斯基曾说到他那"优美而清晰的声音"以及"在指板上是那样的轻松自如"[①]。科斯曼是一位优秀的独奏家及四重奏演奏家，而且正是由于他演奏四重奏的缘故，他在欧洲非常有名。魏玛是当时许多著名音乐家所向往的地方，那里的演奏水平非常之高，科斯曼很容易就在那里组成弦乐四重奏组，约瑟夫·约阿希姆、费迪南德·劳布、埃德蒙德·辛格尔和其他著名的小提琴家都曾经加入过他的四重奏组。

1866 年他在一次访问俄国的演出中，接受了帝国音乐学院的教授职位，但是在那里他只教了四年。后来他回到巴登巴登，这是他暑期度假的地方，无论他居住在哪里，夏天他总是要到巴登巴登去。此后他就与勃拉姆斯、彭罗以及著名的奥地利女高音歌唱家波林·露卡一起进行了多次巡回演出。1878 年他被任命为美因河畔法兰克福音乐学院的教授，在那里一直工作到 1911 年逝世。从俄国返回以后，他花了许多时间作曲以及编订大提琴作品。可惜，他的作品除了《音乐会练习曲》(Op. 10) 以及一些大提琴练习曲外，其他已经完全被遗忘了。

---

① 见 Wasielewski，*The Violoncello and its History*，第 123 页。

人们都知道科斯曼是位冷面笑匠。他的学生卡尔·富克斯说有一次一位学生演奏了波佩尔的《精灵之舞》，左手还可以，但是右手的运弓太重了，科斯曼就说："拉得很好，但是你最好把这首乐曲改名为'锯木头'。"

生于汉诺威的乔治·爱德华·戈特曼是普莱尔的学生，现在人们对他一无所知，但是在十九世纪他也是一位很著名的独奏家。1851年他退出舞台，以便将时间用来从事作曲和指挥。不幸的是，或许他的这一决定是错误的，因为他的作品没有什么永恒价值。但是他的作品有一个特点，由于他很了解大提琴的性能，所以他写出来的东西具有一定效果，对那些不太有才能的学生来讲，演奏他的乐曲可以取得较好的音响效果。

弗里德里希·威廉·格鲁兹马赫尔是十九世纪下半叶的重要人物之一，他所编订的古典作品，使原作支离破碎，从而引起二十世纪音乐家们的反感。格鲁兹马赫尔生于德绍，一开始跟从父亲学习音乐，他的父亲是公爵乐队中的一员。格鲁兹马赫尔很早就开始学习大提琴，他的第一位老师是多特佐尔的学生德雷西勒。

1848年他到莱比锡加入了一个私人管弦乐团。著名的小提琴家费迪南德·戴维听了他的演奏之后，就安排他在自己组织的音乐会中演出。当科斯曼于1850年离开莱比锡时，格鲁兹马赫尔就接替了他在那里的三个职位，即歌剧院管弦乐团的独奏大提琴家、布商大厦音乐会的独奏大提琴家以及音乐学院的教授。格鲁兹马赫尔还曾在戴维弦乐四重奏中演奏多年。

1860年格鲁兹马赫尔离开莱比锡，到德累斯顿的宫廷管弦乐团担任大提琴首席。他还是德累斯顿音乐协会的负责人，从1877年起亦担任德累斯顿音乐学院的教授。尽管他工作繁忙，但是仍然抽时间到欧洲和俄国巡回演出。在俄国他结识了达维多夫，并经常向他请教。

格鲁兹马赫尔的演奏以技术娴熟、表情细致而著称，他有着深厚的音乐修养，他那歌唱性的演奏也非常受人喜爱，但批评之一是他的演奏有一些生硬。从现代的演奏标准来看，格鲁兹马赫尔的演奏比当时那些大量使用滑音、使用很大揉弦的演奏者更接近现代。从格鲁兹马赫尔的演奏曲目来看，他的观点也是比较接近现代人的，他演奏的曲目包括贝多芬、门德尔松、肖邦和格里格的奏鸣曲。格鲁兹马赫尔于 1898 年首次以独奏家的身份在科隆演出了理查·施特劳斯的《堂吉诃德》。

作为一位有才能的教师，格鲁兹马赫尔训练出许多著名的大提琴家。他的弟弟列奥波德、侄子弗里德里希、埃米尔·海格尔、约翰·克林根伯格、威廉·菲茨恩哈根以及贝克都曾经在德累斯顿跟他学习过。毫无疑问，这些人以及其他一些大提琴家，将德累斯顿学派高水平的演奏原则更推进一步。德累斯顿大提琴演奏学派与维奥蒂小提琴演奏学派紧密联系，将完美的技巧和高度的音乐修养结合在一起，力图用那些有真正音乐价值的作品代替那些小型娱乐性乐曲。他们将独奏、室内乐和乐队演奏看成一个整体，根据这种培养全面发展人才的观点来组织他们的教学和演出活动。

虽然格鲁兹马赫尔的作品在当时广为流传，然而今天已经完全被人们遗忘了。他的改编曲、练习曲以及一些改编过的古典乐曲，在当时是经常被演奏的，正是由于他的这项工作，使得人们对当时已经完全被遗忘了的作曲家的作品又重新产生兴趣。不过，格鲁兹马赫尔糟蹋了鲍凯里尼的协奏曲，他从四首不同的作品中取出片段来编写《降 B 大调协奏曲》，不幸的是这个版本今天仍然在使用[1]。像毕尔斯马和莫里斯·让德隆这样一些勇敢的大提琴家，重新研究了原作并敢于进行纠正；但是人们的习惯势力是很顽固的，某些现代的演奏者并不知道这个版本不准确。然而格鲁兹马赫尔至少使人们知道了鲍凯里尼。如果不是他所做的这些"改编曲"的话，人们可能只记得某位天才的某一首小步舞曲。另外一个更加

---

① 见 Mary-Grace Scott, Boccherini's B-flat Cello Concerto: a Reappraisal of the Sources, *Early Music*, xii/3，1984 年 8 月，第 355 ~ 357 页。

明显的例子就是格鲁兹马赫尔编订的巴赫无伴奏组曲，他加进了许多和弦、经过句和装饰音，从而不可原谅地毁坏了作曲家的原作。但是从另外一方面来说，他也做了一些好事，他是最早将巴赫的这些组曲纳入音乐会的演奏曲目，而不是当作练习曲演奏的人。他为鲍凯里尼《降 B 大调协奏曲》和海顿《 D 大调协奏曲》所写的华彩乐段至今仍被使用，证明了他对乐器的性能有着彻底的了解。他的《十二首练习曲》(Op. 72) 和《每日练习》(Op. 67，后来由贝克重新编订过) 在今天的教学曲目中仍然占有一席之地。

约瑟夫·蒂姆出生于凯尔明茨，幼年在巴伐利亚阿尔卑斯地区放羊，后来便与音乐结下了不解之缘。很快他就可以熟练地演奏长笛和小提琴，十五岁时，他加入了一个巡回乐队，依靠乐队工作的收入维持生计。当他在瑞士演出时，一位犹太商人发现了他的才能，并资助他到慕尼黑音乐学院进行专业学习。在慕尼黑音乐学院，约瑟夫师从西波利特·米勒学习了三年大提琴。蒂姆第一次公开演出是在奥格斯堡，他的表演引人入胜，一位来自纽伦堡的商人当即赠送给他一把瓜奈里大提琴。后来，蒂姆到魏玛师从科斯曼。1866 年，蒂姆被任命为莫斯科的大提琴教授，并在欧洲进行巡演。1872 年，蒂姆前往美国，并于 1899 年回到欧洲。后来，蒂姆在康斯坦茨创立了一所音乐学校。

如果不谈谈维奥尔琴演奏家和大提琴家埃德蒙德·范·德·斯特拉滕，大提琴在德国发展的故事可不能算作完整。斯特拉滕出生于杜塞尔多夫的一个荷兰贵族家庭，幼年开始学习音乐。尽管人们一直认为他是一名维奥尔琴演奏家，但是他曾师从约翰内斯·霍克（库米尔的学生）学习大提琴，后在伦敦的市政厅音乐学校师从古斯塔夫·利博顿和路易斯·海格耶西（法朗萧姆的学生）。后来，斯特拉滕发现自己并不适合独奏，于是便专注于室内乐演奏，并出版专著。他曾出版轶事集《大提琴、低音维奥尔琴发展史及先驱》(1914 年)。

德累斯顿的影响

约翰·克林根伯格是格鲁兹马赫尔的学生。他对大提琴演奏做出了一定的贡献：他所编定的多特佐尔-克林根伯格教程是将多特佐尔的三本教材和迪波尔的练习曲混合在一起。该教程也许是大提琴教程中最系统、最完整的一本教程。

克林根伯格在威斯巴登和布伦瑞克两地的公爵乐队中担任着许多重要职务，但是他主要还是从事编订乐谱的工作，这些乐谱大多都是为布伦瑞克的出版商里托尔夫编订的。他经常在蒂罗尔徒步旅行，1905 年 7 月，他与往常一样外出，但从此便再也没有回来。通常他的随身行李是通过邮局寄到下一站去的，这次也没有找到，大家都认为他是遇到强盗并且被杀害了。

罗伯特·豪斯曼是十九世纪下半叶伟大的室内乐演奏家之一。他生于哈尔兹山脉的罗托贝洛德，九岁开始跟米勒学习大提琴，米勒当时是米勒弦乐四重奏的大提琴演奏家。1869年柏林音乐学院成立时，豪斯曼是那里的第一批大提琴学生，而且是最好的学生之一。在那里他师从威廉·米勒学习，一直到1871年威廉逝世为止。之后他接替了恩师的职位，担任第一大提琴教授；约阿希姆当时也是柏林音乐学院的小提琴教授，他将豪斯曼带到伦敦。正是在伦敦他结识了皮亚蒂，并跟随他学习大提琴，后来成为非常亲密的朋友。几乎每年冬天豪斯曼都会去皮亚蒂在意大利的别墅。

豪斯曼在伦敦经常与爱乐协会的乐团一起合作演出，并多次在旧圣詹姆斯大厅演出，受到了听众和评论家的热烈好评。他是德累斯顿弦乐四重奏的成员，1878年加入了约阿希姆弦乐四重奏，并一直与他们合作到1907年约阿希姆逝世为止。伦敦的约阿希姆弦乐四重奏是一个独立的室内乐团体，皮亚蒂担任大提琴手。这个著名的四重奏组经常在星期一和星期六的"逍遥音乐会"中演出。

1887年10月18日，豪斯曼与约阿希姆首次在科隆演奏了勃拉姆斯的《二重协奏曲》，由作曲家亲自担任指挥。由于勃拉姆斯在约阿希姆与其妻离婚的问题上曾经偏袒女方，所以与约阿希姆之间的关系疏远了。为了缓和与约阿希姆的关系，勃拉姆斯创作了这首协奏曲。演出结束之后，汉斯利克说约阿希姆是"小提琴家之王"，并说豪斯曼是"一位颇有身份的大提琴演奏家"。[①]

豪斯曼有一次将德沃夏克的大提琴协奏曲拿给勃拉姆斯一起演奏。演奏完之后，勃拉姆斯说："如果我知道可以这样来写一首协奏曲的话，我早就已经写好了。"随后勃拉姆斯答应为豪斯曼创作一首新作品。但是勃拉姆斯没有写协奏曲，而是写了《F大调第二奏鸣曲》（Op. 99）。1886年11月14日，在柏林音乐协会的小厅中首次演奏了这首奏鸣曲，当时使用的是作曲家的手稿，由豪斯曼和作曲家本人一起演出。马克斯·卡尔贝克在《新闻报》中这样写道：

① 见 Ginsburg, *History of the Violoncello*，第71页。

在整个音乐世界还未能享受这首辉煌的作品之前，我们能够听到如此高水平的演奏，这种幸福感是难以形容的。创新精神尚盘旋于作品的手稿之上，而作曲家的个性却活生生地呈现在我们面前。在作品和听众之间没有任何使人感到陌生的东西，对于那些真诚而正直地理解这首作品的人来说，在他们面前呈现出的是一幅极为详尽的画面。①

布鲁赫极其动听的乐曲《晚祷》也是献给豪斯曼的。

豪斯曼的演奏既有良好的左手技巧，又有灵巧的运弓，发音也非常丰满而富有力量。他是一位很有才能的音乐家，擅长演奏室内乐；他精心编订出版的古典练习曲，是对大提琴文献的卓越贡献。他所编订的巴赫无伴奏组曲（1898年），也是最接近于巴赫原著的版本。

豪斯曼用来演奏的是一把在斯特拉迪瓦里制琴的黄金年代，也就是1724年制作的大提琴。现在人们将这把乐器叫作"豪斯曼"，该琴现在在库尔兹手中。

弗里德里希·威廉·菲茨恩哈根出生在布伦瑞克公爵领地的泽生，父亲是宫廷的音乐指导。他从五岁起开始学习钢琴、大提琴和小提琴；由于他加入的那个宫廷小乐队中经常会出现一些紧急情况，所以他还负责演奏几种木管乐器。十四岁时，菲茨恩哈根开始跟米勒认真学习大提琴，后来又到德累斯顿师从格鲁兹马赫尔作进一步深造，在德累斯顿他还受聘加入皇家教堂管弦乐团。

1870年他在魏玛参加了贝多芬音乐节，他的演奏引起了李斯特的注意，并试图说服他加入当地的管弦乐团。但是菲茨恩哈根已经接受了莫斯科帝国音乐学院的大提琴教授一职，从此开始了他事业最重要的时期。当时他被看作俄国最重要的大提琴教授。他还被任命为俄国皇家音乐协会的独奏大提琴家，也是莫斯科

---

① 见 Ginsburg，*History of the Violoncello*，第 130 ～ 131 页。

音乐学会和管弦乐团联合会的主席，他还曾多次以独奏家的身份参加由该协会组织的音乐会。

菲茨恩哈根为大提琴写了六十多首作品，其中包括四首大提琴协奏曲、一首为大提琴和乐队而作的组曲及一首弦乐四重奏，这首弦乐四重奏曾获圣彼得堡室内乐联合会授予的奖状；此外他还写了许多沙龙音乐。

1877年11月30日，菲茨恩哈根首演了柴科夫斯基为大提琴和管弦乐队而作的《洛可可主题变奏曲》（Op. 33），这首变奏曲就是献给他的。柴科夫斯基允许他对大提琴的独奏声部进行修改，于是他就更改了变奏曲的顺序。在柴科夫斯基的原作中，"d小调变奏"在八个变奏中原本排第三，而菲茨恩哈根为了抓住机会在听众面前展示自己，将第七和第三变奏进行了调换，而且干脆就不演奏最后一个变奏。

1879年6月，菲茨恩哈根在威斯巴登音乐节上演奏了这首作品之后，感到很愉快，因为当时他写信给柴科夫斯基说："我在这里演奏你的变奏曲引起了轰动，出来谢幕三次，这使我感到非常高兴。在行板的变奏（d小调）之后，听众中发出了雷鸣般的掌声。李斯特对我说，'你征服了我，你演奏得非常出色！'关于你的这首乐曲，他说，'无论如何，现在我们有真正的音乐了！'"[1]

显然，菲茨恩哈根对柴科夫斯基的反应判断错误了。1889年这首变奏曲出版时，阿纳托利·布兰德科夫拜访了柴科夫斯基，发现他的情绪很不好。作曲家拿出了这部作品的校样说："你看菲茨恩哈根这个白痴将我的作品弄成什么样子了，他将一切都改变了。"当布兰德科夫问他打算怎么办时，他怒气冲冲地说："叫他见鬼去吧！就这样吧！"[2]

结果菲茨恩哈根的版本就变成我们现在演奏的标准版本了。但是俄国大提琴

[1] 见 David Brown，*Tchaikovsky: A Biographical and Critical Study*，Vol.2，第121页。
[2] 同上，第122页。

家维克托·库巴斯基将柴科夫斯基的手稿放到 X 光下进行观察，结果发现手稿中有用墨水涂改过的痕迹。后来重新出版了柴科夫斯基的原作，并由克努谢维斯基录制了这首作品。原作逐渐代替了那个"野蛮"的版本，但是习惯势力是很顽固的，许多大提琴家现在仍然使用菲茨恩哈根的版本。年轻的英国大提琴家瓦尔菲施演奏的是柴科夫斯基的原作，并且录制了一张动听且令人信服的唱片。

不过，菲茨恩哈根的教师身份是受到人们高度尊重的。他训练出许多优秀的大提琴家，其中包括波兰的约瑟夫·阿达莫夫斯基。阿达莫夫斯基于 1889 年到美国并加入了新成立的波士顿交响乐团，而且是乐团退休方案的制定者之一。阿达莫夫斯基还以自己的名义成立了弦乐四重奏，并在波士顿的新英格兰音乐学院任教。

路德维希·莱贝尔三岁时由于成熟的钢琴表演而引起维也纳音乐界的注意，十五岁时在布达佩斯师从波佩尔学习大提琴，据说他是波佩尔最喜爱的学生之一。1896 年他在伦敦的女王大厅举行了首演，之后就在全国各地进行演出。他还是一位优秀的教师，曾经在伦敦的圣三一学院教授室内乐多年，许多老一辈的英国弦乐演奏家都对当时他所授的课怀有感激之情。他为大提琴创作了许多作品，包括一首奏鸣曲和《练习曲二十首》(Op. 13)，也编订出版了库米尔和多特佐尔的练习曲。

埃米尔·海格尔来自瑞士的巴塞尔，是格鲁兹马赫尔在莱比锡最优秀的学生之一。他二十三岁时就被任命为布商大厦管弦乐团的大提琴首席，也是那里音乐学院的教师。他的许多学生后来都取得了很好的成就。其中最著名的学生有朱利叶斯·克林格尔、赫尔曼·赫伯莱恩和瑞斯伯格。约翰·斯文森将自己那首可爱的《D 大调协奏曲》献给了海格尔，但是这首协奏曲很少演奏，因为它不能充分展现独奏家的技巧。

海格尔的演奏事业由于左手患神经痛而中断，于是他就转向了他的第二爱好——声乐。直到 1907 年逝世为止，他一直在巴塞尔音乐学院担任声乐教授。

"大提琴中的帕格尼尼"

虽然大提琴传入比利时和荷兰的时间与传入法国大致相同，但是它在这两个国家的发展要慢得多。威廉·德·菲斯奇于 1687 年生于荷兰，他是第一位值得一提的大提琴家。他是安特卫普大教堂的管风琴家和合唱指挥，也会作曲并演奏小提琴。1731 年他来到伦敦，在那里以作曲家的身份取得了一些成果。他的作品包括六首大提琴组曲（Op. 8）及一首为两个合唱团和管弦乐队而作的弥撒曲，在这首弥撒曲中他还特别为大提琴写了一段助奏。

阿德里安·弗朗索瓦·谢尔瓦斯通过他在布鲁塞尔音乐学院的教学和他那惊人的演奏，对比利时大提琴演奏学派起到了巨大的影响。他出生在布鲁塞尔附近一个名叫海尔的地方，父亲是管风琴家并给他上了小提琴的第一课。后来借由塞尔的赞助，他来到了布鲁塞尔跟歌剧院管弦乐团的首席普兰根学习小提琴。当谢尔瓦斯听到了普雷特尔的演奏后，他被大提琴的声音深深打动，于是就放弃了小提琴的学习，而进入了音乐学院成为普雷特尔的学生。经过一年的学习之后，他就获得了第一名，并于1829年成为普雷特尔的助教。

谢尔瓦斯参加了歌剧院管弦乐团的演出，并进行了独奏演出，但是并没有引起人们的注意。三年之后他在巴黎引起了轰动，第二年他在伦敦所开的音乐会同样获得了巨大成功。

然而谢尔瓦斯是一个追求完美的人，他感到自己的演奏需要最后的提炼，于是他又重新返回布鲁塞尔进行两年的学习，才使演奏达到了他的最高水平。他有着准确无误的技巧、优美的运弓和富于表现的发音。谢尔瓦斯像许多由小提琴转为大提琴的人一样，是以小提琴的姿势把左手放到指板上的。

1836年谢尔瓦斯再次访问了巴黎，并受到了更加热烈的欢迎，之后他就在整个欧洲进行巡回演出，而且不论在哪里都受到了极大的欢迎。一位莱比锡的评论家说"他在演奏强力度时有着巨大的力量，在演奏轻力度时又非常柔和"，并把他那"令人难以置信的技巧和左手的高度准确性"与帕格尼尼相比。[①] 他在巴黎还听过帕格尼尼的演奏，据说他十分佩服帕格尼尼，因此人们也叫他"大提琴中的帕格尼尼"。

作为一位多产的作曲家，谢尔瓦斯写了三首协奏曲，幻想曲，大提琴与钢琴、大提琴与小提琴的二重奏——他与小提琴家休伯特·列奥纳德和维厄当一起演奏。他还写了一些随想曲，并移植了许多小曲。他只为大提琴创作，他的作品中充满了新技巧，并用各种手段使作品富于色彩和辉煌的效果。他的作品在今天主要用于教学，但是这些作品的历史意义是不容忽视的。

1839年谢尔瓦斯第一次访问圣彼得堡，在那里他高超的演奏吸引了大批俄国听众。毫无疑问，谢尔瓦斯在俄国各大城市的演出大大促进了大提琴在

① 见 Gisburg, *History of the Violoncello*，第33页。

这个国家的普及性，发展了俄国和比利时在演奏上的联系，这在很大程度上就像维厄当和维尼亚夫斯基把小提琴演奏学派带到俄国去一样。谢尔瓦斯在俄国进行了长期而广泛的巡回演出，共达十次之多，并于1849年在圣彼得堡完婚。

无论是在高把位还是在低音区，他都有着歌唱性的音色，这似乎是他演奏的一个特点。一位维也纳评论家写道："谢尔瓦斯的目的并不是把灰尘投向听众的眼睛，而是打动他们的内心。"[①] 假如有人认为这种赞扬有溢美之嫌的话，我们可以听一听伟大作曲家柏辽兹的意见。1847年柏辽兹这样写道：

> 在第二场音乐会中，我们发现了一位像帕格尼尼那样的天才，他的勇气、感觉的高度和强烈的程度是那样惊人、感人和迷人。我这里说的是伟大的大提琴家谢尔瓦斯。他的歌唱是发自内心的，没有任何夸张和矫揉造作，非常优美。他能够轻而易举地对付那些令人难以置信的困难片段；他从来也不允许自己的音质中出现任何缺陷，当在作品的某些地方需要演奏乐器的最高音时，他所表达出来的那种强烈程度，即使是一位小提琴大师也会甘拜下风。[②]

1848年普雷特尔逝世后，谢尔瓦斯接替了他在布鲁塞尔音乐学院的教职。从此之后，他的演出活动越来越少了，可是他从来没有放弃过他在世界各地的广大听众。在四十多年中，即使是旅行不易时，谢尔瓦斯也经常在欧洲的各个城市举行音乐会。他的许多学生都继承了他那优秀的技巧和表现风格，其中有他的儿子约瑟夫、朱尔斯·德·斯维特、欧内斯特·德·芒克和约瑟夫·霍尔曼。

① 见 Ginsburg, *History of the Violoncello*，第35页。
② 同上，第34页。

人们永远记得是谢尔瓦斯发明了大提琴的尾柱。除了在克罗姆的教材中曾经对大提琴的持琴有过一些未成熟的想法外，在这方面唯一的建议就是把乐器放在一个脚凳上，但这是乐器发展很早期的事情了。谢尔瓦斯在老年时变得非常胖，他感到很难再把大提琴夹在两腿之间演奏了。由于尾柱的出现能够使双臂更加自由，所以它是对大提琴技巧的革命性变革。尾柱的出现给大提琴带来的另外一个发展就是女性终于也能够不失尊严地演奏这种乐器了。在尾柱出现之前，很少有女性大提琴家敢把乐器放在张开的双腿之间演奏，那时她们别无选择，只能把双腿都放在大提琴的一边。

谢尔瓦斯演奏的是一把1701年由斯特拉迪瓦里制作的大琴身大提琴，这是少数还没有被改小尺寸的乐器之一。这把琴也是这位制琴大师在那一年所制的唯一一把大提琴。希尔兄弟在他们的书中指出，这是唯一一把能把1700年之前大提琴的辉煌性和刚强性结合在一起的乐器，斯特拉迪瓦里在制琴的早期是很喜欢这种风格的。而且这把乐器的边板是斯特拉迪瓦里制作的所有大提琴中最深的一把。

当这把乐器到了法国琴商维尧姆之手后，谢尔瓦斯立即就爱上了它。这把大尺寸乐器似乎就是为他这位身材高大而魁梧的人量身订制的，当时这把琴的价格是一万两千法郎，不能算贵，但是远非谢尔瓦斯所能承受的。然而一位富有的俄国公主尤索波娃很崇拜谢尔瓦斯，她购买了这把乐器，并把它送给了谢尔瓦斯。这把乐器很快就像它的主人一样有名，而且所有听过谢尔瓦斯演奏的人都在谈论这把琴的声音。谢尔瓦斯还用不同的琴马进行试验，他发现使用非常窄的琴马可以增加大尺寸乐器通常缺少的那种声音亮度。

谢尔瓦斯晚年时，特别是在出现了年轻的达维多夫的俄国，人们开始批评谢尔瓦斯的演奏过分浪漫化，以及他那"不停的甜美揉弦"。人们的音乐趣味不可避免地在改变：音乐爱好者和音乐家变得越来越有知识，他们不满足于谢尔瓦斯那种非常适合沙龙要求的浪漫主义演奏风格。人们在音乐中所追求的是一种新的

"大提琴中的帕格尼尼" | Paganini of Cellist

时代精神、新的美学概念，并要求在音乐中表达深刻的内容和含义。

1866 年他在俄国巡回演出至西伯利亚。由于过分劳累，他病倒了，而且很快就在家乡海尔逝世。谢尔瓦斯在大提琴演奏史中的意义在于，借由其演奏风格和作品，他开创了一个象征着浪漫主义演奏的新时代。

比利时与荷兰

由普雷特尔奠定基础、谢尔瓦斯进一步发展的比利时大提琴演奏学派，逐渐开始吸引学生到布鲁塞尔音乐学院学习，但是仍然有一些年轻人喜欢到别的国家去求学，其中之一就是来自安特卫普的皮埃尔·亚历山大·谢维拉德。他在九岁时就被巴黎音乐学院录取，师从诺布林学琴，并于十六岁时获第一名。在体育馆剧院担任了一段时间的大提琴首席，并在进行了多次巡回演出之后，他返回布鲁塞尔举行了非常成功的首演。评论界无不对他那辉煌的技巧和精炼的演奏风格大加赞扬。

谢维拉德不仅是位优秀的演奏者，同时也很关心大提琴演奏的艺术性，他努力想将贝多芬的晚期四重奏作品带入巴黎音乐圈——对此他们完全不知道——但失败了，这主要是由于这些同行们缺少这方面的知识。之后，他在让-皮埃尔·莫里恩、萨巴提耶尔和马斯的帮助下，成立了一个名为"贝多芬晚期四重奏"的弦乐四重奏组。这个定期的演出吸引了越来越多的听众，最后他们就决定去普莱耶尔剧院演出了。在那里他们找到了一大批听众，特别是许多业余的弦乐四重奏演奏者；之后他们到德国的各大城市去演出，受到了同样热情的欢迎。1859年谢维拉德接替了瓦斯林的位置，在巴黎音乐学院任教授。

贾克斯·福兰科-门德斯是对荷兰大提琴演奏发展有着巨大影响的一位大提琴家，1816年生于阿姆斯特丹的一个葡萄牙犹太家庭中。他从小就显示出音乐才能，十三岁时到维也纳跟随帝国教堂的大提琴家约瑟夫·默克学习。在与他的小提琴家哥哥约瑟夫一起巡回演出之后，他被任命为荷兰国王室内乐大提琴演奏家，之后成为皇家大提琴独奏家。1845年他参加了在波恩举行的贝多芬纪念音乐节的开幕式演出，但他的独奏没能给人们留下什么印象。后来他定居巴黎直到1860年逝世。

福兰科-门德斯为大提琴创作了许多作品，他的两首弦乐五重奏和一首弦乐四重奏获得了荷兰音乐促进协会颁发的一等奖。查尔斯·阿皮是他最有才能的学生之一。

1834年生于海牙、有法国血统的阿皮在弦乐演奏者中是少见的，他很晚才开始学习音乐，但是却成了名。他十四岁开始学习钢琴，一年后改学大提琴，先是跟随比利时人蒙蒂尼学琴，然后师从阿姆斯特丹管弦乐团的大提琴首席默伦，最后跟随福兰科-门德斯完成了自己的学业。他进行着繁忙的独奏演出，并在好几个管弦乐团中担任大提琴首席，其中包括伦敦水晶宫管弦乐团。

1862年阿皮加入了克嫩弦乐四重奏。九年来他经常与一些当时最伟大的音乐家一起演出，其中包括克拉拉·舒曼。他在阿姆斯特丹的音乐学院担任了大约二十年的教授。

亚历山大·巴塔生于荷兰的马斯特里赫特，起初跟随父亲学习小提琴。他和谢尔瓦斯一样，在听了普雷特尔的演奏之后，深深地被大提琴的声音所打动，于是就放弃了小提琴到音乐学院去跟普雷特尔学习大提琴了。1834 年他与德·芒克并列第一。

在巴黎他听了著名男高音歌唱家鲁比尼的演唱后，决定要在自己的乐器上演奏出类似歌唱的声音。遗憾的是，鲁比尼也与他那个时代的许多歌唱家一样，嗜好滑音和过分的自由速度。巴塔从模仿他的歌唱中并没有得到什么音乐上的好处，但却使他成为巴黎沙龙的宠儿。在那里他被捧为名流，特别受到女士们的宠爱。

巴塔有一把斯特拉迪瓦里在他黄金时代（1714 年）制作的非常漂亮的大提琴，他是在 1838 年得到这把大提琴的。据说谢尔瓦斯曾经赞扬过巴黎制琴师梯伯特的某些琴，并且要求巴塔来看看。巴塔选中了一把阿玛蒂大提琴，其他的琴他都不喜欢。但是当他一看到这把斯特拉迪瓦里大提琴，并且听到它的声音后，立即就被它迷住了。他非常想买这把琴，并将自己的这一想法告诉了一位有钱的朋友，这位朋友只花了七千三百法郎就买下了这把琴，并将它送给巴塔。在巴塔的一生中，许多人出了远远高过这个数目的价格想买这把琴，其中最诱人的是一位俄国贵族，拿出一张空白支票让巴塔自己填写价钱，但是他一直不肯卖。当他八十岁时，他以三千两百英镑的价格把琴卖给了希尔。他是如此热爱这把乐器，坚持要亲自将它送到希尔乘车的火车站。火车要开走的那一刻，他虔诚地吻了下这把琴，然后才将它送到它的新主人手中。

比利时的弗朗索瓦·德·芒克是他那个时代最有前途的大提琴家，父亲是一名教师和乐队指挥。他起初跟父亲学习音乐，十岁时在布鲁塞尔音乐学院跟普雷特尔学习。

据说年轻时芒克的演奏不仅以十全十美的音准，而且还以强烈的感情以及能够轻而易举地克服所有的困难而著称，遗憾的是这份才能很快就夭折了。由于过分热衷于格罗夫所描绘的"某种紊乱的生活道路"，[①] 结果他就越来

① 见 *Grove's Dictionary of Music and Musicians*，第五版，Vol.5，第 1000 ~ 1001 页。

越忽略他的大提琴学习，健康也受到损害。1848年他不得不辞去音乐学院的职务，并被谢尔瓦斯所取代。他最后一次回到音乐岗位，是加入了伦敦女王剧院的管弦乐团。由于健康原因他最后还是回到了布鲁塞尔，不久就在那里逝世。

幸好他的小儿子欧内斯特·德·芒克训练有素。八岁时首次公演，两年后就在伦敦首演。他在布鲁塞尔音乐学院跟谢尔瓦斯学琴，后来作为独奏家跟朱利恩的管弦乐团合作演奏协奏曲，并在英国巡回演出。他和他的哥哥卡米尔在巴黎举行的"圣-桑音乐会"中，首次演出了维厄当为小提琴和大提琴而作的一首未出版的二重奏；还在莫里恩弦乐四重奏中演奏了两年大提琴。1871年他以公爵大教堂大提琴首席的名义来到魏玛，在那里他与李斯特十分要好。在与歌唱家帕蒂结婚后，他在美国住了一段时间，然后定居英国。直到1915年逝世前，他一直是伦敦皇家音乐学院的大提琴教授。

来自卢万的朱尔斯·德·斯维特是比利时最优秀的大提琴家之一，也是谢尔瓦斯最优秀的学生。他起初跟随父亲学习大提琴，其父是卢万大教堂的合唱指挥。谢尔瓦斯听到了他的演奏，答应收他为学生；斯维特在十四岁时成为"桂冠"获得者。作为一名独奏家，他成功地出现在欧洲各地，并在德国的许多城市任职，包括魏玛和柏林，在那里他是皇家教堂的大提琴首席和音乐学院的教授。他还去了拜罗伊特，在瓦格纳的要求下组建乐团并担任大提琴首席。他也曾经在杜塞尔多夫停留，与克拉拉·舒曼和利奥波德·奥尔一起演奏三重奏。他们合作的古典作品和现代音乐据说在当时是无与伦比的。

斯特拉滕记得曾经听斯维特演奏巴赫的第六号无伴奏组曲，得到了深刻的印象。他在舞台上的形象是身材矮小而粗壮的，健壮的肌肉，看上去不像一位音乐家，倒像一位获奖的拳击运动员；但是当他一拿起弓，就完全变成另外一个人了。斯特拉滕写道："他的声音壮丽有力且非常甜美，他简直就不知道困难为何物；他是一位优秀的音乐家，从来也不会降低自己的艺术性而进行纯技术的炫耀。"①

奥古斯特·范·比内是以不太传统的方式成名的一位大提琴家，大约 1850
年生于鹿特丹。他在布鲁塞尔音乐学院跟谢尔瓦斯学琴，1867 年来到伦敦，在
科斯塔爵士的管弦乐团演奏了一段时间，接着就成为成功出现在整个英伦三岛音
乐舞台上的第一位大提琴家。后来他创作并演出了一部名为《断了的旋律》的戏
剧。在剧中，他扮演一位演奏流行音乐的俄国大提琴家，偶尔加上一点对话；这
使他取得了巨大成功，而且使他赚到了比他当一位严肃的独奏家要多得多的钱。
后来，比内录制了一张伴随着啜泣呜咽声的《断了的旋律》主题的唱片。

来自海尔的爱德华·雅各布斯起先在布鲁塞尔音乐学院学习低音提琴，二十
岁时改学大提琴，先师从利博顿，再跟随谢尔瓦斯。他在欧洲进行了一段时间的
巡回演出，并且在魏玛皇家教堂中担任独奏达八年之久。1879 年他任音乐学院的
第二大提琴教授，谢尔瓦斯逝世后，继承老师的职位任第一教授。后来他巡回演
出到了伦敦并在女王大厅演出。多年来他还在靠近圣彼得堡的帕夫洛夫斯克进行
定期演出。

作为一位独奏家，雅各布斯以他有力而动听的声音而闻名。他也是一位优秀
的室内乐演奏家，并且与赫尔曼、科埃略和范·汉米一起组织了在布鲁塞尔举行
的"巴黎优美艺术"系列音乐会。现在这些音乐会已被人们认为是首都音乐生活
中最重要的事情。

来自荷兰马斯特里赫特的约瑟夫·霍尔曼是威廉三世出资培养的有前途的年
轻人，并顶着"御用音乐家"的头衔开始他的音乐事业。霍尔曼先在布鲁塞尔音
乐学院跟谢尔瓦斯学琴，在那里他几乎每门功课都得第一名。最后他求学于巴黎
音乐学院，师从利昂·雅卡尔。

之后他到欧洲巡回演出。在伦敦的贝奇斯坦大厅，他在作曲家圣-桑的钢琴

① 见 Van der Straeten，*History of the Violoncello*，第 555 页。

61

伴奏下举行了一系列的音乐会。这位作曲家非常欣赏霍尔曼的演奏，并且将他的《d 小调第二大提琴协奏曲》（Op. 119）献给了他；霍尔曼于 1903 年在柏林首演了这首协奏曲。在英国，他还首次在管弦乐队的协奏下演奏了布鲁赫的《晚祷》。

霍尔曼写了两首大提琴协奏曲和许多当时很流行但是现在已经被人们遗忘了的小曲。年轻的富尼耶住在霍尔曼的楼上，他十分仔细地描述了霍尔曼的练习："这个乐器发出了令人烦躁的摩擦声、吹气声、隆隆声、口哨声、喘气声、咳嗽声，有时甚至是打喷嚏的声音。总之霍尔曼先生的弓可以模仿出各种奇怪的声音来。"① 另外一种不同的意见来自萧伯纳："霍尔曼……演奏了一首巴赫的咏叹调，使人感到好像只有伟大的艺术家才能演奏这位伟大作曲家的作品。我并不喜欢大提琴，通常我觉得它发出来的声音就好像是蜜蜂在瓶子里发出来的嗡嗡声，但是如果所有的大提琴家都演奏得像霍尔曼那样好的话，我对大提琴的态度或许会好得多。"②

皇室人员似乎一直很喜欢霍尔曼，在他巡回演出的过程中，他得到了许多荣誉和奖品。维多利亚女王很喜欢霍尔曼，送给他一个非常漂亮的钻石戒指；威尔士王子（也就是后来的爱德华七世）送给他一个领带夹，在这个领带夹顶端有用钻石镶嵌的他名字的缩写。

霍尔曼非常喜欢女人。生于荷兰的美国大提琴家伯格回忆道，霍尔曼八十岁时，外出散步见到漂亮的姑娘，还是情不自禁地要转过头去看一看。

人们不仅喜欢出生在荷兰鹿特丹的伊萨克·莫塞尔那辉煌的演奏技巧和优美的演奏风格，而且非常敬重他。八岁时，莫塞尔跟路易斯·科勒和奥斯卡·埃伯利学琴。在柏林音乐厅担任大提琴首席前，他曾以一位独奏家的身份进行巡回演出；之后他还在柏林爱乐乐团中任大提琴首席。1887 年他与达维多夫一起在

① 见 Bernard Gavoty，*Pierre Fournier*，第 10 页。
② 见 Shaw，*The World*，1890 年 7 月 9 日。

不朽的大提琴家 | The Great Cellists

德国及荷兰进行他最后的巡回演出，一年后就被任命为阿姆斯特丹音乐会堂管弦乐团的大提琴首席，还在音乐学院任教。他还是阿姆斯特丹音乐学院四重奏的成员。莫塞尔有一把由阿玛蒂制作的很漂亮的大提琴，还有一把加里亚诺制作的大提琴。

赫金家族虽然没有什么享誉世界的大提琴家，但那些有才能的后代对大提琴的发展做出了贡献。十九世纪中期出生于海牙的查尔斯·赫金成功地在整个欧洲进行了巡回演出，此外也在波尔多音乐学院教学。

他的侄子安德烈·赫金也是他的学生，生于波尔多，十五岁时就进行了广泛的巡回演出，而且以他那丰富的音色和完美的处理受到人们的赞扬。最后他定居巴黎并从事教学工作。他在诺马尔音乐学校教课，也在枫丹白露的美国音乐学院任教，1919 年成为巴黎音乐学院的教授。

这个家族中最著名的成员就是查尔斯的儿子热拉尔·赫金。他生于南锡，在巴黎音乐学院学习，1899 年十岁时，就获得了第一名。他是歌剧院管弦乐团的成员之一，后来在阿姆斯特丹生活了几年，担任门盖尔贝格指挥下的音乐会堂管弦乐团的大提琴首席。第一次世界大战期间，他在法国军队中服役四年；1927 年成为巴黎音乐学院的教授。热拉尔是位优秀的教师，让德隆是他的学生。他也是年轻作曲家的好朋友和支持者，认为只有当人们为大提琴写下足够的新作品时它才能向前发展，但他的这种看法并不被当时的人所接受。

伊万·德阿香博是热拉尔·赫金同时代的人，从 1903 年起一直到 1929 年弗隆札雷四重奏解散为止，他一直是该四重奏组的大提琴成员，阿道夫·贝蒂任第一小提琴，阿尔弗雷德·波雄任第二小提琴，乌戈·阿拉任中提琴。这个四重奏组是当时最著名的四重奏组之一。

伊万·德阿香博生于荷兰的赫维，是著名作曲家让-米歇尔·德阿香博最小的儿子。他最早学习钢琴，十六岁时改学大提琴，起初在韦尔维埃音乐学院师从马绍学琴，之后在布鲁塞尔师从雅各布斯，在法兰克福随贝克学琴。此外他还跟科斯曼上了弦乐四重奏的密集课程。

德阿香博一直想成为一名独奏家，他在音乐方面的才能也足以胜任，但是弗隆札雷四重奏的活动使他感到非常满足，他从来都没有后悔加入这个四重奏组。但是德阿香博在 1928 年与该四重奏组一起举行告别巡回演出的前一年，应邀在韦尔维埃音乐节上演奏海顿的《D 大调协奏曲》，取得了巨大成功，于是他有了在五十岁时重新从事独奏事业的勇气。他每天练习六小时，当美国伟大的艺术赞助家伊丽莎白·库里奇邀请他在由她主办的芝加哥音乐节的六场系列音乐会中进行演出时，他欣然答允，并于 1930 年 10 月举行了他的第二次"首演"。他的演出曲目包括巴赫组曲，以及欣德米特和洛卡泰利的奏鸣曲。这次成功促使他在波士顿、纽约和美国其他城市进行了一系列的演出。

但是这时的美国正处于经济大萧条时期，所有的演奏家都受到了影响。因此他不得不重新回到欧洲，直到 1955 年逝世，他一直进行着非常活跃的独奏演出。他不仅与弗隆札雷四重奏一起录制唱片，还录制了具有历史意义的巴赫组曲。他还与他的儿子皮埃尔一起录制了大提琴和小提琴的二重奏。

比利时的罗伯特·马斯是位优秀的室内乐演奏家，大约开过两千场音乐会；十二岁时就开始独奏演出，是雅各布斯的学生。多年来他一直都是由比利时小提琴家奥诺领导的于 1912 年成立的著名的普鲁弦乐四重奏的成员。1939 年战争爆发时，他正好在比利时——而四重奏的其他成员不得不待在美国——生活得十分艰难。由于他拒绝为德国军队演出，只得在咖啡馆中谋生，并且随时有被驱逐的危险。

战后在一次聚会上，他结识了当时正在寻找一位大提琴家来组织弦乐四重奏的小提琴家坦米安卡。在坦米安卡所写的自传《面对音乐》中，他描述了马斯所演奏的一首巴赫组曲：

　　我立即知道了在我面前的是一位大师，一位伟大的大提琴家和艺术家。

他的演奏风格是不朽的，在他的演奏中有一种跳动着的、无法破坏的节奏感驱使音乐走向它必然鸣冤的命运……尽管他的演奏中含有巨大的力量和热情，然而他的特点却是古典含蓄的高尚趣味。①

一次偶然的机会，马斯拜访了纽约小提琴商人埃米尔·赫尔曼，见到了帕格尼尼收藏过的四把斯特拉迪瓦里制作的乐器。赫尔曼准备将这四把琴卖掉，条件是这四把琴要在一起。其中有一把小提琴是帕格尼尼在音乐会上使用过的；那把中提琴就是柏辽兹为之创作《哈罗德在意大利》的那一把；而那把大提琴则是斯特拉迪瓦里在 1736 年九十二岁时所做的最后一把琴。

克拉克夫人是位极为富有的美国参议员的遗孀，她买下了这四把琴，并将它们交给了坦米安卡，以用来组织"帕格尼尼弦乐四重奏"。马斯在这个享有盛名的四重奏组中演奏了两年。在纪念他终生的好友与同事奥诺的音乐会中，中场休息时，他在后台不慎摔倒并死于心脏病，享年五十七岁。

---

① 见 Temianka, *Facing the Music*，第 117 ~ 118 页。

"大提琴中的沙皇"

1720 年德国公爵乌里希来到俄国寻求政治庇护，并且将他的私人乐队也带到了俄国。除了小提琴、中提琴、大提琴和低音提琴外，这个乐队还有木管、铜管和打击乐器。沙皇定期邀请他们到宫廷演奏，这个乐队后来就成了皇家教堂乐队的核心。彼得大帝的儿子彼得二世是一位音乐爱好者，并跟里德尔学习大提琴。里德尔来自德国的西里西亚，约在 1727 年被任命为宫廷击剑和大提琴教师。他还是宫廷管弦乐团的成员，并一直在那里工作到 1740 年。

沙皇皇后安娜也是一位音乐爱好者，从国外带来了几位著名的音乐家。这些人当中有意大利帕多瓦来的加斯帕罗，还有达尔奥里奥。1763 年，另外一位意大利人波里阿里代替了朱塞佩的位置，1770 年又被绰谢夫斯基接替。

大提琴很快就受到俄国贵族们的喜爱，早期最重要的代表人物之一就是维尔豪斯基伯爵。他是波兰贵族，1772 年他的国家被腓特烈大帝瓜分后，他的家族就定居在俄国了。维尔豪斯基很早就显示出在音乐上的才能，起初学习钢琴和乐理，后来又学习大提琴。他曾将罗姆伯格安排在自己家中住了两年，以便可以跟他上课。当时的音乐家对维尔豪斯基十分尊重，许多人都把他们的作品献给他。谢尔瓦斯著名的《音乐会曲》、维厄当为小提琴、大提琴和管弦乐队写的《辉煌二重奏》（Op. 39）以及门德尔松最好的室内乐作品之一的《第二奏鸣曲》，都是为维尔豪斯基创作的。

1863 年维尔豪斯基逝世后，他的大量藏书遗赠给了圣彼得堡音乐学院，他的那把斯特拉迪瓦里大提琴则留给了达维多夫。希尔告诉我们，这把大提琴起初是用他的一把瓜奈里大提琴和四万法郎（在 1902 年时大约相当一千六百英镑）以及他马棚中最漂亮的一匹马向阿普拉欣伯爵换来的。这把琴就是一位匿名的捐助人，在杜普蕾那辉煌但短暂的事业开始时，送给她的那把大提琴。

卡尔·达维多夫是俄国最早的大提琴家之一，出生于拉脱维亚的戈丁根，父亲是位医生，也是一位颇有造诣的业余小提琴家。由于演奏音乐是这个家庭日常生活的一部分，所以他从小就受到音乐的熏陶。他五岁起学习钢琴，十二岁跟莫斯科剧院的大提琴首席海因里希·施米特学习大提琴，后来继续跟皇家乐队指导和大学音乐系主任舒伯斯学琴。

由于他的父母坚持要他完成正式教育，然后才能进一步学习音乐，达维多夫就在圣彼得堡大学修了数学学位，二十岁时在莱比锡音乐学院跟豪普特曼学习作曲。普特豪曼在音乐理论方面的先进思想，不仅在作曲方面，也在后来达维多夫发展大提琴演奏技巧方面，给了他深刻的影响。他在数学方面的知识，对他理解老师有关音响与和声方面的想法特别有用，他对"一些现象的掌握，形成了大提琴的五度调音"[①]。达维多夫是最早将大提琴技巧与解剖学及生理学结合在一起的

---

① 见 *The Strad*，1952 年 1 月，第 276 页。

人之一，贝克也在这方面进行了探讨，并由费尔曼和卡萨尔斯进一步向前推进。

达维多夫起初想成为一位作曲家，但是当他意外地被邀请代替格鲁兹马赫尔与戴维和莫斯克莱在一个私人音乐会中演奏门德尔松的一首三重奏时，他大获成功。在那场音乐会中，他还进行了独奏演出。结果当他应邀在布商大厦音乐会中演奏自己的《第一协奏曲》（Op. 5）时，受到了极大的欢迎。

当格鲁兹马赫尔移居德累斯顿时，二十二岁的达维多夫就接替了他的位置，成为莱比锡音乐学院的大提琴教授。他开始在整个欧洲和英国进行一系列的巡回演出，并被称为那个时代最伟大的大提琴家。评论界经常赞扬他那完美的音准，他在最高的把位也有着很好的音准。柴科夫斯基称他为"大提琴中的沙皇"；克林格尔常说："自从年轻时在圣彼得堡听了达维多夫的演奏后，我才知道大提琴演奏是什么。"[1]

然而达维多夫并不是总能心想事成的。1869 年 11 月他在巴拉基列夫指挥下，第一次演奏舒曼的协奏曲。[2] 一向不喜欢舒曼的评论家亚历山大·谢洛夫写道："即使像达维多夫这样非凡的演奏家，也无法挽救这种音乐中的胡言乱语！"[3]

显然达维多夫很少需要练习。小提琴家奥尔是圣彼得堡弦乐四重奏的第一小提琴，达维多夫担任大提琴。奥尔说达维多夫几个月不练琴仍然能演奏得很好；他的学生说在演出前他经常把大提琴带到教室，让学生拉他新换的琴弦，因为他没有时间拉它！

1863 年，达维多夫接替了他的老师舒伯斯的职位，成为圣彼得堡音乐学院的大提琴教授。他关心贫穷的学生，增加奖学金的名额，甚至为需要的学生提供住所。达维多夫还被任命为"皇帝陛下的独奏家"，当时这是一个只颁发给俄国

---

① 见 *The Strad*，1952 年 1 月，第 278 页。
② 这首协奏曲的首演是 1860 年 6 月 9 日舒曼五十岁生日会上，独奏者是奥登堡宫廷教堂乐团的大提琴首席路德维希·艾伯特。
③ 见 *The Strad*，1952 年 1 月，第 278 页。

最重要艺术家的荣誉称号。维尼亚夫斯基在意大利歌剧院任小提琴独奏时，达维多夫亦在那里担任大提琴独奏。

1887 年因为和一位漂亮的钢琴学生谈恋爱，达维多夫在音乐学院的职务突然中止了。他被迫离开祖国，在国外进行了一系列的巡回演出，在那里他受到了同年轻时一样的热烈欢迎。第二年他回到俄国，跟钢琴家萨丰诺夫一起在各重要城市进行巡回演出。1889 年 1 月，他在一场贝多芬奏鸣曲的独奏会中突发疾病，无法演奏下去。几天后他就逝世了，时年五十岁。

据说达维多夫的技巧只有少数人能与之相比，没有谁能超过他。但是他从来都不会用他那惊人的技巧来吓唬他的听众。他的演奏技巧总是服从于他的音乐表现，他那丰满有力的发音和绝对纯净的音准，是他的标志。

达维多夫对运弓技巧的发展有很大的贡献，并制定了许多重要的原则。他同意许多历史上伟大的演奏者的看法，认为小提琴演奏技巧对大提琴的影响是很有意义的。达维多夫建议他的学生们"要仔细认真地听最好的小提琴家的演奏，我所学到的一切都要归功于他们"。[1] 许多现代大提琴家并不同意这种应当向小提琴家学习的看法，的确有人说跟小提琴家学习过的大提琴家养成了一种坏的指法习惯，这种坏习惯是很难去掉的。同样，小提琴家的句法和歌唱性的音色也是早期大提琴家所力图模仿的。

改进横过低音弦的拇指把位演奏技巧大约也是由达维多夫开始的（后来被人们叫作"达维多夫的铰链"）。在他最流行的作品《喷泉》中，他还交替使用一根琴弦自然泛音和相邻的空弦（罗姆伯格是第一个这样用的人）。他为大提琴写了许多独奏曲，这些曲子一直到二十世纪初都是大提琴演奏曲目中不可缺少的部分。达维多夫还写了四首协奏曲，这些协奏曲值得引起那些认为"大提琴作品很有限"的人的注意。

---

[1]　见 Van der Straeten, *History of the Violoncello*，第 619 页。

在圣彼得堡音乐学院，达维多夫训练了一批外国学生，包括富克斯、斯特恩和维汉，德沃夏克的协奏曲就是献给维汉的。他最喜欢的俄国学生是亚历山大·维尔兹比洛维契，后来成了俄国最杰出的大提琴家之一。他出生于圣彼得堡，是帝国歌剧院的大提琴首席，在欧洲各地进行了成功的巡回演出，后来成了沙皇的独奏家。他被任命为音乐学院的大提琴教授和由奥尔领导的圣彼得堡弦乐四重奏的大提琴演奏家。他有酗酒的恶习，但是这似乎对他的演奏没有什么影响，他仍旧拥有丰满的音色和惊人的灵活性。

俄国的阿纳托利·布兰德科夫由于柴科夫斯基把他的那首《随想曲》（Op. 62）献给他而闻名，他是菲茨恩哈根在莫斯科音乐学院的学生。在 1890 年他定居巴黎前，曾去欧洲演出了一段时间。

柴科夫斯基非常喜欢布兰德科夫的演奏。1887 年夏末，柴科夫斯基把《随想曲》的几页手稿给他看，以探讨用大提琴演奏的可行性。就像菲茨恩哈根没有与作曲家商量就把《洛可可主题变奏曲》给改了一样，布兰德科夫对《随想曲》作了修改，并于 1888 年在巴黎首演。同年晚期就是以这个版本出版了这部作品。但是今天有些眼光独具的大提琴家重新按照柴科夫斯基的手稿进行演奏。

著名大提琴教师卡尔·富克斯出生在法兰克福附近的奥芬巴赫，父母从事皮革生意。他九岁师从罗伯特·里德尔学习大提琴，十六岁时进入法兰克福音乐学院，师从科斯曼。虚心好学的富克斯很庆幸自己不仅学到了礼仪必备的罗姆伯格协奏曲，还学习了对他人生影响深远的舒曼大提琴协奏曲。在离开音乐学院不久后，富克斯在一次比赛的音乐会上演奏了舒曼的大提琴协奏曲，令他万万没有想到的是，克拉拉·舒曼就坐在台下。她表达了对富克斯细腻情感的赞同，这使得他们之间的距离拉近了一步，后来富克斯受邀参加了钢琴之家的室内乐之夜演奏会。

1885 年秋季，富克斯前往圣彼得堡，跟随达维多夫继续深造。为了保证他的贝尔贡齐大提琴安全无恙，富克斯特地坐了一架双驾马车前往圣彼得堡。达维多夫觉得富克斯很有趣，建议他可以使用音乐学院提供的大提琴。（实际上，富克斯一直认为他演奏多年的那把大提琴是 1720 年卡洛·贝尔贡齐制作的。但是现在据调查，贝尔贡齐从没制作过大提琴，而富克斯手中的那把大提琴是马泰奥·戈弗里勒制作的。这把琴是科斯曼从他的一位学生手中接管的，后转赠给富克斯。）

在第一节课上，富克斯演奏了达维多夫的《a 小调协奏曲》。听过之后，达维多夫立即邀请富克斯在他举办的晚宴上演奏。由于室内铺设着厚重的地毯和大型窗帘，这次演出的音响效果并不好。后来，富克斯跟随达维多夫到莱比锡，在那里他结识了布罗兹基和克林格尔。布罗兹基和克伦格尔为了表达对达维多夫的敬意，特意举办了一场聚会，共邀请了八十位大提琴演奏家参加了这次聚会，"每一位嘉宾的双膝间都立着一把大提琴，每一级台阶上都摆放着一个琴箱"。①

1887 年是富克斯人生的转折点：克拉拉·舒曼向卡尔·哈雷引荐了富克斯，随后富克斯定居英国。他第一次去曼彻斯特时是作为哈雷管弦乐团的大提琴独奏家。当时欧洲大陆的音调普遍比英国低，所以富克斯要把他的大提琴调高半音。（现今这种情况已经不存在了。）

后来富克斯被任命为哈雷管弦乐团的大提琴首席，并且成为曼彻斯特第一位演奏拉罗协奏曲、柴科夫斯基《洛可可主题变奏曲》和理查·施特劳斯《堂吉诃德》的大提琴演奏家。在管弦乐队供职期间，富克斯与哈雷一直保持着好友的关系。1893 年，曼彻斯特皇家音乐学院成立，富克斯被任命为第一大提琴教授。1905 年，他出版了英文和德文版的大提琴教程，至今仍畅销全世界。

在哈雷去世后不久，阿道夫·布罗兹基来到曼彻斯特，接管哈雷管弦乐团，同时在音乐学院任教。布罗兹基在莱比锡地区以擅长演奏四重奏而闻名，所以在到达曼彻斯特不久，他便成立了四重奏组。尽管四重奏的四位成员布罗兹基、布里格斯、斯皮尔曼和富克斯分别来自俄罗斯、英国、荷兰和德国，但是他们成为

① 见 Carl Fuchs, *Musical and Other Recolletions*，第 48 页。

英国最成功的四重奏组。为帮助学校筹集奖学金，他们在曼彻斯特举行音乐会，布索尼、西洛蒂、巴克豪斯和珀西·格兰杰也参加了音乐会演出。

1914 年，第一次世界大战爆发，富克斯和家人一起到德国拜访亲属。随后，政府批准他的妻子和孩子回到英国，而富克斯则被监禁。尽管后来被释放，但是直到战争结束后，他才解除监视。这段经历对富克斯的打击很大，他一度精神崩溃，但是他的医生对大提琴有很浓厚的兴趣，于是富克斯开始教医生大提琴，而这段教学也对他起到一定的治疗作用。

富克斯为人谦和、友善并且非常绅士。尽管他没有被称为伟大的大提琴独奏家，但是他仍然是一位出色的室内乐演奏家和成功的教师。富克斯的学生扬·克里森（后来与哈雷管弦乐团的大管演奏家阿尔奇·卡姆登结为夫妇）说："富克斯对学生非常有耐心，他才华横溢，尤其是在室内乐方面更是有着丰富的经验。听他讲授弦乐四重奏真是一种美妙的体验。"①

从基辅来的切尔尼亚夫斯基家族培育了几代优秀的音乐家。父亲亚伯拉罕是乌克兰的一位音乐学者和指挥。他本人能演奏各种乐器，并且教他的九个孩子每人至少演奏一种乐器。米歇尔是最有才能的孩子，四岁学习小提琴，不久就在圣彼得堡跟维尔兹比洛维契学习大提琴，后来在维也纳跟苏尔泽尔、在布达佩斯跟波佩尔，最后在伦敦跟瓦列恩学琴。瓦列恩对他这位年轻的学生抱以极高的期望，他认为这孩子有着"上帝赋予的"才能。

这个家族以切尔尼亚夫斯基三重奏最为著名，并且取得了国际声望。三重奏组建时，演奏小提琴的列奥九岁，弹钢琴的扬七岁，拉大提琴的米歇尔是六岁。

切尔尼亚夫斯基家三兄弟都有着乐观的个性和充沛的精力。他们演奏音乐的目的是为了表演，他们重视借由激动的感情和辉煌的技巧与听众交流。对他们来说，音乐是一种能够使他们超越周围环境的手段，是一张通往广大世界的通行

---

① 由本书作者采访所得。

证。他们把音乐带给那些从来都没有机会听到任何音乐会的人。

1933 年这个三重奏解散后，各人都发展了自己的事业。米歇尔定居在伦敦，成了英国公民。他周游世界五次，几乎与所有著名的指挥家合作演出过。第二次世界大战期间，他积极地为各种战争救援基金会工作，参加了几百场演出。

战后，米歇尔重新开始了他的独奏生涯，成功地访问了他儿时曾经去过的各处——南非、澳洲和印度。1958 年当他和比彻姆爵士一起在伦敦皇家节日大厅演出时，《每日电讯报》的评论员写道："切尔尼亚夫斯基火热而优美的演奏风格、精致的乐句感和丰满而富于变化的音色，与指挥本人的趣味十分协调。"[1]

米歇尔的孙子菲奥多尔现居美国，他说：

> 我的祖父米歇尔有着独特的、引人注目的个性，我们会立即被他那充沛的精力和有趣的想象力所打动。他爱开玩笑、富有幽默感而且健谈，他对自己所开过的音乐会日期和细节都记得一清二楚，听他讲述那些和他接触过的艺术家的事情是十分有趣的。[2]

波里斯·汉伯格出生自俄国南方一个音乐世家，父亲迈克尔是一位著名的钢琴家，哥哥马克是位更有名的钢琴家，另一位哥哥扬是位小提琴家。汉伯格曾师从瓦列恩和贝克学琴。1920 年约阿希姆在一次学生演奏会中听了汉伯格的演奏而深受感动。汉伯格还在比利时跟随小提琴大师伊萨依学了一段时间。像许多大提琴家一样，他认为他学到的许多东西都来自于小提琴技巧。汉伯格是他那个时代少数对古代作品感兴趣的人之一，经过仔细研究和准备，以历史年代为依据，他在伦敦伊奥利亚大厅举行了系列大提琴独奏会。

---

[1] 见 *Daily Telegraph*，1958 年 10 月 20 日。
[2] 见 Fyodor Cherniavsky 写给作者的信。

关于波希米亚

捷克有着悠久而美好的音乐历史。1772 年伯尼到波希米亚（现属捷克）旅行时，讲述了"普通人"在音乐上所取得的成就。在他访问的一所学校中，六至十一岁的儿童"读书，写字，拉小提琴，演奏双簧管、大管和其他乐器"[1]。从人口比例来说，这个小国家已经培养出很多伟大的音乐家，其中有些人是十八世纪最伟大的演奏家。

内鲁达家族出现了一批有造诣的音乐家，最早的是约翰·格奥尔格·内鲁达，他演奏小提琴和大提琴，而且担任德累斯顿皇家教堂负责人长达三十年之久。他为大提琴写过许多作品，两个儿子和一个哥哥都是杰出的音乐家。这个家

---

[1]　见 Burney，*The Present State of Music in Germany，the Netherlands and the United Provinces*，第 104 页。

族成就最高的人物是小提琴家维尔玛，也就是后来的哈雷夫人。她的哥哥阿洛伊斯多年供职于布拉格国家剧院，后来在维也纳宫廷歌剧院演奏大提琴。另外一个弟弟弗朗兹1843年生于奥地利的布鲁恩，五岁开始学习小提琴，十二岁改学大提琴，且和姐姐维尔玛两人以神童的身份在欧洲巡回演出。之后他作为独奏家从事巡回演出也取得了同样的成功。他经常访问曼彻斯特和伦敦，在伦敦他还经常代替皮亚蒂在"通俗音乐会"中演出。内鲁达原来跟他的父亲学习，但是他也与谢尔瓦斯进行接触。他的演奏和作品都显示出谢尔瓦斯的影响。

依格纳兹·玛拉是皮特里克的学生，被认为是那个时代最重要的大提琴家之一。1742年他去了柏林，通过他的同乡和皇家教堂负责人本达的关系，他被任命为国王的私人音乐家。依格纳兹有着优美的音色和丰富的表情，他的作品在当时很受欢迎，但从未出版。他为大提琴和低音提琴写的两首奏鸣曲保存在柏林皇家图书馆内。

依格纳兹的儿子约翰·巴普蒂斯特·玛拉是一位有着非凡才能的艺术家。他从小学习大提琴，一次在进行独奏演出时，引起了著名的音乐艺术赞助人普鲁士王子亨利的注意，并聘用他为王子的室内乐演奏家。他那漂亮的外表及讨人喜欢的风度，征服了所有与他接触过的人，特别是后来嫁给他的著名歌唱家施梅林。不幸的是他那逍遥放纵的生活习惯使他逐渐衰退，他还挥霍掉所有财产，其中大部分都是他的妻子挣来的。由于他的放荡行为，他被解雇，婚姻也破裂了，他那开始得如此辉煌的事业彻底结束了。他成了一名不可救药的酒鬼，每晚都可以在水手们经常出入的低级地方找到他，他去那里演奏是为了赚得一点酒钱。后来他卒于荷兰。他的作品也是手稿的形式，保存在柏林皇家图书馆内。

在大提琴演奏历史中最富于浪漫主义色彩的人物之一就是约瑟夫·费亚拉。他生于索科维兹，那里是内托里卡伯爵夫人的领地。她是一个专横跋扈的女人，像当时的许多君主一样，竭尽全力剥削她的人民。

费亚拉早期显示出来的音乐才能使得这位伯爵夫人把他送到布拉格去跟双

簧管演奏家约翰·斯蒂阿斯特尼学习，约翰的两个孩子简和伯纳德都演奏大提琴。他还跟大提琴家约瑟夫·维尔纳学习。在伯爵夫人的家里，他像佣人一样，还要洗盘子，这对很快就发展成为双簧管和大提琴演奏家的费亚拉来说是不能容忍的。他逃走了，后来被狠毒的伯爵夫人诱捕到布拉格，生活十分困难。他又逃跑，但被抓住后送进监狱。伯爵夫人想出毒计，要把他的门牙都拔掉，使他再也不能吹双簧管。监狱的看守显然比他贵族出身的女主人有人性多了，他把费亚拉带到自己家里，同时写信给国王揭露伯爵夫人的可怕计划。国王知道费亚拉的才能，立即下令释放了他。

1777 年费亚拉在维也纳华伦斯坦王子的管弦乐团中任职时，巴伐利亚选帝侯约瑟夫听了费亚拉的演奏，就说服他到曼海姆。在那里他和一位宫廷音乐家的女儿普鲁切斯卡结了婚。1778 年他结识了莫扎特和米夏埃尔·海顿，也就是著名的约瑟夫·海顿的哥哥。

他那文雅的性情，使他和许多著名的人物结成朋友；但是他的音乐才能不断给他的生活带来危险。似乎大主教非常喜欢他的双簧管演奏，命令他一个晚上要演奏十二首协奏曲。这种过分的劳累使他的血管破裂，因而很长一段时间不能再演奏双簧管。自此之后，他只得致力于大提琴和低音维奥尔琴的演奏了。他进行了广泛的巡回演出，1792 年作为福斯坦堡王子的大提琴首席定居多瑙厄申根。

克拉夫特家族在大提琴演奏历史中占有重要的地位。安东·克拉夫特生于波希米亚的罗基察尼，本想成为一名律师，但由于他跟维尔纳学习大提琴且进步神速，就在维也纳的皇家教堂任职。1778 年，海顿为他在埃斯泰哈齐亲王的宫廷管弦乐队中谋得了一个职位，当他的赞助人逝世后，他就到格拉萨科维兹王子的乐队中担任同样的职务。

1793 年在舒彭齐格的领导下，成立了著名的弦乐四重奏组，里奇诺夫斯基王子任第二小提琴，魏斯任中提琴，克拉夫特任大提琴，每星期五早晨在王子家中演奏。他们演奏海顿、莫扎特的四重奏，后来还在贝多芬的指导下演奏贝多芬的四重奏。贝多芬很欣赏克拉夫特的演奏，授以其"克拉夫特大力神"的称号。当贝多芬创作《C大调三重协奏曲》（Op. 56）时，他就是按照克拉夫特的演奏而写的。预设的钢琴家就是贝多芬的学生鲁道夫大公，小提琴则是塞德勒。这首协奏曲是由这三位艺术家在私人场合首演的，1806年在莱比锡出版并献给罗布科维兹王子。1808年，这首协奏曲由钢琴家米勒、小提琴家马泰、大提琴家多特佐尔首次在莱比锡公演。1809年4月，克拉夫特与贝多芬一起演出了贝多芬《A大调第三奏鸣曲》（Op. 69）。

由于克拉夫特跟海顿学习过作曲，从而产生了这样的争论：《D大调大提琴协奏曲》到底是海顿还是克拉夫特写的？这个问题至今仍然为人所疑。克拉夫特的作品包括许多奏鸣曲，这些奏鸣曲"可以说是十八世纪德国学派奏鸣曲发展的优秀代表"[①]。他还出版了一首《C大调协奏曲》、几首大二重奏、几首写给上低音维奥尔琴的作品以及一首嬉游曲。他将捷克的传统带到了维也纳，并且将它与维也纳的古典学派结合在一起。

安东·克拉夫特的儿子尼古拉斯自幼随父亲学琴，后由罗布科维兹王子送到柏林跟从让-路易·迪波尔完成学业。他是一位在罗布科维兹教堂里演奏室内乐的杰出独奏家。不幸的是，1834年由于他的右手受伤，不得不放弃公开演出。但是作为一位作曲家，他对大提琴的演奏曲目做出了卓越贡献。

来自布拉格的斯蒂阿斯特尼两兄弟，就像迪波尔家族的情况一样，弟弟的才能和成就都比哥哥强。

扬·斯蒂阿斯特尼开始是跟他非常崇拜的哥哥学习的，之后在皇家乐队中担任过许多重要的职务，皇家乐队并且同意他进行巡回演出。他访问了英国，结识了克罗斯蒂尔和林德利，他的小协奏曲（Op. 7）就是为林德利写的，他的三重奏和二重协奏曲（Op. 8）则是献给克罗斯蒂尔的。

---

① 见 Elizabeth Cowling，*The cello*，第 122 页。

虽然扬的演奏有着辉煌的技巧而且音乐感非常强,但是他很少公开演出。尽管他非常有才能,但是上台时却往往过分紧张,他的同事们说能听到斯蒂阿斯特尼演奏的唯一办法,就是站在他家门外偷听。但是,因其作品之故,他对大提琴演奏的贡献是不容忽视的。他为两把大提琴写的六首二重奏所表现出的创造性和想象力,即使在今天也应当在大提琴的演奏曲目中占有一席之地。

伯纳德·斯蒂阿斯特尼担任的布拉格音乐学院第一教授的继承人是扬·内波穆克·赫特纳尔,他担任该职务一直到 1840 年逝世为止,教出了许多有才能的波希米亚大提琴家,其中包括任波修瓦剧院管弦乐团大提琴首席兼达维多夫之师的希德里奇·施米特。弗兰蒂泽克·海根巴特得以师从赫特纳尔学琴,是因金斯基王子的资助。海根巴特后来被任命为格拉兹、林兹以及莱姆伯格剧院的大提琴独奏家,1852 ～ 1865 年还担任萨尔茨堡莫扎特学校的大提琴教授。他是一位颇有造诣的室内乐演奏家,曾与斯美塔那、本内维兹演奏三重奏,与本内维兹、何里马利、多伊奇演奏四重奏。他最著名的学生是格吕恩菲尔德和维汉。

哈努斯·维汉生于波希米亚的珀利斯,十三岁时就入布拉格音乐学院成为海根巴特的学生。根据斯特拉滕的说法,他是跟达维多夫完成他的学业的。十八岁时他被任命为萨尔茨堡莫扎特学校的教授,并在许多管弦乐团中演奏,其中包括柏林爱乐之前身、著名的比尔斯管弦乐团。他还受雇于魏玛附近的桑德斯豪森宫廷,在那里他与李斯特成了密友。当他后来成为慕尼黑宫廷管弦乐队的独奏家时,他遇到了瓦格纳、彪罗和理查·施特劳斯,这些人都很欣赏他的演奏;理查·施特劳斯还将自己为大提琴和钢琴而作的《浪漫曲》献给了维汉。

捷克音乐和维汉的演奏艺术之间有着密切的关联。他与斯美塔那、德沃夏克的交往在很大程度上影响了这三个人的艺术发展。维汉通过跟俄国大提琴演奏学派的领导人物达维多夫学习,得到了进一步加强,为把他的高度技巧和艺术标准运用到大提琴事业中做好了充分准备,其中最显著的例子就是他于 1891 年加入了捷克弦乐四重奏组。这个四重奏组持续了四十多年,并且被认为是那个时代最伟大的四重奏组。这个组合成立于 1891 年，最初的成员是小提琴家卡尔·霍夫曼和约瑟夫·苏克（他同德沃夏克的女儿结婚，与他同名的孙子约瑟夫亦是著名的小提琴家）、中提琴家奥斯卡·内德贝尔和大提琴家奥塔卡尔·贝格（他是维汉的学生）。当贝格的健康状况出现问题时，维汉便代替了他。在贝格于 1897 年逝世后，维汉就停止教学，全心投入四重奏和独奏演出中。金斯伯格写道："演奏室内乐时，维汉能让自己的艺术技巧和辉煌个性服从于整个艺术趣味。"[①] 聂杰德里于 1915 年在《斯美塔那》期刊上写道："捷克四重奏和维汉，历史将永远把他们联系在一起。如果说捷克四重奏是捷克演奏艺术的顶点，那么这就意味着维汉的名字将永远立于当今捷克音乐家的最前端。"[②]

德沃夏克为维汉创作了《回旋曲》（Op. 94），《杜姆基钢琴三重奏》（Op. 90）中非常动听的大提琴声部也是德沃夏克为维汉而写的。关于《大提琴协奏曲》（Op. 104），毫无疑问作曲家心里想的也是维汉。似乎当两人一起工作时，德沃夏克接受了不少维汉提出的修改意见。

维汉和德沃夏克于 1895 年 8 月在鲁赞尼的一个私人场合中演出了这首作品，当时捷克四重奏的成员也在场。这部作品于 1896 年由西姆若克出版，并于 1896 年 3 月在德沃夏克指挥的一场爱乐音乐会上首次公演，由英国大提琴家列奥·斯特恩担任独奏。关于这件事情有许多传言，多数人认为在演出前维汉和作曲家闹翻了。但是金斯伯格参考了英国学者约翰·克莱普汉 1957 年出版的德沃夏克信件，认为伦敦音乐会的日程安排有冲突，捷克四重奏组已经签了合约而且无法改变；维汉和德沃夏克之间的友谊从未破裂，维汉于 1899 年在海牙、阿姆斯特丹和布达佩斯都是在德沃夏克的指挥下演奏这首协奏曲的。当地报纸《Pester Lloyd》的一位评论员说维汉拥有"完整的技巧，高雅的艺术趣味，充沛而有活力"，还说他的声音"有力而强壮"。

---

①② 见 Ginsburg，*History of the Violoncello*，第 101 页。

维汉热情地对他的学生谈论他跟从达维多夫学琴的情况，特别是自然演奏法。他主张使用右手的自由演奏动作，从而能很方便地发出自然流动的声音来，他把这叫作弓的"呼吸"。所有对他演奏的描述评论他那气息悠长且富于表情的发音时，都会提到与这一动作有关。也和达维多夫一样，他坚决反对为了技巧而技巧的做法，他喜欢把音乐本身的美表达出来，必要时把技巧当成音乐的仆人。

1914年当维汉从波希米亚四重奏组退休后，很受捷克音乐家尊重的拉季斯拉夫·泽林卡接替了他的位置。泽林卡出生在莫德兰尼的一个小镇，开始学小提琴，后来改学大提琴。维汉听了他的演奏十分感动，就在布拉格音乐学院给他提供了一个位置。年轻的泽林卡有他自己的想法，他那谦虚内向的个性，使他不想成为一位独奏家。他想为艺术服务，而不是通过艺术来炫耀自己，所以他加入了舍夫契克四重奏组，有时代替维汉在波希米亚四重奏组中演奏。

在波希米亚四重奏组巡演时，泽林卡还是心不在焉的苏克的保护人。苏克喜欢在火车上或在旅馆中作曲，所以泽林卡就帮他整理行李，以免丢东西。他还帮他涂松香。这个弦乐四重奏组能自给自足，该团的中提琴演奏家赫罗德是位颇有造诣的乐器修理师，必要时他能做各种修理工作。

随着年龄的增长，四重奏成员的体力渐走下坡，泽林卡便开始越来越多的教学活动。泽林卡的学生认为他的基本训练和练习曲是非常可贵的，在他逝世后，便将它们出版。在布拉格音乐学院他升为院长。第二次世界大战后，他还被任命为重建后的布拉格音乐艺术学院的院长。

尽管他更热衷于演奏室内乐和教学，泽林卡仍然是一位十分优秀的独奏家。沃卡德罗在1981年12月《斯特拉迪瓦里家族》杂志一百周年时曾撰文，说泽林卡演奏的德沃夏克大提琴协奏曲成为后来捷克大提琴家的演奏标准。

沃卡德罗认为泽林卡在教学上有一些长处：

> 他非常严格，但又非常通情达理。工作十分仔细认真，但又很欣赏独特

的个性和创造性。和他一起工作会使你忘记时间。他喜爱的学生每周会上两次课，每次上一个上午或是一个下午。有个暑假我非常幸运地连续一个月每天都上课，课后我划着船带着这位老师去钓鱼作为回报。[①]

泽林卡的同学兼密友卡雷尔·普拉夫斯拉夫·萨德罗是布拉格大提琴学校的创始人。萨德罗出生在布拉格的一个音乐世家。1919 年到 1926 年，他进入布拉格音乐学院，师从扬·布莱恩。1923 年，还是学生的萨德罗在室内乐演奏方面初获成功，随后便开始了他的大提琴独奏生涯。尽管如此，人们对他的真正认识还是一位教师。在 1939 年出任音乐学院教授前，他一直教授私人学生。1946 年，他加入新成立的音乐艺术学院，培养了许多一流的捷克大提琴演奏家，其中包括米洛斯·萨德罗（两人并无血缘关系）和弗兰蒂泽克·斯美塔那。

米洛斯·萨德罗出生在布拉格，原名米洛斯·扎泽斯基，四岁开始学习小提琴，十四岁时加入一个影院乐队，为无声电影伴奏。与此同时，他在书籍装订厂当学徒，但是音乐逐渐占据了他的全部生活，他把业余时间都用来演奏弦乐四重奏。当演奏海顿的四重奏《日出》时，年轻的米洛斯被大提琴丰富的表现力深深地吸引住了。两年后，他放弃小提琴，自学大提琴。他进步飞快，母亲带他去向卡雷尔·萨德罗求教。当时的萨德罗尽管还是一名音乐学院的学生，但是已经积累了丰富的教学经验，他向米洛斯的母亲建议说，她的儿子做一名优秀的大提琴演奏家要比装订工人更有出息。随后，米洛斯搬到老师家中学习，视老师如父亲一般，后来甚至改随老师的姓。对于这件事，他是这样解释的：

> 我承认维汉和泽林卡对大提琴的发展有一定影响力，但是在我心中，萨德罗却是一座无法超越的山峰，他也是布拉格大提琴学校的奠基人。他专注

---

① 见 *The Strad*，1981 年 12 月，第 578 页。

捷克音乐的发展已有三十余载，他对音乐完整性和目的性方面有着极高的领悟力。他既如父亲一样慈祥，又有着自己不可违背的原则，是他的教导使我接下来的路越走越好。

我依然清晰地记得十四岁时第一次见到他的情形。他做的第一件事情就是检查我的身体状况，他特别仔细地检查了我左手的手掌和手指。他告诉我，我的手就像"器官的巴松"一样，能够负担繁重的练习和任务，于是他立即给我制订了一个每天练习十小时的课程表！就这样，我练习了八个月。今天看起来似乎是难以置信的，但是就是因为这样的练习，我才得以比别人进步更快。[①]

十六岁的米洛斯在布拉格莫扎特音乐厅首次举办了独奏会，三年后，米洛斯与捷克爱乐乐团一起在斯美塔那大厅演奏了德沃夏克大提琴协奏曲。随后，独奏会和协奏曲演出的邀约蜂拥而至，其中最重要的来自布拉格四重奏组的创立者和领导人拉吉斯拉夫·切尔尼，当时切尔尼正在寻找大提琴演奏家。米洛斯犹豫万分：切尔尼的邀请让人难以拒绝，但是加入四重奏后，他的独奏生涯又该如何进行？这时，他的导师萨德罗建议他同时进行四重奏和独奏生涯。

四重奏的演出使米洛斯进入了国际主流音乐会的殿堂。米洛斯在伦敦为HMV录制了德沃夏克《G大调弦乐四重奏第106号》，这也是他的第一张唱片。

但是，随着事业的发展，米洛斯的工作重心逐渐偏向大提琴独奏。1937年，他辞去四重奏的工作，并首次在威尼斯和伦敦举办了独奏会。这时的一切对于米洛斯来说似乎都充满着无限光明，然而1938年，纳粹占领捷克斯洛伐克震惊全世界，战争使米洛斯不得不中断巡回演出的计划。后来，米洛斯回忆道："战争愈演愈烈，整个世界都处于战争的苦海，祖国的沦陷使整个民族都成为战争的牺

---

① 由本书作者采访所得。

牺牲品。在纳粹占领期间，人民的生活都要受到严格管制。"①

当捷克的各种与脑力相关的活动都被叫停（大学被迫关闭）时，音乐却拥有一定的自由。音乐厅成了人们聚集的主要场所；由于受到了公众关注，演出的节目会根据场合、表演者以及观众的喜好挑选和准备。在战争的紧张气氛中，音乐给人们带来了一丝慰藉。在这期间，米洛斯与钢琴演奏家约瑟夫·帕拉尼塞克和小提琴家亚历山大·普洛塞克成立了捷克三重奏组，为捷克的音乐会发展翻开了崭新的一页。战争结束后，1946 年，他们三位成为第一批受邀到苏联演出的外国音乐家，并且受到了热烈欢迎。对于米洛斯来说，此行最重要的事情是会见了肖斯塔科维奇和大卫·奥伊斯特拉赫，他们不仅一起表演了美妙的音乐，而且也成为一生的挚友。

此时，米洛斯正值事业上升期。1947 年，捷克三重奏在布拉格之春音乐节上演奏了肖斯塔科维奇的三重奏。随后，米洛斯与作曲家和奥伊斯特拉赫共同录制了这首乐曲。同样在 1947 年，米洛斯在布拉格还首演了哈恰图良的大提琴协奏曲。两年后，米洛斯被捷克爱乐乐团任命为终身大提琴独奏家。同年，捷克三重奏第一次参加了爱丁堡音乐节；1951 年，米洛斯在阿德里安·博尔特和约翰·巴比罗利的指挥下，在英国表演了德沃夏克大提琴协奏曲，广受好评。

1953 年，米洛斯加入布拉格音乐学院，教授大提琴；1955 年，为了参加卡萨尔斯在普拉德举行的大师班，米洛斯请了六个月的假。米洛斯认为这次学习是他一生中"最美好的一段经历"，因为作为一名经验丰富的音乐家，他现在明确了自己的目标，而不是简单地效仿卡萨尔斯。

1957 ~ 1960 年，米洛斯加入了苏克三重奏，并以客座教授的身份先后到德国魏玛、波兰华沙、日本鹿儿岛和美国印第安纳州的布卢明顿等地进行讲学和演出。他在世界各地都举办了大师班，多次担任国际比赛评委，主办过好几届布拉

---

① 由本书作者采访所得。

格国际大提琴比赛。

米洛斯与奥伊斯特拉赫一起录制了德沃夏克的全部作品和勃拉姆斯的二重协奏曲。1962 年，再次被发现的海顿《C 大调协奏曲》的首次公演由米洛斯演奏。米洛斯还首演了德沃夏克一直被人们忽略的第一大提琴协奏曲。由于手稿丢失多年，所以很少有人知道德沃夏克曾经在二十四岁时创作过一部大提琴协奏曲（仅由钢琴伴奏）。二十世纪二十年代，在大英博物馆的一次交易会上，这部手稿被人发现。1985 年，米洛斯与德沃夏克的版权持有者贾尔米尔·伯格豪瑟合作将这部协奏曲改编为管弦乐版。

弗兰蒂泽克·斯美塔那于 1914 年出生在奥赫尼什加尼的一个小村庄，他的父亲是一位农民，也是斯美塔那的钢琴和小提琴启蒙老师。斯美塔那在音乐方面的天赋很快引起了学校一位老师的注意，于是这位老师把斯美塔那介绍给了他的亲戚卡雷尔·萨德罗，当时萨德罗还是音乐学院的一名学生。在听了这个十岁孩子的演奏后，萨德罗提议带斯美塔那到他在布拉格的家中继续学习，并且保证会给斯美塔那一个良好的音乐教育环境。随后，萨德罗为斯美塔那找到了一位钢琴老师，并联系到约瑟夫·米卡教他小提琴。

斯美塔那和萨德罗相处得非常融洽，当萨德罗给他上课时，年幼的斯美塔那逐渐喜欢上了大提琴的音色。有一天，斯美塔那告诉萨德罗他对大提琴的喜爱，于是萨德罗立即制作了一把二分之一大小的大提琴送给斯美塔那。经过两个月的学习，斯美塔那在儿童圣诞音乐会上演奏了波佩尔《D 大调加沃特舞曲》。

十四岁时，斯美塔那离开学校，开始了每天八小时的练习，晚上则练习室内乐。十五岁时，斯美塔那举行了第一场独奏会；六个月后，他的第二场独奏会受到了当地媒体的称赞。然而，这都没有改变他的决心。年幼的他意识到，尽管他的大提琴演奏技巧熟练，但是他还需要学习和声、转调、复调和管弦乐编曲，以便最终能够达到作曲的水平。萨德罗赞同他的观点。1931 年，斯美塔那到布拉格，跟随奥塔卡尔·辛继续学习。五年后，他从音乐学院正式毕业。在毕业音乐会上演奏了他创作的《d 小调弦乐四重奏》，这首曲子由帕塞克四重奏演奏，萨德罗担任大提琴。同年，斯美塔那获得奖学金，进入巴黎高等师范音乐学校继续深造。起初斯美塔那的老师是迪兰·亚历山尼安，由于第二年亚历山尼安离开学院去了美国，所以斯美塔那跟随下一任老师皮埃尔·富尼耶学习。与此同时，萨德罗被任命为布拉格的大提琴教授，所以 1938 年，斯美塔那回到布拉格后，继续跟从他的老师萨德罗学习大提琴，并于 1941 年从音乐学院毕业。斯美塔那与萨德罗共同生活了十六年，萨德罗待他如亲人一般，所以像米洛斯一样，斯美塔那也视萨德罗如父亲一般。

1940 年，斯美塔那与钢琴家多莉·恩本科娃结婚，随后他们二人一起举行了独奏会。同时，斯美塔那也在一流的管弦乐团和室内乐团中担任大提琴独奏。他加入捷克九重奏，后来组建了斯美塔那三重奏。1939 年，萨德罗从帕塞克四重奏（后改名为捷克斯洛伐克四重奏）退休后将他的位置传给了斯美塔那。1946 年，斯美塔那离开四重奏组，投入到战后的个人独奏事业中。除东欧外，他还曾到过西欧各国演出，包括斯堪的纳维亚和英国。同年，斯美塔那被任命为布拉格音乐学院的大提琴教授。

然而，1948 年 11 月的一个夜晚，斯美塔那被布拉格的秘密警察逮捕，罪名是反共产主义活动。后来斯美塔那解释说："在我去其他国家巡回演出时，我对外国人讲了太多关于捷克斯洛伐克的局势，就是这样，我被监禁了十八个月。"①

被释放后，斯美塔那试图重新开始自己的音乐事业。1953 年，他开始与捷克唱片公司 Supraphon 合作，录制了许多唱片，并与同年组建的布拉格三重奏共同录制了唱片。1956 年，当局终于允许他出国，但是条件是他必须作为捷克文化代表团的成员。斯美塔那在捷克的情况越来越糟，1962 年当局禁止他授课；两年后，斯美塔那觉得自己已经受够了，决定逃往国外。

---

① 由本书作者采访所得。

斯美塔那先后到牙买加的金斯顿和美国爱荷华州大学教学；后来，他留在美国弗吉尼亚州的里士满爱乐乐团和里士满交响乐团担任大提琴首席。1971 年，斯美塔那获得美国国籍。四年后，他成为弗吉尼亚州立邦联大学的教授，主要教授大提琴和室内乐。

斯美塔那后来多次访问捷克共和国。1990 年，斯美塔那成为捷克艺术团体 Umelecaka Beseda 的荣誉会员；1995 年，博胡斯拉夫·马替奴学会对斯美塔那《第三大提琴奏鸣曲》的首演给予肯定，并授予其荣誉会员。

斯美塔那回顾自己的音乐生涯时说：

> 我们能够成为音乐家是非常幸运的，因为我们的天赋是上帝赋予的。音乐具有跨民族的意义，以一种独特的方式将各个民族联系在一起。你看，音乐只有一种语言，但是无论是法国人、德国人、俄罗斯人、中国人、日本人还是其他民族，音乐都是一样的。因此，能成为一位音乐家，我感到很高兴。①

① 见 *The Strad*，1997 年 2 月，第 136 ~ 139 页。

"大提琴中的萨拉萨蒂"

　　"大提琴今天之所以能成为一种独奏乐器，永远要归功于波佩尔。他突破了大提琴从前在技巧上的局限性，并用有趣而有效果的作品扩充了大提琴的演奏曲目，这些作品几乎无例外的成了世界各地大提琴家的演奏曲目。"[1] 这段话出自 1886 年波佩尔在匈牙利皇家音乐学院任第一大提琴教授时，维也纳一份报纸中登载的一篇文章。那时维也纳人是欧洲最为挑剔的听众。

　　戴维·波佩尔生于布拉格一个古老的犹太人居住区，父亲是两所犹太教堂唱诗班的领唱，这里聚集着大约九千名犹太人。三岁时波佩尔就能非常准确地模仿父亲所唱的赞美诗，五岁时能在钢琴上即兴演奏，并在一年后开始学习小提琴。

---

① 　见 Steven De'ak，*David Popper*，第 170 页，引自 *Musikinstrumenten-Zeitung*。

十二岁的波佩尔获得了布拉格音乐学院的入学资格，条件是放弃小提琴而改学大提琴。他被安排在朱利叶斯·戈特曼的班级，戈特曼曾经在德累斯顿跟库米尔学习。十八岁时，波佩尔被霍恩左勒恩王储位于下西里西亚洛文伯格的皇家教堂雇佣，后来被提升为"室内乐演奏家"。为了表达感激之情，波佩尔将他的《六首小曲》（Op. 3）献给了他的保护人。

1864 年 1 月 24 日，波佩尔应邀在彪罗的指挥下首演了佛克曼的《a 小调大提琴协奏曲》（Op. 33）。佛克曼很有创意地将大提琴当成一个戏剧性的乐器，演奏得几乎像歌剧中的咏叹调一样，这就对年轻的演奏者提出了极高的要求。当时有许多一流的大提琴家可供彪罗选择，如格鲁兹马赫尔、科斯曼、戈特曼（波佩尔的老师）、皮亚蒂和当时只比波佩尔大五岁的达维多夫。通常彪罗是位不太容易感到满意的人，但是，1864 年 1 月彪罗写信给约阿希姆·拉夫说那次的演出是"一次非常愉快的演奏……波佩尔具有突出的才能、动听的音色和了不起的技巧……前途无限"。[1] 评论家也同意他的意见，赞扬波佩尔那"丰富、细腻和动听的音色"。[2] 当时波佩尔只有二十一岁。

1867 年他首次在维也纳演出，这是由美国的演出经纪人乌尔曼主办的。一年后，当二十五岁的波佩尔担任帝国歌剧院管弦乐团的大提琴首席时，他是曾担任过该职务的最年轻的大提琴家。看看他前任们的名单——魏格尔（海顿的教子）、尼古拉斯·克拉夫特和默克，我们就可以看出这项任命将他看得有多高了。

彪罗当时很有实力，在他的保护下，波佩尔简直是青云直上。不过，他的保护人也获得了丰厚的收入：在十个月的演出中，波佩尔大约演出了二百二十五场，而且每天从上午十点排练到下午两点，还有每星期日下午举行的爱乐音乐会的排练。除此之外，他还与黑尔梅斯贝格四重奏开了八场音乐会，该组合的其他成员有黑尔梅斯贝格（他也是乐团的首席）、布罗兹基和巴赫里奇。

①② 见 Steven De'ak, *David Popper*，第 75 页。

波佩尔高大英俊，在舞台上有一种超凡的魅力。1868 年波佩尔演出了佛克曼的协奏曲之后，赫尔曼·斯塔尔克在《新音乐杂志》中写道："直到现在为止，维也纳都没有值得夸耀的大提琴家；除了一些短暂访问的外国演奏家外，也没有任何大提琴家得到过听众如此热情的欢迎。我们终于获得了这样一位演奏家真是可喜可贺。"[①] 汉斯利克说得更为甚之："只有两位杰出的大提琴家，都是出生在国外的，那就是圣彼得堡的达维多夫和布拉格的波佩尔。"[②]

1873 年波佩尔离开了维也纳歌剧院管弦乐团，以便进行在整个欧洲的巡回演出。1865 年他首次访问俄国。他是一位精力充沛的人，不停地进行巡回演出，还有作曲；到 1880 年他已经出版了六十首作品。他写的小曲非常流行，每场大提琴独奏会都一定要演奏一两首小曲作为加演曲目。即使是在今天，他的《精灵之舞》仍需要有精湛的技艺才能博得听众的喝彩。有趣的是，在大提琴发展初期，演奏者通常是将小提琴作品加以改编，而对波佩尔来说情况就不同了。著名的小提琴家如奥尔、萨莱特、赫尔曼、内鲁达和何里等人都改编过波佩尔的小曲，特别是他那首《纺织歌》更是受到人们的喜爱。

在史蒂文·德阿克撰写的波佩尔传记中，有一个关于波佩尔在十九世纪八十年代中期的动人故事。那是一场在敖德萨举办的演出，一位看上去很富有的先生敲了波佩尔的后台更衣室的门，并且问他是否愿意为他演奏布鲁赫的《晚祷》。当时正是亚历山大三世大肆残害犹太人时，波佩尔演奏了记忆中他父亲在忏悔日所唱的一首希伯来圣诗的旋律，把这位唯一的听众感动得泪流满面，并且把一千个卢布放进他的手中。

1886 年是波佩尔繁忙的一年。夏天他与一位来自布拉格的年轻姑娘结婚（此时他与钢琴家索菲·门特已经离婚），秋天开始被任命为布达佩斯皇家匈牙利音乐学院的大提琴教授。普莱斯特有两所音乐学校，即国家音乐学院和戏剧学

①② 见 Steven De'ak，*David Popper*，第 119 页，引自 Hanslick，*Geschichte des Konzertwesen in Wien*。

校，但是有抱负的音乐家都想到维也纳、圣彼得堡、莱比锡或巴黎去学习。李斯特建议成立一所匈牙利音乐学院，并于 1875 年担任这所学院的首任院长。该学院包括一般的音乐课程，但是开始时只教钢琴。1886 年弦乐系成立时，年轻的小提琴家胡拜任系主任，波佩尔成了第一任大提琴教授。巴托克、多纳伊、莱纳都是当时的学生。当时也在那里学习的柯达伊记得一开始弦乐系的学生人数很少，这两位教授经常到对面的咖啡馆打台球！但是当学生多起来后，波佩尔就有了他所需要的学生，不过他的学生总数基本控制在七八个，每周上两次课，每次上三小时。他还教授私人学生，并且学费很高。

在第一个学期，胡拜和波佩尔就成立了弦乐四重奏组，一般称为"布达佩斯四重奏"。波佩尔有着在黑尔梅斯贝格四重奏组的演奏经验，演奏风格优美雅致；而胡拜的演奏则受了维厄当很大的影响。这两位音乐家却合作得很好，他们只排练了三个星期就于 1886 年 11 月 10 日进行了首次演出。

勃拉姆斯也经常参加他们的演出。作为一个三重奏组他们经常演奏勃拉姆斯的室内乐作品，当时这些作品被认为既难演奏又难理解。勃拉姆斯的《F 大调大提琴奏鸣曲》（Op. 99）是于 1886 年 11 月在维也纳由豪斯曼首演的。一个月之后，波佩尔就与勃拉姆斯再次演奏了它。据德阿克说，人们问波佩尔勃拉姆斯的钢琴如何？他回答说有许多不准确的地方，"尽管他具备很好的钢琴技巧"；他还说，"他弹得太响了！"[①]

1890 年，比利时作曲家、音乐学家、比利时音乐学院院长弗朗索瓦·格华尔特改编了海顿的《D 大调协奏曲》。格华尔特丰富了乐队的配器并且还为独奏者增加了一个华彩乐段。波佩尔对此很感兴趣，他在慕尼黑演出时用自己的华彩乐段代替格华尔特的华彩乐段，受到听众和评论界的欢迎；这首协奏曲很快就成了标准曲目。

① 见 Steven De'ak，*David Popper*，第 177 页，引自 Hanslick，*Geschichte des Konzertwesen in Wien*。

1891 年，波佩尔在英格兰、苏格兰和爱尔兰巡回演出，举行了二十九场音乐会。在爱丁堡举行的音乐会上，一位评论员说，波佩尔首次在苏格兰的出现引起人们的巨大兴趣，许多当地的大提琴家都来听他的演出，"他肯定是来爱丁堡演出过的最伟大的大提琴家"①。他在伦敦的演出也受到同样的赞扬："他的声音既甜美又柔和……如果称他为大提琴中的萨拉萨蒂也没有什么不合适的。"②

萧伯纳是位不太喜欢大提琴的人，但是 1891 年 11 月 21 日，他在伦敦圣詹姆斯大厅听了波佩尔的演奏后，显然改变了自己的看法："对伦敦人来说他的演奏风格充满新鲜感，就我所知他是世界上最好的演奏家。"③ 在这次演出中还有英国的豪维尔和比利时的德尔萨特，这三位大提琴家一起演奏了波佩尔为三把大提琴和管弦乐队而作的《安魂曲》，指挥是弗雷德里克·考恩。

1892 年波佩尔回到他的故乡布拉格时，受到了同胞的热烈欢迎，《布拉格日报》的评论总结了他对大提琴演奏的贡献："只有波佩尔成功地把这种乐器提高到不只是演奏短小的旋律，而是能够强有力地演奏我们现代音乐所需的特性和情绪……他用他那丰富的创新精神写了许多过去没有的东西，他成了全新的大提琴演奏曲目的创造者。"④

1900 年一个星期日的早晨，一个十九岁、主修钢琴和作曲的学生来到波佩尔的住所，与波佩尔一起排练即将演出的一场音乐会的曲目，他的名字叫巴托克。波佩尔和这位年轻的钢琴家一起在一个慈善音乐会上为筹募资金演出，以便为穷人建造一所疗养院。在这场音乐会后，巴托克写信给他的母亲说："我很高兴我终于能有机会和一位真正的艺术家一起演奏……在第一次排练结束时他说我的视奏能力很强，为我能到他家里来，他谢了我五次。"⑤

① 见 *The Scotsman*，1891 年 11 月 3 日。
② 见 *The Musical Times* 和 *Singing Class Circular*，1891 年 12 月 1 日。
③ 见 Shaw，*The World*，1891 年 12 月 2 日。
④ 见 Steven De'ak，*David Popper*，第 205 页。
⑤ 见同上，第 222 页。

卡萨尔斯的出现给波佩尔留下了深刻印象。他很喜欢卡萨尔斯的演奏，并且以这位年轻人几乎演奏过他的所有作品而自豪。但是他对卡萨尔斯的某些技巧并不太热衷。德阿克讲述他和波佩尔在布达佩斯听的一场卡萨尔斯的音乐会，波佩尔惊讶地发现卡萨尔斯有着与他完全不同的运弓技巧，他没有用当时很流行的放松的手腕和伸直的拇指；他还注意到卡萨尔斯没有用那么多的明显滑音，而这正是波佩尔那代人喜欢用的。波佩尔和德阿克听完音乐会返回途中，他们并没有谈很多话。德阿克说波佩尔一直在咕哝"很好听的声音……非常好的技巧"，又说，"很好的音准"，最后他说，"尽管如此，但他没能感动我！"①

1911 年，波佩尔唯一的儿子死于肺结核，这对他是个沉重的打击。1913 年，波佩尔在下了霜的人行道上滑倒，造成右手臂骨折。虽然他后来恢复了教学工作，但他再也不能充分使用他的右手。

波佩尔的一生中，几乎获得了所有欧洲国家授予的荣誉。在他居住的奥匈帝国，真正重要的称号都由国王亲自颁发。1913 年 8 月 5 日，为了庆祝他的七十岁生日（7 月 18 日），国王颁发给他德国最高的荣誉称号"Hofrat"。他只享受了两天这个荣誉称号，8 月 7 日他心脏病发，当晚就与世长辞了。

很少有人知道波佩尔还是一位一流的钢琴家，他在教学中会大量使用钢琴，必要时才在大提琴上示范。关于波佩尔的广博知识，斯特拉滕有一个很好的例证。在伦敦举行的一次的交响音乐会后，斯特拉滕邀请波佩尔到他家里作客。席间，人们邀请萨莱特演奏些什么，于是萨莱特决定演奏贝多芬小提琴协奏曲的第一乐章，但是手边没有这首乐曲的伴奏谱。波佩尔坐在钢琴前，毫不犹豫地开始弹奏。令大家十分惊讶的是他凭记忆演奏了整个伴奏，而且他的处理是那样细致，乐句是那样美，会使许多钢琴独奏家都自惭形秽。此外，从他处理每种乐器的手法来看，很明显他记住的不是钢琴谱，而是乐队总谱。

① 见 Steven De'ak，*David Popper*，第 241 页。

他写过四首协奏曲，其中"e 小调"（Op. 24）是非常好的作品。他还写过一首弦乐四重奏、为两把大提琴而作的组曲和无数的小曲，其中有些今天仍然在演奏。他对大提琴演奏技巧发展的最大贡献是他在 1901 ~ 1905 年出版的《大提琴教程》，共四册，每册有十首练习曲。这套教程至今仍然是大提琴演奏艺术发展的里程碑之一，而且仍被世界各地的教师广泛应用。它在音乐本体和技术革新方面有着很好的平衡。其中许多练习曲，都是为了解决波佩尔在演奏他同时代的人，例如瓦格纳、李斯特、柏辽兹、舒曼等人所写的作品时所遇到的技术困难而写的。

他的学生中最著名的有福尔德西、克尔普莱、莱贝尔、施菲尔（即斯塔克的老师）和他少数女学生之一的露卡斯。他的传记作者德阿克在 1911 ~ 1913 年也跟他学习过。波佩尔的演奏生涯标志着从浪漫主义的演奏时期向演奏艺术繁荣时代的转移。

"大提琴大师"

　　在鲍凯里尼之后，意大利最重要的大提琴家就是朱塞佩·罗韦利。他是皮亚蒂的远亲，生于贝加莫，在米兰学习，在那里他一生都为帕尔马公爵服务。罗韦利的学生温琴佐·梅里吉被认为是伦巴第大提琴演奏学派的奠基人。梅里吉1826～1849年任米兰音乐学院的大提琴教授，皮亚蒂、佩兹和夸仁吉都是他的学生。他如何获得他那把斯特拉迪瓦里制作于1707年、现在被称为"斯坦莱恩"的大提琴的故事非常有趣。有一天他在米兰的大街上，看到一个人推着一辆车子，上面摇摇晃晃地放着一把大提琴。他叫住这个人而且只用了相当于现在大约十英镑的价钱，就买下了这把看上去有些破烂的大提琴。十九世纪三十年代中期，帕格尼尼从他那里买下了这把大提琴，后来又将这把琴买给了维尧姆；维尧姆于1854年将这把大提琴卖给了斯坦莱恩伯爵，毫无疑问它的价格要比原来贵多了。现在这把琴已经修复得非常好了，属前"美艺三重奏"的大提琴家伯纳德·格林豪斯所有。

彼得洛·卡塞拉是大提琴王朝的首领和图林大提琴演奏学派的奠基人。他生于意大利的热那亚，1831年成为宫廷管弦乐队的成员，他的学生包括他的儿子塞札·吉奥瓦其诺和卡罗。据说卡罗是位演奏家，后来到西班牙，在马德里宫廷取得杰出的成就。他为大提琴写了一些作品，主要是沙龙小曲，但是他的《六首大练习曲》(Op. 33)即使在今天还是很优秀的练习曲。他在里斯本逝世。

塞札约于1849年生于奥波特，是卡罗的儿子，也是位杰出的大提琴家，1886年在巴黎逝世。这个家族的最后一人是塞札的儿子阿尔弗雷多，他写过两首为大提琴与钢琴而作的奏鸣曲，一首为大提琴与管弦乐队而作的协奏曲。他于1907年写的《第一奏鸣曲》(Op. 8)是献给卡萨尔斯的。

然而十九世纪最重要的大提琴家则是阿尔弗雷多·皮亚蒂。他生于贝加莫，是当地管弦乐团首席安东尼奥的儿子。小皮亚蒂跟随父亲学习小提琴，跟随祖叔父扎内蒂学习大提琴，并于八岁时就接替了他祖父在乐队中的职务——两年前他就以在贝加莫韦尔托瓦伯爵的家中演奏弦乐四重奏而出名。十岁时他被米兰音乐学院录取，成为梅里吉的学生，并在那里学习了五年。1837年9月他首次在学院音乐会中演奏了自己的协奏曲，一年后在斯卡拉歌剧院举行音乐会，之后就在欧洲进行巡回演出。他在维也纳和其他城市的演出取得了惊人的成功，但是他在佩斯生了病，不得不卖掉他的大提琴来支付食宿费用。在回家的路上他遇到李斯特，李斯特邀请他到慕尼黑合开音乐会。那场音乐会所取得的成功促使李斯特于1844年再次于巴黎组织了音乐会。正是在巴黎，李斯特送给皮亚蒂一把阿玛蒂制作的大提琴。

1844年5月31日，皮亚蒂在女王陛下剧院举行的晨间音乐会中初次亮相，评论家立即称他为第一流的演奏家。6月24日，他在一场爱乐协会举办的音乐会上，进行了他的正式首演，演奏的是库米尔《幻想曲》。他的曲目排在门德尔松之后，那次门德尔松非常辉煌地演奏了贝多芬《G大调协奏曲》。尽管这对他是个巨大的挑战，可是这位只有二十二岁的年轻人还是表现得很好，因为《晨间邮报》的评论员这样写道："皮亚蒂的完美声音，以及他对乐器的良好控制，使他的演奏受到极大欢迎。"①

在这场音乐会之后，与门德尔松住在一起的钢琴家莫斯克莱将皮亚蒂请到他的住处，因为门德尔松希望和他合作演奏一首奏鸣曲。皮亚蒂准备好《降B大调奏鸣曲》来到门德尔松的住处，但门德尔松把这首奏鸣曲放在一边，拿出了一首他正在写的《D大调奏鸣曲》。

1844～1845年，皮亚蒂到英国、意大利和欧洲其他国家进行访问；1845年春天，他与钢琴家西奥多·多勒一起到俄国举行音乐会，在圣彼得堡和莫斯科都取得了极大的成功。评论家用尽华丽的辞藻来描述皮亚蒂的精彩演奏："他拥有高超的技巧、洪亮而丰满的音色、高尚的趣味、丰富的表情和情感以及在一个歌唱性乐器上所能听到的最美好的歌唱。"②

皮亚蒂非常喜欢英国，从第一次访英起，他就定期到伦敦和其他大城市进行演出。他经常担任伦敦的意大利歌剧院管弦乐团的大提琴首席，还加入了一个四重奏组，该组合由恩斯特任第一小提琴，约阿希姆任第二小提琴，维尼亚夫斯基任中提琴。他还在由伦敦贝多芬四重奏协会主办的音乐会中演出。

除了在一次交通事故中摔断了右手臂而不得不停止演出之外，皮亚蒂一生都定期在雷金特大街的圣詹姆斯大厅举行的"通俗音乐会"中演出，完全献身于室内乐。约阿希姆、路德维希·施特劳斯、泽比尼和皮亚蒂组成了最早的伦敦约阿希姆弦乐四重奏，并与"通俗音乐会"签了长期演出合约。当时人们认为该组合高贵的演奏风格、动听的音色、完美的合作都是无与伦比的。

① 见 *Morning Post*，1844 年 6 月 25 日。
② 见 Ginsburg，*History of the Violoncello*，第 87 页。

1858 年皮亚蒂再次访问维也纳，与二十年前他在那里首演时同样成功。汉斯利克称赞了他那"真诚而深刻的演奏"，说他的演奏"仍然保持了严肃而刚健的感人情感"[①]。人们还赞扬了皮亚蒂并没有以过分用力的运弓来演奏，他的演奏本身就十分自然地产生了各种音色上的变化。

1897 ～ 1898 年乐季，斯特拉滕听了皮亚蒂的一场"通俗音乐会"的演奏，那次他演奏的是他改编的一首海顿的小提琴奏鸣曲。斯特拉滕说："他有着非常高贵不朽的演奏风格，其感情一点也不矫揉造作。"[②] 斯特拉滕还发现尽管皮亚蒂已经步入暮年，却仍有着完美的音准，左手也十分灵活。

在他的整个演出生涯中，他的家乡意大利给他提供了许多重要的教学职务，但是由于他喜欢待在英国，所以都拒绝了。后来，每到冬天他就住在科莫湖的卡代纳比亚别墅。

尽管他要举行许多音乐会，但是他仍教学不辍。表面上他是伦敦皇家音乐学院的一位教授，但是他很少到那里去：他的教学活动大多属私人性质，以便能配合他音乐会的演出日程。德国的大提琴家豪斯曼、贝克以及列奥·斯特恩都跟皮亚蒂学习过，并且感怀在心。英国大提琴家威廉·怀特豪斯也是他的得意门生之一。

1892 年，世界各地的学生都来到米兰参与恩师皮亚蒂的七十岁诞辰音乐会。许多世界著名的音乐家，包括威尔第和著名诗人、作曲家博伊托也都出席了那场音乐会。

皮亚蒂为人相当谨慎，对于那些想利用他的声望从中获利的人来说，他并不容易接近；但如果真诚以待，他是很愿意帮助别人的。斯特拉滕曾说他个人非常感谢皮亚蒂，多年来当他寻找各种不同的大提琴书籍和乐谱时，皮亚蒂总是不吝

---

① 见 Hanslick，*Aus dem Konzertsaal*，1870 年，第 162 ～ 163 页。

② 见 Van der Straeten，*History of the Violoncello*，第 584 页。

帮忙和建议。另外，皮亚蒂还喜爱玩牌，并且技巧高超，简直可说得上是位精明的牌手。

除了他那一流的炫技性作品《塔兰泰拉》（Op. 23）之外，他的其他作品在今天已经很少见了。但是我们应当记住：如果不是他改编了某些作品，它们很可能会被湮没。他的初衷就是想用内容更多样化的作品来丰富当时非常流行的沙龙小曲和空洞无物的炫技作品。他是第一个出版十八世纪作曲家如洛卡泰利、波尔波拉、瓦拉契尼、阿里奥斯蒂、马切洛和鲍凯里尼作品的大提琴家。皮亚蒂和格鲁兹马赫尔不一样，他尽可能地保持作品的原貌；创作钢琴声部时，他也尽量坚持使用作曲家所给的低音音型；他也很少会增加不必要的弓法和指法，这在十九世纪是很流行的。他对早期音乐作品的兴趣使他结识了多尔梅奇，并和其成为亲密的朋友。1880 年他参加了一场多尔梅奇的音乐会，其间对多尔梅奇十一岁的女儿海莲娜用低音维奥尔琴演奏的克里斯托弗·辛普森《Divisions on a Ground》这首曲子印象深刻。在多尔梅奇的帮助下，皮亚蒂把辛普森的低音维奥尔琴变奏曲移植为大提琴曲。皮亚蒂还为大提琴和钢琴改编了巴赫的第一组曲，但是这件事情是不会得到多尔梅奇的认可的。然而在皮亚蒂的作品中，技巧的成分有着它的历史价值，因为它表明了皮亚蒂对乐器的掌握。他大量地使用连奏和断奏的经过句，而且将跳弓技巧运用得很好。皮亚蒂所写的《十二首随想曲》在今天的教学中仍然是有价值的。

他使用的演奏方法是传统的，没有尾柱，大提琴被夹在两个小腿之间。从照片上看，他还喜欢使用右手的低手肘姿势。

他对乐器有着很好的鉴赏力，多年来使用的是一把 1717 年罗基里制作的大提琴。1867 年他获得了一把 1720 年斯特拉迪瓦里制作的最优秀的大提琴，二十五年来他一直想获得这样一把琴。1844 年访问都柏林时，皮亚蒂见到了这件心爱的乐器。这把琴是由一位酒商从卡蒂兹带到爱尔兰的，有一段时间这把琴一直放在一家乐器行中，然后以一百英镑卖给了都柏林的一位教授。当皮亚蒂第一次见到这把琴时，它属于一位名叫皮戈特的大提琴家，他不肯卖掉这把琴。皮戈特死后这把琴经过了许多人的手，然后以三百五十英镑被皮亚蒂的一位好友奥利佛将军买去了。有一天这位将军问皮亚蒂，哪件乐器是他藏品中最好的，皮亚蒂毫不迟疑地说是这把斯特拉迪瓦里大提琴。于是这位将军说："把它带走吧，它是你的了，希望你会喜欢它。"皮亚蒂对这种发自内心的慷慨感到很为难，于是婉言谢绝，但是第二天将军就把这把琴送来了，还用最温和的语气写了一段话请他收下。后来这位将军成为皮亚蒂独生女罗莎的教父。

在皮亚蒂的暮年时期，作曲家门德尔松的侄子罗伯特曾出价两千英镑想买这把斯特拉迪瓦里大提琴，但是未果。皮亚蒂从未打算与他这把心爱的大提琴分手。在他于 1901 年逝世后，他的女儿知道如果这把琴经久不用的话会被毁掉，所以不得不以四千英镑的价格卖给了门德尔松。

所有这些细节都是由皮亚蒂的女儿罗莎亲口告诉怀特豪斯的。似乎当皮亚蒂获得这把琴时，他曾把琴拿到巴黎给维尧姆看过。维尧姆建议将琴整修，例如琴桥磨破了面板、左手靠近边板的地方有磨损的印子等，但是皮亚蒂婉言谢绝了。可惜门德尔松没能抵挡住这种诱惑，对这把琴进行了整修，而且还换了一个新的琴颈。

皮亚蒂是晚期旧浪漫主义大提琴演奏学派的代表人物之一，他将辉煌的技巧和良好的艺术趣味结合在一起。瓦西莱夫斯基写道："他不仅是英国最重要的大提琴家，也是代表我们今天最高水平的演奏家。"[①]

① 见 Wasielewski，*The Violoncello and Its History*，第 111 页。

两个高峰

十九世纪末至二十世纪初，德国大提琴演奏学派绝对处于领先地位。当时出现了一批独奏、室内乐和乐团的演奏家，其中某些人同时也是一流的教师。在这些人中有两位杰出的人物，也就是大提琴演奏艺术发展中的两个高峰——克林格尔和贝克。他们两人都代表德累斯顿学派，都师从格鲁兹马赫尔学琴，因此也都具有相同的艺术趣味。也就是说他们对音乐的处理都有同样的严肃性，拒绝使用浪漫主义显示技巧的演奏风格，鼓励在教学中使用教学辅助材料和研究比较编订的不同版本。但是在实际教学中，他们两人却有着极大的不同。贝克着重教学的科学性，对解剖学和生理学进行了大量的研究；克林格尔则更多地从实际的教学经验出发。

朱利叶斯·克林格尔的父亲是位律师和优秀的业余音乐家，也是门德尔松的亲密朋友。克林格尔十分幸运地诞生在莱比锡这一音乐活动的中心，他祖父之前的几代人都是专业音乐家，而他的兄弟姐妹都能演奏乐器，从小家里就有各种组合的室内乐演奏。克林格尔最初跟随父亲学习音乐，他的第一位大提琴教师是海格尔，海格尔是布商大厦管弦乐团的大提琴首席，是格鲁兹马赫尔和达维多夫的学生。克林格尔十五岁就加入布商大厦管弦乐团，并在 1881 年年仅二十二岁时晋升为大提琴首席。同年他被任命为莱比锡音乐学院的"荣誉教授"。他一直在乐团工作到 1924 年，为了庆祝他任职五十周年，富特文格勒指挥了一场纪念音乐会。克林格尔专门为这场音乐会创作了一首小提琴和大提琴的二重协奏曲，由克林格尔本人演奏大提琴声部。

克林格尔曾多次访问俄国。第一次是 1882 年，由安东·鲁宾斯坦指挥管弦乐团协奏演出他自己的协奏曲。1887 年他在俄国圣彼得堡首次演奏了海顿的《D大调协奏曲》，并且参加了许多室内乐音乐会，其中包括了由奥尔领导的圣彼得堡弦乐四重奏的演出。1889 年他与布多斯基四重奏组一起重返俄国，举行了一系列的音乐会，俄国著名的钢琴家也参加了演出。当他和萨丰诺夫一起演奏贝多芬《C大调奏鸣曲》时，一位评论家说他们在莫斯科听众面前取得了"惊人的成功"。1911 年为了庆祝俄国音乐家协会成立五十周年，举行了大提琴比赛，他受邀担任评委。

一位名叫休·巴特勒的评论员写道：

> 作为一位演奏家，无论是从音乐方面还是从纯技术方面来说，克林格尔都有很高的水平。他使用细致的重音和轻微的强调，而非强烈的对比或是感情的高潮来取得所需要的效果。他是一位有学识的优秀音乐家，他的趣味和风格感是令人羡慕的。所有这些特点在他演奏室内乐或是贝多芬的奏鸣曲，以及巴赫的无伴奏组曲时都表现得再明显不过了。他的弱点是他的音质：他

的音乐虽然清晰而有效果，但并不十分美。①

他的学生达莱有不同的看法："虽然有些评论家认为他的声音响得过度，然而他的音色是惊人的。他的发音方法现在已经不同了，这可能是由于使用钢弦所造成的。在克林格尔的时代，羊肠弦的质量是非常好的。"②

克林格尔对音乐非常敏感，这无疑与他自小就生活在一个音乐家庭中有关。他对室内乐有着非常广泛的了解，据说他了解所有标准曲目中每件乐器的每个声部。大家都知道，无论选择哪一首曲子，克林格尔都可以不看乐谱凭记忆为他的学生弹钢琴伴奏。

作为一位作曲家他曾经为大提琴写过许多作品，在这方面我们必须记住他与当时许多著名的音乐家都有着密切的来往。约阿希姆、勃拉姆斯、安东·鲁宾斯坦以及马克斯·雷格尔都对他的音乐思想有着很大的影响。他为大提琴与管弦乐队写过四首协奏曲，两首是为两把大提琴写的，两首是为大提琴与小提琴写的，还有一首奏鸣曲、一些随想曲以及献给指挥家尼基什的《为十二把大提琴写的颂诗》。他还写了一些教材，这些教材有的今天仍然在使用，其中最著名的是为发展左手指和运弓技巧所写的《各种调的技术练习》（1909年）及1911年写的《每日练习》。他还编订了各种古典奏鸣曲、协奏曲以及巴赫的无伴奏组曲。现在人们普遍存在着一种错误的概念，认为卡萨尔斯是第一位将巴赫的无伴奏组曲带给广大听众的人，而达莱告诉我们，克林格尔早在1880年就教他的大提琴学生演奏巴赫。

今天克林格尔在人们的印象中主要是一名教师。他在莱比锡音乐学院从事教学的那些年代中，每周大约上五十节课。后来取得国际声望的学生有：费尔曼、

① 见 *The New Dictionary of Music and Musicians*，第五版，Vol.4，第781页。
② 见 *The Strad*，1978年10月，第523页。

苏日娅、格伦梅尔、斯图兹契夫斯基、库尔兹、皮亚蒂戈尔斯基和普利斯，这些人当时都是克林格尔在莱比锡音乐学院的学生。皮亚蒂戈尔斯基这样写道："我很惊讶地发现克林格尔的教学艺术是通过'不真正教'而实现的。在他上课时，我们很少听到他对音乐有关的建议和讨论。他让学生从头至尾演奏一首乐曲，然后说，'拉得好'；或者很严肃地说，'年轻人！注意你的左臂。'"① 普利斯也强调了这种观点："我喜欢他是因为他的确是一位非常纯朴的人。他没有奇怪的念头，也不把事情搞得复杂化。他非常诚恳，我特别喜欢他这一点。克林格尔从来不鼓励自己的学生模仿他，你看看他的学生，他们是多么的不一样。"②

胡戈·贝克生于阿尔萨斯的斯特拉斯堡，他的父亲让·贝克是位著名的小提琴家，也是弗罗伦蒂弦乐四重奏的创始人。贝克从六岁起就跟他的父亲学习小提琴与钢琴，但在九岁时听到大提琴的演奏，留下非常深刻的印象，于是他就要求学习大提琴。起初他跟曼海姆地区一流的音乐家库汀格学习，十五岁时获得当地宫廷管弦乐队第二大提琴的演奏职务；后来在德累斯顿格鲁兹马赫尔处和伦敦的皮亚蒂处学习了几个月。

1880 年他与家人以"让·贝克家庭四重奏"的名义进行了成功的巡回演出。斯特拉滕听了贝克演奏戈特曼的《a 小调协奏曲》后写道："对技术的完美掌握和非常艺术化的演奏风格。"③ 就像克林格尔一样，贝克从小在室内乐环境中生活，这肯定对他音乐的发展和艺术趣味的形成产生很大的影响。他和他的姐姐、哥哥成立了一个永久性的三重奏组，这个三重奏组也像他们的家庭四重奏那样出名。

1884 ～ 1886 年贝克是法兰克福歌剧院管弦乐团的大提琴首席，1895 年被任命为法兰克福音乐学院的大提琴教师以及室内乐课的负责人，在这期间他还与钢琴家丹尼尔·夸斯特和小提琴家威利·赫斯成立了三重奏。一直到 1906 年他都

① 见 Piatigorsky，*Cellist*，第 64 ～ 65 页。
② 由本书作者采访所得。
③ 见 Van der Straeten，*History of the Violoncello*，第 483 页。

是法兰克福弦乐四重奏的成员，当时任第一小提琴的是休·黑尔曼。

与此同时，贝克还进行了繁忙的独奏演出。他曾经三次访问俄国，在1900～1901年乐季也访问了美国。自1891年以来，他每年都在伦敦演出，起初只是临时代替皮亚蒂在"通俗音乐会"上演出，后来就完全取代他了。贝克在伦敦还与两位非常杰出的同行组成了伊萨依—贝克—布索尼三重奏。在他们的第二场音乐会结束以后，1901年11月22日的《晨间邮报》上这样写道："整个演奏非常精彩，像这样的室内乐演奏的确是无与伦比的。"[①] 关于贝多芬《降B大调三重奏》，英国《每日电讯报》极富诗意地写道："它所表达出的那种美妙、温柔和崇高，即使是具有而且理解这一切的古代希腊人，也要为之顶礼膜拜。"[②] 随着年岁渐长，他就不太从事独奏演出了，但仍然会参加一些重要的室内乐演奏会。他与多纳伊、亨利·马蒂奥一起演奏三重奏，后来还与施纳贝尔及弗莱什一起演奏三重奏。他与当时许多伟大的音乐家，如勃拉姆斯、约阿希姆以及舒曼等人有着直接或间接的联系。雷格尔将自己的《d小调第二无伴奏组曲》(Op. 131)献给了贝克。

在二十世纪初，虽然贝克经常卖弄学问而受到人们的批评，但是他还是取得了伟大教师的名声。有位学生说他像一根"老拐杖"。从1902年起他在斯德哥尔摩的皇家音乐学院任教；1909年豪斯曼逝世后，贝克就在柏林音乐学院接替了他的位置。他教的学生有马伊纳迪、J.海格尔、格伦梅尔、福尔德西、汉伯格、哈里森、瓦列恩、威瑟斯等。贝克是这个时代最早开始研究演奏生理学的音乐教师之一，他将自己的研究运用在最自然的演奏方式中，也巧妙地试图将技术问题与美学问题作为一个整体来解决某些困难。由于他有着演奏家及教师的广泛经验，所以能对十八世纪至二十世纪的作曲家作品进行系统的分析。德沃夏克及理

① 见 *Morning Post*，1901年11月22日。
② 见 *Daily Telegraph*，1901年11月22日。

不朽的大提琴家 | The Great Cellists

查·施特劳斯都同意他对《b 小调协奏曲》及《堂吉诃德》的分析。贝克的作品没有什么重要的影响，但是他于 1911 年编订的巴赫无伴奏组曲却吸引了当时人们的兴趣。他编写的《手指练习以及运弓练习》《练习曲》与《六首特殊练习曲》仍然被今日的教学所使用。

一位俄国评论家说贝克的演奏属于古典主义而非浪漫主义，他还指出贝克的节奏感以及演奏之自如是非常突出的。贝克的一位亲密朋友彪罗经常说，贝克是唯一具有男子气魄的大提琴演奏家。这个评价的意义在于，在二十世纪初期，人们普遍推崇大提琴为"灵魂的乐器"，它最擅长表达伤感。贝克不同意这种看法，在他与生理学家里纳尔博士合著的《大提琴演奏的技巧与美学》一书中，贝克说："大提琴是一件男性乐器，它比其他任何弦乐器都更能表达那种骑士般朝气蓬勃的高贵情感。"[1]

贝克有两把斯特拉迪瓦里大提琴。1884 年（也就是他父亲逝世的那一年），他购买了由斯特拉迪瓦里于 1720 年制作的"克里斯蒂阿尼"大提琴，另外一把则是 1719 年制作、现被人们称为"贝克"的大提琴。

保罗·格伦梅尔是克林格尔的学生，他凭借教学与演奏对大提琴演奏艺术做出了巨大贡献。格伦梅尔生于德国的格那，是一位宫廷音乐家的儿子，八岁时开始跟父亲学习小提琴，十四岁时师从宫廷音乐家弗里德里希斯学习大提琴，同时也跟当地市政管弦乐团大提琴演奏家勃姆学习。一年后他进入莱比锡音乐学院，师从克林格尔学琴，之后在贝克的指导下完成学业。

1902 年他在伦敦进行了成功的首演，当时出席音乐会的还有国王和王后，自此以后他就在英国、欧洲其他国家和美国巡回演出。1905 年格伦梅尔移居维也纳，在那里任歌剧院及演奏协会管弦乐团的独奏大提琴家。1919 ~ 1930 年他在布施弦乐四重奏中任大提琴手。在这期间他还曾与阿道夫·布施一起演奏勃拉姆

---

[1] 见 Ginsburg, *History of the Violoncello*，第 79 页。

斯的协奏曲。他经常与当时最著名的演奏家一起演出：威廉·巴克豪斯、让·库贝利克、维泽依、胡贝尔曼和普里赫达等人。雷格尔、沃尔夫-费拉里、齐尔品和其他一些作曲家纷纷将自己的作品献给格伦梅尔。

他编订过巴赫的无伴奏组曲，并将巴赫的手稿附在其中；还编写了《大提琴高深技术练习》和《低音维奥尔琴演奏法》（1925 年）。他是一位优秀的低音维奥尔琴演奏家，对恢复低音维奥尔琴的演奏艺术起了巨大的作用。他不仅曾与古乐器合奏团一起演奏，而且还与大键琴演奏家兰多芙斯卡一起举行了低音维奥尔琴独奏音乐会。

教学是格伦梅尔音乐生活中的重要组成部分。他曾于 1907 ~ 1913 年在威尼斯音乐学院、1940 ~ 1946 年在科隆音乐学院、二三十年代在柏林音乐学院任教。1946 年他定居瑞士，在那里从事教学直到 1965 年逝世。

英国元素

虽然十九世纪下半叶在英国有一批优秀的室内乐大提琴家，但是并没有优秀的大提琴独奏家。幸好那里有一批一流的教师，其中绝大多数都是在德国学习的，他们能将自己学到的东西传授给学生，但这是一个很缓慢的发展过程。

出生在比利时的古斯塔夫·利博顿是十九世纪末英国一位著名的教师。他曾在布鲁塞尔音乐学院师从谢尔瓦斯，当 1864 年他到圣彼得堡演出时，这位年轻人引起了轰动。后来他就成为布鲁塞尔音乐学院的教授，并于 1873 年首次来到伦敦。据说他的演奏相当辉煌，但由于性格内向孤独，所以他并不喜欢独奏事业，而更喜欢教学。1880 年他被任命为市政厅音乐戏剧学校的大提琴教授，在那里他教了六十多位学生。皮亚蒂深知他作为一名教师的价值并给予支持。不幸的是，利博顿在四十九岁那年因患肺结核而早逝。

在英国早期的大提琴家中最突出的就是爱德华·豪维尔。豪维尔出生在一个音乐世家，家中几代人都是歌唱家和器乐家。其兄叫阿瑟，是一位低音提琴演奏者，在1850年德拉戈内蒂逝世时，曾与大提琴家路卡斯和林德利一起演奏科雷利的奏鸣曲（两把大提琴和低音提琴）。

豪维尔是皮亚蒂的学生，也担任了许多要职，其中包括女王陛下的常任音乐家，女王乐队、利兹地方以及三个合唱团节日管弦乐团的大提琴首席。1872年，豪维尔加入科汶特花园剧院管弦乐团，并担任皇家意大利歌剧院的大提琴首席多年。当1891年波佩尔在圣詹姆斯大厅首次演出他为三把大提琴和管弦乐队而作的《安魂曲》时，豪维尔曾和作曲家本人以及德尔萨特一起担任大提琴演奏。豪维尔曾经在英国皇家音乐学院（RCM）、市政厅音乐戏剧学校和皇家音乐学院（RAM）任教。他还将罗姆伯格的论文改编成《大提琴初步》，这在当时是一本对大提琴教学非常有用的文选。

皮亚蒂的另一位得意门生是生于伦敦的威廉·怀特豪斯。怀特豪斯最早是阿道弗斯·格里斯巴赫的小提琴学生，十三岁时转学大提琴，当时他的老师是女王乐队的大提琴首席佩蒂特。1878年他进入皇家音乐学院师从皮亚蒂和佩兹，一年后获多布雷奖；1882年被聘为皇家音乐学院的大提琴副教授，一年后升为正教授。此外他还在RCM及剑桥大学任教。

怀特豪斯是一位著名的独奏家和室内乐演奏家。每当皮亚蒂到国外演出时，他就代替他在"通俗音乐会"中演出。他还曾经与约阿希姆一起演奏，并与小提琴家西蒙内蒂和钢琴家古德温一起组成"伦敦三重奏"进行巡回演出。他的学生中包括许多二十世纪初期著名的大提琴家——威瑟斯、伊万斯、詹姆斯和塞尔蒙德；另外还有几位女性大提琴家，如奥尔德、伊芙琳和哈里森。

列奥·斯特恩也是皮亚蒂的学生。斯特恩生于布赖顿一个音乐家庭中，父亲是小提琴家兼指挥，母亲是钢琴家。他孩童时期就在布赖顿交响协会管弦乐团中演奏定音鼓，并跟多伯特学习大提琴。他本以药剂师为业，音乐只是业余爱好，但渐渐地，他渴望成为音乐家的愿望越来越强烈。他跟从皮亚蒂学习了两年，之后又花了一年时间在莱比锡跟克林格尔学琴。此后他成为一名专业的独奏家，并与歌唱家帕蒂以及阿尔巴尼夫人一起巡回演出。

在布拉格他结识了德沃夏克，当维汉不能为德沃夏克的《大提琴协奏曲》作首演时，作曲家就选择了斯特恩。于是 1896 年 3 月 19 日在作曲家亲自指挥下于爱乐音乐会中，斯特恩首演了这首协奏曲。3 月 28 日的《音乐新闻》中说这首协奏曲对乐团及独奏部分都给予了同等的重视。"的确在许多地方独奏声部被乐团所掩盖"，但是这位评论员继续说，毫无疑问"这是一首崇高而重要的作品"，并且还说，"他的柔板乐章是至今为止我们所听过最美好的柔板乐章之一，但是我们仍然怀疑，以大提琴协奏曲来说，这首作品是否能成为一个令人满意的经典之作"。[①] 斯特恩的演奏似乎能使所有评论员都感到满意；《音乐信差》杂志说他的演奏"有着巨大的表现力和无懈可击的音准"。

威廉·亨利·斯夸尔是当时颇负盛名但是现在已经被人遗忘了的大提琴家。他出生于赫尔福德郡，初时跟从父亲学习音乐，他的父亲是一位有才能的业余小提琴家。小斯夸尔七岁时以神童的身份首次公演，1883 年获得奖学金到英国皇家音乐学院师从豪维尔学习大提琴，并且跟从帕里学习作曲，同时还跟皮亚蒂学习配器。

斯夸尔在西班牙作曲家阿尔贝尼斯在伦敦圣詹姆斯大厅举行的音乐会上首次公演，演出的成功为他带来了一系列的演出合约。1895 年，他在管弦乐队伴奏下，在水晶宫演奏了圣-桑的协奏曲；同年被任命为科汶特花园皇家歌剧院管弦乐团的大提琴首席，之后他又在英国的许多重要乐团中担任大提琴首席。1898 ~ 1917 年他在英国皇家音乐学院任教，并于 1911 ~ 1917 年在市政厅音乐戏剧学校担任同样的职务。

①　见 *Musical News*，1896 年 3 月 28 日。

斯夸尔是最早录制唱片的大提琴独奏家之一，他于 1936 年在哈蒂指挥下录制的埃尔加大提琴协奏曲，在当时公认为是最好的唱片。福雷十分欣赏他的演奏，并将自己的作品《西西瑞安》献给了他。他还是一位相当不错的作曲家，曾写过一首大提琴协奏曲、两首轻歌剧和许多通俗小曲。他的《十二首简易乐曲》在今天仍为许多教师所采用。

赫伯特·瓦列恩生于伦敦一个艺术之家，起初在英国皇家音乐学院学琴，后来在皇家音乐学院师从豪维尔，最后在法兰克福跟从贝克完成自己的学业。很快他就成为一名独奏家和室内乐演奏家，经常在"通俗音乐会"中演出。他与哈雷夫人合作进行首演，之后成为"克鲁斯弦乐四重奏"的大提琴家。瓦列恩是一位十分受人尊重和喜爱的教师，他的学生（特别是他在皇家音乐学院教过多年的那些学生）都十分敬爱他，而且其中许多人也非常有名——纳尔索瓦、汉伯格、切尔尼亚夫斯基、卡梅伦、里克尔曼和巴比罗利（即后来取得国际声望的指挥家巴比罗利爵士）。

瓦列恩的教学方法是非传统化的，他很少教学生演奏技巧，而是让学生自己去看书。他在音乐学院的一位学生，也就是《中等才能的大提琴家》的作者斯坦菲尔德说："他在大提琴上做了一些非常奇怪的事情，但是他的音色非常吸引人。他还有着挖掘学生优点的巨大才能，跟他学习是件很愉快的事情，因为他是一位热情而可爱的人。"①

瓦列恩个人对英国大提琴演奏艺术的发展所做的贡献是无论怎样评价也不过分的。他以前所未有的方式促进了大提琴的发展。作为一名优秀的心理学家，他鼓励那些业余的大提琴演奏者继续学习，从而大大地提高了至当时为止被人们所忽略的这个领域的演奏水平。1919 年他在伦敦成立了大提琴学校；除了为人们提供独奏的机会之外，他还举办了一系列音乐会，有将近一百位大提琴家参加

① 由本书作者采访所得。

了演出。卡萨尔斯于 1927 年为十六把大提琴而作的《萨达纳》，就是为这所学校写的。

珀西·萨奇 1878 年出生在伦敦的一个音乐世家，父亲埃德温是一位指挥家，哥哥亨利是一位小提琴家。九岁时，萨奇到柏林跟随豪斯曼的学生奥托·卢德曼学习。四年后，萨奇进入音乐学院，期间一直坚持和卢德曼学习，并且跟随约阿希姆学习室内乐。

1898 年，萨奇离开学校，跟随柏林爱乐乐团在柏林进行了首次独奏演出。此后，萨奇在欧洲各地巡演，均取得成功。1899 年，萨奇以"约阿希姆弦乐四重奏"第二大提琴的身份前往德国和荷兰演出，并参加了在波恩举行的贝多芬音乐节。1901 年，萨奇随约阿希姆四重奏组在伦敦圣詹姆斯大厅举行首演。后来，他曾多次在英国举行独奏会，并且担任两季流行音乐会的大提琴首席。

在教学方面，萨奇编写了四卷本《大提琴学习新流派》(1913 年)，书中涵盖了许多大提琴家以及他本人的学习心得。他演奏的是一把加里亚诺大提琴。

1963 年的《英国皇家音乐学院联合杂志》中刊登的艾弗·詹姆斯的讣告里，有这样一段动人的颂词："他能非常深刻而准确地体会音乐的情感，并且以一种难以言传的方式将他的音乐意图传达给学生。"詹姆斯是怀特豪斯在皇家音乐学院的另一位学生，他所具有的教师潜力很快就在那里被人们认识到了。有一次怀特豪斯不在，詹姆斯代替他上课并取得了非常好的效果。在完成了自己的学业后，他加入了由布里奇担任中提琴的"英国弦乐四重奏"。

詹姆斯的教师才能越来越明显了，1919 年他成为怀特豪斯在音乐学院的助教，许多人都认为从此以后大提琴教学的新时代开始了。詹姆斯总是能找到一些话来鼓励那些不太有才能的学生，他的这种态度是由于内心有一种希望与别人分享他对音乐的热爱而来的。但是如果学生不是很用功，他就会变得非常严厉。哈维·菲利普斯记得有一次他在他的成绩报告单上看到詹姆斯这样写道："他似乎把他的脑子放在大提琴的箱子里，忘记带来了。我希望他的演奏能比现在好许多。"[1]

詹姆斯从不允许任何夸张或是低级趣味的东西。他要学生认真思考音乐发展的线条，并且认为这是令人信服的先决条件。但是他也意识到必须为学生打下牢固的技术基础，这样他们对乐曲的演绎才能产生预期的效果。他在英国皇家音乐学院执教三十四年，教学范围触及音乐的各个方面，但他最强调的还是室内乐。在他的学生中有瑞斯、菲利普斯、怀特赫德、弗莱明和"阿玛迪斯弦乐四重奏"的罗维特。他的另外一位学生是海伦·切斯特，切斯特是"英国弦乐四重奏"的大提琴家，也是皇家大学的教授，并于1928年与詹姆斯成婚。

詹姆斯还是举办夏季学校的先驱，使学生在假期能有地方学习。现在各种夏季学校遍布各地，但是在当时，除了音乐学院以外几乎没有学习的机会。1929年詹姆斯在剑桥的威斯敏斯特大学首次开办了夏季学校，该夏季学校由英国的音乐节基金会赞助。在第二次世界大战期间，这所学校就迁至靠近纽伯里的唐尼豪斯去了。

詹姆斯对英国大提琴演奏艺术的贡献是无与伦比的，他在室内乐方面的工作也是十分可贵的。他所举办的室内乐讲座，分析伟大的室内乐作品，既有学问又十分幽默，受到各地教育中心的热烈欢迎。第二次世界大战期间，他在伦敦国家美术馆由迈拉·赫斯组织的贝多芬晚期弦乐四重奏的讲座与表演，被某位大提琴家评为"在使人们保持理智方面起了无可估量的作用"。1957年他与巴比罗利爵士一起担任在巴黎举行的第一届卡萨尔斯大提琴比赛的评委。

每一个认识詹姆斯的人都津津乐道他那热情的个性与对教学经久不衰的兴趣。他是英国大提琴演奏界的元老，虽已年过八旬，但在逝世前的两个月仍举行讲座。他时常喜欢说的一句话是："音乐是一种无法言传的深不可测的演说，它

---

[1]　见《英国皇家音乐学院联合杂志》，1963年5月，LIX No.2。

将我们带往永无止境的境界。"①

道格拉斯·卡梅伦是另外一位非常受人喜爱的教师。他生于敦提，十五岁时开始学习大提琴，两年后获得奖学金，入皇家音乐学院师从瓦列恩。离开音乐学院后，他加入了"库切尔弦乐四重奏"并且成为伍德管弦乐团的成员。有一次瓦列恩带着卡萨尔斯去听卡梅伦演奏《威廉·退尔》序曲中的大提琴独奏。他们站在舞台边听了一会儿，卡萨尔斯说："这个孩子会有出息的！"

他在"布莱克弦乐四重奏"待过一阵，后来与格鲁伯格一起组建了"新伦敦弦乐四重奏"。同年他在皇家音乐学院担任教授职务。他意识到，室内乐和教学工作使他没有时间再去参加管弦乐团的演奏了。在他女儿的钢琴伴奏下，他举行了独奏会。1939～1945年间，他是西尼·毕尔指挥下的国家交响乐团的大提琴首席，并在该乐团伴奏下演奏协奏曲。他还跟许多著名的指挥家一起合作，其中包括鲁道夫·施瓦茨、德尔·马尔和博尔特爵士。他在巴比罗利爵士指挥BBC交响乐团协奏下演奏的埃尔加协奏曲，被人们称誉为"超赞"。卡梅伦与埃尔加相识，向他学习了这首协奏曲的弓法和指法。当1928年哈里森录制这首协奏曲时，卡梅伦是乐团成员。

卡梅伦对国家青年管弦乐团大提琴声部进行了多年的训练，并在许多夏季学校任教。费尔曼经常来听他上课，对他的教学方法给予很高的评价。他很善于挖掘学生的潜力，使他们按照各自的方式发展。他从不把自己的演奏风格强加给学生，不论其才能如何，他都能把他们潜在的能量完全激发出来。托特里耶有一次在皇家音乐学院的比赛中担任评委，他发现几乎每一位选手都很优秀，但又很不相同。于是他就询问选手他们的老师是谁，当他发现大多数选手都是同一位教授的学生时，简直难以相信。

卡梅伦是当时最著名的教师之一。他的学生有胡顿、斯特纳吉、卡明斯、

---

① 由本书作者采访所得。

D. 辛普森、哈维、伊格罗伊、坎彭和朱利安·劳埃德·韦伯。他热爱生活，享受美食和美酒，而且像个烟囱一样不停地抽烟。他也非常健谈，吃过晚餐后，他喜欢讲一些故事给大家听，成为同事欢乐的源泉。他七十岁时在与国家青年管弦乐团一起巡回演出途中不幸去世。

乔万尼·巴蒂斯塔·巴比罗利本来是一位非常有前途的大提琴家，他可以轻松地从事独奏和室内乐的演出，但是后来却成了我们这一代最伟大的指挥家之一。巴比罗利生于伦敦的一个意大利移民家庭，家族中几代都是音乐家。巴比罗利四岁时开始学习小提琴，但在练琴时他总是四处走动，令他的祖父非常烦恼。巴比罗利回忆说："有一天他跳上马车到怀特尔斯街买了一把四分之一尺寸的大提琴。他让我坐下来，将那把大提琴放在我的两腿中间，说，'现在你得坐着拉琴了。你没法一边走来走去一边练习这个鬼东西。'"①

小巴比罗利在这件新乐器上取得了很好的成绩，并于 1910 年获得圣三一学院的奖学金，得以跟从乌尔豪斯学琴，乌尔豪斯曾经是林德利的学生。十岁时巴比罗利在女王大厅举办的大学音乐会中首次演出，演奏的是戈特曼协奏曲的一个乐章，有位评论员虽然对他的演奏表示赞扬，但却说他的声音很小。后来巴比罗利曾打趣说，由于当时使用的是一把小琴，而且是一个小孩子在一个大厅中演奏，因此声音小就没有什么好奇怪的了。然而作为一个神童，他对爱德华时期英国社会的影响是巨大的。1911 年他十一岁时，曾与他的姐姐罗莎一起录制了一些钢琴与大提琴的唱片。

1912 年巴比罗利获得了阿达·刘易斯奖学金，进入皇家音乐学院师从瓦列恩。他当时的同学斯坦菲尔德说巴比罗利是班上最优秀的大提琴学生，同学们在学习一首新曲子之前总是请他完整演奏一遍给他们听。大约五十年之后，特蒂斯回忆巴比罗利当时演奏圣-桑《a 小调协奏曲》时说："从技术和音乐的角度来

---

① 出自英国广播公司第四台，1969 年。

讲，他的演奏令人非常吃惊。他是一位了不起的神童，十一岁半时的演奏就能使我无事可干了。"[①]

巴比罗利一开始是在电影院或剧场的乐池中演奏，十六岁时就成为亨利·伍德的女王大厅管弦乐团最年轻的演奏员。1920 年他在都柏林首次举行独奏会，之后就在全国各地与乐团一起演出。用他自己的话说："除了大街以外，我到处演奏。"年轻时最使他感到愉快的就是在皇家剧院与巴甫洛娃一起演出时的情景。当时巴甫洛娃表演的是圣–桑的《天鹅》。显然担任助奏的大提琴家感到吃力，于是人们就将巴比罗利请出来演奏这首乐曲。他演奏得非常动听，巴甫洛娃甚至将一半的献花送给了这位年轻的大提琴家。巴甫洛娃还要求在演出后与他见面。巴比罗利永远记得当他与巴甫洛娃握手时，她的手像钳子那样有力。

① 见 Michael Kennedy，*Barbirolli*，第 28 页。

"有规律的自由"

毫无疑问，对二十世纪大提琴演奏艺术影响最大的是加泰罗尼亚人卡萨尔斯。他不仅对大提琴的技巧进行革命，而且彻底改变了人们对大提琴及其性能的看法。

帕布罗·卡萨尔斯生于西班牙塔拉戈纳省的万德雷尔市，父亲是管风琴演奏家。他从小就生活在音乐中，正如卡萨尔斯自己所描述的那样："音乐对我来说，就像大海，我是大海中遨游的一条鱼。音乐浸透了我的全身，是我的一切；从我开始会走路起，它就是我无时无刻不在呼吸的空气。"①

他四岁开始跟父亲上钢琴课，五岁开始在教堂唱诗班唱歌，七岁开始学习小

① 见 **Albert E. Kahn**, *Joys and Sorrows*，第 30 页。

提琴。就在这时他写下了自己的第一首作品[1]。当时他的腿还很短，踩不到管风琴的踏板，所以还不能学习管风琴；直到九岁时，这件巨大的乐器终于加入了他的学习行列。

十一岁时，卡萨尔斯第一次听到了大提琴的声音，那是在万德雷尔的一次音乐会中，何塞·加西亚演奏三重奏。从第一个音符开始，卡萨尔斯就被迷住了，他告诉父亲："这是我所听到过的最棒的乐器，也是我想要演奏的乐器。"[2]

十二岁时他被送到巴塞罗那的市立音乐学校师从加西亚学习大提琴，经过很短的时间，这孩子就能以三重奏形式在托斯特咖啡馆演奏轻音乐赚零用钱了，一天是四个比塞塔（西班牙货币名）。即使是在这样的地方，他也能通过自己对巴赫、贝多芬和勃拉姆斯的理解不断扩充自己的演奏曲目；最后，他还说服店主每周在这里举行一次古典音乐会。事实证明他所举办的古典音乐会十分成功，还有人从很远的地方专程赶来参加。

在音乐学校里，他也开始去变革某些东西。他注意到一些笨拙而不自然的演奏动作却往往被人们误认为是正确的。例如为了使手肘能靠近身体的两侧，不论是小提琴还是大提琴学生，在演奏时都用手臂夹住几本书。

一天，他在逛音乐书店时捡到了一卷陈旧的乐谱，由于年代久远，纸张已经褪色而且破烂不堪。虽然当时他只有十三岁，可是他马上意识到其中有非凡的东西。过去他曾断断续续地练习过巴赫的六首大提琴无伴奏组曲，但从来没有听过自己的老师或者其他音乐家演奏过这些曲子，这次的发现使他的音乐事业发生了革命性的变化。之后他用了十二年的时间来练习这些组曲，为的是能在公众面前演奏它们。自从门德尔松"复兴"巴赫以来，十九世纪的人们对待巴赫的态度是将这些组曲看作练习曲，但是这样的态度却带来一些意外的收获。为了使这些作

---

[1]　他和父亲为一次化装游行合写了一首名叫《牧羊人的崇拜》（*Els Pastorets*）的曲子，在这游行中，卡萨尔斯扮演魔王。

[2]　见 Albert E. Kahn，*Joys and Sorrows*，第 35 页。

品听起来更加有趣，格鲁兹马赫尔、皮亚蒂以及舒曼都为这些组曲加写了钢琴伴奏，但是舒曼所写的伴奏从来没有出版过。

1894 年，卡萨尔斯带着朋友阿尔贝尼斯为他写的一封介绍信，去马德里拜访默非伯爵（一位优秀的音乐家和艺术赞助者）。通过伯爵的介绍，他见到了当时的皇后，皇后又帮助他进入马德里音乐学院。在音乐学院他向布雷顿学习作曲，并向著名的莫纳斯泰里奥学习室内乐，莫纳斯泰里奥是当时音乐学院的院长。他在这里学到的和声知识为他今后的音准奠定了良好基础，他那非凡的对位才能也为他今后的音乐创作做好了充分的准备。与此同时，他还从伯爵那里上了一些个别课程，除了音乐外还包括艺术、哲学和数学。

三年后，卡萨尔斯决定去布鲁塞尔音乐学院完成他的大提琴学业，当时的布鲁塞尔音乐学院是欧洲最重要的弦乐中心。音乐学院的院长格华尔特对卡萨尔斯的演奏深为赞赏，就将他介绍给大提琴教授雅各布斯。第二天下课后，这位教授以一种很傲慢的态度招呼卡萨尔斯说："你就是校长对我提起的那个西班牙小孩吗？你想拉琴给我听吗？"卡萨尔斯说他愿意。然后这位教授列出了一大串曲名，问他是否知道这些曲子，卡萨尔斯很诚实地回答知道。这位教授就转向其他学生说："不错嘛，看来他拉得不错！看来我们这位年轻的大提琴家什么都会拉。他一定会使我们惊讶的。"然后他就叫卡萨尔斯演奏一首谢尔瓦斯作的《纪念曲》，这是一首当时比利时学校常用的技巧性乐曲。这时卡萨尔斯已经非常生气，但他还是拿起了琴。当他演奏这首乐曲时，全场鸦雀无声；演奏结束后，所有学生都目瞪口呆继而鼓起掌来。这位教授对卡萨尔斯的表现显然也十分惊讶，他将这位年轻人领到一边，悄悄对他说他是位才能出众的孩子，同意收他为学生，并且对他说今后他会获得第一名的。但这位愤怒的年轻人说："你当着你学生的面侮辱了我，我是一刻也不愿意留在这里了。"[1] 第二天早晨他就离开布鲁塞尔，去了

① 见 Albert E. Kahn, *Joys and Sorrows*，第 70 页。

巴黎。

这次鲁莽之举招来了麻烦。当皇后知道这位神童放弃了他在布鲁塞尔学习的机会后，就撤回了对卡萨尔斯的资助。接踵而来的是段十分艰难的生活，卡萨尔斯不得不在香榭丽舍大道的福里马里尼音乐厅中演奏第二大提琴。为了填饱肚子，他的母亲也不得不靠做针线活来维持生计，经常工作到深夜；为了换取一点金钱，她还曾卖掉自己的头发。

最后他们回到了巴塞罗那，也就是在这一年，卡萨尔斯家的时运开始好转。他过去的老师加西亚从市立学校退休后，卡萨尔斯接替了他的职位，那时他只有二十一岁。后来他又在里西音乐学校任职，而且被任命为歌剧院管弦乐团的大提琴首席。在这期间，他与比利时小提琴家克里布姆、中提琴家加尔维斯以及钢琴家兼作曲家格拉纳多斯组成了四重奏。

卡萨尔斯从不认为教学和学习是两回事；对他来说，教学本身就是学习，因此他继续在研究技巧上下功夫，而且决心不受过去的约束。他主张要向传统学习，但不受其支配和控制。他的秘密在于，他总是认为应当把技术当作手段尽一切努力取得最好的效果，而不是将技术看作学习的目的。他说："技术的目的就是要将我们内在的真义、音乐的内容传递出来。最完美的技巧就是完全不为人们所觉察。"[1]

他教给学生设定弓指法的方法，就是自己在做学生时所发展的那一套。他让学生认识到放松的重要性以及怎样练习左手，以便在放松和紧张之间取得平衡。他为手和手臂在演奏中的放松所编写的练习，也是非常有价值的。

1898 年发生了卡萨尔斯所谓的"灾难"——西班牙皇室在与美国的战争中败亡了。这场战争影响极广，这位年轻的音乐家首次看到了战争的毁灭性。这无疑就是他一生献身于和平事业的原因。有趣的是，他的朋友都叫他"帕"（Pau），

---

[1]　见 Albert E. Kahn, *Joys and Sorrows*，第 76 页。

帕即其名帕布罗（Pablo）的昵称，在加泰罗尼亚语中就是"和平"的意思。

次年他在伦敦首演，是在奥古斯特·曼斯的指挥下在水晶宫演出圣-桑协奏曲。他还应邀在奥斯伯尔尼宫为维多利亚女王演出，这是女王在怀特岛上的夏季行宫。据卡萨尔斯回忆，当时音乐会的气氛十分严肃，乐曲与乐曲之间没有人鼓掌，只是在音乐会结束时才有礼貌性的掌声。然而在多年以后，他收到玛丽亚·克利斯汀娜女王转来的维多利亚女王在那场音乐会后发给她的一封电报，她认为那场音乐会是"非常美妙的"。

同年秋天，正如卡萨尔斯自己描述的那样，是他事业的转折点。他的朋友兼赞助人默非伯爵把他介绍给查尔斯·拉穆勒，他是著名的拉穆勒管弦乐团的创始人和艺术指导。当这位年轻的大提琴家到达那里时，拉穆勒正忙于看他的总谱，几乎没有抬头看他，而这时该卡萨尔斯上场了。在卡萨尔斯拉出拉罗协奏曲开头的乐句后，拉穆勒把他手中的笔放在桌子上，专心地听他把这首曲子演奏完。拉穆勒有残疾，行动不便，但是他仍一瘸一拐地走到这位年轻的大提琴家面前，眼里饱含泪水，双手搂着卡萨尔斯说："亲爱的孩子，你被选中了。下个月你将在我的第一场音乐会中演出。"[1]1899 年 10 月，在水堡举行的音乐节上，卡萨尔斯演奏了拉罗的协奏曲，12 月他又在共和国剧院演奏圣-桑的协奏曲，两场音乐会都受到观众的热烈欢迎。资深的法国大提琴家赛尔蒙回忆起当时的场景时说："令人难以置信！好像我们从未听过这作品一样。卡萨尔斯使得这些作品听起来是那么从容流畅，毫不费力。我们这些大提琴家简直都愣住了。"[2]虽然当时卡萨尔斯并不了解，但是后来他确信是拉穆勒为他打开了成功的大门。

他定居巴黎，过着幸福的生活；巴黎也是当时世界文化的中心。他把巴黎描绘成文化活动的麦加以及文学家和艺术家的身心之乡。他的朋友圈中包括画家窦

① 见 Albert E. Kahn, *Joys and Sorrows*，第 92 页。
② 见 *Strad*，1967 年 1 月，第 339 页。

加和卡莱尔，哲学家伯格森，作家罗曼·罗兰及音乐家伊萨依、蒂博和科尔托。他还与作曲家丹第、埃内斯库、拉威尔、勋伯格和圣-桑成为好友。钢琴家鲍尔是他非常亲密的朋友。卡萨尔斯和鲍尔一起演出的场次比和其他任何音乐家都多，他们相互取长补短，合作完美无缺。从第一次会面的那一刻起，他们就建立了和睦的关系。

1901 年，卡萨尔斯与美国歌唱家内瓦达及法国钢琴家莫雷奥成功在美演出。他们一共举行了八十场音乐会，有些还是在非常偏僻的地区举行。美国对学校、乐队和合唱团的音乐教育非常重视，这让卡萨尔斯十分感动；他还对美国人民的平等精神印象深刻。毫无疑问，这十分符合他所受的教育和信仰。但是他也十分喜爱西班牙皇室，并且与比利时皇后保持着终生的友谊。

卡萨尔斯和他的朋友蒂博、科尔托于 1905 年组成的三重奏或许应该算是音乐史上最伟大的三重奏之一。他们的合作长达三十年。组合成立时，卡萨尔斯二十八岁，科尔托二十七岁，蒂博二十四岁。卡萨尔斯这样写道："在音乐中我们相知甚深，我们组成了一个妙极了的小团体，不仅是重奏组，而且也是好朋友。我们形成这样一种习惯，每年拿出一个月的时间一起旅行，并举行室内乐音乐会，我们的三重奏很快就为广大听众所熟悉。"[1] 唱片公司最早录制的那些室内乐唱片，恐怕就是受到该三重奏组的影响。他们对舒伯特《降 B 大调三重奏》的极佳演释，是对那些反对灌录唱片的人最有力的反击。

他第一次去俄国演出是 1905 年，不幸正好碰上大革命。由于罢工，当时所有去莫斯科的火车都停开，因此他只得转道去圣彼得堡。他在圣彼得堡代替一位因相同理由而被困在莫斯科的大提琴家开音乐会，担任指挥的是西洛蒂。这场音乐会的举行极富戏剧性：由于罢工，剧场停电，整个大厅只得点燃蜡烛，然而听众对卡萨尔斯的回应非常热烈。在举行音乐会的三个星期里，白天的气氛紧张不

① 见 Albert E. Kahn，*Joys and Sorrows*，第 116 页。

安，晚上则通宵都可以听到枪声。

第一次世界大战期间，卡萨尔斯一直住在纽约，1919 年回到巴塞罗那，想改善祖国的音乐现状。当看到巴塞罗那两个管弦乐团的演奏水平竟是如此之低时，他表示愿意提供任何方式与他们合作，包括经济上的必要支持。两个乐团的指挥都认为，要建立一个更好的管弦乐团，除非当地出现一位有才能的人，而且批评卡萨尔斯离开那里已经很久了，无法正确评价当时的形势。然而卡萨尔斯一直认为，仅靠演奏大提琴的贡献是很有限的。鉴于和乐团指挥合作能为彼此提供更大的空间，他自己出资组织并挑选人员，于数月后成立了帕·卡萨尔斯管弦乐团。

1931 年西班牙共和国成立后，他在圣萨尔瓦多美好的家园中度过了幸福而安稳的几年。但是自从 1936 年西班牙内战开始后，由于政治倾向的关系，他的安全就受到威胁了。弗朗哥政权的主要首领之一，也是他们政见的积极宣传者兰诺将军，有一次曾在广播电台扬言：如果能把卡萨尔斯抓住的话，一定要把他的双臂砍掉。卡萨尔斯无视这种恐吓，继续在医院中演奏及举行音乐会，以便为共和主义者募捐。当巴塞罗那处在紧急的情况下时，他出席了大学授予他荣誉博士头衔的庆祝仪式。当时那里已经遭受飞机的狂轰滥炸，教师及家属们都在撤退。不过他们还是以一份手写的文件（因为当时已经没有时间印刷了）表彰了他们最著名、最受人爱戴的子弟。几天之后，怀着十分悲痛的心情，卡萨尔斯被说服，越过了西班牙边境，去往法国小城普拉德，并在那里度过了他二十多年的流亡生活。

普拉德的生活，特别在冬天，是十分艰苦的。他的一位学生回忆自己当时穿着最好的一件衣服去拜访卡萨尔斯，卡萨尔斯十分严肃地说，他会给这学生一些建议。这位年轻人就在那里耐心等待，期待着能从这位大师口中得到一些启示，然而大师所说的只是"穿得暖和一些，这里很冷的"。这位学生后来发现卡萨尔斯的话不无道理，因为往往需要三件运动衫加一条凫绒被才能够御寒。普拉德身处一个山谷，凛冽刺骨的寒风从附近的山上吹来，一直进入地中海，随着时序进入严冬，风也变得越来越冷。

战争结束后，卡萨尔斯再一次应邀赴英，受到热烈欢迎。在他的脑海中还十分清晰的浮现着 1946 年 6 月在皇家阿伯特大厅举行的音乐会，当时他演奏的是舒曼和埃尔加大提琴协奏曲，由博尔特爵士指挥 BBC 交响乐团协奏。当他离开大厅时，街上挤满了听众，最后在警察的保护下他才得以进入汽车。但是这一点丝毫没使卡萨尔斯困扰，他热情地回应了那些等候他的听众。他说他能够在这些"热情的笑脸"中待上好几个小时。

他还在 BBC 发表了一次对加泰罗尼亚人的演说。他是以一首加泰罗尼亚的民歌《鸟之歌》来结束演讲的，从此这就成了卡萨尔斯的标志，并在今后的每场音乐会结束时都演奏这首民歌。他还把自己在普拉德的住宅命名为"鸟之歌"。

当英国政府承认弗朗哥在西班牙的统治后，卡萨尔斯决定永不再去英国，甚至终止了他正在录制的海顿《D 大调大提琴协奏曲》。听过已经录制好的这前两个乐章，就使人更想听到我们所失去的第三乐章。后来牛津大学和剑桥大学都试图赠予他荣誉称号，但都因为相同的原因而被拒绝了。整个战争时期，他拒绝在纳粹德国演出，并且坚守自己的誓言，决不在任何承认弗朗哥政权的国家演出。当他在英国的最后一场演出结束后，克里普士爵士到巴黎寻访，想和他讨论当下形势。卡萨尔斯的回答极富个性："我们无法相互理解。我们会各唱各的调子。你会谈论政治，而我只谈原则。"①

在七十岁生日时，卡萨尔斯收到了来自全世界的贺电。他收到了普罗科菲耶夫、肖斯塔科维奇、哈恰图良以及其他一些苏联作曲家发来的电报；英国电台为他举行了特别音乐会；博尔特爵士代表成千上万的音乐家和音乐爱好者向他致辞；巴比罗利爵士指挥五十位大提琴家演奏卡萨尔斯的《沙丹娜》，这首作品是

① 见 Albert E. Kahn, *Joys and Sorrows*，第 227 页。

123

他 1927 年为瓦列恩大提琴学校写的。在他七十五岁生日时，卡萨尔斯还在苏黎世指挥一百二十位大提琴家演奏此曲。

由于小提琴家亚历山大·施奈德的热情和努力，巴赫逝世二百周年的纪念活动在普拉德举行。施奈德后来成为卡萨尔斯最信赖的朋友之一。这个沉睡了多年的小镇突然变得活跃起来，来自世界各地的音乐家在此地相聚，包括西盖蒂、伊萨克·斯特恩、塞尔金和伊斯托明等。弗朗哥政权禁止西班牙人越境来参加这个盛会，但是不屈不挠的西班牙人，秘密步行穿越了庇里牛斯山脉，甚至还有一位年老的牧羊人赶着羊群而来。

首次活动非常成功，因此人们决定今后每年举行一次。在佩皮尼昂举行的第二次盛会也取得了同样的成功。1953 年在圣米歇尔大教堂举行的盛会则更加绮丽多彩，由世界著名独奏家、弦乐四重奏的领导人和世界著名交响乐团的优秀演奏家组成的管弦乐团，为这次盛会增色不少。木管声部由费城交响乐团负责，托特里耶任大提琴首席，而这次盛会的高潮恐怕就是卡萨尔斯录制的舒曼大提琴协奏曲。原本打算通过三周集中排练，不用指挥来录制这首协奏曲，后来人们感到还是请个指挥更好些。当时奥曼迪正好在法国南部休假，他答应前来帮助"维持秩序"；但是他不愿把自己的名字放在唱片上，大概是因为那首乐曲的处理方式和他自己的手法不同。

在 1952 年的音乐节上，卡萨尔斯第一次遇到了来自波多黎各的年轻大提琴家蒙塔内兹。卡萨尔斯的母亲就出生在波多黎各，他十分惊讶地发现这两个家庭原是旧识。三年后，蒙塔内兹返回普拉德随卡萨尔斯学琴，并于 1957 年在波多黎各与卡萨尔斯成婚，后来卡萨尔斯就在那里和他年轻的妻子度过了他的余生。

一直到 1966 年，他每年都会回普拉德，而那一年是他最后一次参加音乐节。1960 年他应塞尔金的邀请在美国佛蒙特州的马尔博罗举行大提琴公开课，并连续多年在那里举行此项活动。他也在美国许多学校讲课。他在波多黎各的圣胡安定居后，就开始在那里举办音乐节。

这些年来，来自不同国家的大提琴家纷纷向他求教，其中包括苏日娅、费尔曼、卡萨多、埃森伯格、加布沙娃、富尼耶、托特里耶、格林豪斯、邦廷、让德隆、弗莱明、罗斯特罗波维奇等人。

卡萨尔斯有一把根特大提琴，还有一把托诺尼和一把大琴身的斯特拉迪瓦里大提琴，但是他最喜欢他的戈弗里勒。他还有一把由波士顿一位极富有的赞助人加德纳夫人 ① 赠送的鲁杰里大提琴。

卡萨尔斯对二十世纪大提琴演奏的贡献是可以精辟地形容出来的。法国大提琴家及音乐治疗运动的先驱朱丽叶·阿尔文在听了卡萨尔斯在巴黎的公开课后所写的这段话，很能够总结出这种贡献的本质。她写道：

> 作为一位伟大的教师，卡萨尔斯具有一项特殊才能：他的视野超越了教学的范围，他的教学打破了这一特殊领域的狭窄界限，伸展到人类活动的各个方面。对他来说，音乐是用来表达生活的，因此音乐和生活是合而为一的，它们是建立在同样的道德和哲学原则之上的。②

他从前的一位学生邦廷说：

> 他感到自己天生与法国的哲学家伯格森的思想一致，特别是他那种充满活力的热忱以及"时间上的自由意志"远非任意推测地将直觉和条理性融合在一起，而是形成一种有意识的活动，将音乐演奏当成一门科学活动。这样所有的演奏成分，如音高、节奏、力度都被由直觉所形成的意识衡量。
> 他所提出的"表情性的音准"（expressive intonation），实际上就是一个

---

① 她是一位富有的艺术赞助人，在波士顿建了一座意大利式宫殿，收藏十四和十五世纪的绘画和雕刻，如今称为加德纳博物馆。
② 见 *Strad*，1953 年 12 月，第 238 页。

音的音高取决于它许多内在性的因素。例如他很强调小三度和大三度之间的差别，音乐的速度越快他就越强调这种差别；上行音阶和下行音阶由于表达的是不同的情绪，因此也以不同的音准进行演奏；对音乐的时值也进行有意识的安排，以避免机械化。卡萨尔斯本能地觉察到把某个音符稍微延迟一点所形成的生动效果，即使是延迟千分之一秒，也是好的。他把这种表现手法称为摆好音符的"姿势"。

他使用所谓的"自然的渐弱"（natural diminuendo）手法，从力度上"雕刻"每一个音符。就像牛叫与伟大的德国艺术歌曲歌唱家在音色上有明显的不同一样，这就是卡萨尔斯的演奏之所以不同于那种声音流畅但言之无物的演奏。需要说明的是，如果缺少对音乐的高度悟性，在表演音乐时加入人的意识就会产生令人难以接受的效果。[①]

邦廷回忆他初次去卡萨尔斯处时对卡萨尔斯很不能理解：

开始时我之所以不能理解他，可以说是因为卡萨尔斯使用的是电子显微镜，而我用的仅仅是放大镜……后来我才逐渐地理解了他看待音乐的方式，也就是他那非常详尽的分析方法与十分强烈的音乐直觉融合在一起的能力……卡萨尔斯是一座音乐的源泉，取之不尽……这个不竭的源泉引导着我们走向理想的境界，他把无限的耐心和巨大的温柔结合在一起。他的座右铭是："有规律的自由"，在我们今天生活的这个混乱的时代里，他的这句座右铭就更具影响力。[②]

① 由本书作者采访所得。
② 见 *Strad*，1975 年 11 月，第 483 页。

欧洲的先驱

作为一块充满了发展机会的土地，美国一直吸引着来自东欧和西欧的移民。在二十世纪初期，这种单向交通十分活跃，所以现在美国的教学方法是牢固地建立在优秀的欧洲传统上的。1797 年移居美国的德国人戈特利布·格劳普纳于1810 年创建了波士顿爱乐协会，后来成为首个定期举办古典音乐会的管弦乐团。1865 年哈佛音乐社团组成了五十人的管弦乐团，每逢演出季在卡尔·泽拉恩的指挥下举办十场音乐会，直到 1881 年由新成立的波士顿交响乐团替代为止。但是，当时乐团的主要成员都是德国人。那时想认真学习音乐的美国人，别无选择地只能去欧洲的莱比锡、柏林或者布鲁塞尔等地，由于费用昂贵，只有少数人能获得这种学习机会。

维克多·赫伯特是最早移居美国的大提琴家，现在人们只记得他是一位很成功的轻歌剧作曲家。赫伯特生于都柏林，他的艺术才能遗传自他母亲一族。他的母亲后来改嫁给一位德国医生，全家就移居斯图加特去了。十五岁时赫伯特在法兰克福跟科斯曼学习了两年，后来进入斯图加特音乐学院跟随塞弗利兹学琴。学生时期的他就已经开始作曲，并在管弦乐团和室内乐团中演奏，间或也担任独奏。

1885 年他在斯图加特新成立的音乐学校中任大提琴教师，并在欧洲各地举行了几次巡回演出之后，被任命为宫廷管弦乐团的大提琴首席，在那里结识了歌剧演员特里萨，并与她结了婚，于 1886 年秋乘船来到美国。他们两人都受聘于大都会歌剧院，妻子是歌剧院的女主角，他是乐团的大提琴首席，当时的指挥是安东·谢德尔。

由于在这年轻而热情的国家有着大量的工作机会，赫伯特非常积极地从事管弦乐和室内乐的演出以及教学工作。1889 年他在瑟伯成立的国家音乐学院任教，后来德沃夏克担任该音乐学院的院长。此外赫伯特还以指挥家的身份在美国各地演出。1894 年 3 月，他在纽约爱乐协会管弦乐团协奏下演奏了自己的作品《 e 小调第二大提琴协奏曲》(Op. 30)，这首曲子是献给这个乐团的，指挥是谢德尔。据说德沃夏克对这部作品的印象很深，他按照相仿的结构写了自己的协奏曲。

不幸的是，赫伯特的左手臂受伤，于是不得不放弃大提琴事业，但他的指挥工作则比以前更加繁忙了。担任美国许多乐团常任指挥的他，将匹兹堡交响乐团的演奏水平提高到可以和波士顿交响乐团媲美。赫伯特对当时音乐界的另一个重要影响是，他孜孜不倦地为改进音乐版权法而努力。他是一位擅长雄辩的演说家，又有着天生的爱尔兰人的魅力。由于他提供的证词，1909 年美国的版权法进行了修改。赫伯特还是 1913 年成立的美国作曲家、作家以及出版商联合会的奠基人之一。

回首往事，由于他所作的乐曲和轻歌剧非常流行，以致他对音乐发展所作出的最重要的贡献黯然失色。他是当时杰出的大提琴家之一，同时也是一流的指挥家和作曲家。另外他还是一名入世的改革者，也是最先认识到留声机巨大潜力的人之一。身为一位大提琴家和指挥家，他在爱迪生的大力帮助下录制了一些早期唱片。

威廉·威利克生于荷兰海牙，以神童之姿开始了他的音乐生涯。他既弹钢琴也拉大提琴，并曾在同一场音乐会上演奏海顿《D大调大提琴协奏曲》以及舒曼的钢琴协奏曲。十四岁时，他就能演奏勃拉姆斯全部的大提琴作品，并且参加由勃拉姆斯本人担任钢琴的室内音乐会的演出。

尽管音乐方面很早熟，他却选择了医学为他的事业，并在波恩和维也纳取得学位。后来在约阿希姆的建议下，他才放弃医学而从事音乐。接下来他在斯堪的那维亚进行了一系列非常成功的演出，并与作曲家格里格合作演奏了格里格奏鸣曲。此后他到欧洲和美国巡回演出，并且与理查·施特劳斯合作演奏了施特劳斯奏鸣曲。他曾是许多著名管弦乐团的大提琴首席，其中包括维也纳的国立歌剧院和皇家爱乐乐团。他还是约瑟夫皇帝的皇家大提琴家，有一段时间还担任科汶特花园皇家歌剧院管弦乐团的大提琴首席。

1907年，威利克以克奈塞尔弦乐四重奏的大提琴家身份去了一趟美国。当1917年该四重奏组解散时，威利克成立了"伊尔舒科三重奏"。这个名字似乎有点奇怪，因为它是由美国著名的赞助人库里奇的姓名组成的。库里奇夫人于1918年在南山家中主办了第一届伯克郡室内音乐节，她还专门为演奏室内乐建造了一所音乐圣殿。威利克是该音乐节的第一任音乐指导，当他于1950年逝世后，他的妻子萨丽接替了这一职务。这项音乐节活动直到今天都还在持续举行。

威利克是纽约音乐艺术学院的大提琴教师，这所学院于1926年被并入朱利亚音乐学院。在他的众多学生中，罗梅特-罗山诺夫是最著名的一位。他的《为钢琴和大提琴演奏编订的三十首独奏曲》于1909年出版，是二十世纪初期非常流行的一本曲集。

比利时人贺拉斯·布里特1907年在芝加哥交响乐团的协奏下，于美国首演。

三十年后，他在奥斯汀的德州大学任教，一直到去世为止都被视为那里最杰出的大提琴教授。布里特生于安特卫普的一个音乐家庭，父亲是一位作曲家和音乐学家，母亲是歌唱家。他六岁时开始学习视唱，七岁学习大提琴，老师是古斯塔夫·费斯。一年后即举行首次公演。

布里特十一岁时进入巴黎音乐学院，师从德尔萨特；十四岁时因演出达维多夫难度很大的《b小调协奏曲》而获得大奖；一年后作为独奏家与科伦管弦乐团以及拉穆勒管弦乐团合作演出。在西班牙小提琴家萨拉萨蒂的介绍下，他在伦敦举行了成功的首演，之后就在各地巡回演出。

在亚洲举行独奏巡回演出之后，他来到美国，并与那里许多著名的管弦乐团一起合作演出。值得一提的是，他是第一位在亚洲举行大提琴独奏会的演奏家。他曾经多年在大都会歌剧院管弦乐团担任大提琴首席，在马勒的邀请下，他加入了纽约爱乐，并担任同样的职务。在旧金山，他也是当地交响乐团的大提琴首席，另外还是由帕辛格领导的四重奏组中的大提琴手。

室内乐对于布里特来讲一直是非常重要的，多年来他一直是烈兹和米夏·爱尔曼四重奏的大提琴手。在二十世纪二三十年代，他与卡萨尔斯、拉威尔、长笛演奏家巴雷尔、竖琴家萨尔泽多、赫斯、埃内斯库、施纳贝尔、鲍尔等一些著名的音乐家联袂演出。他是伦敦弦乐四重奏的客席大提琴家，也是卡萨尔斯在巴塞罗那的管弦乐团中的独奏家。1927年他在那里将布洛赫的《所罗门》介绍给欧洲。在库里奇的赞助下，他于三十年代后期成立了布里特六重奏，以便向人们介绍很少被演奏的丹第六重奏，之后他们还演奏了所有的六重奏曲目。

布里特最初的教职是1924年在费城成立的柯蒂斯音乐学院的大提琴和室内乐教授。1947年他到德州大学任教，并成立了德州大学弦乐四重奏。1964年荣誉退休，并一直住在奥斯汀，直到1971年逝世。他的两名学生菲利斯·扬和克劳德·肯尼森也同他一样，积极从事教学工作。

玛丽·罗梅特-罗山诺夫与布里特一样，也是比利时人。她很早就去往美国，在朱利亚音乐学院师从威利克，之后成了他的助教。第二次世界大战结束不久，她与俄罗斯大提琴家丈夫罗山诺夫一起离开美国去了欧洲。他们先后在巴黎及西班牙的万德雷尔跟随偶像卡萨尔斯学琴。回美国之后，罗山诺夫夫妇借由教学将卡萨尔斯的风格带到这个国家。他们有一个很优秀的队伍，多年来在美国的康涅狄格州开办夏季学校。其中有一名年轻的学生蒙塔内兹，罗山诺夫曾建议她去跟卡萨尔斯学习一段时间，没想到她后来竟成了卡萨尔斯的第二任妻子。

罗梅特-罗山诺夫除了在巴尔的摩的皮博迪音乐学校以及纽约的第三街音乐学校任教外，她还在音乐艺术弦乐四重奏中演奏了二十多年。该重奏组是音乐艺术学院的专职教师四重奏组，当时的院长是达姆罗什。他们使用的是四把斯特拉迪瓦里琴，其中这把大提琴过去被称为"贝克"，现在则叫它"波尔"。

罗梅特-罗山诺夫作为教师的众多才能之一就是当学生遇到困难，准备放弃大提琴学习时，她能引导年轻人度过这一关口。她一直在研究自己的学生，能够立即发现掩盖在那些害羞外表下的才华。她本能地感到如果给年轻学生过大的压力，他们可能会产生恐惧感。斯蒂芬·凯茨十一岁时曾跟她学琴，他说："她从来没有因为我拉得不准而看不起我，或是因为我没有准备好功课而责备我。跟她上课总是会学到许多东西，得到许多帮助。"①

在她逝世后，卡萨尔斯说："罗梅特-罗山诺夫是一位极不平凡的女士，是一位真正的艺术家，是一位非凡的大提琴家和善良的人。所有认识她的人将永远记住她，并以曾经是她的朋友而感到光荣。"②

谈到移民美国，不可能不谈到埃尼欧·博洛尼尼，他是一位在音乐界有着超凡魅力的人物，也是他那个时代最伟大的大提琴家之一。他诞生在阿根廷的布宜诺斯艾利斯，父亲埃吉迪奥是一位业余的大提琴家，也是意大利《费加罗报》的

---

① 由本书作者采访所得。
② 见纽约大提琴协会会刊 *Newsletter*（VSNL），1968 年 5 月，第 6 页。

通讯员和托斯卡尼尼的亲密朋友，后来托斯卡尼尼成了博洛尼尼的教父。

博洛尼尼起初是跟父亲学习大提琴，之后在布宜诺斯艾利斯的切利奇亚音乐学院完成学业，当时他的老师是加西亚；加西亚也是卡萨尔斯的老师。十二岁时博洛尼尼举行首演，十五岁时在国际比赛中获得第一名。他的奖品是一把由罗卡的学生罗瓦蒂于 1910 年制作的优质大提琴。

当圣-桑访问布宜诺斯艾利斯时，他为这位年仅十七岁的博洛尼尼弹钢琴伴奏，合作演奏了《天鹅》。几个月后当理查·施特劳斯访问这个城市时，他也与这位年轻的大提琴家一起演奏了自己的奏鸣曲。博洛尼尼还结识了许多音乐界的大师级朋友，如海菲茨、霍洛维茨、赫伯特、拉威尔、卡鲁索、普契尼等人。他在布宜诺斯艾利斯与阿图尔·鲁宾斯坦住在同一所公寓中，在这所公寓中还住有博洛尼尼的终身挚友塞戈维亚。

1921 年，布宜诺斯艾利斯大学授予他荣誉学位。在他移居美国之前的两年，他在智利从事演奏和指挥活动。虽然他曾以大提琴独奏家的身份与美国许多管弦乐团，包括托斯卡尼尼指挥的纽约爱乐一起演出，但他并不是以一位大提琴独奏家的名义进入这个国家的，他是陪路易斯·菲尔波与杰克·登普西进行拳击比赛而来的。博洛尼尼曾经是南美的重量级拳击冠军，他在运动方面十分出色，而且还是一位有执照的飞机驾驶员。他拥有自己的私人飞机，有一次还担任过特技飞行员。就在第二次世界大战开始之前，博洛尼尼是民用空中巡逻队的创始人之一。虽然当时他已近五十岁，但在整个战争期间他一直训练军官学校的学生驾驶 B-29 型轰炸机。到八十岁时他仍然在飞。

博洛尼尼身材魁梧，长相英俊，尽管他生性喜爱运动，对饮食却十分考究。他喜欢美食和美酒，还是一位赌徒。他熟练掌握五种语言，能用希伯来语、希腊语、日语、匈牙利语以及俄语进行对话，还懂得大约十五种意大利方言。然而他最突出的还是大提琴方面的才华。他在芝加哥交响乐团担任大提琴首席，俄国作曲家格拉祖诺夫到芝加哥交响乐团担任客席指挥时，在整个排练期间博洛尼尼都是他的翻译。音乐会当天，格拉祖诺夫走上指挥台，突然感到非常紧张。于是他走到指挥台边握住博洛尼尼的手不放。博洛尼尼冷静地与他交谈，使他安静下来，但是格拉祖诺夫仍然感到很紧张。当然，最终他还是成功指挥了这场音乐会，但是事后演出经理却指责博洛尼尼想出风头。博洛尼尼阿根廷人的脾气突然爆发，于是乐团就失去了他们的大提琴首席。

博洛尼尼很快就在一家名为"雅尔"的夜总会乐队中找到了工作。该夜总会是由俄国一位王子经营的，这位俄国王子正巧是已故沙皇尼古拉二世的堂兄。博洛尼尼管弦乐团的同事们是这家夜总会的常客，而且喜欢看他炫技，据说他在大提琴上是无所不能的。有天晚上，他问听众想听什么，有人高呼"天鹅"，于是他就以非常丰满而又纯净的声音用一弓演奏了开始的四个小节。提出这个请求的是费尔曼，他简直不能相信自己的眼睛和耳朵，连连高呼"太棒了"。这就是博洛尼尼一段珍贵的回忆。

由于曾经跟从托斯卡尼尼学习指挥，所以他还是一位颇有造诣的指挥家。他在美国许多从来没有乐团的地方创立了交响乐团。博洛尼尼从 1951 年起到 1979 年逝世为止，一直住在美国的拉斯维加斯，并在那里一家娱乐场所的管弦乐团中拉琴，1963 年他成立了拉斯维加斯爱乐乐团。该团是当地第一个正式的管弦乐团。但由于缺少赞助者，该团在成立了五年之后就解散了。

博洛尼尼有许多出人意料、不可思议的故事。有一次他受邀在拉维尼亚音乐节上演出，那是在芝加哥城外的一个空地上举行的。由于在排练时与指挥发生了争执，博洛尼尼大为愤怒，致使当晚的演出完全被他破坏。他驾驶着飞机在整个演出过程中不断地发出嗡嗡的响声，并且进行俯冲，最后竟然降落在停车场上。由于他的力气非凡，所以差不多动用了十几位警察才将他抓住。

凯茨在拉斯维加斯见到了他，对他的演奏感到十分惊讶。"他演奏之美难以言传。他有两只大手，能在大提琴上为所欲为，而且有极好的音色。他的演奏风格是独特的。我从来没有在任何其他大提琴家那里听到过像他那样纯净的声音。"[1] 他还是一位颇有造诣的吉他演奏家。他能用大提琴当吉他，用手指拨弦的方式演奏弗拉门戈音乐。

这次会面后不久，凯茨就见到了卡萨尔斯，并带去博洛尼尼对卡萨尔斯的问候。博洛尼尼认识卡萨尔斯，当卡萨尔斯第一次来美国演出时，博洛尼尼曾为他翻谱。卡萨尔斯睁大眼睛说："博洛尼尼！我一生中所听到过的最伟大的大提琴天才！"[2] 这句话出自卡萨尔斯之口，真是不可忽视。据说费尔曼曾经说："我敢打赌，世界上最伟大的大提琴家不是卡萨尔斯，也不是皮亚蒂戈尔斯基或者我本人，而是博洛尼尼！"

现居住在阿根廷的美国大提琴家韦利夫斯卡对博洛尼尼也很了解。她不仅跟博洛尼尼学过琴，而且博洛尼尼还写了六首乐曲献给她。这些乐曲是在大提琴上按照弗拉门戈吉他风格演奏的。她通常都是以其中的《高奇奥小夜曲》为加演曲目，演奏者和作曲家的技巧都使听众折服。她是唯一有权演奏这些乐曲的人，皮亚蒂戈尔斯基和其他一些著名独奏家都曾反复请求获权演奏这些乐曲，但是都被博洛尼尼拒绝了。

博洛尼尼的罗瓦蒂大提琴现在还保存在华盛顿的斯米森尼安大学，这把琴就像他的捐助者一样，十分独特。它的面板上有五十一位世界著名音乐家的签名，其中包括平扎、克莱斯勒、海菲茨、斯特恩、西盖蒂、博尔格和利伯瑞斯，当然还有登普西等人的。

现今的年轻大提琴家很少有人知道曾经有过博洛尼尼这样一个人，但是对于那些认识博洛尼尼的人来说，他是一位古怪但又非常和蔼可亲，气量很大的朋友，而且首先他是一位无与伦比、极具魅力的大提琴家。《芝加哥论坛报》一位不太喜欢讲奉承话的评论员卡西迪说："现在不再有人能从乐器里奏出这样动听的音色了。这声音具有活力与吸引力，具有如此丰富的色彩与纯净的音准，而旋

[1][2]　由本书作者采访所得。

律线条又处理得无比高贵，使人们听后总感到一种喜悦的强有力的震荡。从第一个音符开始，他就紧紧抓住了所有听众。"①

毛里斯·埃森伯格是位著名的教师，曾有一段时期他也是一位很有成就的独奏家。他诞生在柯尼斯堡一个俄国—波兰血统的家庭中，不久之后就举家移居美国。他很晚才开始学习音乐，十岁时开始学习小提琴，十二岁时就改学大提琴了。但是他很快就弥补了时间上的损失，他在一年内就获得了奖学金，到巴尔的摩的皮博迪音乐学院深造。

不幸的是由于家里有人生重病造成经济困难，这个十三岁的孩子感到自己有责任帮助家庭，于是在之后的两年中，他白天到学校及音乐学院念书，晚上就在有歌舞表演的餐馆或酒吧里的伴舞乐队中演奏。

自从著名指挥家斯托科夫斯基在皮博迪音乐学院学生考试时将他的名字记下来之后，他的运气就开始好转了。不久他就在爱乐乐团中得到一个席位，十八岁时在达姆罗什指挥的纽约交响乐团（后改为纽约爱乐）中担任大提琴首席。

二十一岁时他意识到自己演奏的不足，但是不知道该如何改进。与卡萨尔斯的会面帮助他解决了这个问题。他辞去了乐团的工作来到欧洲，在这位伟大人物的指点下，跟克林格尔及贝克学琴，同时也在巴黎的诺玛尔音乐学院跟迪兰·亚历山尼安学琴。

1926 年他在巴黎的首演很成功，接下来就在欧洲各地演出。在伦敦他经常与钢琴家穆尔合作。1946 年 3 月，他在萨金特爵士指挥的伦敦交响乐团的协奏下，在皇家阿伯特大厅演奏鲍凯里尼的《降 B 大调协奏曲》时，评论界纷纷称赞他那"闪耀着火光的精湛技巧"，以及"恰到好处地将高贵、优美和幽默融为一体。这种演奏为年轻一代树立了典范"②。当他返回美国横渡大西洋时，飞机的副

---

① 见《芝加哥论坛报》，约二十世纪四十年代初。
② 见 *Strad*，1946 年 4 月，第 248 页。

机长请求他为乘客演出。这次演出直接现场转播到了美国。可以肯定地说，这是第一次在几千米高空举行的大提琴独奏会。

埃森伯格晚年时将他全部时间都拿来从事教学工作，他认为将自己年轻时刻苦努力所学到的那些知识传授给学生们更有意义。他是纽约朱利亚音乐学院的教授，也是巴黎诺玛尔音乐学院的教授，他还在葡萄牙的卡斯凯斯举办公开课。埃森伯格的教学主要是受卡萨尔斯的影响，而且也与卡萨尔斯成为终生挚友。

埃丽诺·舍恩菲尔德生于 1925 年，是美国最重要的大提琴教师之一。她是洛杉矶南加利福尼亚大学音乐学院弦乐系主任和大提琴教授。

她出生在柏林一个有着俄国和波兰血统的音乐家庭，十四岁时，作为最年轻的学生进入当地的音乐学院。她与演奏小提琴的姐姐艾丽斯（克林格勒的学生，克林格勒是约阿希姆最喜爱的学生，而且也是约阿希姆弦乐四重奏的成员之一）一起在欧洲各地演出勃拉姆斯的《二重协奏曲》。姐妹二人于 1952 年移居美国。她们在德国创办了克林格勒的夏季学校，专门从事室内乐的训练。

在南加利福尼亚大学，每隔一年的 7 月份都要举行一次皮亚蒂戈尔斯基大提琴专修班，舍恩菲尔德也参与这里的教学工作。该专修班是在 1976 年皮亚蒂戈尔斯基逝世后建立的。

横越大西洋

对美国大提琴家影响最大的而且长达三十多年的人，就是出生在英国的菲利克斯·塞尔蒙德。"他那优美动听的声音、活泼的气质和深厚的音乐修养，使他成为一位动人的演奏家和优秀教师。"①

塞尔蒙德凭借其教师才能对美国的大提琴演奏产生了极为独特的影响，他长期在美国两所最重要的音乐学院任教，即纽约的朱利亚音乐学院和费城的柯蒂斯音乐学院。这种影响至今仍然在这两所学校中借由其学生们积极地作用着，在朱利亚音乐学院的是已故的莱奥纳德·罗斯和钱宁·罗宾斯，在费城的则是奥兰多·柯尔。他的教学仍然通过他的第三代学生环绕着世界，其中两个最著名的学

① 见 Cole, *An appreciation*（未出版）。

生是林恩·哈瑞尔和马友友。

塞尔蒙德生于伦敦一个音乐世家，父亲诺曼是一位著名的男中音，母亲是位颇有造诣的钢琴家，曾经跟克拉拉·舒曼学习过钢琴。在这种环境中长大的人，总是强调大提琴的歌唱性，这是毫不为奇的。有一次塞尔蒙德在柯蒂斯音乐学院对学生说："大提琴和伟大的歌唱家的歌声一样精彩。在音色和音域的变化上，在表达高贵、亲切和慷慨激昂的感情方面，比钢琴和小提琴还要胜过一筹。大提琴可以像女高音、女中音、男高音、男低音那样歌唱，它在所有这些音域中都有着同样优美动听的音色。"①

塞尔蒙德十二岁时开始跟伦敦当时最好的教师、皮亚蒂的学生怀特豪斯学习大提琴。十六岁时他获得奖学金，到英国皇家音乐学院继续跟怀特豪斯学琴，十九岁时他到布鲁塞尔音乐学院跟雅各布斯学习了两年。

1909 年塞尔蒙德在伦敦的贝奇斯坦大厅首演，他与母亲（钢琴）、作曲家布里奇（中提琴）和法国小提琴家山斯一起演奏勃拉姆斯《g 小调钢琴四重奏》。他们还首演了布里奇的《c 小调三重奏》。评论界反应很热烈，从而使他获得了许多演出机会。在第一次世界大战后不久，他就以演奏室内乐而闻名，并且于 1919 年参加了由萨蒙斯领导的埃尔加《弦乐四重奏》首演。

他和作曲家埃尔加的友谊使作曲家把他的《大提琴协奏曲》首演任务交给了塞尔蒙德；他们彼此合作无间，埃尔加接受了许多塞尔蒙德有关大提琴性能方面的建议。1919 年 10 月 27 日，这首协奏曲在女王大厅首演，作曲家亲自指挥伦敦交响乐团协奏。但是首演并不成功。这场音乐会的其他曲目是由科茨指挥的，他是个很自负的人，喜欢滔滔不绝的讲话，有时在排练之前甚至能花上四十分钟来训话。这次排练时，科茨超时达一小时之久，埃尔加当时气得几乎要爆炸了。只是由于可怜的塞尔蒙德为这首协奏曲辛苦地准备了好几个月，才使埃尔加没有取

① 见 VSNL，1972 年冬季号，第 4 页。

消这次演出。由于埃尔加的这部作品没有得到充分的排练，所以听众和乐评人都没有留下很深刻的印象。说话向来直接的评论家纽曼写道："乐团向公众显示了它的无能。"《泰晤士报》认为"这不是一部轰动的作品"。《每日电讯报》则为它"缺少激情……缺少惊讶"而感到惋惜。

五十年后，达莱回忆起埃尔加这首协奏曲的首演情况，在《斯特拉迪瓦里家族》杂志上这样写道：

> 我们很清楚，错不在塞尔蒙德，他是一位非常优秀的大提琴演奏家，有着强有力的声音、巨大的力度变化、敏锐的理解力和完美的演奏技巧。英国的听众并没有感受到这一切，塞尔蒙德在英国从未受到过应有的重视。为了实现自己的价值，他只能移居美国，在那里训练出一批优秀的大提琴家。[①]

尽管受到了美国大提琴家的热烈欢迎，但是塞尔蒙德对埃尔加协奏曲的记忆是非常痛苦的，所以他从来没有在美国演出过这首协奏曲。柯尔与他相识达二十七年之久，曾在柯蒂斯音乐学院跟他学习；柯尔说塞尔蒙德很少会教这首协奏曲。"作为一名学生，他从来没有让我学习这首协奏曲。在三十年代的美国也没有这首协奏曲的录音，当时我们对音乐的理解力还很不成熟，因此看着这首协奏曲的谱子，觉得它似乎是一首无趣的作品。当然我们的判断是完全错误的。"

柯尔还回忆说，虽然塞尔蒙德通常很和气，可是有时他会变得像一位暴君："我们上的课有时是非常痛苦的，有时又令人心醉神迷。当你拉得好时，一切都很好；但是当你拉得不好时，那你就去见鬼吧。刚开始我的学习很不顺利。他会对我这样说，'你凭什么认为自己能拉大提琴？……你在浪费你的时间，也在浪费我的时间。你根本没有才能！'"但是柯尔日渐进步，而且直至今日他仍然忠

---

① 见 *Strad*，1970 年 1 月，第 411 页。

诚于他的老师，并在柯蒂斯音乐学院继承了塞尔蒙德的教学工作。

柯尔讲到了塞尔蒙德和其他老师在教学方法上的不同：

　　他总是要求动听的声音。他使用不同的运弓方式。当时的德国学派在换弦时，使用了许多手腕动作，所发出来的声音也很单薄，我们听一下克林格尔和贝克的录音就可以知道。甚至苏日娅有时也会发出这种声音来。塞尔蒙德则有着更为现代的发音，他不像老一代的演奏家们那样使用许多滑音。他有着更高尚的演奏趣味。我总是想，他受卡萨尔斯的影响极大，至少他非常钦慕卡萨尔斯。

　　关于运弓，塞尔蒙德的格言就是"简单"。他强调放松，反对过多地使用手腕。这也是他本人演奏的一大特点。

　　他的右手指是并在一起的，不是分开的，拇指是弯曲的，从而使他获得了运弓的力量。他的换弓动作非常简单，与德国和法国的演奏学派完全不一样。德国和法国学派换弓时，拇指是伸直的，使用弧形线来换弓；塞尔蒙德的拇指是弯曲的，我认为这一点非常重要。我认为运弓的力量是来自食指和拇指之间的压力，而不仅仅是手臂的重量。

他选择的演出曲目在当时来说也是富于革新精神的：

　　他教那些最优秀的大提琴作品。当时人们认为奏鸣曲只是一种娱乐性的作品，只能在私人场合中演奏，在公开音乐会中并不演奏它们。但是他把贝多芬、勃拉姆斯和法朗克的奏鸣曲放在他的演出曲目之中。他并不喜欢波佩尔炫技性的一些小曲子，而在当时，这样的作品正是大提琴演奏的主要曲目。他不教罗姆伯格或者达维多夫的协奏曲，他甚至都不知道波佩尔的练习曲，我认为这很可惜。他教我们法朗萧姆和皮亚蒂随想曲，因为他曾经跟怀特豪斯学习过这些作品。他还教我们演奏巴赫的组曲，当时的德国学派只把巴赫的这些组曲视为优秀的练习曲，而不用来演出。[1]

塞尔蒙德录制过一些小曲，其中包括布鲁赫的《晚祷》、贝多芬《A大调奏鸣曲》和格里格的奏鸣曲。他和钢琴家赫斯以及小提琴家杰利·德拉伊一起录制了舒伯特《降B大调三重奏》。

塞尔蒙德有着和蔼可亲的个性，而且十分谦虚，这对像他这样重要的演奏家来说是很少见的。他还有着深厚的文化底蕴，并鼓励学生通过其他的艺术门类来扩大自己的知识面。他曾说过："要通过其他艺术来提高你们的品位。去看一看伟大的美术作品、优秀的电影（这是很少的！），读一下文学名著，当然，也要读一读作曲家的生平。"[2]

现在有许多著名的演奏家或教育家都曾经是塞尔蒙德的学生，如果把他们挑出来，就会成为一本音乐界的名人录。除了那些我们已经提到过的以外，还有柯蒂斯音乐学院的德阿克，前美艺三重奏的大提琴家格林豪斯，塞登博格，密西根大学大提琴教授、在波士顿和费城交响乐团担任多年大提琴首席的梅斯，奥柏林大学教授卡普辛斯基，芝加哥交响乐团大提琴首席、前托斯卡尼尼的独奏大提琴家密勒和柏林爱乐及音乐会堂管弦乐团的大提琴首席玛初拉。

丹尼尔·塞登博格 1906 年生于加拿大温尼伯的一个音乐世家，家中的每一位成员都会演奏一种乐器。他的第一位老师是克林格尔的学生，之后在十五岁时进入巴黎音乐学院，跟安德烈·赫金学琴。十七岁时他进入朱利亚音乐学院跟塞尔蒙德学琴，后来跟从费尔曼完成了学业。塞登博格认为费尔曼是他见过的最伟大的大提琴家。

①　由本书作者采访所得。
②　见 VSNL，1972 年冬季号，第 2 页。

横越大西洋 | Across the Atlantic

十八岁时他就在纽约举行的瑙姆堡比赛中获奖，同年作为独奏家开了他的首场音乐会。他在费城管弦乐团任职四年；1930 年接替了沃伦斯坦的职位，成为芝加哥交响乐团的大提琴首席。

塞登博格是一位著名的室内乐演奏家。他一直是科罗尔弦乐四重奏的成员，也曾与布达佩斯和朱利亚弦乐四重奏合作演出五重奏。虽然他的独奏演出受到评论界的赞赏，然而他的指挥事业光芒更甚。1947 年他成立了自己的乐团，名为"塞登博格小交响乐团"。同时，他也是芝加哥音乐学院大提琴系的负责人。塞登博格使用的是 1719 年由斯特拉迪瓦里制作的极为优秀的大提琴，这把大提琴曾经属于贝克。

奥兰多·柯尔 1908 年生于费城。1924 年柯蒂斯音乐学院成立后，柯尔成为那里的首批学生。当时他仅仅学习过两年的大提琴。1925 年，塞尔蒙德来校任教，柯尔是他的首批学生之一。1934 年柯尔毕业，1938 ~ 1942 年任塞尔蒙德的助教。

1942 年，柯尔和他的几个同事创办了费城新音乐学校，在那里他们着重训练室内乐和管弦乐。1952 年，他又重返柯蒂斯音乐学院任教至今。他还是柯蒂斯四重奏组的大提琴手。这个四重奏组走遍了北美和欧洲，演出了大约三千场音乐会，一直到 1980 年才宣告解散。他们还首演了巴伯为弦乐四重奏写的小夜曲《多佛海滩》，以及他的大提琴奏鸣曲和弦乐四重奏。在英国，四重奏组参加了乔治五世的五十周年盛典，并在 BBC 进行了广播。

柯尔有许多学生，其中包括美国十多个著名管弦乐团的独奏大提琴家，或是著名的弦乐四重奏组的成员。他还教过哈瑞尔，哈瑞尔回忆道："我十七岁时，柯尔把我接到他家。我的母亲刚刚过世，我的父亲两年前就去世了。他给予我的支持和那种家庭般的温暖使我度过了那段艰难时光。他在教学中对伟大艺术作品那种高度的、强烈的崇敬感，包括非大提琴的曲目，拓宽了我整个音乐视野。"[1]

① 见哈瑞尔写给作者的信。

在柯尔的教学中，他非常主张打好基础。他知道一位教师依靠那些有突出才能的孩子取得成功是多么容易，但是他也知道正是那些"普通"的学生最需要帮助。他认为如果一位教师能给学生打下一个良好的基础，同时又在音乐上得到一定的发展，那么那些不太有才能的学生就能够像那些天才儿童一样获得益处。他非常注重学生各自不同的生理条件，并且强调必须根据学生的条件调整教学方法。

多年来柯尔使用的就是由蒙塔尼亚纳制作的那把著名的"睡美人"大提琴。这把琴制作于 1739 年，皮亚蒂戈尔斯基曾使用过二十年，现在则在席夫手中。

"皇冠上的明珠"

　　埃马努埃尔·费尔曼是二十世纪最伟大的大提琴家之一，1902 年生于波兰加利西亚的科洛梅亚市，1942 年逝世。他的父亲是位自学小提琴和大提琴成才的音乐家。起初父亲教他拉小提琴，但他总是固执地将小提琴放下来，像大提琴那样竖着演奏，父亲只得为之装上一个暂时代用的尾柱，后来给他买了一把小尺寸的大提琴。1908 年，费尔曼全家移居维也纳。九岁时，穆尼奥（即费尔曼，当时人们这样叫他）曾经随布克斯包姆学习大提琴，布克斯包姆是维也纳爱乐乐团的大提琴首席，也是罗斯弦乐四重奏的成员。后来，费尔曼又随维也纳音乐学院的安东·瓦尔特学习。

　　1912 年，卡萨尔斯在维也纳举行首演，这对费尔曼影响很大。虽然当时他对波佩尔和达维多夫这样一些伟大的大提琴家已经有所了解，但他意识到是卡萨尔斯"赋予大提琴真正的新生命"[①]。于是，他赶回家去要求母亲为他购买鲍凯里尼《降 B 大调协奏曲》和海顿《D 大调协奏曲》的乐谱，然后便开始不停地练习这两首协奏曲。虽然他对乐曲的处理还很粗糙，但却极富个性，从而使他的老师认识到这个孩子蕴藏的巨大潜力。

1914 年 2 月，十二岁的费尔曼在魏因加特纳指挥的维也纳爱乐乐团的伴奏下，首次公演了海顿《D 大调协奏曲》。他的演奏受到评论家的高度赞扬。在兴奋期过去后，他的父母开始对他重视起来，于是在父亲的带领下，他和哥哥一起巡回演出。1917 年，费尔曼赴莱比锡随克林格尔学琴。克林格尔在谈及费尔曼的演奏曲目太少时说："除了勃拉姆斯《二重协奏曲》外，他几乎就没拉过什么东西。"费尔曼随克林格尔学琴两年，从他独特的教学风格中学到了许多有用的东西。关于费尔曼，克林格尔这样写道："在所有跟我学过琴的学生中，我从来没有遇到过像他这样有才能的学生……一位非常令人爱慕的青年演奏家。"[②] 回首往事，费尔曼认为这两年是他学生时代最富有成效的时期，使他真正能够掌控自己的乐器。他把每天的学习时间安排成几段，用来学习理论、钢琴以及扩充演奏曲目。他对知识有着强烈的渴望，利用一切空闲时间来弥补自己的不足。他一生都十分喜爱读书，甚至胜过练琴。

当弗里德里希，也就是著名的格鲁兹马赫尔的侄子于 1918 年突然逝世后，克林格尔建议由年仅十六岁的费尔曼接替弗里德里希在科隆古策尼希音乐学院的教授职位。克林格尔是一位很讲究逻辑、被人所信任的人，他所提出的这一看上去似乎十分可笑的建议，使得校务委员会感到茫然。但在考核时，费尔曼有说服力地证明了他能做到克林格尔所提出的一切期望。第二天早晨，他们宣布新选出来的教授是一位"真正难得的天才，尽管他的年纪很轻，还是决定聘任他为教

---

① 见 Seymour W. Itzkoff, *Emanuel Feuermann，Virtuoso*，第 43 页。
② 见 *The Strad*，1972 年 9 月，第 249 页。

授。费尔曼将是皇冠上的一颗明珠"[1]。但是有一条规定：虽然费尔曼要从事他前任教授的全部工作，并有很高的工资，但不给予其教授的职称。他的工作职责还包括必须加入古策尼希弦乐四重奏，而该团的其他成员都是长者。这位十几岁的大提琴家不止一次地在排练到深夜时被人们从梦中唤醒。

在 1920 ~ 1929 年间，费尔曼曾在三百多个不同的地方演出，举行了一千多场音乐会。他的第一张唱片也是在这个时期录制的。1925 年他是第一位访问苏联的外国演奏家。评论界对他的演奏称赞不已，但认为他的曲目中缺少现代作品。三年后，当他和施纳贝尔在莫斯科演奏贝多芬和勃拉姆斯的奏鸣曲时，人们高度赞扬了他演奏中的音乐性和深刻性。[2]

1929 年 10 月，费尔曼被任命为柏林音乐学院的大提琴教授，他的学生来自世界各地。在这个时期，他结识了许多伟大的演奏家，与弗莱什演奏勃拉姆斯《二重协奏曲》，与非常有才华的钢琴家奥斯本往来，与小提琴家沃尔夫斯塔及中提琴家欣德米特组成了弦乐三重奏。由于和这两位优秀演奏家的交往，他进一步提高了自己的演奏水平。"由于他们都是各自领域的优秀演奏家，因此他们总能发现对方的某些优点并影响对方的演奏。"[3] 不幸的是，沃尔夫斯塔于 1931 年因患严重的流行性感冒而逝世，享年三十一岁。

幸福的时刻总是短暂的，随着 1933 年希特勒的崛起，黑暗笼罩整个欧洲。2月，国会大厦被烧，对犹太音乐家的清算也开始了，显然费尔曼将不会继续被音乐学院所聘请。人们对这种令人难以相信的前景产生了强烈的抵制情绪。有些教师提出了抗议，但一切都是枉然，包括犹太裔和出身贵族的许多学生被勒令退学。同年 4 月，当费尔曼在维也纳举行最后一场演出时，接到了音乐学院院长的来信，信中说他已经被解聘。

---

[1] 见 Seymour W. Itzkoff, *Emanuel Feuermann*, *Virtuoso*，第 81 页。

[2] 见 Ginsburg, *History of the Violoncello*，第 225 页。

[3] 见 Seymour W. Itzkoff, *Emanuel Feuermann*, *Virtuoso*，第 112 页。

费尔曼曾于 1927 年在英国首演。十年之后，当他在伍德爵士指挥 BBC 交响乐团协奏下，与布罗萨一起在皇家阿伯特大厅演奏勃拉姆斯《二重协奏曲》时，一位评论员这样写道：

> 我们可以毫不迟疑地说，除了卡萨尔斯之外，费尔曼是当今最伟大的大提琴演奏家……他演奏中的灵活性只是天才音乐家们技巧的一方面，可与之伴随的是他那有力而丰满的声音和具有高贵情趣的乐句划分……我们可以这样说，费尔曼是位一流的演奏家，可称得上是"大提琴中的维尼亚夫斯基"。①

1938 年 5 月，在托斯卡尼尼指挥下，他与 BBC 交响乐团在女王大厅演奏了《堂吉诃德》。《斯特拉迪瓦里家族》杂志评论员非常热情地说："费尔曼先生十分出色地担任了这首作品中的独奏声部；他有着惊人的技巧，对乐器的控制十分彻底、深入，声音又是如此纯净、圆润和丰满。"② 但是在此之前，1935 年 1 月 2 日，他在瓦尔特指挥爱乐乐团的协奏下，在纽约举行了首演，演奏的是海顿《D 大调协奏曲》，评论界反应却不佳。唐斯在《纽约时报》中这样写道：

> 费尔曼先生演奏的海顿《D 大调协奏曲》有着丰满的声音和完美的技巧，但没能很好地表达出作品的风格特性，缺少魅力、透明性和这首作品所包含的古典分寸感。费尔曼先生如果演奏其他作品的话，可能会更有趣一些。虽然听众非常友好地向他祝贺，并要求他多次上台谢幕，但他所拥有的声誉使人们期待的应是比昨晚品质更高的演奏。

① 见 *The Strad*，1938 年 10 月，第 276 页。
② 同上，1938 年 7 月，第 136 页。

更加不动听的则是乔齐诺夫在《纽约邮报》上发表的评论："我非常欣赏费尔曼先生那种冰冷但很熟练的技巧、结实但并不出众的声音以及他那行家但却缺少想象力的乐句处理，这一切使我们这个已经很庞大的优秀大提琴家的行列又增加了一名新的成员。但是到目前为止，他还不是'费尔曼'（德文的'Feuermann'是消防队员的意思）。"

八天之后，即 1 月 13 日，费尔曼在吉特森格的钢琴伴奏下，在市政厅举行了一场独奏会。由于受到评论界的影响，来听音乐会的人不多。但是这一批仅占整个大厅一半座位的听众，却都是一些非常优秀的行家。他们都是本市及周边地区的独奏家、乐队首席以及各种级别的大提琴演奏家，听说这里来了一位超级大提琴演奏家，因此都想亲眼见证奇迹。在演奏完第一首瓦伦蒂尼的《E 大调奏鸣曲》之后，全场掌声雷动。音乐会结束时，他们意识到在自己面前的是一位大师，久久不愿离去。

或许当晚最有意义的事情要数唐斯和乔齐诺夫都改变了他们原来的观点。唐斯承认：

> 在费尔曼先生面前几乎没有困难，即便是那些著名演奏家都感到棘手的地方，对他来说却十分容易。很难想象会有谁有着比他更清楚、更坚实的技巧，而且是如此全面地控制在演奏家的手中。当然，这里还有着比技巧更多的东西：洪亮的声音、持久的歌唱性乐句和热情、一种极易被人感受到的真诚，以及因严格学习而得到的那种认真精神和音乐修养。①

乔齐诺夫承认他必须将他过去说过的话"吃下去"。他说：

① 见 Seymour W. Itzkoff, *Emanuel Feuermann, Virtuoso*, 第 155 页。

我还能做的事情，就是承认费尔曼先生作为器乐演奏家，似乎走在他的同行前面一大段。我听过许多人能在大提琴上拉出十分丰满的声音，但是从来没有人能有这样令人惊讶的技巧。他的击跳弓、连顿弓和他那十分灵巧的左手技巧，即使是小提琴家听了也会感到惊讶。的确，费尔曼先生演奏大提琴就像一位伟大的小提琴家那样，而且他有着十分真诚的热情和高贵音乐气质的演奏风格。现在我感到好受多了，这篇报道是打我心底说出来的。①

当奥德合并条约在奥地利签署时，他的家人被困在维也纳。费尔曼和他的妻女当时在苏黎世，在那里他获准在家中举办大师班。1938 年 9 月，他们逃到了以色列。当年年底，费尔曼一家抵达纽约。一个月后，他们申请加入了美国国籍。

多年来，费尔曼与许多有才能的钢琴家一起工作过，如吉特森格、瑞布纳尔、赫尔希及费尔曼的姐姐苏菲。在他到达美国后不久，NBC 艺术家联合会就为他与弗朗茨·鲁普单独签订工作合约。鲁普是一位非常有才华的钢琴家，他曾与克莱斯勒合作多年。费尔曼与鲁普真是理想的一对：费尔曼略微有些强烈、傲慢、冰冷而机智；鲁普则是可爱、平静而老练的，无论从音乐还是演奏水平来说，鲁普都可以与费尔曼相媲美。他们有着极好的工作安排，这使他们受益匪浅，有时彼此之间还会开开玩笑。鲁普在谈到他这位合作者时说：

> 从艺术的角度来说，他是一位出色的演奏者。在我看来，在所有的大提琴演奏家中，他是最好的。我与卡萨尔斯以及许多人合作过，我仍然认为他是最伟大的。他还是一位出色的教师。但作为一个个体来说他是如此与众不同，我对其他和我一起演奏过的人，可以十分热情，但是对他，我永远也达不到同等热情的程度。在他演奏时，对我来说他简直就是上帝。

① 见 Seymour W. Itzkoff，*Emanuel Feuermann，Virtuoso*，第 157 页。

鲁普提醒我们："当时，大提琴作为独奏乐器，还没有像小提琴那样被人们所接受。正是费尔曼和卡萨尔斯使得人们接受了它。这就是为什么当人们让我在1941 ~ 1942 年期间与歌唱家玛丽安·安德森一起合作演出时，我接受了这个合约。因为每年我和费尔曼只有十二场音乐会，从数量上讲，根本没有办法和歌唱家的合约相比。"

鲁普还承认，他从费尔曼那里学到了许多有关乐句处理的方法。"我们经常吵架，但是当我们一起演奏时，我就原谅了他的一切。"鲁普还将费尔曼与不喜欢练琴的克莱斯勒相比：

> 我也是一个不喜欢多练琴的人，但是和费尔曼一起工作时，我们得将每一个细节都练好。他什么事情都不希望靠运气，这就是为什么他能演奏得这样好的原因。他的音色、他的技巧完美得像珍珠。他的气质并不出众，但是他的其他一切却是完美的。从音乐的角度来说，在我看来，费尔曼是我所遇到过的最伟大的音乐家。①

费尔曼的遗孀伊娃·莱森（现名）认为，其实他并不喜欢练琴。在费尔曼给她的几封信中，他说："你会感到惊讶，并为我感到骄傲，我今天练了两个小时的琴！"她解释道："但是当他与一位钢琴家一起演奏，或是与一些音乐家一起演奏时，不管是室内乐还是管弦乐团，他都练习得非常精确、非常细致。只有这时他才会感到满意，那种上台之前会产生的'可能会发生某些事故'的不安感才会离他而去。"她还指出，在欧洲，他有一批忠实的门徒；但是在美国，他的每一场音乐会都得开好。"在这个国家，他感到每场音乐会都是一次挑战。"②

①② 由本书作者采访所得。

1939 年 12 月，费尔曼与海菲茨一起，在奥曼迪指挥费城管弦乐团协奏下，录制了历史性的唱片——勃拉姆斯《二重协奏曲》。这张唱片是三位伟大天才的相遇与汇集的实例，其结果激励了美国 RCA 唱片公司邀请海菲茨、费尔曼和鲁宾斯坦共同录制勃拉姆斯《B 大调三重奏》（Op. 8）、贝多芬《降 B 大调三重奏》（Op. 97）和舒伯特《降 B 大调三重奏》（Op. 99）。费尔曼、海菲茨以及威廉·普里姆罗斯（中提琴）演奏的多纳伊《C 大调小夜曲》（Op. 10）则是三位音乐家在艺术上极高成就的另一典范。

1941 年费尔曼被任命为费城柯蒂斯音乐学院的大提琴教授，同年，他在加州的家中，为来自世界各地的学生举办大师班。在费尔曼的传记中，西摩·威廉·伊兹科夫对费尔曼的授课方式作了一个有趣的论述：

> 尽管他的学生很有才能，但是这位大师的水平和学生之间的差距实在是太大了，所以他们经常处在无法继续下去的境地……费尔曼尽力将自己的高超技巧和控制乐器的训练方法讲给他的学生听。但是对费尔曼来讲，他的技术和他的音乐是如此紧密地结合在一起，以至于他感到很难脱离音乐来解决某一个具体技术问题，也很难在解决某个音乐问题时脱离具体的技术。[①]

1941 年费尔曼先生为《音乐名人录》所写的一段文字，清晰地表明了他的教学方法：

> 当克林格尔给我上课时，他认为我之所以使用特殊的指法只是因为我的手指较长。这位老先生并没有发现我纯粹是出于音乐的目的才使用这种指法的。二十年前，当我开始从事音乐会演出时，公众及评论界大都不喜欢我的

---

① 见 Seymour W. Itzkoff，*Emanuel Feuermann，Virtuoso*，第 197 ～ 198 页。

151

"皇冠上的明珠" | The Jewel in the Crown

演奏方式。由于我尽力去掉常见的那种噪音——在他们看来这种噪音是大提琴中所习以为常的——所以他们就批评我将大提琴当作小提琴来演奏。广大听众甚至一些音乐行家都认为大提琴要与小提琴抗衡，是件值得同情的事情，而大提琴的演奏会，也是件令人烦恼的事。听众们喜欢听一些小曲，例如改编得很差的小步舞曲或是一些慢板乐曲。①

莱森对费尔曼的个性进行了一些描述：

> 他喜欢在柯蒂斯音乐学院教学，就像他过去喜欢在柏林音乐学院教学一样。他喜欢开快车，而且是越快越好，但是他也喜欢他的日常工作。他喜欢参加一些集体活动，然而作为一位演奏家他又不得不进行单独的活动。虽然他喜欢早一点上床睡觉，可是很少能做到。家庭在他的生活中是至关重要的。周末时他喜欢和家人一起度过，而把其他事情放在一旁。一个典型的例子就是每逢星期日他会很细心地梳一个发型，虽然他的头发很少，但由于是星期日，所以他要用不同的方式来庆祝它！②

1942 年 5 月 25 日，在做完一个小手术的六天后，费尔曼因腹膜炎而逝世，这对音乐界来讲是无法弥补的损失。虽然这位天才的告别仪式是简短的，但他录制的唱片（已于八十年代再版）是对整个大提琴演奏艺术无可估量的巨大贡献。

在加布沙娃七十五岁生日的音乐会上，她讲述了四十年来费尔曼先生所录制的唱片对当代年轻人的影响。她认为，这位英年早逝的天才音乐家的唱片之所以仍然有影响，是因为他的演奏是具有现代性的。

① 见 VSNL，1972 年春季号，第 2 页。
② 由本书作者采访所得。

最后的浪漫主义大师

格雷戈尔·皮亚蒂戈尔斯基是一位身高超过一米九的巨人，有着热情而丰富多彩的个性。皮亚蒂戈尔斯基不仅是一位伟大的大提琴家，同时也是他那一代人中最受欢迎的音乐家之一。他出生在俄国的叶凯特琳诺斯拉夫的一个音乐之家，家境贫寒，父亲拉小提琴，并且给小皮亚蒂戈尔斯基上钢琴和小提琴的启蒙课程。

一天晚上，父亲带他去听了一场交响音乐会，在那里他第一次听到大提琴的声音。在自传中，皮亚蒂戈尔斯基这样写道："从那晚起，我就拿了两根棍子，长的当作大提琴，短的当作弓，假装自己在演奏大提琴……这些具有魔力的棍子将我带进了一个音响世界，在那里我可以任意地想象各种不同的场景。"①

---

① 见 Piatigorsky，*Cellist*，第 5 页。

七岁时，他得到了一把真正的大提琴，并且跟当地一位名叫扬波尔斯基的老师上课。九岁时他就在音乐会上进行独奏演出。在这期间发生了一件有趣的事情。克林格尔的一位学生拜访了皮亚蒂戈尔斯基家并且听了这位神童的演奏，之后他劝诫说："仔细听着，我的孩子。请转告你的父亲，我劝你选择另外一种更适合你的职业。不要去拉大提琴。你根本没有才能。"[1]

幸好没有任何人相信他的话，特别是在皮亚蒂戈尔斯基获得了莫斯科音乐学院的奖学金后。在那里他师从古巴里奥夫，之后又随阿尔弗雷德·冯·格伦学琴，格伦是达维多夫的学生。此外他还私下跟布兰德科夫上了几节课。

从八岁开始，包括在音乐学院求学的过程中，年轻的皮亚蒂戈尔斯基就不得不挣钱养家。差不多每个晚上他都要在夜总会中为他的父亲伴奏演出，有时还要为无声电影写一些东西。他一直认为这是他儿时最艰苦的时期。

当他十五岁时，也就是在俄国革命开始之后的两年，他被聘任为莫斯科波修瓦剧院的大提琴首席，他是担任这项职务最年轻的演奏员。有意思的是，他加入演出的四重奏组被改名为列宁四重奏。尽管他得到了苏联政府的支持，可是他想到国外学习的请求却被拒绝，因此不得不靠自己来想办法。许多年以后，《每日电讯报》公布了他逃往波兰的一份详细资料（那时他对英语的掌握是很有限的）：

革命爆发时我还是个孩子；大家都逃跑了，我就带着我的大提琴和音乐同行们一起，乘坐运牛的货运车逃往边境。在路上我们为红军演出。大厅里挤满了士兵，没有一点空余的地方。记得当时我们为他们演奏德彪西的美妙音乐。音乐会结束时只剩下两位听众，因为他们不懂德彪西。一天晚上，我们越过边境，我肩上背着大提琴。突然，"砰！砰！砰！"两名士兵向我们开枪。我没有受伤，但是可怜的大提琴却完蛋了——虽然没有被击中。与我们

---

[1] 见 Piatigorsky, *Cellist*, 第 10 页。

同行的一位歌剧演员，非常非常胖，听到枪声，一头就栽倒在地上，手臂紧紧地搂住我的脖子……我那可怜的大提琴就完蛋了。[①]

第二年，皮亚蒂戈尔斯基去了柏林，在那里他跟贝克上了一些效果并不理想的课。他又去了莱比锡，相较之下与克林格尔上课稍好一些。在克林格尔建议下，他于 1924 年返回柏林，当时他的处境仍然十分困难，居住条件也十分艰苦，受着贪婪房东的剥削。有几个晚上他甚至只能在动物园的长椅上睡觉。后来他被一家名叫"鲁斯科"的小咖啡馆雇用，演奏三重奏，处境才有了一些改善。他还记得像费尔曼这样一些当代艺术家来这里喝咖啡时，他那种极其困窘的心情。一天，著名指挥家富特文格勒在这里听到了他的演奏，随即聘请他为柏林爱乐乐团的大提琴首席。在这期间，他不仅与欧洲、亚洲和美国的管弦乐团一起演出，而且还与当时世界上最伟大的艺术家一起演奏室内乐。他与施纳贝尔和弗莱什组成三重奏，还与小提琴家米尔斯坦及钢琴家霍洛维茨合作演出。

1929 年，皮亚蒂戈尔斯基辞去乐团职务，开始了独奏家生涯。1929 年 11 月 5 日，皮亚蒂戈尔斯基在美国俄亥俄州奥柏林市举行了首演，与斯托科夫斯基指挥的费城管弦乐团合作协奏曲。1929 年 12 月 29 日，他在纽约首演，演奏的是德沃夏克大提琴协奏曲，门盖尔贝格指挥纽约爱乐协奏。美国听众立即对他报以热烈欢迎，他们喜欢他热情的演奏风格和个性。1942 年，皮亚蒂戈尔斯基取得美国国籍。

1935 年年底，皮亚蒂戈尔斯基首次在英国演出，他在威格穆尔大街格罗特瑞安大厅举行了三场独奏会，听众十分踊跃，因为他的名字在音乐会之前已经通过他为 HMV 录制的唱片为听众所熟悉了。许多新作品都由他首次演出，许多作曲家也将自己的作品献给他。他在德国遇见了作曲家普罗科菲耶夫，他们一起演

---

① 见 *The Strad*，1939 年 7 月，第 102 页，引自 *Daily Telegraph*。

奏了这位作曲家创作的《叙事曲》，接着他请求作曲家写一首大提琴协奏曲。这首 Op. 58（1938 年）在波士顿首演，由库谢维茨基指挥波士顿交响乐团协奏。普罗科菲耶夫从莫斯科写信给皮亚蒂戈尔斯基，说："可以进行你认为必要的任何修改。你可以全权处理一切。"显然普罗科菲耶夫对这部作品并不满意，之后他将这些素材用在大提琴与乐队的《交响协奏曲》（Op. 125）中，并由罗斯特罗波维奇首演。达律斯·米约将他为大提琴与管弦乐队创作的《西萨尔平组曲》也献给了皮亚蒂戈尔斯基。他还首演了欣德米特最后一首大提琴作品，也就是 1948 年为大提琴与钢琴而作的奏鸣曲。

沃尔顿的大提琴协奏曲也是献给皮亚蒂戈尔斯基的，这部作品是作曲家与演奏家共同协商的结果。起初这部作品很不适合大提琴演奏，皮亚蒂戈尔斯基提出了许多修改建议。该协奏曲于 1957 年 1 月 25 日在波士顿首演，明希指挥波士顿交响乐团协奏。为了这首协奏曲的英国首演，皮亚蒂戈尔斯基还专程来到英国，在萨金特爵士指挥 BBC 交响乐团协奏下，于 1957 年 2 月 1 日在皇家爱乐音乐会上演出。这首协奏曲在大西洋两岸均受到了热烈欢迎。

他在音乐舞台上取得了巨大成功，同样他的教学也一直是他事业极为重要的部分。1941 ~ 1949 年他是美国费城柯蒂斯音乐学院大提琴系的系主任，当时他的朋友、小提琴家津巴利斯特是该音乐学院的院长。他还在美国麻省坦格坞的伯克郡音乐中心指导室内乐，从 1962 年起，一直到逝世，他都是南加利福尼亚大学音乐学校的大提琴负责人。

小提琴家坦米安卡有一次曾问起皮亚蒂戈尔斯基是怎样教学生的。他回答说：

> 我最大的愿望就是使他们成为一种人，即愉快地从事他们事业的艺术家，这样他们就能够成为艺术的真正仆人。我发现这是件很困难的事情，因为技术和音乐的发展总是紧密地联系在一起。真正重要的是他们如何将他们

的艺术运用到人类丰饶的生命中去。实际上，世界万事万物是互相联系在一起的。举例来说，一个愚蠢的人不可能成为一位伟大的演奏家；一个头脑不健康的人不可能在我们困难的职业中产生出有价值的东西来。①

虽然他对如何握弓这样一些细节问题给予注意，然而他主张"你不能学如何学习，你必须学如何感觉"。②他坚决拒绝任何枯燥的学究式的东西，并且认为科学的讲解是一种自命不凡的自负行为。在讨论音阶时他说：

> 当我少时，老师总是要求我练习音阶，当然我们大家都知道做某些练习并不是一件浪费时间的事情，许多练习都是很好的。但是对我来说，我的注意力总是放在所要取得的效果上，所要达到的目标上。我们的目标是演奏音乐，举例来说，我不主张用任何固定的指法演奏音阶。我力图让我的学生懂得他们必须学会怎样把音阶演奏得更加音乐化，而不要去考虑使用的是什么弓法。③

他认为枯燥是艺术最大的敌人，当他觉得学生厌烦了，他就知道自己的教法有误。他不反对学生使用他本人并不使用的指法。"有时我并不使用这些指法，因为我认为它们是非音乐化的，但其实也许是因为我不能驾驭它们。如果学生能做好的话，我并不干预他们。我只是羡慕地聆听他们演奏；我让他们懂得这一切。"④无论如何，皮亚蒂戈尔斯基希望他的学生们能够独立思考，而不是跟风模仿。

纳撒尼尔·罗森十三岁时曾经跟皮亚蒂戈尔斯基学琴，而用来学习戈特曼《a 小调协奏曲》的一年时间对他来讲是难以忘怀的经历：

①②③④　见 VSNL，1968 年 9 月。

我第一次懂得了演奏大提琴的真正意义。皮亚蒂戈尔斯基不知疲倦地和我一起工作，他一直激励着我，要求我把戈特曼的大提琴协奏曲演奏成好像它是世界上最好的大提琴协奏曲一样。这样我的愿望就变成了一种重要手段，使我学习如何表现我自己，并发展成为表现我自己所必需的演奏技巧。[①]

皮亚蒂戈尔斯基与学生的友谊是他教学的一个组成部分。罗森等人评述了他帮助他们解决音乐以外的困难的能力。他曾于 1962 年和 1966 年两度应邀担任在莫斯科举行的柴科夫斯基国际比赛的评委，他的许多学生都得了奖。他对苏联政府对音乐教育的高度重视也有很深的感受。1962 年纽约大提琴协会为他设立了皮亚蒂戈尔斯基奖，颁给优秀的年轻演奏家。

当人们问他谁是历史上最重要的大提琴家时，他毫不犹豫地说："对我来说，大提琴演奏史的初期只有一位最了不起的大提琴家，这位大提琴家也是这件乐器的伟大作曲家，他就是鲍凯里尼。"[②] 有一段时间他拒绝录制鲍凯里尼《降 B 大调协奏曲》，因为没有协奏曲的原稿；显然，他认为格鲁兹马赫尔的版本过分自由了。

对皮亚蒂戈尔斯基来说，发音是最重要的。他喜欢优美的、歌唱性的声音，而且在大多数的情况下他都是这样演奏的。但是他也感到大提琴应当能演奏出富有变化的不同声音来。他与伟大男低音夏里亚宾非常要好，常常一起演出。有一次夏里亚宾对他说："你在大提琴上唱得很好听，但是你应该试着在大提琴上讲得更多些！"[③] 也许卡萨尔斯所说的"自然的渐弱"就是这个意思吧？

皮亚蒂戈尔斯基有两把非常漂亮的斯特拉迪瓦里大提琴：一把是 1714 年制作的，名为"巴塔"；另外一把是 1725 年制作的"博蒂奥"。这把"博蒂奥"大

①　由本书作者采访所得。
②③　见 Ginsburg, *History of the Violoncello*，第 258 页。

不朽的大提琴家 | The Great Cellists

158

提琴是斯特拉迪瓦里八十一岁时制作的，它和斯特拉迪瓦里制作的另外一把"皮亚蒂"极为相似。这把"博蒂奥"大提琴由博蒂奥的遗孀于1850年以一万法郎卖出。

皮亚蒂戈尔斯基是一位传奇式的人物，所有认识他的人都说他很特别，有着极其不寻常的热情和完美的性格。他也非常健谈。1976年他死于癌症，音乐界因此受到了巨大的损失。1976年11月，在纽约洛克菲勒大学卡斯珀里大厅的纪念音乐会上，大提琴协会名誉主席亚诺什·舒尔兹说：

> 作为一位演奏家，他是德国人所说的那种真正的天才，就像不断涌出的泉水；他通过双手给我们送来了美妙的音乐及最欢快、最美好的演奏。他有着十分开朗的个性，那种强烈的幽默感，我们在卡萨尔斯或者卡萨多等人身上都难以发现……在舞台上他是一位优秀的演奏家，有着非常卓越的舞台风度和自我表达的能力。每一位听过他演奏的人都不会忘记他上台时将琴拿得像小提琴那样高，弓像握在手中的一把利剑一般。[①]

人们不会忘记他对新作品的不断支持，以及由于他的努力所建立起来的演奏曲目。在他的讣告中，斯坦菲尔德作了如下描述：

> 最后一位表现浪漫主义作品的伟大大提琴家；或许他对年轻学生最有益的影响是，他们永远也不要为了追求速度而牺牲音乐。虽然某些古典主义者和纯粹主义者有时对他在某些地方采取随意性，因而影响了节奏或乐句而感到惊讶，但是大家都被他真诚和发自内心的演奏深深感动。[②]

---

① 见 VSNL，1977年3月，第3页。
② 见 *The Strad*，1976年10月，第445页。

独特的景观

"难道我们能要求山脉中的每一座山峰都一样高吗？要知道我们从每座山峰看出去，它的风景都是独特的。"① 伊丽莎白·考林的评论主要是针对某些音乐家来讲的，这些音乐家的演奏虽然并不总是那样令人神往，但是只要他们能将自己的专业经验传授给下一代，那么他们就应该被认为是"不朽的"。事实上，在他们自己学琴初期，为了掌握某种技巧而付出的艰辛努力，往往增加了他们的教学能力。小提琴家弗莱什及舍夫契克肯定就属于这一类人。

二十世纪最有争议的教师之一就是迪兰·亚历山尼安。他出生在土耳其君士坦丁堡一个亚美尼亚家庭中。他在莱比锡跟格鲁兹马赫尔学习，还是学生时就与

① 见 VSNL，1980 年 2 月，第 7 页。

勃拉姆斯及伟大的小提琴家约阿希姆一起演奏室内乐。他年仅十七岁时，就在作曲家施特劳斯的指挥下担任《堂吉诃德》中的独奏演出，这次成功使他有机会又举行了多场音乐会，特别是他在尼基什以及马勒的指挥下演奏了一些协奏曲。

1901 年亚历山尼安定居巴黎，并在那里遇到了卡萨尔斯。卡萨尔斯注意到亚历山尼安使用的革命性指法与自己的想法十分接近。后来他又发现他们在技术和音乐处理方面也有许多共同之处。1922 年亚历山尼安发表了有关大提琴演奏技巧的论文《Traité théorique et pratique du violoncelle》，1929 年出版了他编订的巴赫无伴奏组曲。

1921 ～ 1937 年，亚历山尼安在法国巴黎的诺玛尔音乐学校主持卡萨尔斯的大提琴班，在那里将自己那些具有争论性的想法付诸实践。他的教学方法吸引了世界各地的学生，影响甚广。当时，埃森伯格以及安东尼奥·亚尼格罗是他的学生，而皮亚蒂戈尔斯基、富尼耶、埃内斯库和费尔曼经常来他的班上听课。伯格是亚历山尼安在诺玛尔音乐学校的学生，他记得费尔曼曾经到亚历山尼安的班上来演奏德沃夏克的协奏曲，"他演奏得很好，但像个闹钟"。[1] 费尔曼与伯格成为好朋友，他告诉伯格，虽然他本是柏林音乐学院的教授，但是他还在亚历山尼安处上课。多年之后，当伯格成为费城管弦乐团的大提琴首席时，费尔曼跟他讲他与亚历山尼安所上的那些课使自己焕然一新。

1937 年亚历山尼安来到美国，他在巴尔的摩皮博迪音乐学院以及纽约的曼哈顿音乐学校取得了巨大成功。在那里，格林豪斯、大卫·索耶、乔治·里奇、加布沙娃、A.施奈德和M.施奈德都是优秀的职业演奏家，他们有时会来他的班级听课，或是向他征询意见。

由于他的声望很高，所以难免会遭人嫉恨。他在音乐学院中受到许多人的反对，他们公开说他吹牛。那里的教师们仍使用着已过时的演奏技巧，在演奏中

---

① 见 William Vandenburg 写给作者的信。

到处是滑音，从来也没人注意学生的生理结构和他们掌握乐器之间的关系。但是对于那些从他的教学中获得益处的人来讲，他们坚信亚历山尼安打开了他们的新视野。

英国大提琴家、教师安东尼·巴特勒从 1926～1929 年在巴黎跟他学习。巴特勒确信，若要从他的教学中获得最大的益处，至少要跟随他学习一年以上。

很多人跟他学琴是失败的，因为他们被撕成碎片，无法继续留在那里。记得最开始的六个月，对我来讲也是非常困难的，我绝望地认为自己没有学到任何东西。我们所不懂的是他将我们撕成碎片为的是重新将我们建立起来，人们必须有耐心。从第二年开始我感到自己开始吸收某些东西，并且能将它们作为自己思想的组成部分，而此前我们一直在摸索。他有时非常刻薄，挖苦我们，有时脾气非常暴躁，但是有时也非常善良。

总之巴特勒很仰慕亚历山尼安，对他那优秀的音乐才能十分敬佩。

他所有有关艺术的想法都是为了表达音乐。他总是避免非音乐化的、不必要的滑音，而我们过去一直都是这样演奏的。只有当我们希望将滑音作为一种表情手段时他才准许我们这样做。他还教会我们在半音的地方换把，在必要的地方换弓，并且告诉我们这样换弓不会打乱原来的乐句。[1]

他坚持要求学生在演奏巴赫组曲之前要明晰和声进行以及和声结构。他的指法是神圣不可侵犯的，他的左手练习也非常有价值。这些东西在当时是具有革命意义的，而他的这些想法现在已经被我们普遍接受了。

[1] 由本书作者采访所得。

亚历山尼安的另外一位学生库尔兹也和巴特勒一样，过去曾经是克林格尔的学生。"毫无疑问，亚历山尼安给你穿上了紧身衣。跟他学琴同时又保留你原来的样子是非常困难的。他使用的是非常复杂的教学系统，我自己的看法是，经过多年公开演奏之后，我才重新感受到我自己。"然而库尔兹认为亚历山尼安是卡萨尔斯之后对大提琴演奏技术的发展做出重要贡献的人。"他写下了有关大提琴演奏最重要的著作之一，他还首次编订了巴赫的无伴奏大提琴组曲，并将巴赫手稿置于其中。"①

加布沙娃认为在她的音乐生命中，亚历山尼安的影响很大。

我并不是说真正跟他学习这门乐器，而是说他对待音乐的整个态度。我们坐下来，谈了很久，从而使我得到了最重要的启发。我知道，许多音乐家在得知亚历山尼安逝世时都非常绝望。他有着广博的知识。他自己的演奏并不吸引人，但是这不重要。②

在大提琴演奏发展过程中，有两位教师举足轻重。虽然他们都出生在欧洲，但是他们是在美国认识的。来自南斯拉夫的马茨和意大利人席尔瓦是在他们五十岁出头时才认识的，并且只在一起工作了七年。但是他们通过各自的教学和教材的出版对当代以及今后大提琴家的成长作出了卓越贡献。

鲁道夫·马茨 1901 年生于南斯拉夫的萨克勒布，起初他跟翁贝托·法布里学琴，后来又在萨克勒布的音乐学院跟朱洛·特卡尔西克学琴；特卡尔西克曾经在巴黎学琴。此外马茨还学习钢琴、作曲和指挥。

马茨非常感谢休姆尔对他的帮助。休姆尔曾在布拉格随舍夫契克学琴，并且在萨克勒布大学教授小提琴达五十年之久。马茨曾是休姆尔的学生，后来成为他

①② 由本书作者采访所得。

的同事。马茨认为他与休姆尔的结识，对他成长为一位大提琴家，以及对整个大提琴演奏技巧的改进方面都是至关重要的。

年轻时马茨曾是位热情有才能的体育爱好者，有一段时间他还是世界级的赛跑选手。他相信自己在体育运动方面受到的训练，以及后来与舞蹈兼健美操老师马莱蒂克的合作，使自己能更理解人体的结构，以及人体是怎么工作的。因此他也就能将他的教学思想提炼得更精粹，并将这种思想建立在解剖学和生理学的基础上，以便能自然地运用人体和肌肉的各个组织。

马茨在大提琴学习初期经历了相当多的麻烦，受到休姆尔小提琴教学法的启发，他开始探讨大提琴教学中某些未能解决的问题。通过会见年轻的意大利大提琴家亚尼格罗，他得到了帮助和进一步的启发。亚尼格罗鼓励马茨把他对大提琴演奏的新发现写出来，因为这些东西与他自己在米兰和巴黎所学到的东西非常一致。

1943 年，马茨出版了他的著作《大提琴初步》，从而名扬四海。这套乐谱共六卷，从 1947 年至 1964 年陆续出版。这套乐谱被认为是继 1806 年让-路易·迪波尔的《教程》之后最好的大提琴教材。马茨的教材建立在两种动作的基础上，即生理性动作和非生理性动作，以及这两种动作是如何运用到大提琴演奏中的。

至今为止，大提琴仍然需要完成像钢琴和小提琴已经经历过的那种决定性演进。我们的现状是，大家按照不同国家的传统以不同的方式，而且往往是互相矛盾的方式来演奏大提琴。如果老师们都遵守建立在生理学基础上、合理的大提琴演奏规律与原则的话，其前景将是世界各地大提琴演奏水平得以提升。对大提琴家同乐器之间的关系来说，其中存在着的巨大差异将逐渐消失。①

① 见 VSNL，1978 年 5 月，第 6 页。

马茨的研究使他和许多其他国家的音乐家和学者们有了接触。1950年他被任命为萨克勒布学院的教授，到1973年退休为止一直在那里担任教学工作。1955～1957年他花了两年的时间在美国与许多演奏家和老师进行接触，其中最重要的人物之一就是席尔瓦。席尔瓦大约在1953年就知道马茨的这些乐谱，他是通过在耶鲁大学跟他学习的一位名叫帕布罗·思维洛克斯的学生而得到这批乐谱的，思维洛克斯曾经在萨克勒布跟亚尼格罗学过大提琴。当席尔瓦见到马茨编写的《大提琴初步》时，曾于1954年9月写信给他，表示他认为这部教材是当今对大提琴教学最重要的贡献之一。"我感到，终于有了我多年来梦想着的现代教材，而且它终将会取代我们现有的一切。"[1] 这样，就开始了他们之间良好的合作关系。这种友好往来维持了七年多，主要是通过信件进行的。

有一次，马茨在撰写他在每个圣诞节都寄给美国同事和朋友们的信件时，从头到尾演奏了巴赫的第三组曲。他是这样结束他的信的："这段音乐给了我灵感，我完全陶醉在其中，好像音乐带领我离开了地面，进入迷人的天堂。如果说有幸福的话，我就经历了那最美好的时刻。"[2]

在最近的一次采访中，马茨讲述了他选择这个职业的一些想法：

> 经验告诉我音乐对人们有着巨大的影响。正是这个最重要的因素使我决定将我的一生献给音乐，特别是教学，以便告诉人们如何发现音乐中的美。我认为理解音乐内在的美，就能丰富人的个性，并且给这种个性更宽广的人道主义基础。我希望借由音乐的帮助发展起来的，正是这种人道主义。[3]

---

[1] 见 Margery Eniz, *Rudolf Matz: Cello Pedagogue, Composer, Humanist*，第98页。
[2] 见 VSNL，1978年5月，第4页。
[3] 同上，1982年6月，第4页。

路易吉·席尔瓦生于意大利米兰的一个音乐世家，父亲是位钢琴家和指挥。席尔瓦五岁时开始跟父亲学习钢琴，三年后改学大提琴，后来又继续在罗马音乐学院上学。他希望能进一步跟从欧洲最好的老师学琴，便演奏给这些老师听。这些老师中包括克林格尔和贝克。然而没有人愿意接受他，他们都说他的手太小，体格过分瘦弱。在意大利博洛尼亚工作的阿图罗·博努奇是唯一愿意冒险接受这位人们认为"不可教的"年轻人的人。席尔瓦在博洛尼亚获得了两个学位，其中之一就是教育学硕士，后来教学成了他生活中最有热情的领域。

　　席尔瓦首先在罗马的奥古斯都管弦乐团演奏大提琴，后来又成为罗马歌剧院管弦乐团的大提琴首席。1930年加入罗马弦乐四重奏，这是欧洲最著名的室内乐团之一，有一段时间可以和著名的普艺弦乐四重奏组相媲美。

　　1933年第一届全国青年演奏家比赛中，席尔瓦获得鲍凯里尼奖，很可能就是因为这件事，他对鲍凯里尼的作品产生了终生的兴趣。同年席尔瓦开始从事教学。当时，虽然他的演出生涯正在蓬勃发展中，可是他发现他对教学越来越感兴趣。1933 ～ 1940年他曾任特拉莫、帕多瓦、威尼斯和佛罗伦萨音乐学院的教授。

　　1939年席尔瓦和家人移居美国，最后成为美国公民。1941 ～ 1949年间他在朱利亚音乐学院、曼内斯和哈特音乐学校、皮博迪音乐学院和耶鲁大学任教，且往往是一年内同时在各校任教。

　　当考林已经成为专业教师之后，她还来找席尔瓦上课。她写道：

　　　　席尔瓦有着作为教师的非凡才能……他虽然是意大利人，但说着一口流利的英语，能够准确地表达他所要的东西……（他熟悉意大利文、法文、德文、西班牙文和英文）。虽然席尔瓦在上课时可以以非常鼓舞人心的方式进行示范，但是他从不使用他那令人难以置信的技巧来吓唬学生。他最大的才能是发现每个学生的问题，并找出解决的办法。他希望让每一个学生充分发挥作为一个演奏者的潜在能力，而不使他们成为自己的复制品。①

我们不能把席尔瓦的教学与费尔曼、卡萨尔斯或者皮亚蒂戈尔斯基相比，因为这些人的学生都已经有较高水平，而席尔瓦教的大多数是初学者。他们之中许多人来自文化修养并不高的环境，并且往往是在席尔瓦的课堂上才第一次真正接触音乐。考林指出席尔瓦之所以会对训练左手有着特殊的兴趣，几乎可以肯定是因为他在自己学习初期由于手小遇到了许多问题。"他是通过使用更强的流畅性、准确地换把和更常使用拇指把位来弥补的。席尔瓦的换把动作快如闪电，许多访问者讲述了他的这种流畅性以及他精确的音准。"②

乔尔·克鲁斯尼克是朱利亚弦乐四重奏的大提琴演奏家，十岁时曾跟席尔瓦学琴，直到今天他还对席尔瓦有着深深的热爱和尊重，因为席尔瓦为他建立起来的演奏技巧使他终身受益。

> 他有自己的音阶指法，向上和向下的换把都是相同的。所有的音阶和练习曲都有关于换把和手型的准备练习，以便在学习过程中使手和脑得到真正的训练。在不同的音区，因手指之间的距离不同而形成不同的手的形状。我一直记得在我第二次上课时他教我的"喷射机"练习，那时我还没学过拇指把位。"喷射机"练习就是在大提琴上进行高低八度之间的滑动。当然做好这个八度练习是很困难的，但是一旦掌握了它就会非常有用。
>
> 他是一位非常和蔼的人，又始终坚持不懈。他一直非常精确地记录他为我的每一只手进行了哪些练习，学习了哪些音阶、练习曲以及演奏了哪些乐曲等等。他有条不紊地训练我的大提琴演奏技巧，后来我又按照自己的方式对这些技巧加以发展——但是他有关大提琴的那些想法是非常清楚而且辉煌

---

①② 见 VSNL，1980 年 2 月，第 5 页。

的。他的确很喜欢大提琴，而且为他在大提琴上所能做的一切感到愉快。我还记得就在他逝世前不久我到他的公寓去看他，我发现他正在演奏波佩尔晚期的一首 D 大调练习曲，这首练习曲需要在大提琴上进行短距离的八度音高上下换把。大约在 1960 年左右他已经不再继续公开演出了，但是他将这首练习曲演奏得非常精彩。他面带微笑地对我说："你看我还能演奏像这样的东西，这的确使我感到高兴。"①

席尔瓦为大提琴改编了克莱采尔的四十二首练习曲、帕格尼尼的二十四首随想曲，以及根据罗西尼歌剧《摩西》主题所作的变奏曲《Variazioni di Bravura》（帕格尼尼也这么做过）。但是他最大的贡献则是从二十世纪三十年代开始研究，并于 1950 年开始写作的一篇有关大提琴的论文。这篇论文的基本思想是左手技术的发展历史以及指法系统的演奏，这一切都与左手是以什么样的姿势放到指板上有着密切的关系。他详尽地分析了从十八世纪到二十世纪中叶的有关作品。在他逝世之前他一直从事着这本著作的写作。与马茨的会面给了席尔瓦和他这部著作直接的影响，同样，马茨也通过他们彼此之间的联系而获益。这部未完成的著作经过马茨的加工后成为他的第一部手稿，题为"大提琴左手自然姿势的历史及其所形成的指法体系"。

另外一位与南斯拉夫有密切联系的意大利大提琴家是安东尼·亚尼格罗。亚尼格罗 1918 年生于意大利的米兰，六岁时开始学习钢琴，两年之后，乔瓦尼·贝尔蒂给了他一把小尺寸的大提琴，并给他上了一些课。一年后，他的进步足以使他进入米兰威尔第音乐学院克雷帕兹的大提琴班中学习。十一岁时，亚尼格罗演奏给卡萨尔斯听，卡萨尔斯建议他到巴黎去跟亚历山尼安学习。在推荐信中卡萨尔斯这样写道：

① 见 Joel Krosnick 写给作者的信。

一位有着良好风格感的优秀演奏家。我希望而且也坚信他将成为我们大提琴的杰出代表人物。[①]

十六岁时亚尼格罗赴巴黎诺玛尔音乐学校，生活在它那醇厚浓郁的音乐环境之中。在那里，他除了受到卡萨尔斯的重要影响之外，还有科尔托、蒂博、杜卡斯、布朗热、斯特拉文斯基、赛尔蒙、埃内斯库和马尔蒂努的影响。另外，利帕蒂和内弗是他的同学。

毕业之后，亚尼格罗以独奏家的身份与利帕蒂和巴杜拉-斯科达一起开音乐会。这样的开始预示着他辉煌的前程。但是 1939 年战争爆发时，他正好在南斯拉夫度假，因此就被困在那里了。幸好萨克勒布音乐学院认识到他们这位客人的才能，所以就让他担任大提琴和室内乐的教授。结果证明，这样做对亚尼格罗和南斯拉夫都是一项重要的发展。毫无疑问，是他在这个国家建立起现代大提琴演奏学派。正是在萨克勒布他第一次见到了马茨，并共同建立了大提琴俱乐部，还组织了两次大提琴研讨会。

战争结束后，亚尼格罗恢复了国际事业，并到苏联和南美演出。1956 年他在美国首演之后，一位评论家这样写道：

他的演奏是这样的单纯、质朴，不会理会其他人的优秀演奏范例，他以奇迹般的方式掌控自己的乐器……从不给人吃力的感觉。大提琴在他手里也从来不是艰苦的劳动，不会使人喘不过气来，既不使人心跳，也不使人疲惫……总是有一种平静的气氛。即使是最艰难的技术片断，看上去似乎也像儿童游戏……高贵、平衡、深刻、美妙和毫不动摇的均匀感……真是不可

① 见 Bernard Gavoty，*Antonio Janigro*，第 8 页。

思议。①

　　亚尼格罗和许多大提琴家一样，总是感到大提琴的演奏曲目很有限。当萨克勒布广播电台要求他组织一个交响乐团时，他作为指挥家的才能很快显现，而且欧洲其他地方的著名管弦乐团也邀请他去指挥。亚尼格罗作为指挥家和教师的这些活动，使他非常自然地成立了萨克勒布独奏家乐团，这是一个由十二位弦乐演奏家组成的室内乐团，也是最著名的室内乐团之一。他在萨克勒布居住了很多年，最终在米兰去世。

①　见 Bernard Gavoty，*Antonio Janigro*，第 15 页。

多才多艺的行家

在室内乐组中演奏是对人们音乐造诣最严峻的考验之一。当这样的室内乐组的演奏从各种角度被世界各地的听众都认为是完美无缺时，我们就能得到最高层次的音乐演奏。格林豪斯和罗斯原来都是大提琴独奏家，之后专心从事于这种高水平的室内乐演奏。他们分别组建了美艺三重奏和伊斯托明-斯特恩-罗斯三重奏。

伯纳德·格林豪斯生于 1916 年，家中有三个哥哥，分别学习钢琴、小提琴和长笛。"没有人征求我的意见，父亲就对我说，'你拉大提琴'，于是在九岁时我就开始学习大提琴了。"[①] 对这个小男孩来说，学习大提琴是 "一段令人激动的

---

① 由本书作者采访所得。

经历"，而从此时起，他就一直非常喜欢大提琴的声音。他的学习经历特别有趣，因为他的四位老师是塞尔蒙德、费尔曼、亚历山尼安和卡萨尔斯。他们每人都有着不同的教学方式，可是他们都对格林豪斯的演奏与教学给予很大影响。

他正式学琴是在朱利亚音乐学院师从塞尔蒙德。接下来花了两年的时间向费尔曼学琴，他认为费尔曼的教学方式是他很需要的。"作为一位器乐演奏家，没有人能与他相比。我从他那里学到了为掌握这件乐器我所真正需要的东西。他的左手技巧是非凡的，用弓也极为高超，这是一种非常自然的演奏。"当时格林豪斯的左手有点紧。"过去我一直非常注意发音，所以在我的演奏中就缺少那种流畅性。我认为费尔曼可以帮助我改进。我对他演奏得那样自在感到非常吃惊，并尽力在自己的演奏中仿效他，而且懂得了自然技巧与练出来的技巧这两者之间的不同。"格林豪斯认为自己的技术不自然，因此借由近距离观察费尔曼的演奏，使自己的技术得到改进。一段时间后，格林豪斯在纽约举行独奏会，塞尔蒙德曾对一位朋友说："这孩子至少学会了如何演奏这乐器。"

1942年发生的两项重大事件改变了他的生活。第一，费尔曼的早逝使他痛失良师；第二，他加入了美国海军，并服役三年。战争结束后，他开始断断续续地跟亚历山尼安学琴。"他的音乐思想给我留下很深的印象，于是我决定每次在纽约举行独奏会之前都要请他帮我进行一些训练。我认为他的建议是非常宝贵的，不仅对演奏曲目，而且对音乐的许多方面都很有益。"

虽然亚历山尼安成为格林豪斯的良师益友，但是他们对音乐的看法并不总是一致的。

晚上，在演奏了两三个小时之后，我们会一起到外面去吃晚饭——亚历山尼安是一位很好的美食家——我们就继续讨论有关大提琴的技巧，有时这种讨论简直成了争论。他是一位很了不起的人，在音乐方面给我许多建议，远远超过技术层面的。我觉得他在技术方面的许多看法都过时了，如果一个人对如何演奏大提琴没有非常明确的看法的话，那么他的这些建议可能会是有害的……

格林豪斯认为"他是一位音乐天才和伟大的教师，但不是一位优秀的大提琴演奏家"。但是显然他们很享受这种亲密关系，亚历山尼安也从不收格林豪斯的学费。"我唯一报答他的办法是带他到欧洲去作一次美食旅游。我在阿弗尔租一辆车，横贯整个法国，从一家著名的餐馆吃到另外一家。最后我们来到了卡萨尔斯所住的普拉德。卡萨尔斯与亚历山尼安从在巴黎诺玛尔音乐学校共事以后，已经有十二年没有见面了。重逢的一刻的确是令人感动的。"

卡萨尔斯当晚就安排为亚历山尼安和格林豪斯演奏，由当时正好在那里访问的钢琴家埃里克·伊托尔·卡恩伴奏。

演奏之后对音乐的表现进行了讨论，这两人之间的争论一直到第二天凌晨两点钟，而且没有任何结论。一个月之后我们在纽约，亚历山尼安给我看了一张卡萨尔斯寄给他的卡片，卡片上写道："你对那个乐句的处理完全正确。"卡萨尔斯对他很是尊重。我能加入他们那次讨论也非常荣幸。

格林豪斯与卡萨尔斯的首次接触是在 1946 年，那时他刚刚离开美国海军。

我不希望自己在没有去见这位伟大的人物之前就回到过去的生活中，于是便搭乘了军用飞机来到欧洲。但是我没有得到卡萨尔斯的肯定答复，所以就来到巴黎，并进入了枫丹白露学校。我写过两封信给卡萨尔斯，但都没有回复。在第三封信之后，我得到了卡萨尔斯的回信。他告诉我准确的到达时间，并说如果我捐一百美元给西班牙难民基金会，他将愿意听我的演奏。

结果是格林豪斯获得跟卡萨尔斯学习两年的机会。"我是第一批想跟卡萨尔斯学琴的人之一，那时他对教学还不是很有兴趣。我非常幸运，因为他经常给我上很长时间的课，有时一次课达四小时之久，而且一周上好几次这样的课。"格林豪斯又非常谦虚地补充说："我认为他接收我为他的学生纯属我运气好。他希望找一些年轻人来交谈，很多课都是一半拉琴一半谈话。他对我讲的那些他生活中发生的故事远比书本上写的详细得多。这对我是一次极好的经历，不仅是音乐方面，而且还在于这是一位伟大的大师和一位年轻学生之间的良好互动。"

格林豪斯对卡萨尔斯充满了感激之情。"我认为是他使我懂得了音乐是创造性的，而不是一个问题的重复。"他举了一个例子来说明卡萨尔斯是怎样教他学习巴赫《d小调组曲》的。卡萨尔斯为他准确地画出弓法、指法、力度记号和句法，并且给他三个星期的时间让他把这首曲子练好并背出来，然后拉给卡萨尔斯听。卡萨尔斯记得他所要求的所有揉弦和音色。接下来，卡萨尔斯就教他改变每一个句法、力度记号、指法和弓法。

> 我十分惊讶这个人还能记得他几周前所告诉过我的一切。他演奏了这首组曲，然后又把所有的一切都改变了，为的是告诉我演奏巴赫组曲是一个创造的过程。这不仅仅适用于巴赫，而且适用于我演奏的一切。这件事使我懂得了我不能认为一首曲子只有一种演奏方法，否则我将在自己的演奏中失去灵感。这就是典型的卡萨尔斯。

之后，格林豪斯开始了他的独奏生涯。他在纽约的每次演出都有一个特点，那就是曲目中一定包括一首现代作曲家的新作品。但是室内乐也一直是格林豪斯音乐生活中重要的组成部分，"多年来我愉快地从事着独奏演出的活动，但是对极为有限的演奏曲目我并不感到满足。我喜欢演奏四重奏，长期以来我与许多四重奏组一起演奏，其中之一就是与沙姆斯基合作。我还与他一起演奏了勃拉姆斯

《二重协奏曲》"。除此之外，孤独的旅行生涯与不停地会见各种指挥和行政管理人员这些事，并不吸引格林豪斯。"除了演奏之外，我并不是一个喜欢抛头露面的人，这就是我为什么把自己的事业分成两部分的原因。我仍然喜欢开独奏会，但是更喜欢与同行们一起演奏三重奏。"

美艺三重奏是于 1955 年由钢琴家梅纳昂·普烈斯勒和小提琴家丹尼尔·古烈在坛格坞组织起来的。"一开始我们和许多其他独奏家的想法一样，大家组织在一起演出几次，然后又各自进行自己的独奏演出去了。开始时我们就是这样做的，后来哥伦比亚艺术家组织要求我们开一系列的十场音乐会，又很快发展到每季高达八十场。当时有不少重奏组，可是人们认为光靠三重奏是不能维持生计的。"第二年，他们的演出很成功，于是就决定到欧洲去试试。1958 年他们在伦敦的皇家节日大厅演出，听众只有三百人，评论界把他们的三重奏称为"一个暗淡的三重奏组"，总之这不是一个令人鼓舞的开端。

美艺三重奏在世界各地进行演出，在美国每年大约要举行一百三十场。1985年他们在伦敦庆祝成立三十周年，1987 年格林豪斯从三重奏组中退休。格林豪斯从未中断教学工作。他在朱利亚和曼哈顿音乐学校任教，也在纽约州立大学、哈特福德大学和印第安纳大学任教。1986 年他从教学岗位上退休：

> 我很想创办一个聚居所，让那些已经读完博士或者是硕士学位的人到这里来居住、练琴。我打算在冬天时请八至十位大提琴家到这里来做客。这里有很好的环境，我认为与在大学教书有点不一样。在那里，学生除了学习音乐之外还要学习五到六门其他课程；在这里，我可以教他们拉琴，而且还有一位钢琴家和我们一起工作。[1]（这个梦想如今实现了。）

---

① 由本书作者采访所得。

以色列大提琴家乌兹·威塞尔与格林豪斯和卡萨尔斯私交甚好，并深受塞尔蒙德、富尼耶、皮亚蒂戈尔斯基和罗斯特罗波维奇的影响。威塞尔是以色列最伟大的大提琴家和大提琴教师。

威塞尔的父亲是特拉维夫的一位律师，家中并无人爱好音乐。当威塞尔还是小孩子时，他的母亲就注意到他在收听电台音乐时特别认真，于是母亲带着他找到了音乐学院的院长。院长发现威塞尔在音乐方面很有天赋。八岁时，威塞尔在当地的一场音乐会上听到了大提琴，当即决定学习大提琴。他的第一位老师是贝克的学生约瑟夫·威斯鲍戈。约瑟夫培养了威塞尔对音乐的热爱，但是他在教学方面也有一定的局限（他坚持用两根火柴夹住右手拇指，防止拇指关节弯曲）。威塞尔的第二位老师是丹尼尔·霍夫梅克勒，他是克林格尔的学生。在教学方面，他并不像上一任老师那样死板。这两位老师都是胡贝尔曼创立的新以色列爱乐乐团的成员。在这些演奏家丰富的文化底蕴的熏陶下，威塞尔等年轻一代的音乐家形成了自己的音乐品位和演奏风格。

威塞尔曾说，尽管他十几岁就在音乐会上演奏，但是他并不是一个神童，当时，他想得最多的就是报效祖国。所以，在完成学业后，威塞尔参加了地下组织"帕拉玛赫"，与英国统治者对抗了两年时间。后来，在大学期间，他学习了数学、物理和哲学。同时，他还在特拉维夫的耶路撒冷音乐学院继续学习音乐。在这所音乐学院求学期间，埃米尔·豪森（布达佩斯四重奏的团长）和约瑟夫·塔尔对威塞尔产生了极大的影响。

最终，威塞尔决定专心学习音乐。但是在独立战争爆发后，他又被召回了地下组织，而后的两年中，他都无暇练习大提琴。战争结束后，他又重新开始练习大提琴，并于 1950 年光荣地完成学业。随后，威塞尔前往纽约朱利亚音乐学院，希望能够获得跟随塞尔蒙德学习的奖学金。但是，在审核中，他选择演奏亚历山尼安改编版本的巴赫组曲，而塞尔蒙德并不认可亚历山尼安的改编，所以尽管他同意收威塞尔为徒，但是却没有授予他奖学金。在第一堂课上，塞尔蒙德就指出了威塞尔的一系列问题：他的右臂完全没发挥什么作用，他的左臂是弯的，声音太难听，最重要的一点是他已经二十三岁了，对学琴来说已经太迟了。威塞尔后来回忆他当时是这样回答的："没关系，别担心，我们能做好的。"① 威塞尔的回答令人惊讶，因为大多数人都很敬畏塞尔蒙德，而只有威塞尔能和他融洽相处。

在纽约上学期间，威塞尔一直努力去发现新文化。他欣赏莎士比亚的戏剧、亚瑟·米勒的《推销员之死》，听托斯卡尼尼、布鲁诺·瓦尔特、鲁道夫·塞尔金、施纳贝尔、珍妮·图雷尔和洛特·雷曼的音乐。"对我来说，所有的一切都是一股新的空气，滋润着我的灵魂和人格。没有任何一个天才仅仅凭借内在去成长，所有人都需要外界的陶冶。"② 在第一学年结束时，他听到了皮埃尔·富尼耶的演奏，并且第一次意识到大提琴的演奏是具有原则和规则的。这是从来没有人告诉过他的。随后，他疯狂地研究演奏技巧，在塞尔蒙德的下一节课上，他演奏了舒曼的协奏曲。塞尔蒙德轻轻地说了句"很好"，这也是塞尔蒙德对他唯一的一次表扬，但是这足以肯定了威塞尔在音乐之路上的不断钻研和探索。

不久后，塞尔蒙德由于心脏病突发逝世，威塞尔开始跟随格林豪斯学习，而格林豪斯也是威塞尔一直在寻找的一位良师。"格林豪斯对我有着特别的态度，他没有强迫我去做什么，也没有让我去模仿他。他灵敏的耳朵，他的敏感、经验以及人格帮助我形成了自己的艺术风格。"③

在美国留学期间，威塞尔举行了多场音乐会。暑假期间，在唐格尔伍德音乐节上，威塞尔作为大提琴首席加入了明希和伯恩斯坦的团队。他跟随威廉·科罗尔（最杰出的室内乐音乐家）学习。不仅如此，威塞尔还与皮亚蒂戈尔斯基成为密友，并在同年因演奏德沃夏克大提琴协奏曲而获得皮亚蒂戈尔斯基奖。

1954 年，威塞尔从朱利亚音乐学院光荣毕业。随后，他去了普拉德探访了卡萨尔斯，后来卡萨尔斯也成为激励威塞尔人生最重要的动力。"我就和他坐在

①②③　由本书作者采访所得。

一间小屋子里，他的演奏是那样精准，这也许是我听过最美的音色，他那特别的音调让我着迷，可能我这一生都无法再听到如此美妙的声音，你能想象这种感受吗？这是我一生都要铭记的珍宝。"[1]

1955 年，威塞尔回到以色列。他希望成为一名艺术家和教师，并没有加入以色列爱乐乐团。1957 年，威塞尔在莫斯科获得了柴科夫斯基国际比赛二等奖，并且见到了一生的好友罗斯特罗波维奇。当得知俄罗斯的观众依然记得他的获奖表演时，威塞尔感到很惊讶："当时苏联与外界隔绝，大概人们认为我的音乐有一种特别的感觉。"1997 年在巴黎举办的罗斯特罗波维奇大赛上，威塞尔与一位他未曾谋面的俄罗斯著名大提琴演奏家共同担任评委。这位音乐家告诉威塞尔，在 1957 年的比赛中，有一位"非常了不起的以色列大提琴家"[2]给她留下了深刻的印象。在发现威塞尔就是那位大提琴家后，这位音乐家非常高兴。

威塞尔曾在欧洲多个管弦乐团中担任大提琴独奏，演出并录制了许多以色列作曲家的作品，其中包括保罗·本-海姆和约瑟夫·塔尔为威塞尔特别创作的作品。当然，威塞尔也钟爱十八世纪的作品，并录制了塔尔蒂尼和 C. P. E. 巴赫的协奏曲。此外，他还写了一篇关于巴赫组曲表演的论文，抒发了自己的真情实感。在奏鸣曲独奏会上，威塞尔与他的钢琴家儿子阿尔纳同台献艺，他们二人合作演奏的贝多芬作品受到了评论家的广泛好评。1959 年，威塞尔成立了享誉国际的特拉维夫弦乐四重奏，并录制了很多唱片。自 1965 ～ 1977 年，威塞尔到特拉维夫大学音乐学院执教，并到世界各地开大师班。1978 ～ 1991 年，威塞尔担任拜罗伊特国际青年音乐节室内乐的总指导。1997 年，印第安纳大学授予威塞尔"大提琴爵士"荣誉，肯定了威塞尔以及富尼耶、托特里耶和格林豪斯在艺术和大提琴教学方面做出的卓越贡献。

① 见 *The Strad*，1992 年 6 月，第 512 ～ 513 页。
② 由本书作者采访所得。

克莱斯勒改写的帕格尼尼协奏曲中有一段优美的大提琴独奏。多年以前，当克莱斯勒与罗津斯基指挥的克利夫兰管弦乐团一起排练时，在大提琴独奏结束之后，他立刻停下来向演奏者表示祝贺。当时演奏大提琴的就是年轻的罗斯，之后他成了一名优秀的独奏家和受人尊敬的教师。

莱奥纳德·罗斯生于美国华盛顿，父母是来自俄罗斯基辅的移民。起初他跟父亲学习大提琴，他的父亲是一位业余大提琴家。十岁时，罗斯在迈阿密音乐学院跟格罗斯曼学琴，后来又跟他的表兄密勒学琴，密勒当时是纽约 NBC 交响乐团的大提琴首席。十六岁时他获得柯蒂斯音乐学院的奖学金，在那里随塞尔蒙德学琴，两年之后成为他的助教。凯茨曾经跟罗斯学习过大提琴，他说：

> 罗斯肯定是按照塞尔蒙德的传统进行教学的，他的训练十分彻底。他对器乐精密的技巧、音色、表情、抒情性非常感兴趣。他对学生的要求，就是要在他们的演奏中有某种非常明确的抒情性，而对音质和音乐的表现力始终给予高度的注意。①

罗斯是通过加入管弦乐团走上顶峰的，他不断地提醒学生，这也许是获得经验的最好途径。二十岁时，他是托斯卡尼尼指挥的 NBC 交响乐团的大提琴首席，不久就来到由罗津斯基指挥的克利夫兰管弦乐团工作。1943 年当罗津斯基成为纽约爱乐乐团的首席指挥时，罗斯就跟随他到纽约爱乐，并一直在那里担任大提琴首席直到 1951 年。1944 年罗斯在卡内基大厅首演时，正是由这个乐团协奏拉罗的协奏曲。他在英国爱丁堡音乐节上的出现是他作为管弦乐团演奏员的最后一次演出，也是他首次在英国出现。从此他开始了独奏家的旅行生涯。1958 年他在伦敦的皇家节日大厅举行首演，当时他是与斯特恩一起演奏勃拉姆斯的《二重

① 由本书作者采访所得。

协奏曲》，由克里普斯指挥伦敦交响乐团协奏。从《斯特拉迪瓦里家族》杂志中的一篇文章我们可以看出，这场音乐会并不像我们想象的有那样多的听众，可能是由于这首协奏曲缺少号召力。但斯特恩的名字足以证明这是一场精彩的演出。人们赞扬斯特恩华丽甜美的声音，并说罗斯有着"更加甜美的大提琴声音"。人们称他是"目前还不为人熟知的一位美国大提琴家，但肯定是一位值得密切关注的人"[1]。

罗斯在世界各地演出，教学活动也很繁忙。除教授私人学生外，他同时也在朱利亚音乐学院任教——从 1946 年起，他就是该校的教授。哈瑞尔、凯茨和马友友是他培养出来的众多优秀大提琴家中的三位。凯茨回忆说：

> 他喜欢在课堂上示范，喜欢他的学生与他的音乐信仰相同。由于他有许多事情要教给他的学生，所以学生就不可避免地采用了他的演奏方式。他成功的大部分原因在于他的学生都采用这种优美而自然的演奏方式。他喜欢所有纯朴而坦率的东西，我想他认为学生在学习的某个阶段，模仿是至关重要的。[2]

凯茨认为罗斯有着一种能使他的学生演奏得更好的特殊才能。通常，学生上完一节课后总会有"似乎得到百万美元的满足感。他有一种非常好的方式能使你演奏得更好，那并不是教你某种方法，而是给你信心。当你按照他的要求去做时，你会感觉很好"[3]。

尽管这种才能使他的学生感到幸福，但是罗斯对大提琴的技术有明确的概念。关于大提琴家是否能向小提琴学习这个问题，一直有许多争论。在过去几个

[1]　见 *The Strad*，1958 年 11 月，第 229 页。
[2][3]　由本书作者采访所得。

世纪中，有不少大提琴家说他们曾跟最好的小提琴家学习。现在许多弦乐演奏者认为我们都应当像小提琴那样握弓，把小手指放在弓杆上面。罗斯不同意这种看法，他认为小提琴家可以这样握弓，但是大提琴家不能。"弓杆永远也不要超过食指的第二关节。把弓杆放在第一和第二个关节之间，我认为是最好的握弓点。"①

关于揉弦，罗斯也有着明确的看法。他认为应当使用前臂来演奏揉弦，"以指尖的肉垫作为轴心，上臂的运动是被动的"。他还提出小提琴家也应当使用这种揉弦方式，克莱斯勒就是这样揉弦的。"使用前臂揉弦，我们可以获得不同的音色和细微的变化。假如揉弦是放松的，我们就可以演奏任何幅度和任何速度的揉弦。"② 罗斯坚信练习的效果。他承认即使在巡回演出时，自己每天也要练习四五个小时。他认为这是唯一能在听众面前进行最佳演出的办法。他还认为在正式演出之前应当先在假想的听众面前演奏。他在上台前往往要把演出曲目演奏两三次，把每一件事情都仔细地计划好。有一次他说："我不相信可以依靠上台前一刹那的灵感。应当不仅从音乐上，还要从技术上尽量把如何演奏好一首作品充分计划好，这样成功的机会就大得多了。当我们把一切都计划好之后，我们就能更加充分地表达作品的感情内容。"③ 人们喜欢罗斯演奏中那种浪漫主义的抒情性、富于表现力的句法和老练地使用自由速度，这些都建立在可靠的技巧之上。他在伯恩斯坦指挥纽约爱乐协奏下录制的舒曼协奏曲唱片，以及在奥曼迪指挥费城管弦乐团协奏下录制的布洛赫《狂想曲》就是最好的证明。

罗斯演奏的是一把阿玛蒂于 1662 年制作的大提琴，这把琴发出来的"甜美音色"就像一条"金丝带"。④

① 　见 Applebaum，*The Way They Play*，Vol.1，第 320 页。
② 　同上，第 329 页。
③ 　由本书作者采访所得。
④ 　见 Cowling，*The Cello*，第 176 页。

意大利四重奏

    意大利人喜欢把有才能的人送到国外，以便换回有才能的外国人，从而使自己保持领先地位。四位曾经帮助意大利人取得这种平衡的音乐家是西班牙的卡萨多、意大利的马伊纳迪、罗马尼亚的阿杜莱斯库和生于埃及的巴尔多维诺。

    加斯帕尔·卡萨多 1910 年在巴黎跟卡萨尔斯学琴时，或许是卡萨尔斯最年轻的学生。他是继卡萨尔斯之后西班牙出现的最优秀的大提琴家。他生于西班牙的巴塞罗那，父亲是一位著名的管风琴家及合唱团的领班。五岁时，卡萨多开始跟父亲学习音乐知识，两年后师从马尔奇，他是父亲在巴塞罗那工作的梅塞德斯教堂中的大提琴家。卡萨多九岁时就公开演奏，不久后，卡萨尔斯听了他的演奏，并给他上了几节课。巴塞罗那市政当局授予他奖学金，他于 1910 年前往巴黎，在那里除跟卡萨尔斯学琴外，还跟法雅和拉威尔学习作曲。

第一次世界大战期间，卡萨多全家返回巴塞罗那。战争结束后，他进行了多次国际性的巡回演出，成为著名的大提琴独奏家。他与许多著名指挥家合作演出，其中包括魏因加特纳、富特文格勒、伍德及比彻姆等；他与小提琴家胡贝尔曼、西盖蒂和德拉伊合作演奏的勃拉姆斯《二重协奏曲》，受到听众的热烈欢迎。有一段时间他和茱丽塔·冯·门德尔松一起旅行演出，也正是和她一起于 1925年在威尼斯国际音乐节上首演了他自己的作品《西班牙风格奏鸣曲》。

意大利对卡萨多有着特殊的吸引力，他定居佛罗伦萨，在那里生活了三十多年。1932 年在锡耶纳成立了音乐学院，他是创办人之一。1947 年，卡萨多在那里举办了首次大师班。

1962 年卡萨多以柴科夫斯基国际比赛评委的身份首次访问了苏联。1966 年他和他的妻子、钢琴家哈拉在莫斯科、列宁格勒、基辅和里加举行独奏会，并再次受邀担任该比赛的评委。金斯伯格写道：

> 卡萨多的演出最吸引人的是他那高贵细致的音乐性、精神性和真正的艺术性。在他的演奏中，无论从整部作品的结构还是某一单独的乐句来说，都能将感情和力量结合成一个令人信服的音乐思想。在卡萨多的演奏中，浪漫主义的激情和古典主义的纯朴完美地融合在一起。[①]

卡萨多为大提琴写的作品是很精彩的，最著名的小曲是《哀思》和《绿色精灵的舞蹈》。他改编的古典和浪漫主义小曲，是对演奏曲目极有价值的贡献，而且直至今日仍被人们所广泛使用。他将他的《d 小调协奏曲》献给了卡萨尔斯。

1964 年 1 月 21 日，卡萨多在伦敦的威格穆尔大厅进行了一次非比寻常的双重性首演，曲目是鲍凯里尼未出版过的六首大提琴奏鸣曲。他使用一把 1709 年

①　见 Ginsburg，*History of the Violoncello*，第 235 页。

由斯特拉迪瓦里制作的大提琴，这把大提琴曾经属于鲍凯里尼。当时与他合作演出的是钢琴家巴尔夏姆，这些奏鸣曲的手稿就是由巴尔夏姆在苏格兰的汉米尔顿公爵的档案中发现的。

卡萨多准备在基辅与大卫·奥伊斯特拉赫一起演奏勃拉姆斯《二重协奏曲》来庆祝他的七十岁生日。但是当佛罗伦萨受到洪水的侵袭时，他不顾医生劝告，在这块他曾经度过许多幸福岁月的土地上，进行了一次耗尽精力的巡回演出，不久后便死于心脏病。

恩里克·马伊纳迪有着多彩多姿的个性，作为教师，他所取得的成绩今天并没有得到意大利人的充分评价。他生于米兰，三岁时父亲送给他一把大提琴。八岁时他首次公演了贝多芬的一首奏鸣曲，并作为神童在意大利巡回演出，曾经在作曲家雷斯庇基的伴奏下在博洛尼亚演出；十三岁时在伍德爵士指挥下在伦敦演奏了圣-桑的协奏曲。十六岁时马伊纳迪参加了在海德堡举行的巴赫-雷格尔音乐节。

第一次世界大战的爆发终止了马伊纳迪的巡回演出，之后，他四年没有碰过大提琴。当他再次拿起大提琴时，他发现自己已经忘记如何演奏了。于是他十分不情愿地进入罗马的圣西西里学院学习作曲和钢琴。直到二十四岁时，他才决定重新演奏大提琴，并到柏林跟从贝克学琴。后来他对学生说，当时他是如何不得不有意识地重新学习他在儿童时期凭本能所做到的那些东西。这段时期的磨练使他能够更恰当地帮助学生分析克服他们所面临的各种技术困难和问题。

返回意大利之后，他恢复了大提琴演奏事业，除进行独奏之外，还加入许多著名的二重奏和三重奏组进行演出。1929～1931年他在克莱伯的柏林国立歌剧院以及德累斯顿爱乐乐团中任职，1933年被任命为罗马圣西西里学院的大提琴教授。1941年贝克逝世后，马伊纳迪就在柏林音乐学院继承了他的职位。

有一段时间，马伊纳迪的名字从音乐舞台上消失了，战后他只是和多纳伊、巴克豪斯一起演出，还与钢琴家采齐合作过几年。他与费舍尔以及小提琴家库伦坎普夫组建的三重奏享誉世界。

马伊纳迪在德国、意大利、瑞士和斯堪的那维亚都被认为是一位优秀的演奏家。但在法国和英国，人们只知道他是一位很好的教师。他的学生之一、现任英国皇家音乐学院教授的英国大提琴家迪克森，在描述马伊纳迪时说："他有很强烈的个性和充沛的精力，他有阐述自己音乐思想的优秀才能，只是有时在语法上有些错误。"[1]

1950 年，二十七岁的迪克森认为自己的进步不如预期。听说马伊纳迪是位很好的老师，就在马伊纳迪前往爱丁堡音乐节演出时——当时迪克森住在爱丁堡——决定跟从马伊纳迪学习。这是她人生的转折点，特别是马伊纳迪就如何演奏巴赫无伴奏组曲的阐释，为迪克森打开了新的大门。接下来的那个夏天迪克森到罗马继续跟他学习，后来终于成为马伊纳迪的助教。"我从不怀疑自己作了最正确的决定。"[2]

有着这样强大个性的人很容易在他的学生身上留下痕迹，但是马伊纳迪极力避免这种事情发生。"他对学生提出的唯一要求就是要对音乐真理进行无止境的追求，并且要达到他的标准和深度。"他不愿意让学生看他的指法和弓法，因为他喜欢和学生一起讨论指法与音乐表现的关系。他希望学生具有想象力，而且在使用指法方面有自己的特点；在音乐表现方面他坚持的也是同样的原则。假如一个学生凭直觉演奏了某一首乐曲，他就会说"如果直觉是对的话，那么我们总会在乐谱上找出根据的"。他教会学生如何演奏印刷出来的乐谱；如果你问他们的话，学生总是可以告诉你他们这样做的原因。

他坚持要求学生学习作品的总谱。如果有学生来上协奏曲课而没带总谱，就会受到严厉的责备。因为他总是讨论作品的各个方面，而不仅仅是大提琴声部。他可以十分精彩地在钢琴上呈现乐队效果，而且可以十分具体地用语言来描述音

---

①② 由本书作者采访所得。

乐。这也是很不容易的，因为英语是他的第四语言。迪克森说马伊纳迪能让人们从一部作品中听到以前从未听过的东西。"我第一次认识到乐句轮廓是受和声支配的；有些人认为对乐谱进行详尽的分析只是一种学术研究，对表现和演奏没什么作用，马伊纳迪针对这些人进行了极具说服力的分析。"①

马伊纳迪对演奏家的作用有着明确的看法。他对学生说："永远也不要忘记我们是作曲家的仆人，我们极力追求表达音乐的内容而不是想取得个人成功。"因此在舞台上的整个举止都是很重要的，甚至包括服装。的确，从他在舞台上的穿着，我们就可以看出他是相当了解如何完美地呈现自己的。

他的穿着总是很考究。晚年时他身穿一件黑斗篷，使人们联想到威尔第歌剧中的某个角色。他长得十分英俊，虽有满头白发，仍会引起女士们的注意。他有着雄辩的口才，在讲述他那些故事时伴随着许多手势，而且充满幽默感。但奇怪的是，这些装模作样的东西一到他的音乐会舞台上就完全不见了；在这里有的只是一位严肃的音乐家对那些有鉴赏力的听众演奏着严肃的音乐。

阿梅迪奥·巴尔多维诺 1916 年生于埃及的亚历山德拉城，父母都是意大利人，五岁时就用一把特别为他订制的小型大提琴学习。他的老师是赛纳托的学生，赛纳托以优美的运弓而著称，而巴尔多维诺的老师则将左手的优秀技巧也结合在其中了。

当他全家移居博洛尼亚时，巴尔多维诺就进入了玛蒂尼音乐学校，跟奥布拉奇学琴。十岁时首次公演，之后他就在博洛尼亚附近举行多场音乐会。十四岁时他以优异的成绩毕业于该校，从此成为一名独奏家，开始在意大利以外的国家演出。他曾经在多位著名指挥家的协助下，与荷兰的音乐会堂管弦乐团、柏林和捷克爱乐乐团合作演出。

经过六年非常成功的演出之后，年仅二十岁的巴尔多维诺决心拿出时间来学

① 由本书作者采访而得。

习作曲。由于年轻时重心放在音乐学习，所以现在他感到应当扩大自己的一般教育，其中也包括哲学。他在玛蒂尼音乐学校又学习了四年，并于 1940 年获得作曲学位。毕业后继续其演奏生涯，但由于第二次世界大战期间到军中服役，从而使他的演奏生涯再次中断。

1951 年，巴尔多维诺应小提琴家维托的邀请，与她一起演奏勃拉姆斯《二重协奏曲》，指挥是萨金特爵士。此后，他的国际地位就稳健地建立起来了。1959 年 3 月，他在伦敦的威格穆尔大厅举行独奏会，《泰晤士报》的评论员这样写道：

> 在他的演奏中，最引人注目的是他那丰满的声音、精确的音准和完美的运弓。总之，他有着高超的技巧，而且更为重要的是他有某种音乐个性，从而使他能够将这种技巧非常有效地运用到演奏中去。他演奏的巴赫组曲充满了热情，巴尔多维诺赋予每个音符生命，聆听如此热情的演奏令人愉快。他对音乐的处理也丝毫没有老学究的味道。[①]

尽管作为独奏家他取得了很大成功，巴尔多维诺对室内乐的热爱从未衰退过。1957 年他与小提琴家古里和中提琴家朱兰纳组成了意大利三重奏，并在欧洲各地和美国取得成功。然而当 1962 年他被邀请加入著名的特里雅斯特三重奏，以代替拉纳的位置时，他就离开了意大利三重奏。

组成一个小型室内乐组的最大障碍之一就是成员必须有相当长的时间一起排练，以便取得完美的合作感。巴尔多维诺在这方面对年轻人有一些建议：

> 如果那些想组建重奏组的年轻人有耐心去克服初期碰到的困难的话，他们

[①]　见 *The Times*，1959 年 3 月 12 日。

最终是会成功的。你们必须在小组成员之间取得平衡，大家必须同舟共济。[1]

晚年时，巴尔多维诺主要从事室内乐演奏和大提琴教学，并应邀去往许多地方。他在罗马和佩鲁贾音乐学院任教多年，而且在 1984 年之前一直在罗马的圣西西里学院，接替马伊纳迪的职务。他还在整个欧洲举办大师班。

巴尔多维诺有三把非常漂亮的大提琴：一把托诺尼、一把波斯提廖内和一把 1711 年由斯特拉迪瓦里制作的"玛拉"大提琴。他说这把玛拉大提琴是"一把非常完美的乐器，三十二年来它给我的生活增添了许多乐趣"。[2] 但是这把玛拉大提琴有一次在大雾中差点丢失。1963 年 7 月，为履行演出合约，特里雅斯特三重奏不得不搭乘往来于乌拉圭首都蒙得维的亚和布宜诺斯艾利斯之间的夜间航船——因为天气恶劣，机场已经关闭。他们的船在大雾中起航了。四点半时，航船失事。他们别无选择，只得穿上救生衣跳海，在四百五十位旅客中有一百四十人丧生。当时他们以为所有的货箱都丢失了，但是几天之后得知装有那把大提琴的箱子找到了。当箱子打开时，大提琴还在里面，但已全部绞成碎片，几乎无法辨认！于是只得将这堆碎片送到伦敦希尔乐器公司，经过九个月的修复，这把琴保留了它原来所有的特点重生了。

出生在罗马尼亚的拉杜·阿杜莱斯库后来加入意大利国籍，也是这个国家最著名的新成员。他出生在罗马尼亚的皮蒂阿斯卡，1922 年六岁时开始学习大提琴，十二岁进入布加勒斯特的皇家音乐学院，师从丁尼库学琴。十七岁时获得三项大奖毕业于该校，同年在布加勒斯特广播交响乐团的协奏下演奏了海顿的《D大调协奏曲》。

十九岁时，阿杜莱斯库被任命为布加勒斯特国立歌剧院管弦乐团的大提琴首

---

① 见 Archi e Musica，第 69 ~ 71 页，未注明日期。
② 见 Amedeo Baldovino 写给作者的信。

席，在那里工作到 1945 年。之后，他专心致力于独奏与教学活动。1964 年，他在西班牙担任卡萨多的助教，同时又在 BBC 交响乐团协奏下首演了德沃夏克的大提琴协奏曲。三年后他就以"在英国出现的最优秀的外国大提琴家"为名被授予科恩国际音乐奖。接着他就到西德、法国、希腊和西班牙巡回演出，举行独奏会，同时作为独奏家与许多著名的管弦乐团合作演出。

1969 年他决定离开罗马尼亚。阿杜莱斯库对他之所以要离开罗马尼亚的原因毫不避讳："我需要有更广阔的天空。我的事业已经发展到必须让西方人了解我的时期。"[①] 他之所以选择意大利，是因为这个国家与他自己的国家很相像。

1972 年，阿杜莱斯库与小提琴家阿卡尔多、中提琴家比安基组建了罗马三重奏。他经常与著名的钢琴家、指挥家采齐一起演出。他除了在许多国际音乐节和国际音乐专修班活动外，还定期在罗马国际音乐学院和巴黎的欧洲音乐学院从事教学活动。

阿杜莱斯库受皮亚蒂戈尔斯基和卡萨多的影响很大，因为他觉得这两个人的气质、声音和想象力极吸引他。评论家普遍赞扬了他那种热情的音色、敏感的乐句表现力和流畅的技巧。在他的演奏中，最本质的东西或许就是亲切性和与他那极富个性表现的音乐手法融合在一起的真诚性。不管人们对他有什么看法，他的确受到世界各地听众的喜爱。

---

① 见 Radu Aldulescu 写给作者的信。

女性大提琴家

在十八世纪初，小提琴家施波尔曾劝他的妻子不要拉小提琴，因为对女性而言这是一件"不适合的乐器"。如果小提琴是这样的话，那么他对大提琴又有怎样的看法呢？当时人们不仅认为大提琴不适合女人演奏，而且看上去样子也很不雅观。由于大提琴的尾柱是十九世纪才发明的，所以女性在演奏大提琴时不是像男人那样将大提琴夹在两腿之间，就是像骑马时将双腿放在同一边一样。托特里耶记得他的第一位老师布卢姆总是将大提琴放在身体左面来演奏，那时已经是二十世纪了。

丽莎·克里斯蒂亚尼是我们所知的最早的女性大提琴家之一，她是一位很漂亮的巴黎人，举止端庄且富有同情心，演奏时音量很小。她成功地在欧洲巡回演出，丹麦国王授予她室内乐演奏家的称号。1845 年她在莱比锡吸引了门德尔松的注意，门德尔松不仅为她伴奏，还将自己的《无词歌》（Op. 109）献给了她。不幸的是，她在俄国西伯利亚巡回演出时患了急性霍乱，几天之内就去世了，享年仅二十六岁。她那把 1700 年由斯特拉迪瓦里制作的大提琴过去被称为"克里斯蒂亚尼"，曾经属于贝克。

加布里埃利·普拉蒂奥是最先在比利时举行公演的女性大提琴家。人们对她了解很少，只知道她曾经在布鲁塞尔音乐学院跟谢尔瓦斯学琴。和克里斯蒂亚尼的情况一样，她于 1875 年仅二十出头时就逝世了。斯特拉滕曾经在科隆听过她的演奏，说她是位杰出的演奏家，有着流畅而辉煌的技巧和优美的声音。1873 年她在伦敦的水晶宫首演成功。

我们知道的第一位英国女性大提琴家是比阿特丽斯·伊夫林，她于 1877 年生于威尔士。九岁时她在"国家艺术节"比赛中战胜了九位男性选手，获得第一名。后来她获得奖学金，到皇家音乐学院师从怀特豪斯学琴。1908 年她在伦敦女王大厅举行的音乐会上成功首演，之后就作为独奏家在欧洲巡回演出。

生于伦敦的梅·米克利被认为是英国女性大提琴家的先驱，她是第一位获得国际地位的女性演奏家。她出生在一个音乐世家，并以有着吉卜赛人血统为荣，父亲名叫里奥波德，是一位制作管风琴的专家，也是投币式音乐机器的发明者。

米克利在九岁时就举行公演，十一岁时已经能够靠演奏来养活自己，十三岁时在皇家音乐学院师从佩兹学琴，并在那里获得了所有大提琴的奖项。十七岁时她获选为皇家音乐学会会员，对她这样的年纪来说，这是一种极为珍贵的荣誉。

米克利很快就以一位有突出才能的独奏家的名义扬名英国，接下来她就到欧洲、澳洲、亚洲、非洲和美国进行巡回演出，并且取得了巨大的成功。在维也纳，卡尔贝克称她为"女版卡萨尔斯"，《泰晤士报》称她是一位"处在当代大提琴家最前列的人"。①

---

① 见 *The Times*，约 1900 年。

虽然她主要从事独奏演出，但她也是一位非常有造诣的室内乐演奏家。她多次参加蒂博、特蒂斯等人的室内乐演出，也曾经跟萨蒙斯、古森斯、特蒂斯、格特鲁德（鲍尔的姐姐）和鲁比奥一起在著名女演员德雷珀的家中演奏勃拉姆斯的弦乐六重奏。她还和小提琴家蒂博、科汉斯基，中提琴家特蒂斯、蒙蒂奥以及大提琴家塞尔蒙德一起演奏勃拉姆斯的两首六重奏，鲁宾斯坦在他的回忆录中提到了她那优美的演奏。

多年来她一直是多个著名弦乐四重奏组的成员，其中包括由小提琴家海沃德、中提琴家克拉克和钢琴家朗组成的英国合奏团。她也和美国小提琴家鲍威尔有着长期而频繁的交往。她还和自己的姐姐安以及鲍威尔一起组成鲍威尔三重奏组，在南非和美国各地进行巡回演出，取得了巨大的成功。

米克利是以支持现代作曲家的作品而闻名的，她在英国首演了拉威尔和柯达伊的二重奏，她还于 1911 年在伦敦的女王大厅首演了霍尔斯特的《祈祷》。沃恩·威廉斯将他为大提琴和钢琴根据英国民间歌曲创作的《六首练习曲》献给了米克利，米克利和她的姐姐一起于 1926 年 6 月 4 日在由英国民歌和舞蹈协会主办的斯卡拉剧院音乐会上进行了首演。

米克利演奏的是一把非常优秀的蒙塔尼亚纳大提琴，这把琴是一位匿名人士捐赠给她的。这位捐赠人邀请她在希尔公司挑选一把她喜爱的大提琴。虽然这是一把大琴身的乐器，但是她演奏起来毫不费劲，并且声音有力、音色动听。

马姣丽恐怕是米克利唯一的学生。米克利以演出为主，但是马姣丽跟她学习了几个月。马姣丽记得她在舞台上的形象是很含蓄的，和她那活泼热情的个性形成了鲜明的对比。她完全专注于音乐，而没有外在的炫耀感。

她不仅演奏才能出众，而且对她年轻的同行，特别是那些女性大提琴演奏者表现得十分慷慨。她知道她作为一个先驱者已经为女性演奏大提琴开辟了道路，她为她的同行所取得的成绩感到高兴。一次，一位年轻的女性演奏家准备开一场重要的音乐会，于是米克利就将她那把珍贵的蒙塔尼亚纳大提琴借给她使用。

由于她在伦敦居住的公寓离威格穆尔大厅很近，而且她又非常好客，所以她的住所就成了许多音乐家的聚集地。沃恩·威廉斯、艾尔兰和拉威尔都是这里的常客。卡萨尔斯是她的密友，曾经多次造访。

她是如何搬进现在所住的公寓也是一个很特别的故事。这座位于伦敦布尔斯特罗德街的建筑物原是用来办公的，米克利认为如果将它改造成公寓，并租给音乐家们使用会更好。于是她就说服了房屋代理商，让他们将所有的公寓都租给音乐家，这样练习时就不会扰民，而且房东也可以长期将他们的房子租出去。结果她成功了。整个四层楼的建筑被改建，而且很快就租给她的一些密友和同事。

米克利还将牛津广场地铁车站边的一个地下室改建成音乐家聚会的好地方，那是一家很好的餐厅，她的同事们对她这种有远见的做法十分感激。她不仅为人们开会或进餐提供了一个有利的场所，而且在第二次世界大战期间，还可用作空袭时的掩蔽所，这对人们来说更为有用。如果某晚没有演出和排练的话，她总是冒着空袭的危险，勇敢地在那里经营着这家音乐家俱乐部。

1945 年战争结束后，她又恢复了巡回演出的生活。在她最后一次去非洲演出时发生了严重的车祸。虽然当时她年近七旬，手腕以及其他地方都受了伤，可是她还是痛苦地逐渐恢复演奏。1959 年她竟然还去美国演出。大提琴家考林听了她在北卡罗来纳伯灵顿举行的一场音乐会，她说："音乐会有许多有趣的事情，其中之一就是她与她的钢琴伴奏伊德勒夫人是以旧式的全国巡演的方式进行这次演出的。据说他们自己找演出场所，自己印制节目单，而且在房间的背后放一个盘子进行募款（当时的音乐会是免费的）。"[1] 她演奏了许多不同的曲目，其中包括埃尔加的协奏曲，她演奏得"十分动听"。考林还观察到，虽然米克利使用的是卡萨尔斯之前的过时的演奏技巧，也就是说她使用了许多老式的指法，并且有许多滑音，可是她还是很好地表达了她那种优秀的音乐感觉。考林还注意到她的手

---

① 见 Cowling，*The Cello*，第 180 ~ 181 页。

臂很自如，不像过去有些人那样将右手臂紧靠身体。

为了怀念米克利，她在世界各地的朋友共同成立了米克利奖，每年将这个奖颁给在伦敦皇家音乐学院学习的一位大提琴学生。

紧跟着米克利之后出现了两位取得国际声望的女性大提琴家，她们是葡萄牙的苏日娅和英国的哈里森。古伊列尔米娜·苏日娅出生在波尔图一个杰出的医生家庭。苏日娅的父母希望她有高贵的气质，但是这个年轻的孩子则认为音乐对她来说更加重要。七岁时就首次公演，十二岁时担任波尔图市立管弦乐团的大提琴首席，一年后她就成为莫雷拉底萨弦乐四重奏的大提琴家。1901 年在葡萄牙皇室的赞助下，她到莱比锡跟克林格尔学琴。

在莱比锡期间，苏日娅在尼基什指挥布商大厦管弦乐团协奏下以独奏家身份进行演出，而且进行了欧洲的首次巡演。1906 ~ 1912 年她居住在巴黎跟卡萨尔斯学琴。曾有传闻说她嫁给了卡萨尔斯，但是并没有这方面可靠的证据。金斯伯格记得他们两人曾在莫斯科，在依波里托夫-伊万诺夫指挥下演奏了莫欧尔为两把大提琴写的协奏曲。

1914 年，她定居伦敦，继续从事演出和教学活动。她以高尚的乐曲处理和"很少在女性大提琴家中听到的那种男性化的强有力的音色"[1] 而著称。斯坦菲尔德曾经多次听过她的演奏，他说："她的音乐天赋使她能以丰富的色彩，充满感情地表达音乐，她演奏的拉罗协奏曲令人难忘。"[2]

1930 年 10 月，她在 BBC 交响乐团协奏下演奏了圣-桑的协奏曲。那次是该交响乐团的新任指挥博尔特在女王大厅的首次演出。英国《每日电讯报》评论员十分感慨地说："苏日娅女士演奏的这首大提琴协奏曲使人感到似乎大提琴音乐中没有比它更动听的了。她也以同样的情绪激励着整个乐团的演奏。"[3] 演出结束

---

[1] 见 Von der Straeten，*History of the Violoncello*，第 599 页。

[2] 由本书作者采访所得。

[3] 见 *Daily Telegraph*，1930 年 10 月 23 日。

后她多次返场谢幕。

作为卡萨尔斯演奏学派的代表人物之一，苏日娅始终积极地宣传卡萨尔斯的演奏原则。但是她的学生对她的教学却持有不同的看法。有些学生说她有着无限的耐心，十分慷慨地向学生传授知识；有些人则说她教给学生的东西往往是无用的，学生收获不大。

1923 年，奥古斯特斯·约翰为她画了像，这幅画像现在挂在塔特画廊中，供后人瞻仰她的风采。在这幅画像中，"她的姿势、气质和强有力的个性似乎都融合在一起了"[①]。在苏日娅演奏事业的早期，她使用的是一把由蒙塔尼亚纳所制的非常漂亮的大提琴，但是在这幅画像中她演奏的却是 1717 年由斯特拉迪瓦里制作的大提琴，后来她将这把琴捐赠给英国皇家音乐学院，以便用出售这把琴的钱作为每年发给大提琴学生的奖学金。当 1951 年库尔兹以八千英镑购得这把琴时，希尔琴行做出一项特殊的决定，就是不收取佣金，以便使这笔钱能完整保存。现在，这项奖学金是最受年轻大提琴家青睐的奖学金之一。

在第二次世界大战期间，苏日娅回到了葡萄牙，只在 1949 年的爱丁堡音乐节上露过一次面。

比阿特丽斯·哈里森生于印度西北省的鲁尔基市，父亲是身为皇家工程师的陆军上校，母亲是位歌唱家并演奏钢琴，但可惜是一位不成功的歌唱家。她发誓如果她的孩子表现出音乐才能，她一定要将他们培养成才。她生有四个女儿，每个孩子都有很高的音乐才能，结果四个孩子都成了专业音乐家：玛格丽特和梅都是小提琴家，而莫妮卡则是位歌唱家。由于他们的社会地位使他们有机会与皇家人员接触，哈里森在十几岁时就认识维多利亚公主，也就是爱德华七世和亚历山德拉皇后的女儿。这位公主非常喜欢音乐，她们俩也成了终生好友。尽管她有着严格的日程，哈里森还是找出时间到宫廷做客。她的服装是由当时法国最著名的

①　见 VSNL，1975 年 3 月，第 5 页。

设计师帕昆英制作的。当她向国王和皇后行屈膝礼时，她说简直像天方夜谭里的场面一样。

根据哈里森传记的作者说，在她还是个孩子时就要求学习大提琴。两岁开始学钢琴，之后学习小提琴，直到八岁她才开始学习大提琴。虽然当时她使用的是一把成人大提琴而感到难以演奏，可是她很快就适应了它。在她学习大提琴一年半之后，就在有四千名各种年龄选手参加的比赛中获得金质奖章。

哈里森十一岁时，她和姐姐梅获得了奖学金，进入英国皇家音乐学院。哈里森上校是位深谋远虑的人，他意识到自己的责任不在军队而是在女儿的前途上，因此在妻子安妮的支持下，从军队退役与妻子一起培养他们的女儿。安妮十分精密地安排女儿们的日常生活。母亲不在时，孩子们必须严格按照规定进行活动。她们练琴、学习和声及对位法，并上一般的教育课程，包括法文和德文，也到户外去散步或游戏。如果说母亲有奉献精神的话，那么女儿也同样具有奉献精神。演奏大提琴是她生活中最愉快的事，练琴不仅是必要的，而且也是一种享受。有时在某种必要的社交场合她会专心社交，否则她就会跑到另外一个房间去练琴。

哈里森于十五岁时在伦敦举行首演，演奏的是圣-桑的大提琴协奏曲，当时是由伍德指挥他的管弦乐团协奏，在女王大厅举行的。在她的日记中对那次演出这样描述：“人们献给我二十束鲜花。伍德先生非常高兴。《泰晤士报》的评论员说我是一位真正的音乐家。”[①] 一年之后，她离开了英国皇家音乐学院到柏林音乐学院随贝克学琴。她认为贝克是位优秀的教师，也许她是说贝克好话的少数人之一。十七岁时，她成了最年轻同时也是第一位获得门德尔松奖的大提琴家。

当她做好准备之后，安妮就以现代企业家的做法组织了巡回演出。她十分能干，远远走在时代的前端。她不仅使女儿获得成功，而且也意识到应该让女儿集中进行音乐训练。

---

① 见 Harrison，*The Cello and the Nightingale*，第 55 页。

1910 年 3 月，哈里森首次在柏林的贝多芬厅举行公演，当时是在诺埃指挥下，她与姐姐梅一起演奏勃拉姆斯的《二重协奏曲》。接下来她就在贝奇斯坦大厅举行独奏会。同年 12 月她又在贝克的指挥下演奏德沃夏克的大提琴协奏曲，并与钢琴家达尔伯特举行多场独奏会。达尔伯特结过五次婚，他希望哈里森成为他的第六任妻子，但是被她婉言谢绝。斯科特和其他一些著名音乐家都曾经向她求婚，但是她始终未婚。

1911 年 6 月，她在伍德爵士指挥女王大厅管弦乐团协奏下，演奏了三首乐曲：德沃夏克的大提琴协奏曲、海顿《D 大调协奏曲》以及柴科夫斯基《洛可可主题变奏曲》。评论家为她欢呼并预言她前途辉煌。

1913 年冬天她应邀到美国演出。她是第一位在卡内基大厅演奏的大提琴家，也是第一位被波士顿和芝加哥交响乐团邀请的独奏家。她几乎像关心演出那样关心在舞台上的穿着打扮，她说："在卡内基大厅跟斯特兰斯基指挥的爱乐乐团合作演出时，我穿了一件镶有人造钻石、用蝉羽纱制成的长裙，头上还戴了一顶红玫瑰编成的花冠。克莱斯勒夫妇与我们住在同一家旅馆，克莱斯勒夫人非常友好地教我如何化好舞台妆。"[1]

美国的友好态度十分吸引她，有人向她求婚使她不知所措。她在日记中写道："有一位没有幽默感的善良绅士向我吐露衷肠和银行存款。我对他的存款不太在乎，对他的衷肠无法应付，所以就将这两者都拒绝了！"[2]

当战争在欧洲爆发后，他们就于 1915 年初再次应邀到美国访问演出。哈里森夫人和她的女儿本来定在四月底搭乘卢西坦尼亚号去美国，其中包括梅，担任哈里森的钢琴伴奏。然而她做了一个有关沉船事件的梦，于是就取消了这次航程，而改乘美国的一艘小货船，经过三星期才到达美国。卢西坦尼亚号果然于 5

---

[1]　见 Harrison，*The Cello and the Nightingale*，第 94 ~ 95 页。
[2]　同上，第 96 页。

月 7 日出了事。

哈里森与作曲家戴留斯是终生挚友,这位作曲家为她和她的姐姐梅写了《小提琴和大提琴协奏曲》。她记得在乐谱上有许多段落是与小提琴齐奏的,这些段落从技术的角度而言几乎是不可能的。在一次与戴留斯会面时,在瓦洛克的钢琴伴奏下,梅和哈里森提出许多修改意见。"瓦洛克在钢琴上弹奏乐队声部,我就一遍一遍地演奏这首曲子,直到戴留斯认为能够完美地与小提琴配合在一起为止。"① 戴留斯还答应为她写一些大提琴作品。1919 年 1 月,哈里森在威格穆尔大厅首演了戴留斯的《大提琴奏鸣曲》。

虽然戴留斯为她写了《大提琴协奏曲》,但是这首协奏曲却由巴扬斯基在维也纳首演。1923 年 7 月 3 日,哈里森在古森斯的指挥下,在女王大厅演出了这首协奏曲。穆尔在他的著作《我是否太响了?》中谈到她的演奏,他觉得哈里森那种浓厚而强烈的歌唱性乐句很适合戴留斯的音乐。

她演奏的这首协奏曲中的一个神圣乐句至今仍在我的脑中萦绕,虽然这已经是三十年前的事情了。她透过自己的乐器歌唱。她有着准确而可靠的直觉,使她能感受到什么地方应逐渐强烈直至高潮。我从来没有听过有女性大提琴家能具有这样强烈而动听的音色。②

显然哈里森对戴留斯在这首协奏曲中所提出的要求十分敏感,1927 年 8 月她曾经对这首协奏曲的情绪作了非常有趣的分析。"演奏家必须具有充分的想象力,这样才能演奏好这首作品。我们无法准确描述这首精彩的作品。"③

在 1919 年塞尔蒙德首演埃尔加《大提琴协奏曲》失败后不久,哈里森与埃

①② 见 Harrison,*The Cello and the Nightingale*,第 28 页。
③ 见 *Musical Bulletin*,1927 年 8 月。

尔加就有了初步的交往，埃尔加提议她来录制这首协奏曲的唱片。录制这张唱片时，从音响的角度进行了一些删减。1928 年她又重新录制了这首协奏曲。和第一次录制时一样，由埃尔加亲任指挥。这个第二版的唱片是很有历史价值的，因为哈里森是完全根据作者所给的力度和速度记号进行演奏的，这与我们现在的演奏不太一样。录制完这首协奏曲之后，埃尔加邀请她和他一起在女王大厅演奏该曲，哈里森非常高兴。她仍旧十分注意自己的演出服，并且为每场音乐会都购买了纱礼服。在演奏埃尔加协奏曲时，她选择了一件"天蓝色的薄纱裙"，并且认为这样的服装"非常适合大提琴"。哈里森回忆录的编辑克利夫兰-佩克说，她在这场音乐会中还穿了条蓝色的短裤。之后，每次演奏埃尔加时，她都穿这条短裤，因为她觉得这样意味着好运气。

哈里森最后居住在英国萨里省奥克斯塔德的一座乡村别墅中，那个小村镇名叫福依尔里丁，正是在这座小村镇，哈里森以演奏大提琴与夜莺的二重奏而闻名于世界。有一天晚上她带着大提琴到树林中去，在那里有六位园艺家等着听她演奏，当时她演奏的是里姆斯基-科萨科夫的《印度之歌》。她发现自己不是一个人在演奏："当我演奏时，突然有一个很嘹亮的回声出现了。于是我就来回不断地在乐器上演奏颤音——鸟的鸣叫声和我的琴声形成三度和声！过去我从来没有听到过这样的鸟鸣，对我来说这简直是一种奇迹。"[①]

当这种二重奏多次在晚上出现之后，哈里森就建议将这种神奇的现象录制下来。她花了很大的力气才说服了当时 BBC 的经理里思爵士派一个录音组到她家来。现在这个录音已成为历史性的记录。哈里森与夜莺演奏的《印度之歌》被英国、法国和意大利成千上万的人听到了，并被另一家唱片公司重新制作。自此之后，她的名字就传遍四海。

现在人们只记得哈里森与夜莺一起演奏的大提琴二重奏，但是当时她被认为

① Harrison，*The Cello and the Nightingale*，第 127 页。

女性大提琴家 | Ladies on the Bass Line

是世界上最伟大的女性大提琴家之一。她不仅演奏传统的大提琴曲目，还积极热情地支持现代作曲家的作品。她在钢琴家科恩的伴奏下演奏了巴克斯的《大提琴奏鸣曲》，还首演了艾尔兰的《大提琴奏鸣曲》。1924 年 5 月，她还在英国首演了柯达伊的《无伴奏大提琴奏鸣曲》。

作为英国音乐热情的外交官，她首次演出了戴留斯的奏鸣曲和协奏曲，并首次在美国以及其他许多欧洲国家演奏了埃尔加的协奏曲。当她在美国纽约介绍柯达伊的无伴奏大提琴奏鸣曲时，评论界的反应十分热烈。《斯特拉迪瓦里家族》杂志对她所取得的成就进行了恰当的总结："她演出事业的盛期正好与英国音乐在二十世纪前三十年的复兴相一致。她对大提琴的影响可以与特蒂斯在中提琴方面的影响相媲美。"[1]

她很善良，生性乐观，对自己的才能表现得十分谦虚，也从未对同行的成就嫉妒过。大提琴和音乐就是她生活的"意义和目的"。1934 年，她母亲突然逝世，于是她就退休隐居在她乡下的别墅里，并且再也没有从丧母的悲痛中完全恢复过来。

[1]　见 *The Strad*，1965 年 4 月，第 461 页。

法国的传统

由几位才华横溢的演奏家于十九世纪在法国建立起的优良大提琴演奏传统是永垂不朽的，其中巴泽雷尔和马雷柯尔就是杰出的代表。他们与当代知名作曲家的交往，加上自己出众的音乐才能，在促进人们对法国音乐的兴趣方面起了很大的作用。

保罗·巴泽雷尔是一位杰出的法国大提琴家、教师和作曲家。他自幼学习大提琴，十岁时进入巴黎音乐学院，师从朱尔斯·德尔萨特。进入巴黎音乐学院后，在短短一年的时间里，巴泽雷尔就获得了第一名。十六岁时，他在莫斯科和圣彼得堡举行音乐会，演奏了圣-桑的协奏曲和自己创作的作品。

尽管巴泽雷尔的独奏表演非常出色，但是后来他更多地投入大提琴教学。从1917年开始，他担任巴黎音乐学院大提琴教授，弗拉萧特、米谢林以及富尼耶都是他的学生。富尼耶称巴泽雷尔"所有的灵感都出于对音乐的热爱"。1926年，巴泽雷尔被任命为枫丹白露的美国音乐学院教授；1957年，巴泽雷尔成为在巴黎举办的第一届卡萨尔斯国际大提琴比赛评委会主席。巴泽雷尔出版了许多关于大提琴演奏的专著，其中最著名的是《Pedagogie du Violoncelle en France》(1952年)。1952年，他为《音乐信使》所写的"法国当代大提琴教学"一文着重讲述了大提琴演奏技巧，尤其介绍了"同时训练大提琴业余爱好者和专业演奏家"的方法以及他在训练时所作出的努力。

莫里斯·马雷柯尔生于勃艮第的第戎，自幼学习大提琴。十岁首次公开演出，十五岁时演奏达维多夫的《第二协奏曲》获得首奖。后来，他进入巴黎音乐学院，在朱尔斯·列奥普德–洛布的指导下完成学业，于十九岁时获得大奖顺利毕业。

最初他是以大提琴副首席的身份在拉穆勒管弦乐团工作，后来成了该团的独奏大提琴家。作为如此年轻的大提琴独奏家，他受到了尼基什、魏因加特纳和理查·施特劳斯这些指挥家的影响。

第一次世界大战期间，他在部队服役。曾经有过一篇有趣的报道，是关于他如何说服两个曾经当过木匠的士兵为他做了一把大提琴的故事：他给这两位士兵很严格的指导，终于制作出一把非常原始但却可以演奏的大提琴。在战争期间马雷柯尔就不断地用这把弹药箱改制成的大提琴演奏给他的同事听。退伍后，马雷柯尔和他的美国妻子珀金斯定居巴黎，经常进行巡回演出。

马雷柯尔对现代作曲家十分感兴趣，也积极地和他们一起工作，在推广法国音乐这方面，恐怕没有任何一位大提琴家比他做得更多了。二十世纪二十年代，当拉威尔与小提琴家海莲娜·乔丹–穆尔罕一起创作《小提琴和大提琴奏鸣曲》时，马雷柯尔就和他一起工作，并于1922年4月6日首演了这部作品。一年后，他又首演了安德烈·卡普莱的《埃皮法尼》，这是一部相当有难度的大提琴交响作品，他在其中使用了许多不同的大提琴技巧。当他在另外一场音乐会中演奏这首作品之后，斯托科夫斯基就邀请他与费城管弦乐团一起合作演出。

《音乐社交界》显然对这位同胞在纽约所取得的成功感到十分高兴，他们写道："他那种无法言传的动听声音、艺术的幻想性和诗意的深刻性使得他的演奏十分优秀。我从来没听过如此完整的德彪西的奏鸣曲……在福雷的《悲歌》中，马雷柯尔表现了高贵的纯朴性和亲切的感情，完全摒除了那种多愁善感的表现方式。"①

他在三十多岁时已经是顶尖的独奏家，不幸的是，战争再一次中断了他的音乐生涯。他支持抵抗运动，拒绝在德国演出，甚至也不参加法国德占区的广播演出。当赫金于1942年逝世后，马雷柯尔就接替了他的职位，在巴黎音乐学院任大提琴教授。

不幸的是马雷柯尔患了某种肌肉疾病，从而妨碍了他的右手运弓，演奏变得越来越困难。1950年，他开了最后几场音乐会，不过他仍然坚持教学并担任国际比赛评委，一直持续到去世为止。

作为老师，他深受人们爱戴，他的一位学生韦利夫斯卡记得，她有一次参加音乐学院的比赛，演奏海顿协奏曲。上台之前，马雷柯尔对她说："跟着你自己的感觉走。假如你拉的某个句子在谱子上标的是轻的力度记号，但是你希望把它们演奏成强的，那么不用迟疑，按照你的直觉去演奏。要完全投入到音乐中去，而且演奏要更自由。"②

音乐学家马克·平切尔把马雷柯尔称作法国演奏学派最杰出的代表人物之一。金斯伯格这样写道：

> 他是第一个在现代演奏学派中把数量和质量结合在一起的人：一方面他

---

① 见 *Le Monde Musicale*，1927年，第二号。
② 见 Ginsburg，*History of the Violoncello*，第196页。

有着强有力的声音，而另一方面他又有着极为细致的层次变化……当时杰出的法国作曲家都要求马雷柯尔成为他们的大提琴作品的首演者，大多数这样的作品都是献给他的……假如现代法国大提琴演奏学派称得上"优秀"二字（从欧洲人的分类学角度来看，显然它是超过了我们的小提琴和钢琴学派），这在很大程度上要归功于马雷柯尔。[①]

安德烈·纳瓦拉自十五岁之后就再没有跟老师学琴了，而是完全靠自学。1911 年他生于彼阿利兹的一个音乐家庭，七岁时开始学习视唱，不久就开始学习大提琴了。九岁时成为图卢兹音乐学院的学生，四年后以第一名的成绩毕业。接下来他就到巴黎音乐学院跟列奥普-洛布学琴，十五岁时他又获得了第一名。

在纳瓦拉自学期间，他有幸结识了一批正在巴黎的著名音乐家。他非常钦慕费尔曼，还受到了奥涅格、施米特、伊贝尔、科尔托和蒂博的影响。后来卡萨尔斯又给了他许多帮助，使他在艺术上更加成熟。

1929 年，年仅十八岁的纳瓦拉加入了克雷特里弦乐四重奏，这是他职业生涯的开端。他在这个四重奏组中待了七年，还组织了一个被人称为 B. B. N. 的三重奏，由他和钢琴家本努蒂及小提琴家贝内德蒂组成。1931 年他在巴黎举行了首次公演，当时与他合作的是科隆管弦乐团，演奏的是拉罗的大提琴协奏曲。两年之后他就成了巴黎歌剧院管弦乐团的大提琴首席。

1937 年他在维也纳举行的国际比赛中获得了第一名，在没有老师指导的情况下取得这样的成就确实很了不起。接下来他接受了许多演出合约，但第二次世界大战的爆发中止了他的事业。这段时间他在陆军服役，大提琴也一直锁在琴盒中。

战争结束后，纳瓦拉在欧洲、亚洲、美国和苏联进行了成功的巡回演出，并

① Ginsburg，*History of the Violoncello*，第 190 ~ 191 页。

和几乎所有著名的指挥一起合作过，其中包括皮耶内、克路易坦、伯姆、明希和巴比罗利。他在巴比罗利指挥哈雷管弦乐团协奏下录制的埃尔加大提琴协奏曲已成为不朽的杰作。

纳瓦拉的演奏是以浪漫主义的色彩、歌唱性的声音以及精湛的技巧而组成。他那辉煌的运弓技巧受到许多同行的羡慕，他似乎能够无休止地连奏那些最慢的乐句。他的学生海因里希·席夫回忆说，纳瓦拉运弓的秘诀是"让右手手指去聆听"。手指指尖在身体与声音的联系中处于最末端，也发挥着对声音进行润色的作用——"是音乐从身体传到乐器的过程中最后一个控制点"。①

人们往往认为他的这种运弓技巧是从弗莱什那里学来的，但是他本人予以否认：

> 的确我从弗莱什的演奏方法中得到了启发……我学到了一些原则并将它们运用到大提琴中……小提琴演奏者经历了几个世纪的探索，他们有一批开路先锋，例如维奥蒂、塔尔蒂尼、帕格尼尼以及现代的弗莱什、舍夫契克等。与其相比，大提琴演奏艺术还没有形成那样的学派，可以说它仍然处在幼年时期。在这相对来说被人们忽视的方面（卡萨尔斯在这方面的努力是一个明显的例外），是未来大提琴先驱们工作的领域，它不仅巨大而且还没有被完全开发。②

纳瓦拉年轻时看上去更像一位体育运动员（他曾经是一位重量级拳击运动员，游泳也一直是他喜爱的运动项目）。他认为理想的大提琴家应当是一位矮胖而健壮的人，能够控制他的乐器，而丝毫不感到吃力。在他的个性中丝毫没有傲

---

① 见 *The Strad*，1998 年 4 月，第 302 页。
② 同上，1953 年 11 月，第 200 ~ 202 页。

慢或装模作样的东西，但是如果学生对他讲的话不在意，他就会十分恼火。

晚年时他以教学为主。一直到 1979 年他都是巴黎音乐学院的教授，几十年来也一直在锡耶纳的基吉亚纳学会主办的夏季学校教课，秋天就在圣·让-德-路兹的大师班教课。他也在伦敦教课，还在维也纳和其他一些欧洲城市举办大师班。纳瓦拉不会用他那高超的技巧或经验吓唬学生，也并不把自己凌驾于学生之上，而是和学生一起，并为学生工作。学生喜欢他的那种"点金术"和愉快的气氛。但是人们谈论最多的恐怕还是他对困难的直觉，他从来不要求学生做那些他自己不能马上掌控的东西。

皮埃尔·富尼耶是那些既受广大听众喜欢又受到同行敬重的大提琴演奏家之一。他有"贵族大提琴家"之称，这不仅仅由于他的演奏十分抒情，还在于他对艺术的各个方面都有着无懈可击的高尚情操。富尼耶生于巴黎，是位将军的儿子，自幼跟随母亲学习钢琴。九岁时曾患轻度小儿麻痹症，医生建议他应该学习一种不使用脚的乐器，于是他就改学大提琴，而且进步非常快，成为巴黎音乐学院的学生。在那里他先是师从巴泽雷尔，之后又师从赫金学琴。十七岁（1923年）毕业时，他的成功已经受到同行们的钦慕。他与托特里耶一直保持着良性竞争，据说有一次在托特里耶的独奏会之后，富尼耶说："保罗，我真希望能有你那样好的左手技巧。"托特里耶回答道："皮埃尔，我真希望能有你那样好的右手技巧。"

1925 年，他在科隆管弦乐团的协奏下，在巴黎进行了成功的首演，接下来他就到欧洲各地演出。三十年代初，他已经在国外取得了相当的名望。1937 ~ 1939年，富尼耶在法国的诺玛尔学校任教；1941 ~ 1949 年他是法国巴黎音乐学院的教授。

第二次世界大战之后，他开始发展国际事业。在英国，他与施纳贝尔、西盖蒂和普里姆罗斯一起举行了多场轰动的室内音乐会，他们几乎演奏了舒伯特和勃拉姆斯的全部室内乐作品，西盖蒂将这些音乐会称为令人难忘的"音乐体验的高峰"[1]。西盖蒂记得，当 1947 年他们一起开始第一届爱丁堡音乐节的排练时，他意外地再次发现了富尼耶的"巨大才能"。因为在三十年代，他听过富尼耶的演奏，而现在，"他演奏的那种太阳神般的美与平静感给我留下了极为深刻的印象"[2]。

1948 年富尼耶首次去美国巡演，立即得到纽约评论界的好评。《波士顿环球报》称他的演奏"富有光泽""极为雅致"，还说他的演奏"一切都表达得那样精彩"。由于他的事业蒸蒸日上，他被迫辞去了在巴黎的教职。1959 年他首次来到莫斯科，在莫斯科国家爱乐乐团的协奏下演奏了海顿、舒曼和拉罗的协奏曲。金斯伯格说他演奏的海顿协奏曲有着"富有活力的音乐想象力和清晰的曲式结构"；他演奏的舒曼协奏曲则"以他的诗意和真诚性而著称"。关于拉罗协奏曲，金斯伯格说："他的浪漫主义的表现手法，活跃的音乐句法，清楚的弓法，宽广的运弓，优雅、丰满而甜美的音色，这一切都是为了充分表达音乐的内容。"[3]

富尼耶的演奏曲目十分广泛，他喜欢演奏巴赫、鲍凯里尼、贝多芬以及勃拉姆斯的作品，他也喜欢演奏德彪西、欣德米特以及普罗科菲耶夫的作品。许多当代的作曲家将自己的作品献给他，其中包括马尔蒂努、马蒂农、弗兰克·马丁和普朗克。当论及巴赫组曲时，他一向都认为这是十分重要的，他反对枯燥而没有生命力地演奏这些作品，虽然他本人的演奏很内敛，却仍然是灵活有生气的。

作为一位教师，富尼耶总是要求柔和而流动的声音，运弓的手臂要高。他认为弓子应当握紧，但是要让手与手臂有自如性。他主张使用舍夫契克的小提琴练习曲来训练运弓技巧。

他的大部分学生都感到难以阐释他教学中的本质，似乎他教学中大部分时间都是独特而难以捉摸的。英国大提琴家玛格丽特·蒙克里夫于 1949 年曾跟他学习过一年大提琴，在她的印象中，他是一位善良而体贴的老师，对待学生十分平

---

① 见 Szigeti, *With Strings Attached*，第 335 页。
② 同上，第 358 页。
③ 见 Ginsburg, *History of the Violoncello*，第 200 页。

等，从来不使他们觉得自己渺小。"他以不同的方式教不同的学生。他总是直接进入音乐，在上课时一切都以此为中心。在教学中他往往带有强烈的感情。他认为节奏是最重要的东西，他不喜欢学生在演奏中有过多的自由速度。"①

富尼耶的另外一位英国学生理查德·马克森说：

> 他是一位内向而腼腆的人，虽然有着充分的自我意识，但是从来不让它们过分地表现出来。他是天生的大提琴家，有着流畅的运弓和动听的声音。他还有着一种冷面的幽默感。记得有一次上课时，他演奏了德沃夏克协奏曲慢板乐章中的一个片断，他的妻子走进来说，她被他的演奏所感动。富尼耶脸上不带笑容地说："我是一位专门演奏慢板乐章的大提琴家。大家都说他们是如此喜欢我演奏的慢板乐章，而我早就怀疑自己是否在演奏其他东西时犯了什么错。"②

当科尔托住在纳伊时，富尼耶每星期五晚上都与他以及蒂博或者其他一些人一起演奏室内乐；他还与富特文格勒、卡拉扬以及库贝利克保持着友谊。他与肯普夫是一生的好友，他们合作录制的贝多芬奏鸣曲已经成为不朽的杰作。当富尼耶在纽约举行首次公演时，施纳贝尔给予他很大帮助。施纳贝尔到处对人说，将有一位优秀的大提琴家在这里举行音乐会。富尼耶第一次录制贝多芬奏鸣曲就是与施纳贝尔一起合作的。

七十八岁时，富尼耶在伦敦的伊丽莎白女王大厅举行了独奏会。一位评论家这样写道："富尼耶具有对乐句的敏锐感觉，他仍旧能够如此轻松地掌控指板，将自己的独奏会变成一堂直观的教学课。"③1986 年 1 月 8 日，富尼耶逝世。

①② 由本书作者采访所得。
③ 见 *Strad*，1984 年 4 月，第 838 页。

保罗·托特里耶通过电视教学成为英国家喻户晓的人物，谁会想到他是在巴黎的一个贫民窟中开始自己的音乐生涯的。他的父亲是位做家具的木匠，有时会演奏小提琴和曼陀林。六岁时，托特里耶开始学习大提琴，因为他的母亲曾经在一家咖啡馆里听到弗朗西斯·托切演奏大提琴，于是决定如果她有一个儿子的话一定让他成为大提琴家。托特里耶的母亲主宰并保护着自己的儿子，想尽一切办法使他进步。"保罗，拉大提琴去！"这是练琴的命令，这句话甚至在他结婚后还能听到。

托特里耶起先跟布卢姆学琴，这位老师使用的是法比学派的演奏方法，她教给托特里耶的是该学派柔韧的手腕和自如的运弓。九岁时，他私下跟德尔萨特的一位学生福伊拉德学习了三年，然后就进入老师在巴黎音乐学院的班级中去了，直到十四岁时才转到赫金的班上学习。托特里耶记得赫金对大提琴演奏中的色彩有着无与伦比的感觉，也像卡萨尔斯一样能让巴赫跳舞："作为荷兰人，赫金有着那种我们可以从布鲁格尔的画中感受到的强烈的节奏感。这种节奏感是渗透在他的血液中的……是每拍与每拍之间的自由，但是从来不会破坏这种舞蹈节奏的规律性。"[1]

十六岁时，托特里耶以第一名的成绩毕业于法国巴黎音乐学院，那时他已经是一位老练的专业演奏者了。从十二岁以来他就在一家周末电影院中为无声电影配乐，以挣钱养家。后来他成为一名自由职业者，晚上经常在巴黎的啤酒店和咖啡馆中演奏（有一次甚至还模仿夏瓦烈尔），两年后他获得了在管弦乐团工作的机会，也就是在巴黎电台的管弦乐团中任大提琴副首席，并首次在拉穆勒音乐会中演奏了拉罗的协奏曲。

1932 年，他重返音乐学院，跟随加隆学习了三年和声，加隆是第一位让他从作曲家的角度来理解音乐的人。"他认为自由不是许可证。"[2] 现代人的信条是主

---

[1]　见 Tortelier/D. Blum，*Paul Tortelier: A Self Portrait*，第 37 页。
[2]　由本书作者采访所得。

张在所有事物中都应当有自由，托特里耶为此感到十分惋惜。在文艺复兴时期，跟随那些大画家学习油画的学徒都会首先为他们的老师准备好颜料，托特里耶认为在音乐中也应如此，我们应该先学习大师们的作品，例如巴赫、莫扎特、贝多芬等，他们在开始写作时都有着非常严格的规则。加隆常说："脚镣培育了天才"[1]，他只让他的学生写歌曲，虽然这样做很受限制，但却是非常好的训练。

1935～1937年托特里耶是蒙特卡洛交响乐团的成员，他在托斯卡尼尼和瓦尔特的指挥下演奏，还在施特劳斯指挥蒙特卡洛交响乐团时担任《堂吉诃德》的大提琴独奏。很快他就在欧洲、非洲、美洲和亚洲各地进行了巡回演出，并与世界最著名的指挥合作。但是，1939年战争的爆发使他的一切活动都中断了。

1945年战争结束后，卡萨尔斯第一次访问巴黎时，托特里耶演奏给他听。五年之后，在为纪念巴赫逝世二百周年而举行的第一届普拉德音乐节上，托特里耶应邀担任了乐团的大提琴首席。与卡萨尔斯的牢固友谊，对托特里耶的艺术成长起了深刻而长久的影响。记得有一次他问加隆，在卡萨尔斯的演奏中什么是最特别的，加隆用左手指有节奏地敲击桌子，用以表示左手的那种敲击效果。托特里耶说这样就给予运弓更大的自如，当时运弓对发音的清晰度还没有那样大的作用。"卡萨尔斯恐怕是第一位像钢琴家那样使用左手指动作的大提琴家，也就是说，通常人们只将一个手指按在弦上，而不是将所有的手指都保留在指板上。如果这样，左手便可以更自如地揉弦。"[2]

托特里耶四十岁时前往以色列演出，当时他正处于演出事业的巅峰期。他非常清楚以色列人为了巩固已经建立起来的家园所做的努力。他决定留在以色列和他们一起生活。整整一年时间，托特里耶一家都居住在马巴洛思——一个距离敌人边境只有不到一百米远的集体农庄中。他们住在一间小木屋里，偶尔会在田间

---

① 见 Tortelier/D. Blum, *Paul Tortelier: A Self Portrait*，第50页。
② 同上，第101页。

工作，还参加轮流准备伙食的活动。

1956 ～ 1969 年间，托特里耶是巴黎音乐学院的教授；1969 ～ 1975 年他在德国埃森的福克旺音乐学院担任同样的职务。他曾被任命为北京中央音乐学院的荣誉教授，也是第一位受此殊荣的西方人。

马克森从十二岁起跟随托特里耶学习了六年，他十分感激托特里耶在这期间所教他的一切。

第一次上课时，托特里耶将他的大提琴放在膝盖上，然后说："这里有一个键盘。这是手合乎逻辑的姿势，所有的手指都应该是一样的。"我认为这就是托特里耶所说的那种"四方形的手"，这种姿势对他技术的清晰性起了很大的作用。他花了很多时间在钢琴上，以便使我们懂得所演奏的音乐的和声趋势。他从来不允许别人旁听他的课。他的课一般每两天上一次，每次上四个小时，无论从哪方面来说，都比当时在英国所能上的课好多了。托特里耶强烈认为学习演奏要趁年轻，那时人的生理条件处在可塑性很强的阶段。[①]

托特里耶的电视教学吸引了大量的观众，其中有许多人对音乐一无所知。但是这种电视授课的形式不符合他那精力充沛的个性，有损这位严肃且全面的音乐家的形象。马克森证实了这一切。

虽然在电视上他有着很强的个性，但是奇怪的是，他恐怕是我所认识的音乐家中对其艺术最为谦逊的人。他是一位非常严肃的音乐家，也是一位具有献身精神的教师。这些电视课程与他实际上课的情况毫无联系。他是一

---

① 由本书作者采访所得。

位彻头彻尾的音乐家，对和声、对位有着全面的认识，由于他本身还是一位作曲家，所以能准确地知道这些东西是如何起作用的。他可以把施特劳斯的《堂吉诃德》分析上几个小时。不需要看乐谱，他就能向我们准确地解释施特劳斯是怎样使用和声、织体，以及这些东西是如何配合在一起的。这是我们在电视上看不到的。①

托特里耶是一位有着无限精力和热情的人，直到去世他仍然保持着这种良好的状态。他以平等的态度尊重每一个人，对于像他这样的艺术家来说是很少见的。他十分健谈，有着广博的艺术与文学知识，这都是通过他自己的努力得来的。他信奉罗丹的哲学思想："我们越是纯朴，就越是完整，因为纯朴就意味着真理的统一。"②

托特里耶的幽默感很强，如果你认为他是个虚无缥缈的人那就完全错了。关于这一点，他的一位学生给我们讲述了一个有趣的故事。当托特里耶在爱丁堡演奏了海顿的《D大调协奏曲》之后，一个小孩来到后台问托特里耶，当他演奏海顿协奏曲时他心里是怎样想的。托特里耶叫这孩子坐下，然后缓缓地讲述有关孩子在玩耍时摔跤等这样的故事。孩子的眼睛里充满了神秘的色彩，并且说今后他听到这首协奏曲时就会想起他说的这些。当这个孩子关上门走出去后，托特里耶转向他的学生说："他根本不知道，我在演奏海顿协奏曲时唯一想的就是换把不要换不准！"③

托特里耶是少数只为这件乐器作曲的大提琴演奏家之一。他的作品包括为大提琴和钢琴写的《短音奏鸣曲》、为两把大提琴和钢琴或弦乐队写的《阿拉曼德》，还有一首为两把大提琴写的协奏曲。

战后法国最有前途、音色最美的演奏家非让德隆莫属。莫里斯·让德隆于

①②③　由本书作者采访所得。

不朽的大提琴家 | The Great Cellists

212

1920 年生于尼斯的一个贫苦家庭，母亲在当地一家电影院演奏小提琴，正是在那里他获得了第一次听音乐的机会。让德隆是一个非常聪明的孩子，三岁时就能读谱，四岁时开始学习小提琴，但是他并不喜欢小提琴。五岁时人们给了他一把四分之一尺寸的大提琴，于是他马上改学大提琴。

让德隆的第一位老师是斯特凡·奥德罗。十岁时，奥德罗带他去听了费尔曼的音乐会，孩子被感动得落泪，从此把费尔曼当作自己的偶像。十一岁时他在尼斯音乐学院跟让·曼谷特学琴，十四岁时以第一名的成绩毕业。十七岁时他借了一把大提琴，买了一张火车票，带了一千法郎，到巴黎音乐学院跟赫金学琴去了。但是他只能住在没有暖气的宿舍中，靠卖报纸来维持生活。

第二次世界大战时，让德隆因为营养不良不适合入伍而得以免服兵役。然而他参加了抵抗运动，并坚决拒绝在德国演出，这一决定几乎使他被驱逐出境。

钢琴家让·内弗是小提琴家内弗的哥哥。让德隆在和让·内弗一起参加的一场私人音乐会上结识了许多著名画家和音乐家，这些人在城里组成了自己的居住区，让·科克托、布拉奎、马克·夏加尔和毕加索都成了他的好朋友。普朗克和弗朗塞就是让德隆在这个时期结识的，对他的音乐成长有很大的帮助；让德隆与弗朗塞合作开音乐会达二十五年之久。

利帕蒂是他另外一位音乐上的亲密伙伴，这位年轻的罗马尼亚钢琴家于三十三岁时患白血病而逝世。让德隆认为他们的合作是他最美好的经历之一："我们在一起很少排练……我和利帕蒂有着十分完美的合作。例如在演奏勃拉姆斯柔和的乐句时，他从来不会压过大提琴，这是非常重要的。他是发自内心这样做而不是表面的，因为是音乐要求他这样做，而不是大提琴家要求他这样做的。"[1] 他们本来准备一起录制唱片，但由于利帕蒂与病魔的斗争失败而告终。

战后不久，让德隆就在巴黎见到了布里顿和皮尔斯。1945 年 12 月 2 日，他

---

[1]　由本书作者采访所得。

在伦敦的威格穆尔大厅与布里顿合作演奏了福雷和德彪西的奏鸣曲。与他同台演出的还有两位年轻的法国人：歌唱家贝尔纳斯和作曲家兼钢琴伴奏普朗克，这两位也正处于他们杰出音乐事业的起步期。

当月，让德隆还在欧洲首演了普罗科菲耶夫的《第一大提琴协奏曲》，由伦敦爱乐乐团协奏，指挥是苏金德，之后他就在世界各地演出这首协奏曲。他说："我就是这样开始我的演出事业的。没有人想听我的演奏，但是他们都想听普罗科菲耶夫。"①

接下来他与伦敦爱乐乐团一起，由萨金特指挥举行了多场音乐会，他在纽约的首演是在纪念费尔曼的音乐会上，演奏的是德沃夏克大提琴协奏曲和海顿的《D大调协奏曲》。他与布里顿和皮尔斯的结识使他有机会在阿尔德堡音乐节上演出。他第二次在阿尔德堡音乐节出现是由于罗斯特罗波维奇突然生病而请他代替演出的。他还与耶胡迪·梅纽因及赫普吉巴·梅纽因组成了三重奏，这个三重奏持续了二十五年之久。他们首次相遇是梅纽因、布里顿和让德隆一起演奏贝多芬和莫扎特的三重奏。

让德隆还是唯一由卡萨尔斯担任指挥录制唱片的大提琴独奏家。卡萨尔斯定居科莱特别墅后不久让德隆来到了普拉德。在听过这位年轻人演奏后，卡萨尔斯深深被打动，并祝贺他没有模仿自己所演奏的巴赫无伴奏组曲。当 Philips 唱片公司邀请让德隆与拉穆勒管弦乐团一起录制鲍凯里尼《降B大调协奏曲》和海顿《D大调协奏曲》时，他就建议由卡萨尔斯担任指挥。起初，唱片公司很担心卡萨尔斯是否愿意打破他的传统为其他的大提琴家担任指挥，但是卡萨尔斯欣然接受了这项邀请。还有一个独特之处，那就是这两首协奏曲都是按照让德隆在德累斯顿国立图书馆所发现的原稿演奏的。这套录音得到了评论界的好评并成为不朽之作。

① 由本书作者采访所得。

毫无疑问，给予让德隆音乐上最大影响的音乐家就是费尔曼。让德隆一直为自己没能跟这个偶像学习过而感到遗憾。他曾多次见到费尔曼，费尔曼也多次邀请他来学琴，但是由于经济原因，这个愿望一直没有能够实现。

> 我永远也不会忘记我第一次听他演出时的情景。他跟我过去所听到过的一切都不一样。不仅因为他有非常好的技巧，还在于他的演奏是如此真诚。他从不妥协。无论他遇到了什么困难，是左手的也好或是弓的也好，他从来不会混过去。对我来说他就是完美的象征，是我一生力图想成为的。[①]

在教学时，他力图将费尔曼的想法在自己的学生身上实现。自 1970 年以来他一直是巴黎音乐学院的教授，而且还在许多音乐学校担任教学工作，其中包括英国萨里省的梅纽因学校。让德隆本人的演奏一直以完美无缺的技巧和富有表现力的音质而著称。他十分注意句法，特别是他所演奏的法国音乐清澈而透明，别具一格。

来自阿尔萨斯的法国大提琴家菲利普·穆勒尽管有着丰富的演出经验，但是却立志成为一名大提琴教师。他是巴黎音乐学院一位非常受人喜爱和尊敬的教师。

1947 年，穆勒出生在米卢斯，他的父亲是一位业余大提琴手，母亲也是一位业余的小提琴手。在穆勒幼时的记忆中，他的父母经常与朋友一起表演弦乐四重奏。"室内乐深深地植根在我的灵魂中。"[②] 七岁时，穆勒开始跟随米卢斯爱乐乐团的大提琴首席多米尼克·普利特学琴，在小学毕业那一年，穆勒决定要专心学习音乐。1963 年，穆勒申请参加了巴黎音乐学院教授安德拉·纳瓦拉的面试，

① 由本书作者采访所得。
② 见 *The Strad*，1997 年 7 月，第 736 ~ 746 页。

"我当时仅仅是想看看我够不够资格，但是在听完我的演奏后，纳瓦拉邀请我参加在锡耶纳的夏季课程，我非常喜欢这次经历。到了十月，我开始在巴黎音乐学院跟随纳瓦拉学琴"。[①] 穆勒在巴黎音乐学院学习了四年时间：

> 他讲课并不难懂，但是对学生要求很严格。你要遵从他的一切，要学着接受他的演奏指法、运弓，并且要练习所有的最基本的东西，尤其是音阶……我记得有一次去上课，我演奏了 C. P. E. 巴赫的一首作品，但是由于我准备得并不充分，所以表现得非常不好。他当时非常生气，对我喊道："回去练音阶，从 C 弦开始！"从此以后，我每次都准备得很充分。[②]

1968 年，还是学生的穆勒在米卢斯举行了自己的第一场独奏会，演奏了巴赫、舒伯特和勃拉姆斯的作品。从音乐学院毕业后，穆勒积极地投入室内乐中。1976 ～ 1983 年，他一直任职于皮埃尔·布列兹的乐团。"探索新音乐令人非常激动。你可能不会把这当成一份工作去看待，但是它确实让音乐在不断发展。"然而他也认为"从那之后，很多作曲家似乎已经迷失了"。[③]

1971 年，穆勒与雅克·鲁维耶和小提琴家珍·雅克·坎托娄组成了钢琴三重奏。他们的表演备受好评，并且录制了唱片，其中收录了拉威尔和德彪西很多出色的作品。

另外，穆勒对巴洛克时期以及古典时期的音乐也非常感兴趣，但是他认为对这些领域不必做到精通。"现在，我们精通的事务太多了，我不喜欢这样。两个世纪前，人们会演奏很多乐器，但是也没有从中牟利。现在的年轻人会演奏一到两件乐器，精通一个时期的音乐就行了。"[④] 他也说明了喜爱巴洛克时期音乐的原因。"没有尾柱的琴会让你演奏起来非常自如，我想应该鼓励所有学习大提琴的

①②③④　见 *The Strad*，1997 年 7 月，第 736 ～ 746 页。

学生去演奏——因为会让你从不同的角度去了解这件乐器。那个时期的音乐我也非常喜欢。大提琴的音色非常接近人声，那时的音乐家就是运用大提琴的这一特点进行创作的。"①

穆勒认为自从他开始跟随纳瓦拉学习，大提琴的教学已经发生了变化：

现在你可以不断地采用新方法，让每一位学生都有自己的风格。但是这在三十年前的音乐学院是不可能发生的。那时候，老师就是老师，学生就是学生。我不能对纳瓦拉说，我的想法不同于他，这是不被接受的……我想现在的老师也可以向学生学习，这是件好事，因为这样，你就可以看到自己工作的状态，你授课的内容也不会是一成不变的。但是有的学生在来音乐学院学习之前，以为自己什么都懂，作为老师，你就遇到了问题。你当然可以让学生照着你的样子，演奏得一模一样，但是这也使音乐失去了生命，作为一位老师，你这样做确实是太不合适了。②

大提琴家伊万·契弗利奥也是纳瓦拉的学生，他于 1956 年出生于南特。他的父亲是当地管弦乐团的一位大提琴家，所以契弗利奥从九岁开始就跟随父亲学琴。十四岁时，他进入巴黎音乐学院，师从纳瓦拉。在他的记忆中，纳瓦拉性格古怪，教授学生们他的演奏技巧和对音乐的认知。毕业后，契弗利奥于 1973 年获得了他的第一个大提琴演奏奖项。同年，他在圣让德吕兹举办了自己的第一场独奏音乐会，与波尔多管弦乐团一起演奏了海顿的《D 大调协奏曲》。

1974 年，契弗利奥参加了在莫斯科举行的柴科夫斯基国际比赛，获得了第六名。1981 年，在巴黎举行的罗斯特罗波维奇国际大提琴比赛中，契弗利奥获得第二名。随后，契弗利奥收到了各地发来的演出邀请函。那时候，他仍专注于

①② 见 *The Strad*，1997 年 7 月，第 736 ~ 746 页。

传统的演出曲目。但是在受邀参加杜迪耶的"Tout un Monde Lointain"巡回演出后，他开始尝试一些现代风格的音乐。契弗利奥被作曲家让-路易·弗伦茨选为第一位演奏他的作品《Le Songe de Lluc Alcari》的大提琴家，与谢米扬·毕契科夫指挥的巴黎管弦乐团一起演出，后来他又与甘特·赫比希指挥的里昂国家管弦乐团再次合作演出了这部作品。这首作品的唱片发行后，获得了"世界音乐奖"和"音叉唱片奖"。

除了演出外，契弗利奥也是一位尽职尽责的教师。他曾有七年的时间任职于巴黎的诺玛尔音乐师范学校，自1987年起，他成为里昂音乐学院的教授。他一直坚信，演出与教学应该相结合，"一位不会教学的表演者和一位不会表演的教师都是不完整的。我想这两者应该是互补的关系"。[1] 尽管契弗利奥尽量确保他的学生接受正确的训练，但是他对现在许多年轻的表演者都持保留意见。他要确保在演奏技巧中可以渗透出表演者的情感与表达。对于他来说，终极目标就是实现技巧与情感表达的平衡。他认为大提琴的曲目比我们大多数人熟知的要丰富得多，但是许多大提琴家没有一颗勇于挑战的心。契弗利奥认为，只有勇于挑战的演奏家才会被人们记住。

---

① 由本书作者采访所得。

选择美国

据说每一个匈牙利人生来脖子下面就有一把小提琴，当然也有不少人很早就开始学习大提琴，之后大都取得了国际声誉。而在美国，大量的移民极大地丰富了人们的音乐生活。

舒尔兹、瑞托和斯塔克三位加入美国国籍的大提琴家，除了来自同一个国家外，还有一些共性。他们三人都是施菲尔的学生，施菲尔曾在布达佩斯的李斯特音乐学院师从伟大的波佩尔，之后成为他的助教。

亚诺什·舒尔兹是美国大提琴舞台上最受爱戴和尊重的人物之一。他生于匈牙利的肖普朗，这是一个靠近奥地利和匈牙利边境的古罗马城市。他的祖母来自特里雅斯特，舒尔兹为自己能有四分之一的意大利血统而感到骄傲。但是他把自己说成是一位"仍然有着很深的匈牙利根基的奥地利—匈牙利人"。

舒尔兹的家族在肖普朗生活了两百多年。舒尔兹七岁开始学琴，是第五代大提琴手，也是第一位专业大提琴家。他家中的每一个成员都会演奏一种乐器，所以从很小时他就在家庭的熏陶下演奏室内乐。

为了有一个稳定的职业，他的家人坚持让他进农学院学习。于是他就带着自己的大提琴去农学院，课余时尽量腾出时间练琴。毕业后，他将证书交给母亲，说自己打算到布达佩斯去，做一名真正的音乐家。

从皇家音乐学院毕业后，他开始了自己的职业生涯，在当地的管弦乐团及室内乐团中工作。1932 年，他成为著名的罗斯弦乐四重奏的成员。当战争的阴影笼罩欧洲大地后，四重奏组接到邀请赴美演出，这实际上是逃亡，因为四重奏组的其他三名成员都是犹太人。舒尔兹离开匈牙利时只带了一个箱子和他的大提琴。在他们成功地进行了巡回演出之后，该四重奏组获得了美国国籍。1937 年和 1948 年，舒尔兹曾两次接到布达佩斯音乐学院的邀请，请他担任该院教授。但是舒尔兹都谢绝了。

1939 年罗斯弦乐四重奏解散后，舒尔兹继续以独奏家、室内乐音乐家以及纽约市中心歌剧院大提琴首席的身份活动。他还与斯托科夫斯基和年轻的伯恩斯坦指挥的纽约市立交响乐团一起演奏。他说他最喜欢演奏室内乐，"我从一开始就是靠演奏室内乐长大的，在四重奏音乐会上，当我演奏一首伟大四重奏作品中的低音声部时，我感到最为自在"。[①]

他与钢琴家瓦尔特一起演奏贝多芬的《大公三重奏》，也给他留下了珍贵的回忆。他经常在家中与西盖蒂和巴托克演奏三重奏："西盖蒂比较害羞，巴托克很少说话。要等上十分钟他们才能决定演奏哪首作品。"[②]

舒尔兹是 1956 年在纽约成立的大提琴协会的奠基人之一，1962 ～ 1967 年任该协会主席。1973 年他七十岁生日时，同时也是他在北美举行音乐会的四十周年

① ② 见 VSNL，1983 年 12 月，第 4 页。

纪念，该协会为他颁发了奖状，"奖励他对大提琴演奏艺术的献身精神和巨大贡献"。多年来，舒尔兹担任许多国际音乐比赛的评审和主席。

舒尔兹在纽约的公寓中摆满了收藏品。1973 年他向皮尔蓬摩根图书馆捐赠了他所收藏的意大利油画，据说这是世界上私人收藏的最名贵的油画之一。除了油画之外，还有书籍、手稿、目录册、乐谱、公文夹和两百五十把大提琴和低音维奥尔琴的弓子，这些琴弓都是 1740～1880 年在法国、德国、意大利和英国制作的。每把弓都有一张卡片详细地记载着它的形状和尺寸。其中很多弓子已经由舒尔兹本人或由舒尔兹指导恢复原貌。这些收藏品最终由华盛顿的史密森尼安大学保存。

1981 年，位于格林斯堡罗的北卡罗来纳大学为舒尔兹颁发了荣誉博士学位证书，上面写道："为了您对艺术多方面的突出贡献，为了您把旧世界最美好的东西带给了新世界，为了您精心保管的这些无价之宝。"其中有一段话似乎更为确切："您生于匈牙利但选择了美国，您慷慨而实际地让您在这个国家的新同胞分享了您的才能与智慧。"①

加伯·瑞托于 1916 年生于布达佩斯，从 1939 年开始，至 1987 年逝世为止，他都住在美国。起初他跟当地的一位教师弗雷德里克·泰勒学琴，在那个时代，泰勒的教学思想是非常先进的。十六岁时他进入音乐学院跟施菲尔学琴，两年后获得了艺术家证书，开始了他在欧洲的演出生涯。

当时布达佩斯是一个重要的音乐中心，瑞托为自己能在那里生活感到很幸运，因为著名的演奏家，如海菲茨、胡贝尔曼、皮亚蒂戈尔斯基、费尔曼和巴克豪斯都经常到这个城市来演出。他同样受到了伟大指挥家们的影响，奥托·克勒姆佩雷尔、富特文格勒和托斯卡尼尼也经常在那里演出。

二十岁时，他先在巴塞罗那，之后又在普拉德跟卡萨尔斯学了两年大提琴。

---

① 见 VSNL，1982 年 4 月，第 5 页。

像许多演奏家一样，他也有着天真的想法，认为卡萨尔斯会帮他扩充曲目。但"我们几乎花了一个月的时间训练基本技巧，可不是基本的演奏曲目，而是基本技巧哦。他的确革新了大提琴的演奏方法，在当时那是非常新式的"。[①] 有趣的是，瑞托发现他的启蒙老师教授的那些演奏原则，在跟卡萨尔斯学琴后得到了进一步加强。

卡萨尔斯非常仔细地看待每一件事情，以便使大提琴的演奏能有着像小提琴那样的技巧，这对我们启发很大。在这方面他是独一无二的，他的讲解总是合乎逻辑……从不依靠偶然性。他在讲解时非常专注而且充满了感情，从不让人感到枯燥。

音乐思想慢慢开始成形，但要把这些音乐思想融合并发展到自己的演奏中去得花一些时间。总之这是一段十分美好的经历，而且我一直将它作为自己教学的基础。[②]

瑞托是第一批认识到卡萨尔斯这样强大的影响力，对某些人来说可能是种危险的人之一，因为人们很容易去模仿这位大师。"我并没有刻意地去模仿卡萨尔斯，但是，他对我的影响是最大的。" [③]

瑞托是曼哈顿和伊斯曼音乐学院的教授，从 1954 年起，一直到他逝世，也一直担任南加大的大提琴教授。他还是许多优秀弦乐四重奏组的成员，其中包括帕格尼尼和匈牙利四重奏；他也是加州大学阿尔玛三重奏的创始人之一。他演奏室内乐的丰富经验吸引了许多学生到他所举办的大提琴专修班中学习。

在美国弦乐教师协会（ASTA）的第二十五届年会上，瑞托被选为当年最优秀的"艺术家教师"。经过在全美进行的调查表明，他是学生最多的三位教师之

①②③　由本书作者采访所得。

一。似乎不论他走到哪里，那里的大提琴班就会兴盛起来。他认为如果一定要究其原因的话，那是因为"你不能用同样的办法对待所有的学生，因为每个人都是不同的。你必须真正地关心他们，而且知道他们每个人的需要。不仅从演奏乐器的角度，而且也要从人的角度来了解他。你不光要是一位教师，同时还要是一位心理学家"[①]。

亚诺什·斯塔克 1924 年生于布达佩斯，父母都是俄国人，六岁开始学习大提琴。"我的两位哥哥都在学小提琴，所以我没有其他选择。"[②] 七岁时，他进入李斯特音乐学院跟施菲尔学琴。当时在该院任教的有胡拜、巴托克和柯达伊，多纳伊是院长。对于那个时代，斯塔克说：

> 他们形成了同一种精神。不是每一个学生都是天才，但是我们有一批核心教师群，他们的信仰和对音乐的理解是相同的，虽然他们讲述的方式会不一样。这些音乐家代表了某种音乐传统，之后这种传统传到了西方。我们可以找到一条线索，通过这条线索找到那些人，那些人知道如何演奏我们现在这些大提琴曲目，因为他们当中的许多人都得到过作曲家的身传。[③]

这个时期对斯塔克影响最大的是教授室内乐课程的莱昂·韦纳。在过去五十年中，匈牙利出现了一大批杰出的音乐家，杜拉第、奥曼迪、索尔蒂、安德与保乌克等人都认为应当把音乐当作一种语言来理解和学习，在这方面韦纳起了很大作用。

斯塔克八岁时就开始教他的第一个学生，十二岁时已经有五个学生了。与此同时，作为神童他经常在音乐会上演出，十四岁时举行了首次公演，演奏的是德

---

①②③　由本书作者采访所得。

沃夏克的大提琴协奏曲。1939 年他没有毕业就离开了音乐学院，开始在匈牙利举行音乐会。他的演奏和教学活动一直是平行发展的，这种状况对他后来的事业帮助很大。"我得向学生解释清楚为什么这样做是不好的，或者为什么大拇指要放到这个位置而不是那个位置。我一直觉得这种经历是非常有用的。"①

第二次世界大战期间，斯塔克完全放弃了大提琴演奏。1945 年的秋天，他又重新拿起了大提琴，担任布达佩斯歌剧院和布达佩斯爱乐乐团的大提琴首席。1946 年 2 月，他离开匈牙利，在维也纳成功举办音乐会。尽管当时的情况很艰难，斯塔克仍然决定留在奥地利，以作好参加 1946 年 10 月在日内瓦举行的大提琴比赛的准备，在那次比赛中他获得了铜奖。

在奥地利时，斯塔克对自己的评价很可怕：

> 我像一个瞎子那样演奏。鸟儿会唱歌但是它们并不知道自己是怎样唱的，神童的情况就是这样。终有一天他们会醒过来而且对自己提出一个非常危险的问题，那就是他们到底是怎样演奏的，但是得不到回答。我几乎崩溃。坚韧不拔是专业演奏者和业余爱好者之间的区别。我已经长大，不能再依靠直觉演奏了。②

斯塔克在维也纳和日内瓦的成功使他有了多次开音乐会的机会，但是他很害怕独自在舞台上演出，于是他加入了一个法国弦乐四重奏组。在这个时期他开始思考大提琴演奏技巧的发展。他把有关运弓技巧、乐句的表演手法、呼吸和肌肉力量的分配等原则放到他的朋友身上去试验。其中有许多人面临着同样的困难，这样就开始了他一生对于这些原则的运用。为了达到目标，无论情况如何他从没

---

① 由本书作者采访所得。
② 见 *Newsweek*，1973 年，第 29 期，第 75 页。

有放弃过努力。

1947 年 10 月他又重新获得了演奏的信心，并恢复了独奏演出活动，但是持有匈牙利护照进行旅行演出几乎是不可能的。在巴黎居住了两年之后，他于 1948 年来到美国。当时担任达拉斯交响乐团指挥的杜拉第邀请他任该团的大提琴首席。过了一段时间，莱纳就为斯塔克提供了纽约大都会歌剧院大提琴首席的职位，他在那里工作了四年。当莱纳于 1953 年担任芝加哥交响乐团指挥时，他就将斯塔克带到该乐团担任大提琴首席。斯塔克认为莱纳是世界上真正伟大的指挥家之一，并在他的手下工作了九年。"跟莱纳一起演奏是我生活中最愉快的事情之一。"①

1954 年斯塔克成为美国公民。1956 年匈牙利革命爆发之后，他就移居美国，同年在伦敦的威格穆尔大厅举行了首次公演。评论界说他有着"强烈的音乐思想"，并且说他在演奏柯达伊的无伴奏奏鸣曲（Op. 8）时展现了使观众震惊的"通电术"。

两年后他辞去了芝加哥交响乐团的工作。他觉得是时候重新开始自己的独奏生涯了，之前已经多次被干扰。回首前尘，他认识到这是一种堂吉诃德式的狂热，但是仍然相信自己能够成功。

在他辞去乐团工作后不久，印第安纳大学的布卢明顿音乐学校校长威尔弗雷德·贝恩邀请他到该校任教。"我答应到那里试教两年。我对布卢明顿的看法与许多人一样，它是中西部一座沉睡的小城，在那里什么事都不会发生。我想我在那里工作不会超过两年。这是 1958 年的事，然而到现在我还在那里，而且我想我会一直在那里工作到死并埋葬在那里。"②

大学里的稳定工作有助于斯塔克从事独奏活动。1960 年 4 月，他在钢琴家霍斯佐夫斯基的伴奏下在大都会博物馆举行了纽约的首次独奏会。《纽约时报》的

①② 由本书作者采访所得。

评论员勋伯格写道："他可以在任何一根琴弦上，在任何把位，完美地奏出那热情而富有色彩的声音……他是一位完美的技巧大师，左手总能准确按到音符的绝对中心，右手的运弓则非常流畅。"他还进一步指出斯塔克是一位对任何作曲家的风格都很敏感的音乐家，他"对音乐的内容和启示有着同感和共鸣"①。

四十多年过去了，斯塔克已经开了几千场音乐会并录制了将近一百张唱片，他作为独奏家和教师的名望吸引着世界各地的学生。他十分感激学校使他能够取得今天的成就："布卢明顿为学生提供的条件是十分优越的。这里有全美国最好的教授，他们都是享誉世界的演奏家。"②

关于自己的教学，他说：

> 每个学生都有他们自己的演奏方法，教师的职责就是教会他们独立思考。你必须教给他们一些基本原理，教他们懂得为什么某些东西行不通。我不是在辅导，我是在教学，我不希望像一个香肠工厂那样，所有的产品都是一个模子。用这样的方式教出来的学生是没有生命力的，因为他们从来都没有学会独立思考。在我的学生身上唯一能看到的东西，就是当他们在台上演奏时，表现出来的对自己乐器的控制力。
>
> 现在是大提琴演奏的黄金时代。自从卡萨尔斯和费尔曼这样一些演奏家出现以来，加上我们在世界各地培养出的一些非常优秀的大提琴家，大提琴的演奏水平已达到了有史以来的最高境界。但要成为一名音乐会艺术家则完全是另外一回事。伟大的艺术家不仅需要演奏的基本技巧，也就是节奏、音准和音色，而且还需要许多其他东西。③

---

① 见 *New York Times*，1960 年 4 月 15 日。
②③ 由本书作者采访所得。

斯塔克列举了成功艺术家的四十项要求，其中包括个性、耐力和传递音乐讯息给听众的能力。但是他认为最重要的就是从技术的角度绝对地控制乐器，然后才能谈到对音乐的理解。

音乐是一种语言。要对不同的听众讲话，就必须交换你的音乐语言。

我不是只对教那些最好的学生，也就是那些在国际比赛中得奖的学生感兴趣，以满足我的自豪感，我更关心的是教学水平的不断提高。那些受过很好训练的学生应在世界各地从事教学，这样整体水平才会提高。如果说我对二十世纪大提琴演奏做出了一点小小的贡献的话，那就是因为我以最好的方式运用了自己的知识，这一切都是值得的。[①]

过去有些评论家责备斯塔克是一位冷漠的演奏家。他反驳说有些演奏者明明很没有热情，但是身体却在那里摆来摆去，因为他们以为这样可以吸引听众。"如果你将所有的精力都用到音乐本身，就没有必要用这些姿势去说服你的听众。如果你演奏得好的话，音乐本身就会具有巨大的表现力。假如我在开完一场音乐会以后，人们说的是'舒伯特把音乐写得多美呀'而不是'斯塔克演奏得多好啊'，我会更高兴。"[②] 他以完美的技巧、毫不费力的演奏证实了这种观点，他有着超乎常人的魅力。看一下几十年来美国报纸对他的评论，我们就可以清楚地感到评论家们还是能够做出正确判断的，说也奇怪，他们着重指出的都是他那种热情的表现力而不是没有温度的技巧。

斯塔克有着坦率的个性，他并没有让自己去讨好某些世界上最伟大的指挥家，在音乐方面也有不同看法。正是因为这个原因，他与纽约爱乐的首次合作一直到 1972 年才实现，而与费城管弦乐团的首次合作是在他六十岁时，也就是

①② 由本书作者采访所得。

1985 年在克劳斯·滕施泰特的指挥下才实现的。这次合作他选择的是欣德米特的协奏曲，这是一首很难的作品，也很符合他的作风。《费城询问者报》的记者丹尼尔·韦伯斯特总结了斯塔克的这次演出：

> 演出中有一股张力，加强了每一个乐句。斯塔克非常老练地保持了他的比例和均衡性……他能把那些经常被人们演奏得血肉模糊的乐句处理得十分清晰。第一乐章的华彩乐段中，他没有把自己捧上天，而是从各方面进行控制，将它们处理得与前面所演奏过的音乐环环相扣，而且都在恰如其分的位置上。[①]

知名加拿大大提琴家加利·霍夫曼曾师从斯塔克。1956 年霍夫曼出生于温哥华的一个音乐世家，父亲是一位指挥家，母亲是小提琴家，兄弟姐妹学习钢琴、中提琴和竖琴等。

七岁时，霍夫曼开始学习小提琴。两年后的一天，他拿起了阿姨的一把大提琴，随意弹拨了几个音符，年幼的霍夫曼被大提琴的音色深深地吸引住了，于是打定主意改学大提琴。随后，霍夫曼到芝加哥跟卡尔·弗鲁学琴，十五岁时已经在伦敦的威格穆尔大厅举行独奏会。

一次偶然的机会，霍夫曼跟斯塔克上了一节课，然后到 1974 年，霍夫曼进入布卢明顿的印第安纳大学学习。三年后，霍夫曼成为斯塔克的助教。在担任助教期间，霍夫曼获得了 1978 年蒙特利尔交响乐比赛第一名，第二年分别在纽约和巴黎获得皮亚蒂戈尔斯基奖和罗斯特罗波维奇比赛第一名。1979 年毕业后至 1986 年期间，霍夫曼在布卢明顿担任大提琴教授。霍夫曼认为他不应该将事业局限于教学或演出，而应该将精力投入到这两方面中，将教学与演出相结合无

① 见 *Philadelphia Inquirer*，1985 年 1 月 11 日。

疑有利于协奏曲或室内乐的演奏。1994 年，霍夫曼与戴维·戈卢布在圣地亚哥合作演出了勃拉姆斯的《e 小调奏鸣曲》，有评论家称，这是他听过的"最令人叹服"[①] 的版本。1996 年，霍夫曼与拉赫蒂交响乐团录制发行了卡莱维·阿霍创作的大提琴协奏曲。对于这张唱片，凯瑟琳·尼尔森是这样评价的："霍夫曼的演奏富于活力，个人特色鲜明，尤其是在一些高难度的装饰音部分，他的演奏完美地捕捉到了跳跃的美妙。"[②]

霍夫曼演奏的协奏曲包括鲍凯里尼和鲁托斯拉夫斯基的作品，在室内乐演奏方面，他的曲目非常丰富。当被问到，除了斯塔克之外，对他影响最深的人是谁时，霍夫曼回答道："我喜爱卡萨尔斯的音乐特性，欣赏皮亚蒂戈尔斯基令人敬佩的人格魅力，赞同费尔曼对大提琴的欣赏角度。"而对于自己的表演，霍夫曼的态度也非常明朗："我相信，对于一个人来说，生活、追求以及经历种种目标和不断去探索是非常重要的，这些经历也使人不断成长为一个完整的人和音乐家。对于我来说，做人应有的责任感与做音乐的责任感同样重要。"[③]

德国大提琴家玛丽亚·克利格尔是斯塔克的另一位学生，皮亚蒂戈尔斯基认为克利格尔是他所知的自杰奎琳·杜普蕾后最杰出的女性大提琴家。目前，克利格尔已经成为一位享誉世界的大提琴家，并且录制了许多唱片，同时，她还在德国科隆一所大学任教。

克利格尔于 1952 年出生于迪伦堡的一个波兰移民家庭，父母均为专业音乐家。她的父亲是一位音乐教师，一直期待着能组建自己的家庭弦乐四重奏，于是克利格尔从十岁时就开始学习大提琴，而她的双胞胎姐姐则学习小提琴。起初她跟随迪伦堡当地的一位老师学琴，不久后，她便获得了德国青年音乐家比赛的冠军，并且连续四年稳坐冠军宝座。

---

① 见 Jonathan Saville，*San Diego*，1994 年 3 月 10 日。
② 见 *The Strad*，1996 年 6 月，第 643 页。
③ 由本书作者采访所得。

后来，克利格尔进入法兰克福音乐学院师从亚历山大·麦尔森。十九岁时，她认为自己应该做出一些改变，于是她前往加拿大，参加了斯塔克的大师班。克利格尔对于这段经历至今难以忘怀。"在我上了第一堂课后，我就意识到，他就是我要找的老师。他告诉我……我演奏得很好，但是我却根本不知道自己在做什么，或者说不知道自己当时是怎样做的。"① 出乎意料的是，斯塔克允许她参加自己在布卢明顿的课程。她当时简直不敢相信自己会这样幸运："你能想象到这对于一个年轻女孩来说是多么不可思议吗?"② 尽管当时克利格尔没有奖学金，也没有钱，但是她的父母还是想办法支持她，让她继续学习。

对于克利格尔来说，跟斯塔克学习成为最为重要的一个阶段："他教会我简单、基础的演奏技巧，运用这种技巧你能创造任何音乐。"③ 克利格尔一直铭记的一幕是有一次她演奏完一首乐曲后，斯塔克说："如果你再跑调这么严重的话，我就拒绝给你上课。"④

1977 年，克利格尔参加了皮亚蒂戈尔斯基在巴塞尔举办的为期一个月的大师班。大约有两个星期的时间，皮亚蒂戈尔斯基带着学生们演奏协奏曲，主要是与钢琴伴奏一起练习；在余下的两个星期时间里，学生们与管弦乐队一起演奏。与斯塔克不同的是，皮亚蒂戈尔斯基并不针对演奏技巧上的问题进行讲解，而是让学生自己找到解决这些困难的方法。他更专注于音乐的创作。在学习期间，克利格尔突然意识到自己这些年太专注于完善演奏技巧，而没有用心去演释音乐。在演奏技巧方面，皮亚蒂戈尔斯基唯一的指导就是握弓的方式。当皮亚蒂戈尔斯基告诉克利格尔她的手腕位置太高时，克利格尔起初很困惑，不知道该怎样改善。有一天她坐在皮亚蒂戈尔斯基面前看他演奏，克利格尔注意到他的拇指是直的，而自己演奏时拇指是弯曲的，这也是她从前的老师教她这样做的。于是她尝

① 见 *Fanfare*，1995 年 7/8 月刊，第 66 页。
②③④ 见 *The Strad*，1994 年 3 月，第 221 页。

试着去改变，很快她的手腕高度就降低了。

1981 年，克利格尔获得了在巴黎举行的罗斯特罗波维奇大提琴比赛的第一名。随后，克利格尔与罗斯特罗波维奇一起在华盛顿和巴黎举行音乐会，扬名全球。这时，她也遇见了她未来的丈夫哈特穆特·克利格尔，并在不久后结婚。但是当时的哈特穆特已经有两个孩子，克利格尔认为孩子比她的个人事业更重要，于是在随后的十年中，她放弃了舞台，无怨无悔地抚养孩子。对于她来说，这段离开舞台的时间让她成为一个成熟的音乐家。

随后，克利格尔开始了她又一段传奇般的人生。1986 年，在北莱茵/威斯特法利亚艺术文化基金会的帮助下，克利格尔获得了斯特拉迪瓦里于 1693 年制作的让德隆使用过的大提琴。1994 年，克利格尔重返舞台，并在一年的时间内举行了六十场音乐会和独奏会。1994 年 4 月，克利格尔在谢菲尔德市举行了英国首演，与 BBC 交响乐团合作演奏了埃尔加的大提琴协奏曲。她录制的唱片包括门德尔松、施尼特凯等一系列音乐家的经典作品。

在克利格尔参与的众多演出中，最激动人心的应属 1996 年 12 月在杜塞尔多夫举行的德国作曲家威廉·凯撒–林德曼的作品《致尼尔森·曼德拉》的大提琴和打击乐部分全球首演。在阅读了曼德拉的自传后，克利格尔深深地被曼德拉的伟大精神所感染，于是她接受了这个任务，并且参加了欧洲和南非的演出。

当克利格尔来到开普敦时，她受曼德拉的邀请，到其住处表演。接到邀请时，克利格尔很紧张，因为她即将见到这位伟人；而曼德拉也回应道，要见到这样一位全球知名的大提琴家，他也很紧张。"我在演奏时始终唱着节拍，当时真的是激动得难以抑制。我永远也忘不了那一天。"[1]1999 年 7 月唱片发行时，克利格尔将她的唱片所得全部捐赠给了尼尔森·曼德拉儿童基金会。

---

[1] 见 *New Zealand Herald*，1999 年 6 月 22 日。

来自俄国的天才

　　二十世纪上半叶，在美国取得成功的两位杰出的女性大提琴家是莱雅·加布沙娃和扎拉·纳尔索瓦，她们都是俄罗斯人。

　　莱雅·加布沙娃于 1909 年生于俄国的第比利斯，父亲是第比利斯交响乐团的小号首席，也是第比利斯音乐学院的教授。加布沙娃是依靠"少量的粮食和大量的音乐"长大的，四岁时开始学钢琴，但是当她听到父亲的一位朋友，也就是库谢维茨基演奏低音提琴后，她就决定改学大提琴了。但父亲的反应却是"女人不拉大提琴"。然而这位机灵的小女孩故意不好好学习钢琴，为的是让父亲给她买一把大提琴。与此同时，她向大提琴首席利奥波德·罗斯特罗波维奇请教。他告诉她，当她的手长大以后才可以学习大提琴，所以她每天就伸展自己的双手；这种毅力使她终于在六岁时拥有了一把大提琴。

一年后，她进入当地的音乐学院跟康斯坦丁·米尼阿尔学琴，米尼阿尔是达维多夫的学生。不久她就在第比利斯进行了首次公演。评论界指出，她不是一位"训练出来的"神童，并对她那"极为少见的优秀音准"给予高度的评价。在以后的演出当中，评论界不断提及她的"动听而富有表情的音色"和"杰出的音乐感觉"。①

1924 年，加布沙娃和母亲一起至莫斯科及列宁格勒演出。当她在列宁格勒演奏了《洛可可主题变奏曲》之后，一位评论家将其与成熟的艺术家费尔曼相比，并且说他更喜欢加布沙娃的"才气和深挚的感情"。加布沙娃还记得，那时她曾和两位年轻的音乐家米尔斯坦及霍洛维茨合作演出室内乐。

1925 年，她前往莱比锡，想跟克林格尔学琴。通过翻译，她按照克林格尔的要求演奏了皮亚蒂《第三随想曲》、格鲁兹马赫尔和波佩尔的练习曲以及达维多夫协奏曲的片断。"三个小时之后，当他知道我能演奏所有这些曲子，包括四首达维多夫的协奏曲时，他告诉我，他教不了我任何东西，因为我什么都知道。虽然事实并非如此，但是我也不能和他争论。"②

加布沙娃没有灰心，她到柏林和贝克学习了一个夏天。可是学习的成果令人失望。"他是那样武断，每件事情都是根据逻辑来推断，而不是根据每个学生的需要。说也奇怪，他热衷于解剖学，但是从未考虑过这样一个事实，那就是没有两个人的生理结构是相同的。"③ 当然，她也并不是一无所获。"他的班上有一批优秀的学生。马伊纳迪、伊娃·海内兹和许多后来成为著名演奏家的学生都在那里，我们互相学习了很多。"④

1926 年，加布沙娃在钢琴家迈克尔·陶伯的伴奏下首次在柏林公演，陶伯也是一位著名的指挥。评论界为她的"才华横溢"而欢呼，称她为"音乐界的奇

---

① 见 Ginsburg, *History of the Violoncello*，第 263 页。
②③④ 由本书作者采访所得。

才"。① 陶伯还把她介绍给科学家爱因斯坦，爱因斯坦对小提琴有着高度的热情。

> 我和他一起演奏，但我很抱歉地说他拉得不是很好。他的揉弦很怪，而且老是有点不准。他的琴头也很低，指向地板。但是他人很好，我在柏林开音乐会时，他总是会来。每次音乐会后就放一小盒巧克力在台上，而不是献花给我。

接着，她去了巴黎，在那里和在柏林一样成功。正是在那里，她遇到了卡萨尔斯并演奏给他听，卡萨尔斯给她上课，给予她极大的鼓励。卡萨尔斯还邀请她到巴塞罗那，由他亲自指挥，演奏海顿的《D大调协奏曲》和《洛可可主题变奏曲》。卡萨尔斯还建议她去跟亚历山尼安学琴。

> 我从他那里学到的东西是令人惊讶的。他完全改变了我的演奏方式，跟他学琴的那段时间是我一生中最重要的时期之一。他对我的影响很大，我这里指的不光是在乐器上的学习。有时我们只是坐在一起谈话，但却使我对大提琴的演奏技巧、对音乐得到了最重要的启示。他的影响波及许多音乐家，当他逝世时，我们很多人都悲痛欲绝。他是这样一位有学识的人。他的演奏本身并不出彩，但是和他对整个音乐界所做出的巨大贡献相比，这并不重要。②

加布沙娃在巴黎与各界人士的交往对她的生活起了巨大影响。钢琴家加布里洛维奇首次听到她的演奏后，邀请她与他所指挥的底特律交响乐团合作演出海

---

① 见 Ginsburg，*History of the Violoncello*，第 264 页。
② 由本书作者采访所得。

顿的《D大调协奏曲》，后来加布沙娃才知道这位钢琴家给美国各大指挥家都发了电报。库谢维茨基当时是波士顿交响乐团的指挥，他十分高兴能重新认识他的老朋友的女儿，并为她的才能深深折服，立即约定了她和他的乐团合作的事宜。1934 年 12 月，她在纽约市政厅首次公演，《纽约时报》的唐斯这样写道："她的右手手腕和手臂十分自如，左手的技巧精湛、敏捷。加布沙娃的技巧是表达她那感人的气质、乐感和趣味的工具，然而最美好的则是她那与众不同的风格。"[①] 自此，她就在世界各地的舞台上出现，并定居巴黎。她的第一任丈夫于 1943 年在法国抵抗运动中牺牲；1946 年她成为美国公民，并与心脏病专家科特·比斯结了婚。

加布沙娃演奏了几乎所有浪漫派和古典派的作品，同时她也很喜欢现代作曲家的作品。许多现代作品都是由她首演的。她在美国首演了马尔蒂努《第三奏鸣曲》，她还向这个国家介绍了普罗科菲耶夫的奏鸣曲。她记得第一次拿到普罗科菲耶夫奏鸣曲的谱子时，她觉得乐谱上标记的速度记号太慢。她告诉普罗科菲耶夫，速度标记和她想象的不一致，普罗科菲耶夫立即对她说："照你的速度来，演奏者应该有自己的自由。"同样，在 1946 年，当她在库谢维茨基指挥的波士顿交响乐团协奏下首次演出巴伯的协奏曲之前，作曲家曾多次向她请教有关大提琴的性能问题。这首协奏曲就是为她创作的。现在出版的这首协奏曲的大提琴部分，就是由加布沙娃编订的，她还为这部协奏曲录制了唱片。

虽然已经不再演出，但是加布沙娃仍然精力充沛，一直到 1991 年都积极从事着在北伊利诺伊大学的教学工作。1992 年，大学授予她人类学博士荣誉学位。

　　教学对我来说是非常重要的，它已经成为我的第二职业。我没有什么特殊的教学方法，但是我强调演奏乐器的动作要自然，在演奏时要绝对地投入

① 见 *New York Times*，1934 年 12 月 4 日。

到音乐中去。当我和我的学生一起工作时，这是一个双向的过程，我从他们那里学到东西，我也希望他们能从我这里学到东西。当我看到一些学生在重要乐团中有了一席之地，一些学生成为优秀教授时，我感到非常满足。①

加布沙娃在美国各地举办大师班。对于大师班，她非常注重相关的行为准则。

当你告诉学生他们应当怎样去做时，这可能与他们原来的老师讲的完全相反。所以你应当注意，如果可能的话尽量避免知道这是哪位教授的学生。我不喜欢根据原来老师的想法教学生。我曾经见到过一些非常好的老师犯的错误，因为他们做得太过分了。②

我们可以从她的教学和她与学生的交谈中得到另外一个十分重要的收获。从这位非常活跃、身材矮小的女士的记忆中，学生们可以十分荣幸地得知过去许多伟大音乐家的事情，因为她曾经与哈罗德·克拉克斯顿、霍洛维茨、所罗门、鲍尔萨姆、加布里洛维奇和鲍尔合作开音乐会。她还曾经与普罗科菲耶夫、皮亚蒂戈尔斯基、拉赫玛尼诺夫、米尔斯坦、胡贝尔曼、西盖蒂、赛尔、莫里尼等人合作演奏室内乐，并多次和她的密友费尔曼合作。她讲述了与海菲茨和费尔曼一起演奏室内乐的有趣故事。当时费尔曼演奏第二小提琴，可是他是把琴朝下放着演奏的。

加布沙娃的幽默感渗透在她所做的每件事中。在多年以前的一次宴会上，她用五美金和人打赌，说她能亲一下坐在隔壁的托斯卡尼尼。这位大师见到如此年轻美丽的姑娘接近他，感到很高兴，就同意她亲一下自己。由于受到这位大师的

①② 由本书作者采访所得。

热情鼓励，加布沙娃就亲了他的两颊，并说这样她就可以拿到十美金了！

对于费尔曼，她感慨颇多，她说虽然费尔曼逝世这么多年了，可是她仍然有着强烈的失落感。

　　我们初次见面时，我只有十八岁。有趣的是，我这个小人儿当时在大厅里开音乐会，而他，当时在俄国还不出名，却是在小厅里开音乐会。我不会说德文，他不会说俄文，但是我们彼此却能够交流。从见面的那一刻开始，我们就很喜欢对方了。音乐会后，我们一起到我的旅馆房间，母亲拿来了能找到的所有食物。我们一边吃，一边演奏，当然都是齐奏，直到深夜。费尔曼非常幽默，有时甚至不顾别人的面子，开一些使人下不了台的玩笑。但是当我更了解他之后，我才认识到他实际上是一个非常谦虚的人，而且很害羞。[①]

加布沙娃一生从事演奏与教学活动，或许最能反映出她的音乐全貌和技巧能力的，就是金斯伯格所做的总结："加布沙娃的优点在于她那优秀的风格感，绘画似的乐曲处理，情绪的多种变化，当然还有她那精湛的演出技巧。这种技巧总是非常完美地表达出她的音乐意图。"[②]

扎拉·纳尔索瓦生于加拿大的温尼伯，是格雷戈尔·纳尔索夫最小的女儿。纳尔索夫是位长笛演奏家，毕业于圣彼得堡音乐学院，于1910年移居加拿大。纳尔索瓦在四岁半时就表现出对大提琴的喜爱，她的父亲用一把中提琴开始教她学习大提琴。"他是位非常好的老师，我年轻时所学到的那些技巧都是他教给我的，他不仅给我上课，而且教我怎样练习。"[③]

① 由本书作者采访所得。
② 见 Ginsburg，*History of the Violoncello*，第 264 页。
③ 见 Zara Nelsova 写给作者的信。

纳尔索瓦五岁时首次公开演出，和她的两位姐姐——一位弹钢琴，一位拉小提琴——组成"加拿大三重奏"。一年后，她跟移居加拿大的匈牙利人、波佩尔的学生迪索·马哈雷克学琴。休·罗伯顿爵士在加拿大任评审时，听过纳尔索瓦的演奏。在他的建议下，纳尔索瓦全家于1930年移居伦敦，以便女儿们能接受更好的音乐教育。

由于年龄太小，纳尔索瓦没能进入英国皇家音乐学院，但却立即被伦敦大提琴学校的瓦列恩收入门下。在该校学习的六年中，瓦列恩着重训练她的演奏技巧，并集中建立她的演出曲目。瓦列恩的一位学生斯坦菲尔德记得这位"小"姑娘给班上其他"大"同学所带来的影响。"在一次上课时，一位和纳尔索瓦一起从加拿大来的学生跑进教室说，'她是一位天才！'由于纳尔索瓦的年纪很小，我们都猜想瓦列恩一定会把她交给助教去教，但是他坚持要亲自授课。"[1]

同年，加拿大三重奏在威格穆尔大厅举行音乐会，纳尔索瓦在英国皇家音乐学院举办的赞助基金音乐会上首次在管弦乐队伴奏下演出。与此同时，十二岁的纳尔索瓦在萨金特指挥伦敦交响乐团协奏下演奏了拉罗的协奏曲。据说萨金特不太相信所谓的神童，但是这位年轻的加拿大人的成熟演奏征服了他。纳尔索瓦回忆道："这是我第一次这么正式地与管弦乐队同台演出，一切都历历在目。我仍然记得当我听到拉罗协奏曲的引子时我激动的心情，萨金特给了我极大的鼓励，这是一生难忘的经历。"[2]

1936年她在威格穆尔大厅举行的首次独奏音乐会，受到了评论界异乎寻常的热情评论。《每日电讯报》的评论员毫不怀疑地说："对她来说，似乎没有什么她不能够轻而易举地克服，并产生辉煌效果的。"

巴比罗利也是瓦列恩的学生，他对纳尔索瓦的才能印象很深。纳尔索瓦经常演奏给他听，十分重视他的建议。"我从他那里学到了很多东西，对作品的处理

---

[1][2]　由本书作者采访所得。

在很大程度上都是他教给我的。"① 正是巴比罗利将纳尔索瓦介绍给卡萨尔斯的，卡萨尔斯对她的演奏赞赏有加，并说她会有一个辉煌的未来。对这位小女孩来说，这是终生难忘的。从他们第一次见面开始，她就下定决心总有一天要跟这位大师学琴。1948 年，她的愿望终于实现了，她连续两个夏天都到普拉德去跟卡萨尔斯学琴。她感到卡萨尔斯对她产生了巨大的影响。自那以后他们有过很多交集：1959 年，她应邀担任在墨西哥城举办的卡萨尔斯比赛的评委；1960 年，还做为独奏家参加了在墨西哥阿卡普尔科举办的音乐节。

另外两位对她有着很大影响的大提琴家是费尔曼和皮亚蒂戈尔斯基。

> 由于费尔曼的早逝，我跟他学琴的时间很短，但是他所教我的一切真是非常宝贵。我跟他学琴时，已经具备很好的技巧了，但是他那极为优秀而又非常纯朴的演奏对我影响很大。他左手的动作十分简练，从而使他的左右手能十分精准地配合在一起，特别是他对乐曲纯朴自然的处理，让我受益终生。②

第二次世界大战爆发后，纳尔索瓦全家移居美国，但是直到 1942 年，她才第一次在纽约市政厅开独奏会。当评论界说她的演奏是"完美无瑕的演出"之后，她才觉得自己在这里真正立足了。她几乎和所有著名管弦乐团及指挥都合作过。1966 年，她作为第一位美国大提琴家赴苏联演出，当她在莫斯科演奏拉赫玛尼诺夫的奏鸣曲和柯达伊的无伴奏奏鸣曲时，听众几近疯狂。金斯伯格这样写道："她在演奏中所表现出的那种高贵的气质、优美动人的声音以及精湛的技巧和精准的节奏令人难以忘怀。"③

① 由本书作者采访所得。
② 见 Zara Nelsova 写给作者的信。
③ 见 Ginsburg，*History of the Violoncello*，第 266 页。

来自俄国的天才 | From Russia with Talent

纳尔索瓦首演了许多现代作品。1949年，她在英国首演了肖斯塔科维奇和欣德米特的奏鸣曲；1951年在博尔特爵士指挥BBC交响乐团的协奏下首演了巴伯的协奏曲。对那次演出，她至今记忆犹新，由于当时她还有很多其他任务，所以学习和背奏这首协奏曲只用了不到三个星期。但那次演出非常成功，后来她在巴伯的亲自指挥下，录制了这首协奏曲的唱片。在录制完这首协奏曲时，一位大提琴手跳起来冲至她的座位前，高声叫喊说在听了她演奏之后，自己再也不想拉大提琴了，随后在团员的热烈掌声中，他把自己的大提琴摔到墙上。纳尔索瓦后来得知他们挑了一把极差的大提琴，以便做出这种象征性的姿态；但是用这种方式来表达他们对纳尔索瓦艺术的高度赞扬，的确很奇特。

1949年她结识了作曲家布洛赫，并受邀参加在伦敦举行的布洛赫音乐节。在作曲家亲自指挥下，她演奏了布洛赫的《所罗门》，并录制了这首作品的唱片。她还在布洛赫的钢琴伴奏下录制了《祈祷、恳求和犹太人之歌》。自此以后，这位作曲家经常对人说："纳尔索瓦就是我的音乐。"

对她来说，教学是一种爱好，她曾在纽约朱利亚音乐学院和罗格斯大学任教。除此之外，她还有着繁重的音乐会演出任务，并定期举办公开课。她的钢琴伴奏朱利安·道森-莱尔有一次说："她对每一个问题所表现出来的那种无止境的耐心给我留下深刻的印象。她大约有二十名学生，而在上公开课时，这些问题往往要一次次反复解释。由于她有着高度的集中力，所以每一位演奏者都会觉得自己被充分重视。更值得称道的是，她对自己演奏过上千遍的音乐保持着经久不衰的热爱。"对纳尔索瓦来说，教学不仅仅是为学生提供一些指法、弓法，或是指出一些音乐上的问题，而是"带领学生对一部作品从理性和感性的角度有更深的体会，并且把技术作为表现不可分割的部分"[1]。

纳尔索瓦在舞台上光芒四射。她不仅长得很漂亮，而且身穿精心设计的长演

① 见 *The Strad*，1978年10月，第517页。

出服，让人觉得她的音乐是在空中飘荡着的。她有着激动人心的演奏特点，又有着像磁石般吸引听众的风格和个性，这在今天是很少见的；而且她还是她那一代人中最优秀的大提琴家之一。当她于 1984 年在洛杉矶演奏圣-桑《a 小调协奏曲》时——这首协奏曲她应当已经演奏过上百次了——《洛杉矶时报》的评论员这样写道："对这部人们早已熟悉的作品，我们听到的是更加新鲜、更加引人注目的声音，她恰如其分地体现了法国风格：精心修饰，但又有血有肉，抒情而不过分，充分表达着音乐的内涵。"①

纳尔索瓦有着宽广的胸怀和极强的适应性，这一点可以通过五十年代中期所发生的一个故事看出。当她于冬天第一次去西德演出时，由于她乘坐的飞机降落在了爱尔兰，所以迟到了，直到开演前几分钟才到达音乐厅，因此也就没有时间进行排练。她演奏的第一首曲子本应是德沃夏克的协奏曲，但是乐团的接待人员到机场接她时，问她下一场音乐会是否准备演奏德沃夏克的协奏曲，对此她感到很惊讶。当她上台后，才意识到这句问话的实际含意，因为她听到的不是德沃夏克协奏曲强有力的前奏，而是柴科夫斯基《洛可可主题变奏曲》的引子，且这首乐曲她已经一年没有演奏过了。但是她面不改色地接受了考验，并且演奏得十分精彩。原来，乐团通知她更改曲目的邮件由于她外出旅行而没有及时收到。

纳尔索瓦使用的是一把 1726 年由斯特拉迪瓦里制作的"科尔伯龙侯爵"大提琴。

①　见 *Los Angeles Times*，1984 年 12 月 4 日。

日本奇迹

在过去几十年里最显著的发展之一，就是出自东方的优秀弦乐演奏家的人数在不断增加。这不仅对世界各大乐团起了决定性的影响，而且这些人本身也是一流的独奏家。在这个潮流中，日本做出了巨大的贡献，许多来自这个国家的学生都显示出高超的演奏技巧，而且完全可以和有着优良传统的西方人相媲美。鉴于真正的西方弦乐演奏艺术在日本是从 1948 年才开始发展的，这种现象的出现简直可以说是一种奇迹。

这个运动的先驱就是斋藤秀雄。他与欧洲人的交往，加上他那非凡的远见和个性，改变了日本音乐的面貌。

斋藤秀雄出生在东京一个富有的家庭中，他本来是注定要在学术方面闯出一番事业来的，他的父亲是位学者、英语专家，也是英日字典编撰第一人。他对西方文学的爱好使斋藤秀雄对音乐产生了兴趣。起初斋藤秀雄学的是钢琴，他的八个兄弟姐妹，每人都学习一种乐器，但只是作为一种个人爱好。

十四岁时他已经能够指挥当地的一个曼陀林乐团，虽然这个乐团并不出众，但却给他提供了十分宝贵的机会来积累经验。由此他得到了启发，十六岁时不顾父亲的反对开始学习大提琴。十八岁时斋藤秀雄进入了索菲亚大学，学习现代语言，专修德文，然而他对学习大提琴的渴望从未减退。在这段时期，他结识了近卫皇太子。近卫皇太子是位教授，也是学校交响乐团的指挥，后来成为日本最重要的指挥家之一。1923 年近卫皇太子前往莱比锡时，就带着年轻的斋藤秀雄一起。

德国与日本在演奏水平上的巨大差距使斋藤秀雄感到震惊，于是他决定留在莱比锡，以改进自己的学识。他在那里的音乐学院跟随克林格尔学习了四年，当时他的同学有费尔曼和皮亚蒂戈尔斯基。斋藤秀雄常常讲起这样一个故事。他曾经背着克林格尔抄录了他演奏的某一首巴赫组曲的指法，当他用这种指法演奏给克林格尔听时，克林格尔说："噢不！不要用我的指法，现在有一位名叫卡萨尔斯的新人，他演奏得非常好，你最好去看看他是怎样拉的。"[1]

1927 年斋藤秀雄返回日本后，成为由近卫指挥的新交响乐团的大提琴首席。与此同时，他还经常开独奏会，并从事教学工作；他也是第一位在日本组织室内乐音乐会的人。正当他把这些想法付诸实现时，他才认识到自己仍然有许多东西需要学习。1930 年他重返德国，继续学习了两年时间，这次他是在柏林音乐学院跟费尔曼学习。

费尔曼给斋藤秀雄留下了极为深刻的印象，所有斋藤秀雄的学生都可以证明，每次上课他都会不止一次地提到费尔曼的名字。然而费尔曼对学生的严格要求却带来一些问题。据斋藤秀雄回忆，由于当时他来自东方，而东方人有着完全

---

[1] 见 *The Strad*，1997 年 8 月，第 828 页。

不同的生活方式，因此非常难于理解费尔曼的那些讽刺挖苦。对于一个东方人，而且仅仅是刚刚开始懂得什么是大提琴演奏的人来说，进行这样的调整是困难的。特别是当费尔曼说如果他再不改进的话，就再也不承认他是自己的学生时，斋藤秀雄简直被吓坏了。于是，他甚至在公共汽车或火车的车厢中，仍然在脑中模拟练习。这种做法的确大有好处，因为当他返回日本后，他发现自己的左右手技巧都有了明显的改进。他又重返 NHK 交响乐团（也就是先前的新交响乐团），与此同时也开展其他的音乐活动。

第二年，罗森斯托克从德国来任这个乐团的首席指挥。斋藤秀雄抓住这个机会向他学习，他认为这是自己音乐发展过程中的一个非常重要的阶段。他很珍视罗森斯托克所采用的严格而准确的方法。正是从罗森斯托克那里斋藤秀雄学习到了清楚而准确的拍点，并成为今后自己指挥的特点。

在第二次世界大战结束时，斋藤秀雄开始积极从事音乐教学的组织工作。他的第一个重要的尝试就是开办了一所指挥学校，许多音乐家都前来求教。为了把他在欧洲所学到的一切与他现在在日本所从事的工作联系在一起，他开始举办室内乐音乐会。这些音乐会十分普及，并且使他认识到，只要把西方音乐移植到日本文化中，就会生根发芽。

斋藤秀雄还认识到，要想对日本的音乐生活建立起长期影响，就需要从孩子入手。他从自己在欧洲的经历中体会到，音乐学习，特别是弦乐演奏，必须从幼时就开始训练，所以他把自己的希望寄托在孩子身上。1948 年他成立了第一所儿童音乐学校，租用东京家政学园的教室，并且积极地发展这个音乐中心，使孩子能从一开始就以正确的方式展开学习。日本的学校是全日制的，而且星期六还要上半天课，所以从星期六下午起，他开始给二十个在母亲陪同下的学生上小提琴、大提琴和钢琴课。当达到一定程度之后，他还给他们开设室内乐课。两年后他成立了桐朋儿童管弦乐团，这也是全日本首创的。1964 年，斋藤秀雄带领乐团到美国巡演，受到了热烈欢迎。后来这支乐团还去往苏联、东欧和西欧，受到了同样的欢迎。

斋藤秀雄那富有逻辑的头脑和执着追求的精神使他认识到，只是训练儿童，而没有能够使他们进一步受教育的机会的话也是无济于事的。于是他说服了桐朋学园的董事会成员允许他为十五至十八岁的孩子建立一所音乐高中。1952 年，桐朋学园音乐高中成立了。不久这所学校就成了桐朋学园音乐学校，在那里，十八至二十二岁的学生在日本第一次可以获得音乐毕业证书或学位。

从那以后，他不断地为促进西方音乐在日本的发展而努力，成功地说服了许多富有的家庭和企业来赞助他的计划。斋藤秀雄对音乐之外的许多事情也十分感兴趣。他了解世界上所发生的各种事情，对绘画、文学和现代科学的新发现也很有见地；他还是一位优秀的语言学家，能够流畅地使用德文、法文和英文，甚至还能讲一些中文。这在当时是极少见的。

1974 年，他积极准备着儿童管弦乐团的第二次赴美演出。尽管他知道自己的身体无法承受这种劳累，但他还是不顾一切地和孩子们一起工作。遗憾的是，在乐团出发前夕他与世长辞了。人们十分悲痛，乐团最终还是去了美国，因为这一直是他的心愿。那一次，乐团是由年轻的小泽征尔担任指挥。不管自己的工作有多忙，小泽征尔总是定期到桐朋学园任教，因为他以及他那个时代的每位音乐家都对"老斋藤"充满了感激之情。

在过去四十年出现的日本音乐家中，所有的人都受到了斋藤秀雄的影响。大提琴家井上赖丰、平井丈一朗、堤刚、岩崎洸、安田谦一郎、菅野博文、藤原真理以及山崎伸子都或多或少地和这位传奇人物学习过。

井上赖丰 1912 年生于东京，十七岁时才开始学习大提琴。他师从斋藤秀雄学习了十年，当费尔曼访问东京时他也随费尔曼上过几次课。1937 年他加入 NHK 交响乐团。1945 ~ 1948 年他作为战俘被关押在苏联，当他返回日本后就帮助斋藤秀雄组织儿童音乐学校，后来又被任命为桐朋学园音乐学校的教授。与此同时，他继续从事演出活动，还参加了德彪西的弦乐四重奏、贝多芬的晚期四重奏、舒伯特的弦乐五重奏以及普罗科菲耶夫、巴托克和肖斯塔科维奇的一些作品在日本的首演。

井上积极参与多方面的音乐活动，曾多次担任国际比赛的评委，其中包括1974年和1978年在莫斯科举行的第五届和第六届柴科夫斯基比赛。

平井丈一朗1937年生于东京，最开始跟从父亲学习钢琴和作曲，他的父亲平井康三郎是位著名的作曲家。平井丈一朗在十三岁师从斋藤秀雄学习大提琴之前已经写过一百多首作品了，十五岁时首次登台演出，两年后于桐朋学园毕业并获"每日赏"。

1957年，平井丈一朗在法国巴黎举行的第一届卡萨尔斯大提琴比赛中获得特别奖，并在皮亚蒂戈尔斯基的推荐下于1957～1961年在波多黎各跟随卡萨尔斯学琴。1961年，平井丈一朗在纽约首次公演，从那之后他就以独奏家、作曲家的身份在国际舞台活动，并在桐朋学园中教课及编订乐谱。

斋藤秀雄另外一位取得国际声望的学生是堤刚，1942年生于东京，其父是一名职业音乐家，曾经跟费尔曼的学生大村卯七学习大提琴，当时大村卯七是NHK交响乐团的大提琴首席。他还在学校演奏低音提琴和各种弦乐器。

六岁时堤刚在一所铃木学校学习小提琴。当他八岁时，他父亲的一位小提琴商朋友给他看了一把二分之一尺寸的大提琴。孩子深深地被这声音迷住，立即要求学习大提琴。九岁时他随斋藤秀雄学琴，进步很快，但是学到巴赫组曲时，他感到很不高兴。

斋藤秀雄先生坚持要我背谱演奏这些组曲，并且要求我把乐句、和声结构等等写下来，他的这些方法是直接从费尔曼那里学来的。我们从头到尾把这些组曲学习了三遍，最后终于形成了我自己的看法，这时我感觉好多了。因此我对他教我演奏这些组曲感激不尽。

虽然我每周和他上一节课，连续上了十年，但从来没厌倦过，每次我都能学到一些新东西。即使是重新学习已经学过的东西，他也能够用完全不同的观点来解释这些作品，这样你就不会觉得他是在重复某些东西。

斋藤秀雄特别会教孩子。他使用儿童能够理解的语言进行讲解，而且他从来都不会以老师的口吻对孩子说话，而是经常使用比喻的办法，如奶油蛋糕或者潜水艇在水下面、潜望镜露出水面等等来解释问题。

所有当代著名的大提琴家都上过斋藤秀雄的课，但是他们的演奏风格不尽相同。他允许他们发展各自的演奏风格，在我看来，这就是好老师的标志（显然这是从克林格尔那里继承来的）。[1]

斋藤秀雄还充分认识到应该让学生成为全面的音乐家。"他非常喜爱小型的室内乐组，而且他自己也非常积极地从事着钢琴三重奏和弦乐四重奏的演奏。所以我认为我从独奏、室内乐和乐队演奏三个方面，向他学到了许多东西。"[2]

堤刚十二岁时首次公演，是在斋藤秀雄指挥东京交响乐团协奏下演奏圣–桑的协奏曲。接下来他就和日本所有的著名乐团合作演出。1961年毕业后，他获得了富布莱特奖学金，进入美国印第安纳大学师从斯塔克学习大提琴。

堤刚对他的两位老师进行了比较，他认为他们都是非常严格的。

斋藤秀雄处理问题比较站在人性的基点上。假如有谁没有练琴，他并不太生气，但是他非常在意你当下是否努力，如果态度不认真，他认为这就是懒惰，而且会非常生气。斯塔克则不然，如果谁没有练琴的话，他就会大发雷霆，因为他比较站在职业的角度来看问题。他认为如果一个人没有练琴的话，演奏必然会乱七八糟、噪声不止，使人无法忍受。虽然我从来也没有能把自己的技巧练得完美无瑕，但是我很努力。斯塔克很欣赏斋藤秀雄的教学

---

①② 由本书作者采访所得。

—

法，他欣赏斋藤秀雄教给我的那些东西，并力图帮我建立起我自己的演奏基础。[1]

斯塔克有种能力，能把那些沉默寡言的学生"引发"出来。这对堤刚来说尤为可贵。

他坚持音乐家应当能够用音乐，也能用语言来表达自己。我是一个比较安静的人，所以他尽一切努力使我变得更加外向。他说一个人像一座东方的佛像是不行的，因为没有人会知道他们在想什么。他很喜欢学生在班上谈自己的看法，特别是对其他人的演奏发表自己的意见。这对我来说是非常困难的，这不仅是因为我缺少表达自己看法的信心，还在于我怕在讲话中使用了错误的文法而被人们所误解。

斯塔克上课时要用四十五分钟来讨论大提琴的技巧和音乐性，而只用十五分钟来演奏；斋藤秀雄的课则是拿出更多的时间来进行演奏。斯塔克具有一种将每件事物都艺术化的广阔视野，我们经常谈论美术，而他为说明某一观点常涉及某一张画或某位艺术家。这是我生活中最受影响、最丰富的时期。我先和斋藤秀雄学琴，然后再和斯塔克学琴，这是非常幸运的，因为他们各自都对自己的文化有着全面的领会。在我这里，东方和西方的文化很好地融汇在一起。[2]

不到两年，堤刚就成了斯塔克的助教，并在那里待了六年。在最后一年，他被聘任为专职艺术家。

在这期间他多次在比赛中获奖。1964年他首次在纽约和伦敦公演。评论界对

①② 由本书作者采访所得。

他那优美的声音和无懈可击的手指技能赞不绝口。接下来他就在美国和欧洲举行了多次成功的独奏演出。

堤刚在克斯莱尔指挥捷克爱乐乐团协奏下录制的德沃夏克协奏曲，是他那敏锐演奏的优秀典范，并从此纠正了人们认为日本人具有优秀的技巧但缺少感情的这种错误看法。堤刚认为这就是斋藤秀雄长期以来力图克服的一个缺点。

> 我认为当他看到日本人与欧洲人的演奏的巨大反差时，他就认识到了这个问题；可以肯定地说，这就是为什么他让我在这样小的年龄就学习巴赫组曲的原因。他认识到一味地模仿别人是没有用的，音乐家必须知道作曲家要说什么，并且必须使用自己的处理方式把这些表达出来。斋藤秀雄常说，总有一天日本的弦乐演奏风格一定会出现，不一定是在我们这一代，或许是在下一代。他总是心怀这种远见，我们作为他的学生，对他终于被人们视为一位伟大的先驱而感到骄傲。在经历了大量艰苦的工作后，他的这种看法才被人们接受。[1]

毫无疑问，日本人现在公认斋藤秀雄对本国的音乐发展，特别是大提琴演奏在这个国家的发展作出了巨大贡献。1984 年，在他逝世十周年时，东京举行了纪念音乐会，由小泽征尔指挥。演出曲目包括理查·施特劳斯的《堂吉诃德》，由堤刚演奏大提琴，今井信子演奏中提琴，安永彻演奏小提琴。"这是一个传奇性的时刻。整个乐团都由桐朋学园音乐学校的毕业生或斋藤秀雄从前的学生所组成。到这时我才意识到他的影响有多广。"[2]

堤刚的演奏曲目包括大量的古典作品，但他也是一位现代音乐的积极倡导者。就像罗斯特罗波维奇那样，他确信大提琴演奏的前途取决于现代人为它所创

[1][2]　由本书作者采访所得。

作的作品。堤刚被大量涌现的日本现代作曲家强烈吸引着。

我们作曲家中所存在的各式各样的风格是极不寻常的，人们进行了有趣的尝试，通过合成器将西方的音乐语汇和日本的音乐语汇合在一起，从而产生了十分有趣的结果。具体音乐和十二音体系的作曲技巧也都以非常有趣的方式进行了探讨。还有一些作曲家，他们所写的作品有着完全不同的风格，而且与其他的各种试验以及西方作曲家的风格毫无关系。他们似乎已经找到了某些东西，这些东西既有独特的风格又是现代的，而且仍然是日本的。我不知道这些东西为什么或者说是怎样产生出来的。另外一件鼓舞人心的事情就是年轻人对现代音乐竟如此热情！①

安田谦一郎于 1944 年生于东京，开始是在桐朋学园音乐学校师从斋藤秀雄，后来跟卡萨多和富尼耶学琴。1966 年他在莫斯科举行的柴科夫斯基国际比赛中获得第三名，从而登上了国际舞台。一位评论员说道："尽管他身材矮小，但借由他那坚强的毅力和'壮丽的演奏'，他最终取得了胜利。"有趣的是，人们认为他是一位"大胆突破传统的人"，他对《洛可可主题变奏曲》的处理方式和现在人们惯常听到的是不同的。

安田谦一郎曾在日内瓦住过一段时间，参加琉森音乐节的独奏和室内乐演出。1974 年他返回日本，继续繁忙的演出生涯，亦在桐朋学园音乐学校任教。

斋藤秀雄另外一位在 1970 年柴科夫斯基国际比赛中获奖的学生叫岩崎洸，1944 年生于中国台湾，十一岁时在桐朋学园音乐学校跟斋藤秀雄学琴，后来获得了富布莱特奖学金，到纽约朱利亚音乐学院师从罗斯学琴。有一段时间他还跟哈维·夏皮罗学习，最后获得洛克菲勒奖学金，到波多黎各跟卡萨尔斯学琴。一

① 由本书作者采访所得。

位苏联评论家在评论 1970 年柴科夫斯基国际比赛的一篇文章中赞扬了岩崎洸对乐器的高度控制力，以及他那成熟的创造力和对艺术的热爱。他所演奏的贝多芬《第五奏鸣曲》的柔板乐章，的确是"出自伟大演奏家之手"。当时担任评审的丹尼尔·夏弗朗说他有着"睿智的创新、自我的专注、内在的艺术气质"①。

自 1974 年起，岩崎洸一直在美国伊利诺伊州立大学任教，同时继续着繁忙的演出。有一次，一位原定要和香港爱乐乐团合作演出的独奏家因病不能履行演出合约，在这紧急关头，人们通知了岩崎洸。大约二十四小时之后，他在演出的当天早上八点钟抵达香港。无论是在排练或者是在正式演出时，他都没有显示出丝毫的紧张。第二天，一位评论家这样写道："演出十分成功，岩崎先生完美的技巧和精确的音准，使他能够表达出最完美的感情。尽管柴科夫斯基在他这首《洛可可主题变奏曲》中加了大量的装饰，岩崎先生依然能十分清晰地把旋律描画出来。"②

1947 年生于东京的菅野博文，七岁时跟斋藤秀雄学习，后来进入桐朋学园音乐学校。1970 年毕业后，他去瑞士跟富尼耶学琴，两年后在印第安纳大学跟斯塔克学琴。1975 年菅野博文成为斯塔克的助教。在这个时期，他继续独奏演出，并于 1974 年在莫斯科举行的柴科夫斯基国际比赛中获得第三名。夏弗朗说："在第二轮演奏中，他那有个性的演奏风格和深入音乐的特殊能力吸引着每一位听众……他的演奏富有想象力，十分清晰地表达出作曲家的意图，对音乐的结构也有着敏锐的理解。所有这一切在他演奏的卡巴列夫斯基《回旋曲》(他凭此获得特别奖) 以及日本作曲家黛敏郎的《布纳库》中都得到了充分体现。"③ 夏弗朗还进一步指出菅野博文是少数一轮比一轮更好的参赛者，他在最后一轮演奏的德沃夏克协奏曲十分精彩。

① 见 Ginsburg，*History of the Violoncello*，第 284 页。
② 见 *South China Morning Post*，1985 年 4 月 12 日。
③ 见 Ginsburg，*History of the Violoncello*，第 285 ~ 286 页。

日本奇迹 | The Japanese Phenomenon

菅野博文从不怀疑自己的处理：

音乐家首先应该真诚对待他所演奏的音乐，而且应当深入到音乐中去，我不喜欢把自己变成另外一个人，以求迎合听众的口味。演奏音乐就像我们在生活中一样，应当有自己的面孔、自己独特的个性。只有在兼具很好的演奏技巧与坚定不移的追求目标时，你才能成为一位真正的演奏家。[①]

藤原真理 1949 年生于大阪，是日本第一位著名女性大提琴家。她七岁开始跟斋藤秀雄学习大提琴，之后进入桐朋学园音乐学校继续深造。1972 年她从该校毕业，开始了成功的独奏及室内乐演出生涯，不仅在日本受到评论界的注意，在苏联、芬兰和荷兰也是如此，并于 1978 年在莫斯科举行的国际比赛中获得第二名。

藤原真理所录制的巴赫组曲受到了许多评论家的推崇。大卫·维纳在 1986 年 6 月的《数字音频》中对此做过有趣的报道："藤原真理在这些作品中发掘并展示出许多细微的变化。她能够把敏锐性和力量同时结合在一起，对每一个乐句都充满信心，这使得她的演奏看起来毫不费力。"

另外一位过着繁忙的独奏演出生活的女大提琴家是生于 1953 年的山崎伸子，也是斋藤秀雄在桐朋学园音乐学校的最后一名学生。她也从藤原真理、安田谦一郎、堤刚以及来日本访问的法国教授弗拉肖特处受到教益。之后她获得了日本政府的奖学金，去日内瓦跟富尼耶学习了两年，因此法国学派对她的影响颇深。

现在日本的弦乐演奏家已被公认为世界音乐舞台的一个组成部分，在那里也像西方世界一样有许多一流的大提琴家。这一点已经多次在国际比赛中得到证明。

①　见 Ginsburg，*History of the Violoncello*，第 285 ~ 286 页。

英国遗产

从十八世纪悄悄兴起的英国大提琴界，已经历经了约两百年的发展，出现了一大批具国际水平的大提琴家或是负有盛名的教师。赫伯特·瓦列恩和艾弗·詹姆斯是十九世纪两位最著名的教师，他们对二十世纪上半叶的绝大多数大提琴家有着显著影响。除此之外还有克林格尔、贝克以及费尔曼，他们的影响也经由学生传承下去。最后公认的大师是卡萨尔斯，他直接或间接地对英国大提琴演奏传统的形成产生了巨大的影响。总之，这批丰富的遗产为英国大提琴演奏的未来发展提供了坚实而健康的基础。

在第二次世界大战开始前的那段时期，以及战后的十几年中，西尔玛·瑞斯被公认为英国最杰出的大提琴家之一。她 1906 年生于普利茅斯，父亲是英国皇家海军的一位水手，死于第一次世界大战。母亲唱歌并演奏小提琴，为了补贴家用，她还教声乐。

瑞斯的音乐才能在很小时就显现出来了，甚至在她还没有见到大提琴之前就已经能够通过听觉来演奏钢琴了。她的母亲在旧货店花了三英镑为她买了一把小尺寸的大提琴，她拿到琴后，立即就能够在这个乐器的整个音区演奏她会唱的所有曲调。后来她每周都到普利茅斯皇家海军乐队的一位大提琴家那里上课。七岁时，当时她仅仅学了九个月的大提琴，就能公演戈特曼的协奏曲。后来，为了支付学费，她以神童的身份到英国西部演出，她唱歌、跳舞、演奏钢琴和大提琴。十一岁时瑞斯就有了第一份工作，在普利茅斯的一家瑞士餐馆中演奏三重奏。

幸好她的母亲懂得，如果想让这个孩子顺利度过天才儿童时期的话，就需要认真训练。十三岁时，她获得了到伦敦英国皇家音乐学院跟从詹姆斯学琴的机会。瑞斯对詹姆斯能在她年幼时就发现她的特殊音乐才能，并且从来不对她的音乐处理进行干涉而感激不尽。

离开大学以后的那些年是艰苦的。除了开那些严肃的音乐会以外，她还不可避免地经常要到咖啡馆、夜总会和剧院去工作，有一次甚至还去码头参加杂耍节目的演出。

1930 年，瑞斯在大学同学、钢琴家琼·布莱克的伴奏下，首次在伦敦的威格穆尔大厅举行了独奏会。一个热情的出版商立即跟她签约，在女王大厅举行的一场由伍德爵士指挥的逍遥音乐会中演奏埃尔加的协奏曲。她还与科恩、艾尔兰、萨蒙斯和亨特一起演奏室内乐。她和赫斯相熟，合作过多次，对他很是敬佩。

从此之后，瑞斯的事业稳步发展起来。她经常在电台中进行广播演出，并定期在逍遥音乐节和其他的音乐会中演出，她还到世界各地巡回演出，并被尊称为"伟大的英国大提琴家"。她那出众的容貌和热情的台风使她受到各地听众的喜爱。当她在马德里演出之后，一位西班牙的评论家甚至将她与卡萨尔斯相提并论。

1939 年在德国的路德维希港，在欧内斯特·博希指挥国家管弦乐团的协奏下，瑞斯连续两天演奏了海顿《D 大调协奏曲》，听众多达五千人。她记得当时在后台的休息室中挂了许多著名艺术家的照片，当她返回休息室时，人们告诉她，她的照片将挂在勃拉姆斯的旁边。同年 2 月，她和阿瑟·卡特罗尔在女王大厅演奏了勃拉姆斯的《二重协奏曲》，由魏因加特纳指挥皇家爱乐协会乐团协奏。她经常和著名的歌唱家一起开音乐会，有一次有人甚至夸张地说，她的演出生涯是靠与那些五音不全的业余歌者一起演出开始，在同一舞台上与伊丽莎白·施瓦茨科普夫以及保罗·罗伯逊这样伟大的歌唱家一起演出结束的。

　　尽管她在舞台上取得了成功，但是瑞斯的早年生活却充满了艰辛。由于家境十分贫寒，所以她幼年时曾感染肺结核，幸好及时治愈。二十二岁时又感染了严重的伤寒，不过自那以后她的健康状况开始好转，开始了长期而成功的演出生涯。然而从 1955 年起，她的体力严重下降，迫使她不得不离开音乐舞台，但是她那热情洋溢、乐观向上的个性，使她仍然给人充满自信的感觉。

　　她以感谢的心情回顾了她那"令人神往的音乐生活"，并幽默地讲述了幼年时期的奋斗情景。那些听过她演奏的人都说她以优美而自然的音色著称。1937年她在德国首演后，一位《汉堡日报》的评论家以"我们无法离开大厅！"为题，对她进行了有趣的描述：

　　　　在听她演奏萨马提尼奏鸣曲的第一小节后……我们马上意识到这是何等水平的一位艺术家。她是一位有着杰出演奏技巧、令人由衷钦佩的大提琴家，也是一位无论演奏巴赫、海顿、德彪西或格拉纳多斯都能自始至终感动听众的大提琴家。我们面对的是慈悲的上帝赐予天才的那种创造力，我们感谢她昨晚带来的精彩礼物。毫无疑问，她的成功是非凡的！ ①

① 　见 *Hamburger Anzeiger*，1937 年 3 月 19 日。

安东尼·巴特勒是位著名的教师，1909 年生于伦敦一个音乐气氛极浓的家庭，父亲是一位业余的小提琴家。她最早的童年回忆之一就是约阿希姆的侄女德拉伊姐妹在她们家演奏室内乐，以及与她母亲练习协奏曲。

　　巴特勒十岁时开始学习大提琴，后来因为她的父母与德拉伊一家人结识，她花了四年的时间在莱比锡音乐学院跟随克林格尔学琴，接下来她又在巴黎的诺玛尔音乐学校中跟亚历山尼安学习。

　　在二十世纪三十年代初期，虽然她已经在威格穆尔大厅成功地举行了首演，并因此获得了许多演出机会，但是巴特勒开始察觉自己的运弓存在着某些问题。她的同行、法国大提琴家阿尔文帮她解决了困难，"她有着非常漂亮的运弓，似乎能够毫不费力地就取得最清晰的、最具有穿透力的声音"。[1] 阿尔文让她在空弦上学习运弓，并用一首克鲁采的小提琴练习曲做练习，她们的努力取得了良好的效果。

　　几个月之后，当巴特勒接到紧急通知，请她代替瑞斯在逍遥音乐节上演奏海顿《D 大调协奏曲》时，她们的成果得到了验证。"当我最需要时，阿尔文为我打开了一扇门，为此我将终生感谢她。"[2]

　　1939 年巴特勒打算在三个唱诗班音乐节中演奏海顿《D 大调协奏曲》，但由于战争的爆发，所有的演出都取消了。"那非常令人失望。那天早上我第一次和乐团排练了这首协奏曲，可是随后却宣布音乐节取消了。本来我还准备与德拉伊以及赫斯一起演出三重奏呢！对于取消演出这件事，我感到非常遗憾。"[3]

　　在经历了战争初期的不稳定期后，音乐会的演出活动又重新开始了。其中最重要的是赫斯以及一些热情的音乐家在国家画廊所组织的系列午餐音乐会。他们认为尽管有空袭警报，但是伦敦人仍然应该有他们的音乐会。许多人正是听了这

[1][2][3]　由本文作者采访所得。

些古典音乐会之后，成为战后音乐会的忠实听众的。巴特勒多次作为独奏家以及室内乐演奏家参加演出。

1940 年 8 月，巴特勒与卡特罗尔在女王大厅的逍遥音乐节上首次合作了勃拉姆斯的《二重协奏曲》。她对那次演出记忆犹新，因为当晚在演出中途响起了空袭警报。根据规定，在空袭警报时不得外出，所以没有人敢离开音乐会大厅，故此音乐会只得继续下去。音乐家们合作加演了一些新节目。巴特勒和哈维·菲利普斯用两把大提琴演奏了亨德尔的三重奏鸣曲，还演奏了舒曼的钢琴五重奏。直到第二天凌晨发布了空袭解除警报，听众和音乐家们才愉快地离开了音乐厅。"对我来说这是一次非常令人激动、令人鼓舞的经历，因为它是压倒邪恶的胜利象征。"[1]

之后巴特勒曾和当时著名的小提琴家以及指挥家合作演出勃拉姆斯的《二重协奏曲》，她认为自己对这首作品的处理受到了克林格尔的巨大影响。"我非常荣幸地向他学习过这首作品，并与音乐学院的管弦乐团在莱比锡演出过两次。他曾经多次听过约阿希姆以及豪斯曼演奏这首乐曲，并从他们那里学到了许多，特别是关于这首乐曲在速度方面的处理手法。"[2]

弗洛伦斯·胡顿是一位繁忙的教师，她在伦敦的皇家音乐学院教课，也在萨福克和谢菲尔德进行私人教学。

胡顿于 1912 年生于斯卡布罗，父亲是一位职业大提琴家，曾随伦敦弦乐四重奏的创建人伊万斯学习大提琴。胡顿九岁时开始跟父亲学琴，十四岁时她考入伦敦大提琴学校师从卡梅伦，后来获得奖学金到皇家音乐学院学习，仍然继续随卡梅伦学琴。

1934 年是令胡顿难忘的一年，她首次在威格穆尔大厅举行了独奏会，在伍德爵士指挥 BBC 交响乐团协奏下演奏了贝多芬的《三重协奏曲》，和她一起

---

[1][2] 由本书作者采访所得。

演出的有弗雷德里克·格林克以及多萝西·曼利。她还首演了戈登·雅各布的《为无伴奏大提琴写的嬉游曲》以及巴克斯的《传奇奏鸣曲》，后者是与科恩合作的。

尽管她已是一位成功的大提琴家，为了提高自己的演奏水平，胡顿仍然到苏黎世去跟费尔曼学习。

> 他是一位十分优秀的大提琴家。无论从技术还是音乐的角度来说，他都是无所不能的。有一次他在大提琴上以原调演奏了门德尔松的小提琴协奏曲。没有移调！他所教我的训练技巧的方法也是我从来没有学到过的。他的运弓十分精彩，他能以绝对正确的角度将弓放在弦上，从而使弦从一开始就能振动起来。这就是我力图教我的学生所做的事，当我说一声"砰"，他们立即就知道我是什么意思。①

1936 年胡顿首演了布里奇的大提琴协奏曲《演说》，那次演出是布里奇亲自指挥 BBC 交响乐团协奏的。塞尔蒙德和苏日娅都不愿意演出这部作品，因为他们认为音乐不够大提琴化。而作曲家拒绝进行必要的修改，所以这部作品就被搁置下来了。一次偶然的机会使胡顿参与到这部作品的首演中来。一次她正在学院公爵大厅中举行的现代作品音乐会上演出——她不知道布里奇以及布里顿正坐在大厅包厢中——似乎她演奏的是一段非常混乱的高音。布里奇转身对布里顿说："如果这个女孩再拉一个高音的话，我就准备去问她，她是否愿意首演我的大提琴协奏曲。"② 胡顿非常仔细地研究了总谱，经过反复试验找出适合的指法之后首演了这部协奏曲。布里奇非常高兴。几天后胡顿收到作曲家写来的贺信，感谢她承担了别人望而生畏的艰苦工作："在征服了复杂艰难的技术后，你所表达的正

①② 由本书作者采访所得。

是我所想表达的。"①

　　自此以后，胡顿的独奏和室内乐演奏事业就兴盛起来了。1938 年，她与小提琴家大卫·马丁结婚。她是第一位在亚历山德拉宫进行电视转播的大提琴家，那次她演出的是海顿《D 大调协奏曲》，与她同台演出的还有两位舞蹈家——玛戈·方廷与罗伯特·赫尔普曼，当时这些人还不太出名。她还首演了许多作品，其中包括艾尔兰的《e 小调第三号三重奏》(和格林克、艾尔兰合作)，还有雅各布、阿兰·布什和肯尼思·莱顿的协奏曲，所有这些作品都是献给她的。她心怀感伤地回忆了莱顿协奏曲首演的情形，当时是由巴比罗利指挥哈雷管弦乐团在切尔滕纳姆音乐节上演出的，而巴比罗利是拄着拐扙走上指挥台的。那是他指挥的最后的几场音乐会之一。

　　1950 ~ 1976 年，胡顿和丈夫大卫·马丁一起邀请了钢琴家埃利斯·洛夫里奇组成了洛夫里奇—马丁—胡顿三重奏，这个三重奏后来成为英国最受欢迎的室内乐团之一。

　　教学和演出一直是她事业中并行的两项活动。1964 年她被任命为伦敦皇家音乐学院的大提琴教授，与此同时她和她的丈夫又从事着繁忙的演出活动。然而经过慎重考虑之后，他们的决定是：鉴于好的演奏者很多，而好的教师很缺乏，因此他们愿意把自己的精力集中到指导年轻人的学习中去。"音乐会的舞台是十分吸引人的，你很难想象，你将多么想念它。你和听众之间的交流让你成长，使你成为音乐家。但是一旦你把自己的精力注入教学中去，并且开始见到成果时，一切都值得了。"②

　　说到那些默默无闻的大提琴教育家，那么首先应该认识的一位就是珍·考恩。她的作品大众并不熟知，但是她培养了许多优秀学生，史蒂文·伊塞利斯、

① 　见布里奇写给胡顿的信，1936 年 6 月 19 日。
② 　由本书作者采访所得。

史蒂芬·多恩、戴维·沃特曼、舒娜·威尔森都出自她的门下。她授课的内容丰富充实，从艺术、文学到哲学，任何与音乐相关的话题都被纳入她的教学内容；她的幽默风趣使每一堂课都充满了欢笑声。

珍·考恩生于爱丁堡，原名珍·哈维·韦伯，她的启蒙老师是当地的一位大提琴教师，随后她跟随唐纳德·托维学琴。十六岁时，珍前往奥地利，师从费尔曼。珍的音乐天赋使她成为一位优秀的大提琴演奏家。在与耶德堡音乐学院院长克里斯托弗·考恩结婚后，珍的重心转移到她的三个孩子和音乐教学领域。随后，她的丈夫在阿宾汉姆和温彻斯特任职，也使得珍有机会担任大提琴教师。在卡萨尔斯的鼓励下，珍出任了伦敦的国际大提琴中心主席。

珍·考恩是一位有坚定信念的女性，她不断努力，以求在这一领域做到最好。对于音乐史，她也有着自己明确的看法。"从科雷利到库普兰再到约阿希姆，人类的激情、才能和技能都随着这些伟大的音乐家一代又一代地延续下来。从维瓦尔第到帕格尼尼再到瓦格纳和施特劳斯，这好像一个又一个轮回一样。"[1]

舒娜·威尔森，伦敦城市交响乐团大提琴首席，曾在二十世纪七十年代跟随珍·考恩学习大提琴。面对学习中的困难，珍指导威尔森把对音乐的直觉融入演奏技巧中。威尔森演奏完一首曲子后，珍都会考一考她。"她会告诉我音乐中的情感，但是我并没有从她的演奏中感知到这些情感。她将音乐中的情感直白地表达出来。但是她应该将这些情感融入每一个乐句的快慢和强弱中，并且应该非常清楚地知道自己想表达什么。"[2]

史蒂文·伊塞利斯从十岁起跟随珍·考恩学习大提琴，学习了近七年。"我所学到的所有东西最初都是来源于她的教导。"让伊塞利斯印象最深的是珍的幽默感。"曾有人让我描述一些她教学的特别之处。音乐在她的口中变得非常人性化，让人感觉到我们可以与作曲家成为朋友，在我看来这是她最特别的一点。她

[1][2] 由本书作者采访所得。

260

使音乐成为我们生命的一部分。"①

费尔曼和托维对珍·考恩的指导成为她最难忘的一段记忆。她曾说过："要你听我的，不是因为我个人，而是因为我站在了巨人的肩膀上。"② 珍并不只是招收那些天赋极高的学员，还竭尽全力帮助当地的孩子学习音乐。她的观点并不新潮，但却非常朴实。珍认为战后的音乐演奏都是为了迎合唱片行业的商业利益，她的这一想法也许是造成她并不被大众所熟知的原因。对于她自己的演奏，"你所听到的全部都是音乐"。"你不会注意到那些精湛的指法，而是专注于音乐。她能够帮助人们去发现音乐的本质。"③

威廉·普利斯的名字是有国际影响力的。他的学生来自世界的各个角落，而他又在欧洲各地举办大师班。他属于那种很受学生喜爱的教师。

普利斯 1916 年生于伦敦一户波兰移民家庭，该家族的好几代人都是职业音乐家。七岁时他在一家咖啡馆听到了一位音乐家演奏大提琴，并和他上了几节课。几个月之后，他进步神速，人们意识到这个孩子是可造之才，于是他被送进伦敦音乐学院。十岁时进入伦敦大提琴学校，师从瓦列恩。

十三岁时普利斯获得一项奖学金，使他可以有两年的时间在莱比锡音乐学院跟从克林格尔学习。他是该院所收最年幼的学生，尽管如此，他仍然能够完成所有要求。在这两年中，他学习了所有的巴赫组曲、所有皮亚蒂的随想曲以及三十二首协奏曲，其中二十四首他都能背奏。

正是在莱比锡，普利斯首次遇到了费尔曼。他们一起演奏了克林格尔的大提琴四重奏，其他两个声部则由作曲家本人及弗里茨·谢尔特尔演奏。

十五岁时，普利斯在音乐学院举行了首次音乐会，演奏的是德沃夏克协奏曲，不久他就在沃尔特·戴维森指挥下在布商大厦举行首演，演奏的是海顿《D大调协奏曲》。他在回忆当时音乐学院那种令人肃然起敬的气氛时说："你一走进

①②③　由本书作者采访所得。

音乐学院，就可以看到墙壁上写着所有曾在这里任职的教授的名字，包括舒曼、门德尔松以及雷格尔等。当时音乐学院的院长是著名的钢琴家马克斯·波埃尔。当时的学生比现在少，所以每一个学生都会得到重视。在这样一种环境中工作实在是太妙了。"①

当普利斯返回伦敦时，德国杂志对他所作的那些报道，对英国的演出市场并没有什么影响，因为当时音乐正处于低潮，与本国的音乐家相比，英国人更喜欢听外国音乐家的演奏。为了消除这种偏见，许多音乐家都在名字后面加上了"维奇"或者"斯基"之类的字样。当时普利斯的家庭以及他们的姓名都已经英国化了，所以普利斯拒绝为这种偏见把自己的名字再改回波兰名。

1933年十七岁时，普利斯进行了几次广播演出，并且在邦德街古老的伊奥利亚大厅举行了首次独奏会。他与管弦乐团第一次重要的合作演出是在休厄德指挥伯明翰管弦乐团协奏下演奏的德沃夏克协奏曲，自此之后他的事业获得了巨大的推动力。1940年他在博尔特爵士指挥BBC交响乐团协奏下，首次在电台演奏了舒曼的协奏曲。

第二次世界大战爆发后，他在军队中服役五年。在这期间，他结识了作曲家爱德蒙·鲁布拉，并与他成为终生好友。鲁布拉把他为大提琴与钢琴所写的奏鸣曲献给了普利斯和他的妻子古德，他们是在1942年结婚的。鲁布拉的《大提琴独白》也是献给他们的。

1953年，普利斯与小提琴家伊莱·戈伦、詹姆斯·巴顿以及中提琴家帕特里克·艾尔兰组成了弦乐四重奏，这激发了他对室内乐的极大热情。

> 我一直很喜欢室内乐，而且越来越多地从事室内乐的演出。这不仅仅是由于室内乐音乐会本身是令人激动的，还在于当你和另外三位你喜欢的人一

① 由本书作者采访所得。

起表达音乐时，你会有极大的满足感。很多时候我都觉得独奏生涯不能满足我。我不喜欢独自旅行，更不喜欢独自面对一个庞大的乐团和一位所谓的"杰出"指挥。①

许多著名音乐家对他的这种抱怨也有同感，因为当一位独奏家在自己家中练好了一首协奏曲，在心中确定了应当如何表达它，并作好了演出准备时，"事情会怎样呢？当你到达演出场地，等着和一位所谓'伟大的'指挥家一起演出时，他很可能并不称职。因此你就得从头到尾使劲地把它拉完"。② 普利斯强调，他这种说法并不是指所有的指挥；他一直很喜欢和博尔特爵士以及蒙特一起工作，对法国指挥家沃尔夫也有着特殊的感情。

普利斯和妻子的合作始于 1938 年，大约持续了四十年。晚年时，他被教学占据了绝大部分时间，他把多年前从克林格尔那里学到的东西传授给自己的学生。

我是一位比克林格尔更加个人化的演奏者，所以我必须得把他们拴在身旁，但是也要尊重他们的个性。当然你可以和学生一起讨论什么是好的音乐，什么是音乐中的垃圾，以便帮助他们发展好的音乐趣味，但是我不主张总是批判。你应该多发现事物好的一面。不管你是通过音乐直觉还是通过思考来进行这样的分析，这都没有关系，当你能指出好的一面时，实际上就是暗指了负面的那些，其结果是使你的学生获得了信心。③

自 1977 年起，普利斯担任梅纽因学校的客席教授。在他众多的英国学生中，

①③　由本书作者采访所得。
②　见 *Strad*，1977 年 5 月，第 9 页。

他的儿子安东尼（在巴洛克领域取得了相当大的成就）、罗伯特·科恩以及杜普蕾堪称卓越典范。普利斯的哲学原则是建立在乐观主义及平衡的基础上的。他主张鼓励学生，这样他们就会做得更努力，演奏得也必然更好。他非常反对过度练习，因为他知道重复那些错误有多大的害处。

　　我宁愿学生按照他们自己的个性自由发展，而不希望他们成为我的翻版。从某种角度来说，学生与我的关系就像我们骑马时的马具一样，只是贴在一起而不是绑在一起……表达音乐的途径是各式各样的。我们一起讨论戏剧性的抒情性，但是这里必须贯穿着强调学生的个性。帮助学生发展他们的个性也是我的工作之一……为了能够了解学生，教师自己还应当是一位心理学家。①

① 由本书作者采访所得。

延续

有不少英国的大提琴家虽然是以独奏家的身份开始自己事业的，可是后来却发现教学更有成就感。安娜·沙特尔沃思、艾琳·克罗克斯福特和奥尔加·赫格达斯是三位一流的室内乐演奏家，也是当代许多优秀大提琴家的老师。出生在苏格兰的珍·迪克森就是其中之一，她选择教学作为自己的主业，自 1967 年以来一直担任英国皇家音乐学院的教授。她觉得和年轻人一起工作非常具有吸引力。

迪克森 1921 年生于爱丁堡，从小被音乐围绕，父亲是一位对小提琴有着强烈兴趣的律师，在一个出色的业余弦乐四重奏组中演奏第二小提琴。由于经常听她的父亲练琴，她逐渐能够背诵巴赫的帕蒂塔。她还记得德拉伊姐妹经常来她家作客。博尔特是她父亲的同学，也经常来她家拜访。

五岁时她开始学习钢琴，九岁学习大提琴；她的进步一定是神速的，因为在十二岁时，她就和她父亲的一位密友唐纳德·托维一起演奏了莫扎特的三重奏。迪克森回忆托维是一位"俏皮话很多的大人物"。

二战时，迪克森以教钢琴为生，并在音乐艺术促进协会（CEMA，现已改称ACGB）和全国娱乐服务联合会（ENSA）两个组织的赞助下举行音乐会。空闲时她就开着一辆流动餐车为大家服务。1945年她获得了奖学金，到英国皇家音乐学院师从艾弗·詹姆斯学琴。

毕业后，她曾经师从富尼耶学习过一段时间。不过，她觉得富尼耶并不能在技术方面给她帮助，而当时她是如此迫切地需要这方面的学习。在这段时间她进行了多场独奏和室内乐演出，其中包括首次和斯米特三重奏出国演出。

二十四岁时她遇到了马伊纳迪，经过三年富有成效的学习，她在威格穆尔大厅举行首演，同年被任命为苏格兰皇家音乐学院的教授，并在那里待了二十七年。1953年她创建了爱丁堡弦乐四重奏，但五年后她就离开重奏组，转而加入了苏格兰三重奏。1957年她首次参加逍遥音乐节，演奏了鲁布拉的《独白》。

虽然她是英国最著名的教师之一，然而她的威信并不是建立在某几个有才能的学生身上的。

我一直对帮助人们进行自我表达感兴趣，因为当天性被解放时，你会感受到它所带来的幸福。人们内心通常会藏着一些东西，然而由于缺乏技巧，无法把这些东西表达出来。你无法把一个人教成有乐感的人，但是你可以帮助他提升技术，这样就可以把那些锁在他们内心的东西表达出来了。这使我感到无比愉快。①

除了在大学任教外，她还教了一批小孩子，因为她认为第一年所学到的东西

① 由本书作者采访所得。

最为重要。

　　如果学琴之初就把基础打牢的话，到大学时所需要纠正的就少得多了。我在教学时花费大量的时间来纠正错误，虽然我喜欢帮助学生解决技术问题，帮助他们能够更自如地演奏，但是如果他们初学时能学得更好的话，我就不必做这些工作了。我最喜欢教的是那些十二三岁的孩子，在这个年龄他们很希望能够学到正确练琴的方法，分析思考他们所做的一切，而不只是凭直觉拉琴。不幸的是，许多学生在进入音乐学院以后仍然需要这种基本训练。[①]

迪克森特别强调，学生必须尽早地独立学习。她非常不主张把学生长期留在自己身边。一旦她教会了他们学习音乐的基本方法，并且去掉了他们身上那些坏习惯后，她就把他们送到别的地方去学习了。如果是有才能的学生，她就建议他们去找那些伟大的演奏家学琴。

正是由于对这些教学基本原则的理解，使她能孜孜不倦地为欧洲弦乐教师协会（ESTA）工作。这个组织从成立以来，就一直是她音乐生活中非常重要的部分，她担任苏格兰协会的秘书一职直至 1979 年。早在欧洲弦乐教师协会成立之前，她就每周在苏格兰皇家音乐学院给学生上教学法课程。她所讲授的"教学的艺术"也一直是该音乐学院的重要课程之一。

　　我从自己的经历中学会了如何教学，我现在知道有很多知识如果在做老师之前就学到的话，益处多多。我们面前的道路是漫长的，我认为至今还没有什么人能正确地训练教师。弦乐教学是一项复杂的工作，要在同一时间训

---

① 由本书作者采访所得。

练学生的运弓、左手动作和音准非常困难。[①]

　　迪克森最坚定的信念之一，是她认为不应当把演奏家和教师分开来。"假如我们的学生在毕业之后想继续进步的话，他们就需要具备教师所需要的那些知识和理解力，因为在今后的生活中他们必须自己教自己，否则就会停止前进。"[②] 她坚信只要我们有不断改进自己的意愿，并且努力工作、努力思考，那么我们每个人都可以不断进步，但是必须具备必要的知识和理解力作为我们工作的基础。

　　另外一位任教于英国皇家音乐学院，并以他的学生技巧娴熟又有个性而著称的，是克里斯托弗·邦廷。邦廷生于 1942 年，父亲是位著名的工程师兼业余钢琴家，母亲喜爱唱歌并会演奏钢琴和大提琴。于双钢琴上进行即兴演奏在邦廷家中已经蔚然成风。

　　邦廷五岁时开始学习钢琴，六岁跟詹姆斯学大提琴。很多弦乐演奏者在儿时就放弃了钢琴的学习，邦廷则不然。现在他仍是一位很有才华的钢琴家，有一次他在电台演出了勃拉姆斯《 e 小调奏鸣曲》，钢琴和大提琴都由他本人演奏。

　　在剑桥大学就读期间，放假时他到美国随埃森伯格集中学习了一个月，他认为无论从技术还是表演方面来说，埃森伯格都是一位杰出的教师。1952 年 9 月，在去普拉德随卡萨尔斯学琴之前，他在钢琴家穆尔的伴奏下，在威格穆尔大厅举行了首次独奏会，报纸、杂志称之为"伟大的大提琴家"。到了普拉德后，卡萨尔斯邀请他在音乐节上演出。1964 年，他与钢琴家欧内斯特·勒什在威格穆尔大厅又开了一次独奏会，一位评论家说"这是本月在伦敦举行的一次杰出的大提琴独奏会"，并说他有着"抒情的声音"和"出色的技巧"，"他的曲目既符合他本人的品位又深受听众的喜爱"。[③]

---

①② 　由本书作者采访所得。
③ 　见 *The Strad*，1964 年 7 月，第 103 页。

在巴比罗利爵士指挥哈雷管弦乐团协奏下在切尔滕汉姆音乐节上首次公演芬齐的大提琴协奏曲，是他事业的转折点。接下来他就与各大管弦乐团合作，并且在逍遥音乐节上演出。在这个时期，他在博尔特爵士指挥伦敦爱乐乐团协奏下录制的布鲁赫《晚祷》受到了广泛好评。

邦廷总是积极支持现代作品，在他年轻时，他几乎从不拒绝演出任何一首新作品，因为他觉得许多作品都值得一听。后来他逐渐改变了自己的看法，对许多现代作品持保留态度，因为他觉得许多类似的作品都是不合逻辑的。虽然他觉得从纯属探讨的角度来演出某些无调性的音乐是有趣的，但他越来越确信这种音乐不适合大提琴。"我认为人们有权要求作曲家写出好的旋律来，但是有时有些作曲家也的确能够通过无调性音乐来表达自我。"① 弗朗西斯·劳斯就是这样的作曲家。劳斯写了一首小提琴和大提琴的二重协奏曲，邦廷与玛丽亚·利德卡一起演奏了这首作品。劳斯还为他写了一首大提琴协奏曲，1974 年他在比利时室内管弦乐团的协奏下首演了这首作品。其他首演的作品还有《罗斯索恩协奏曲》，当时是由萨金特指挥爱乐乐团协奏的。邦廷还参与了 BBC 交响乐团的亨策《西风颂》英国首演。

邦廷认为在创作初期，作曲家和演奏家共同磋商是有好处的。但是，作曲家往往不愿意进行这样的合作，对此他感到十分遗憾。"优秀的作曲家在为某种乐器创作时，由于自己并不演奏这种乐器，所以他们可以去找一位演奏者，帮助他们进行一点小小的修改，以便使作品更适合这种乐器。这样做丝毫不会有损于他们的尊严。"② 在邦廷看来，作品成功与否，在于当这首作品首演之后，是否仍然具有生命力。为了获得这种"生命力"，这首作品就必须很容易上手。虽然音乐作品可以有某些特别困难的乐句，可能要求演奏者要有很高的技巧，但是它对一位有能力的音乐家来说仍然是可以演奏的。他指出，巴赫、贝多芬、莫扎特以

①② 见 *The Strad*，1975 年 10 月，第 411 ~ 413 页。

延续 | The Continuing Line

及当代的欣德米特和布里顿，都会演奏中提琴，了解弦乐器，因此他们绝不可能写出无法演奏的音来。他抱怨许多为弦乐器写作的作曲家只会弹钢琴，对其他的乐器一无所知，因此他们写出来的一组一组的音需要五只手指而不是四只手指演奏。"他们不懂得使用五度音程写出来的旋律在演奏时往往会有问题。像这样的作曲家应当只写电子音乐，因为他们可以直接在录音带上作曲，而不必要求那些长期受折磨的大提琴家在他们的琴上做出荒唐的事情来。"[1]

邦廷对待技巧有自己的方法：

> 在我看来，大提琴的技巧必须建立在对人体的机械动作和整个力学系统的理解基础上。当我们演奏像大提琴这样一种困难的乐器时，重要的是尽可能地把每一件事情都简单化，以使我们能够尽情地表达自己的感情。实际上我们要研究两个方面，一方面是大提琴，一方面是演奏大提琴的人。[2]

他的理论在 1982 年出版的两册《大提琴演奏技巧论文集》中都讲得很清楚了。该书被一位美国的评论员称为"有关演奏技巧的最优秀的指南之一"。

除了进行独奏和室内乐的演出之外，邦廷的音乐活动还包括作曲和教学。他的作品有《为六把大提琴而作的赋格》（用贝多芬的主题）以及一首《大提琴协奏曲》，1986 年由 BBC 录制成唱片。当汉斯·克勒这位十分严格的评论家第一次听到这部作品时，他的评语是"伟大的成就"。多年来，邦廷在世界各地进行公开教学。由于他曾经和博尔特学习过指挥，所以也经常有人邀请他担任指挥。

另外一位兼顾演出和教学工作的大提琴家是阿马丽利斯·弗莱明。弗莱明 1925 年生于一个艺术世家。她的父亲就是那位著名的画家奥古斯特斯·约翰，

---

① 见 *The Strad*，1975 年 10 月，第 411 ~ 413 页。
② 由本书作者采访所得。

母亲是位业余的小提琴家。她的两位异父兄弟彼得和伊安都是著名作家，而另外一位兄弟戴维·约翰是位职业的双簧管演奏家。她三岁开始学习钢琴，九岁时本想学小提琴，但是她的母亲认为家中有一名小提琴手就够了，所以给她买了一把小尺寸的大提琴。

十二岁时，弗莱明就决定今后要成为一名专业的大提琴家。虽然她没有受到什么鼓励，但是她对自己定下的目标从未动摇过。十五岁时，她首次在广播电台的儿童节目中进行演出，十七岁时获得了至英国皇家音乐学院学习的奖学金，在那里她师从詹姆斯学习了三年并获得了多个奖项。

1945年富尼耶在皇家阿伯特大厅演奏的《洛可可主题变奏曲》给弗莱明留下了深刻印象。"我从未听过这样的演奏。在战争年代没有国际一流的演奏家来我们这里演出，他的演出对我是一个全新的启示。"[①] 后来她终于见到富尼耶并演奏给他听，之后她就到巴黎跟随他学琴去了。"他使我看到了大提琴演奏中的色彩、层次变化和句法划分等的巨大可能性，特别是有关运弓的技巧，使我获得了一个丰富多彩的调色板。"[②] 弗莱明始终对富尼耶十分敬重并保持着良好的关系，富尼耶逝世后，她仍然强烈地感到富尼耶对她的巨大影响。

在她的学琴生涯中也遇到了困惑不解的时期，当时她在葡萄牙的奥波多跟苏日娅学琴，同时还跟卡萨多学琴，而卡萨多有着许多非常不一样的见解。卡萨多带她去他在意大利锡耶纳的奇吉亚纳音乐学院所举办的国际大师班，并答应给她安排一些专业的机会。但是弗莱明认为她需要确定某些东西。之后由于她有机会到普拉德跟卡萨尔斯学琴，因此就中断了跟卡萨多的学习。卡萨尔斯教她演奏舒曼的协奏曲，指导了每一个弓法、指法以及乐曲细节。在结束了普拉德的学习之后，她把这首协奏曲整整停了两年，以便能冷静分析这一切。经过多角度地分析，现在她可以把一切处理变成自己的处理。她认为有机会随卡萨尔斯学琴并亲

①②　由本书作者采访所得。

延续 ｜ The Continuing Line

耳听到他的演奏大大丰富了自己的音乐经验。

1952 年，弗莱明获得了女王奖；同年，她又在她现在的住所——当时房子的主人是法国小提琴家安德烈·芒若——为巴比罗利演奏，巴比罗利深深地被她的演奏所感动，并邀请她在 1953 年的逍遥音乐节上演奏埃尔加的协奏曲。

弗莱明对自己非常严格。五十年代中期，当她与拉马尔·克劳森一起在慕尼黑举行的大提琴与钢琴二重奏比赛中获奖后，她决定至博洛尼亚继续进行自我评定。在那里，她在租来的一间房子里工作了两个月，她租房子的首要条件就是必须有一面大镜子。她每天都坐在镜子前面进行肌肉分析，这使她受益匪浅。多年之后的 1985 年，她由于摔断了踝骨，于是找到吉布森寻求帮助。吉布森在演奏姿势、呼吸及动作方面的教学，对她影响极大。

1953 年，弗莱明在穆尔的钢琴伴奏下，于威格穆尔大厅举行了首次独奏会，受到了媒体的极大关注。后来她又与杰弗里·帕森斯、彼得·瓦尔菲施等著名钢琴家合作演出。她在舞台上有着非凡的魅力，其父奥古斯特斯·约翰曾经为她画过像。她那高雅潇洒的演奏与音乐表现力一直受到同行和听众的尊敬与热爱。

虽然她与许多管弦乐团和著名指挥合作过多部协奏曲，但是她最喜爱的还是室内乐作品。她还以演奏巴赫组曲而闻名。《每日电讯报》的一位评论员在评论她演奏的巴赫《第一组曲》时说："这位大提琴家抓住了作品的内在激情，这正是巴赫所有音乐作品的生命力。"[①] 的确，她对巴赫的作品进行了大量的思索："我将非常愉快地继续研究它们，使它们更具有生命力。巴赫的音乐是与不朽联系在一起的，它将更多地成为我的一个组成部分。"[②] 她在一把由阿玛蒂制作的五根琴弦的大提琴上演奏了巴赫的《第六组曲》。

弗莱明加入过许多由著名演奏家组成的小型室内乐团。现在她与小提琴家曼

① 见 *Daily Telegraph*，1952 年 6 月 21 日。
② 由本书作者采访所得。

诺·帕利堪以及钢琴家哈米什·米尔恩组成三重奏，这个三重奏是在 1977 年艺术委员会成立七十五周年在威格穆尔大厅举行一系列音乐会时成立的。后来，米尔恩的位置由钢琴家伯纳德·罗伯茨接替。

一个成功的三重奏组必须由三位有名望的独奏家组成。困难在于必须找到一位优秀的钢琴家，他对声音的共鸣一定要很敏感，以便把弦乐器的声音融合在一起；而且又必须具有独奏家的技巧，以便完美妥善处理好对钢琴声部的各种要求。两位弦乐演奏者对事物要有共同的处理方法，这里我指的是他们的运弓风格和对各种层次的处理方式。我认为我们的重奏组很好地解决了这个问题，我们的排练是非常愉快的，因为我们都有着极高的标准，而且又都具有幽默感。

弗莱明被公认为是一流的教师，她是英国皇家音乐学院的教授。"我认为演奏和教学应该结合在一起，我们应该力图把自己所学到的东西教给别人……教学是件艰巨复杂的事情，但是对那些力图帮助每一位学生，并把他们的潜在能力充分发挥出来的教师来说，教学本身会给他带来极大的好处。"①

---

① 由本书作者采访所得。

俄国大提琴家

俄罗斯一派有一种很容易被人们辨认出来的特殊音色，这或许与俄罗斯伟大的大提琴家们的那种丰满发音有关。从皮亚蒂戈尔斯基所具有的那种洪亮的声音，我们就可以猜到他的出生地。

埃德蒙德·库尔兹与皮亚蒂戈尔斯基是同时代人，1908 年出生于圣彼得堡。早期学习钢琴，但是进步不大。八岁时听了一场音乐会，有人演奏了柴科夫斯基的《洛可可主题变奏曲》，从此之后，他就选择了大提琴。"我看到铺着红布的一个大箱子，那位独奏家坐在上面演奏，给我留下非常深刻的印象。"

这是 1917 年的事情，也就是俄国革命的时代。革命爆发后，库尔兹全家就离开俄国迁往德国去了。他此时开始学习大提琴。十三岁时他在莱比锡师从克林格尔，库尔兹对这位教师的评价并不太高。"他让你按照自己的方式去发展，你想怎样做就怎样做，甚至包括错误的东西。他只是给你一些引导，并不要求你严格地遵循。如果你是对的，那么就会向着正确的方向前行；如果你不对，那么就会就此停滞下来。"①

库尔兹至今还十分珍视克林格尔于 1924 年为他写的那封推荐信：

尽管他年纪很轻，但已经是当今杰出的大提琴家之一了。不久他就会成为最著名的大提琴演奏家。根据我多年的教学经验来看，进步得如此神速的学生是极为少见的。

十六岁时，库尔兹打算在柏林举行首次独奏会，但他不知道这样做是否明智。克林格尔就建议他说："你应该试一下，这样下次你就会更好。有了第一次独奏会的经验，以后就不会这样紧张了。"②克林格尔的鼓励起了作用。《柏林午报》的一位评论员阿道夫·韦斯曼这样写道："能够真正表达音乐的大提琴家很少，而库尔兹就是其中之一。"③不久，库尔兹就在欧洲多个城市进行了巡演，并且得到媒体热情的回应。

在巴黎，他开始受到卡萨尔斯的影响，卡萨尔斯建议他去跟亚历山尼安学一段时间。虽然亚历山尼安的教学方法与克林格尔完全相反，可是库尔兹还是认为他从这位有争议的教师那里学到了很多东西。他还到布达佩斯跟从伟大音乐家莱昂·韦纳学习了一段时间。第二年他在欧洲各大城市频繁演出。有一次他还与巴甫洛娃一起进行巡回演出，为她著名的"天鹅之死"演奏圣-桑的《天鹅》。

库尔兹先在不来梅歌剧院管弦乐团担任大提琴首席，之后又去布拉格德国歌剧院，在赛尔的指挥下担任大提琴首席。二十世纪三十年代他与斯皮瓦科夫斯基

---

①② 由本书作者采访所得。
③ 见 *Berliner Zeitung am Mittag*，1925 年 10 月 28 日。

兄弟组成三重奏，在世界各地巡回演出。1936 年他被任命为芝加哥交响乐团的大提琴首席，并在那里工作了八年。1944 年他辞去乐团职务，以便全心从事独奏事业。

1945 年 1 月，库尔兹首次在美国公演，演奏的是德沃夏克协奏曲，由托斯卡尼尼指挥 NBC 管弦乐团协奏。这场演出被 RCA 录制成唱片。这不是库尔兹的第一张唱片，但这是托斯卡尼尼唯一一张德沃夏克协奏曲的唱片。

从 1927 年起，库尔兹为 Polydor 唱片公司录制唱片。当时录唱片是件伤脑筋的事情，因为"当时并没有我们现在所使用的那种重录、补录及剪接技巧。我并不是说我是唯一录制这种唱片的人，但是我是录制过这种唱片的少数人之一。能录好的唱片很少，这的确是件可怕的事情"。①

其后几年中他在世界各地演出，并受到评论界的好评。1950 年 2 月，他在卡内基大厅举行了独奏会，之后，哈丽雅特·约翰森在《纽约邮报》上写道："整个晚上他都奏出富有表情的、灵巧敏捷的而且是具有音乐鉴赏力的声音。"在强调了库尔兹的演奏看上去是那样的不费力之后，她继续说道："除此之外，他还有一种非常丰满的声音，这种声音听上去简直像是一组而不是一件乐器在演奏。"②

库尔兹在他的演奏曲目中一直保留有几首现代作曲家的作品。他委托克热内克写了《无伴奏大提琴组曲》（Op. 84）。此外，希纳斯特拉写的《第二帕姆皮纳》以及米约的《悲歌》和《第二协奏曲》，也都是献给库尔兹的。1946 年 11 月，库尔兹在罗津斯基指挥纽约爱乐乐团协奏下，首演了米约的协奏曲。1948 年 3 月，他还首次在美国演出了哈恰图良的协奏曲，当时是由库谢维茨基指挥波士顿交响乐团协奏的；他还编订了这首协奏曲的美国版本。

① 由本书作者采访所得。
② 见 *New York Post*，1950 年 2 月 23 日。

库尔兹在室内乐方面独具天赋。他与钢琴演奏家威廉·卡佩尔合作录制的拉赫玛尼诺夫奏鸣曲受到高度赞誉。1999 年 1/2 月刊的《美国唱片指南》称这张唱片是"对音乐的一种炽热又夸张的解读，音乐中狂热的焦躁感充满了力量，而在温柔和令人心碎的强烈感情下流动着动人的行板。我真的想不出有谁能超越这张唱片"。

作为优质大提琴弓的鉴赏家，库尔兹收藏了五把图尔特制作的弓。1943 年他还买了一把斯特拉迪瓦里于 1724 年制作的"豪斯曼"大提琴，该琴是这位大师最优秀的作品之一。1900 年 4 月 25 日，当约阿希姆弦乐四重奏首次在伦敦的圣詹姆斯大厅演奏时，使用的就是这把琴。

库尔兹对大提琴演奏的最大贡献，在于他根据影印版编订了巴赫组曲[①]：自 1825 年普罗布斯特之后出现的一系列版本中，库尔兹编订的这个版本也许是最有价值的版本之一。由于没有巴赫的手稿，现在收藏在柏林国家图书馆中的是由安娜·玛格达琳娜抄写的巴赫作品的手稿，也是最接近原作的手稿。库尔兹就是根据这个手抄稿编订的，并将玛格达琳娜的手抄稿附在自己的版本中。

库尔兹从小就演奏巴赫组曲，在整个演奏生涯中，他一直尽力遵守着各种版本中所提供的指示。但是他本能地感到，这些指法和弓法对他来说都是不正确的，但是当时他无法做出任何有建设性的改变。直到 1978 年，当他七十岁时，他决定严格按照玛格达琳娜的手抄稿编订一个新的版本，这项工作几乎花去了他四年的时间，并于 1983 年出版。在这个版本中，每一页都有柏林的手稿作为对照。库尔兹还说，假如今后谁发现了巴赫本人手稿的话，他准备重新编订该版本。

显然从演奏者的角度来说，库尔兹是最适合编订这个版本的人。1952 年 1 月，他在卡内基大厅举行的一场独奏会中演奏了一首巴赫组曲之后，《纽约时报》

①　见 IMC/Kalmus，New York，1983 年。

的评论员唐斯，这位从来不说恭维话的人说："库尔兹先生将每一条旋律都演奏得宽广而崇高……就声音色彩的丰满性和变化来说，就敏锐的层次微差以及对装饰音的处理来说，这场音乐会不仅是一项成就，而且是一篇具有说服力的有关巴赫的讲演。"[1]

在二十世纪上半叶，有几位大提琴家对苏联大提琴演奏的发展，做出了巨大的贡献，但西方世界很少能听到他们的演奏。塞尔吉·舍仁斯基是莫斯科音乐学院的室内乐教授，他与他的哥哥小提琴家瓦西里·舍仁斯基、第一小提琴迪米特里·茨冈洛夫以及中提琴家瓦蒂姆·波里索夫斯基组成了贝多芬弦乐四重奏组，肖斯塔科维奇的大多数四重奏都是献给他们的。

维克托·库巴斯基在年仅十九岁时就已经是莫斯科大剧院的大提琴首席了，同时也是莫斯科音乐学院的教授，后来他又在格涅辛学院任教。小提琴家丹尼尔·弗拉德金是当时他四重奏班上的一名学生，他说库巴斯基很会讲话，非常吸引人，有时一次上课长达三个小时。他的授课是那样具有吸引力，甚至他们会忘记数拍子。他总是在上课时使用节拍器，其结果是他的学生都以节奏好而著称。

在二十世纪初期，库巴斯基还负责莫斯科国家乐器收藏馆的工作。那里有几百件珍贵的乐器，许多都是俄国革命时贵族逃走后留下的东西。其中许多都是舍雷梅特夫和尤索波夫伯爵的私人收藏品，包括斯特拉迪瓦里的"尤索波夫"小提琴。

二十世纪上半叶最重要的大提琴教授就是西米恩·科索留波夫。起初他在圣彼得堡音乐学院随达维多夫的一位名叫维尔兹比洛维契的学生学琴，后来到基辅任教。1921 ～ 1961 年间他在莫斯科音乐学院任教，教出了许多一流的学生。从下面这些名字就可以看出他的影响之大：阿兹拉马齐安（柯米塔斯四重奏）、伯林斯基（波罗汀四重奏）、克奴谢维斯基（莫斯科音乐学院的大提琴教授，并与

[1]　见 *New York Times*，1952 年 1 月 10 日。

奥伊斯特拉赫以及奥博林组成三重奏)、罗斯特罗波维奇以及科索留波夫的女儿加琳娜，加琳娜是最受人们欢迎的大提琴教师之一。

遵循着科索留波夫等人制定的标准，在俄罗斯，音乐训练和音乐演出已经达到历史最高水平。其中最受人尊重的大提琴家之一就是丹尼尔·夏弗朗。夏弗朗从小就被人们认为是位独奏家。他不仅是位受人欢迎的教师，还经常担任国际比赛的评审，第五和第六届莫斯科国际大提琴比赛就是由他担任主席。可惜的是由于战争，西方人很少听过他的演奏。

夏弗朗1923年生于列宁格勒的一个音乐家庭中。父亲是列宁格勒爱乐乐团的大提琴首席，母亲是钢琴家。他八岁时开始跟父亲学习大提琴。他的父亲是位很严格的老师，从小就让他养成刻苦认真的练琴习惯，而且总是向自己提出最高的要求。这种自幼养成的良好习惯，使他在成年之后即使进行彩排，也要穿上正式演出时的服装。

十岁时在特殊儿童音乐学校跟从亚历山大·席特里默学琴时，夏弗朗已经决定今后要从事专业的音乐工作了。夏弗朗很感激他的教师席特里默，认为席特里默是位很有个性且胸怀开阔的人。他对法律、文学和艺术都有着深刻的理解，但又从来不用这些广博的知识来吓唬学生。两年后他以列宁格勒音乐学院选中的十个天才儿童之一的身份进入了该院，并继续跟随席特里默学习。同年他在音乐学院举行的音乐会中首次进行公演，演奏的是波佩尔两首颇有难度的乐曲——《纺织之歌》和《精灵舞曲》。第二年他就在英国指挥家科茨指挥列宁格勒爱乐乐团协奏下演奏了柴科夫斯基的《洛可可主题变奏曲》，这也是他首次与管弦乐团一起演出。

1937年当夏弗朗以非正式选手的名义参加苏联国际大提琴比赛，并获得了第一名之后，就在国际上出了名。奖品之一是一把1630年由安东尼奥·阿玛蒂制作的大提琴，从此之后他一直用这把琴演奏。

1949年在布达佩斯举行的世界民主青年音乐节上，以及1950年——也就是他从列宁格勒音乐学院毕业的那一年——在布拉格举行的哈努斯·维汉比赛中，他都与罗斯特罗波维奇并列第一。

从列宁格勒音乐学院毕业后他就移居莫斯科，离开了他相伴多年的老师，这也是他艺术生涯中的危机时期。他的妻子、钢琴家妮娜·穆齐尼安鼓励他忘记自己曾经是位神童，要找到能使自己成熟的道路。

1977年夏弗朗在纽约的卡内基大厅于新泽西交响乐团协奏下进行演出，但是由于某种无法控制的原因，这场音乐会开得很糟糕。当时出席那场音乐会的斯坦菲尔德告诉我们，该团的常任指挥亨利·刘易斯已经退休了，所以决定每场音乐会都由一位不同的指挥来担任。不幸的是那场音乐会的指挥对乐团的声音控制不足，夏弗朗的音色经常被乐队掩盖，只有当他演奏巴赫的无伴奏组曲时才能听清。因此在那场音乐会中，他没有办法展示出自己真正的实力。

在这次巡回演出的其他场次中，乐队是在一位有经验而且敏感的音乐家托马斯·米凯拉克指挥下进行的，从而使夏弗朗能够在更好的状况下演奏。斯坦菲尔德这样写道：

> 他有着十分优秀而且控制自如的运弓，在他的演奏中总是力求避免那种外在的做作动作，他从来不会为了表现自己卓越的演奏技巧而牺牲音乐表情。他有着可爱的个性，并且深深地沉浸在自己的音乐之中。如果他在力度和音色的变化方面有些单调的话，那很可能是由于他不熟悉演出场地的音响效果。①

另一方面，斯坦菲尔德的确提出过这样一个问题，那就是："无论多么优秀的阿玛蒂大提琴，是否能具备一位处在演奏事业高峰期的大提琴家所需要的那种

---

① 见 *The Strad*，1977年5月，第60页。

280

足够的力量？"但是在他录制的唱片中，这把阿玛蒂大提琴丝毫没有使人感到缺乏力量。夏弗朗有着甜美的声音，他是一位非常优秀的浪漫主义作品的诠释者。他本人已经不再演奏波佩尔和克林格尔所作的那些小型乐曲，但是他建议那些想获得辉煌演奏技巧的人去演奏它们。他记得奥伊斯特拉赫曾经对他说："丹尼，手上总要有一首炫技性的小型乐曲，因为听众喜欢听这样的小曲。"

年轻的大提琴家阿尔菲亚·纳基贝科娃十五岁时跟夏弗朗学习过，她感到通过这段时间的学习，她学到了在其他地方学不到的东西。"他的确是位大师，有着辉煌的技巧。他教学十分细致，使你能真正领会他是怎样做的。他的连顿弓和跳弓非常精彩，他是通过非常轻巧准确的起奏来获得这种弓法的，也就是在弓毛和琴弦接触的那一刹那进行调整。"与许多大提琴家相比，夏弗朗更常使用弓尖部位进行演奏，而且喜欢把弓毛拧得比较松。"他就是用这样的办法演奏出优美的、像银子一般的声音来的。"[1] 纳基贝科娃总结道："在学生本人意识到之前，他早已发觉每个学生的潜在能力。他能帮助学生找出适合自己的演奏道路，这样学生就不需要模仿他，而是从他那里学到某些东西来形成自己的演奏。"

夏弗朗对演出时所使用的椅子有很特殊的要求。"椅子很高，他坐在椅子的边上。即使是与钢琴家一起开独奏会，他也使用一个很小的高台。看他的演奏非常有趣。他演奏时看上去很像一位小提琴家，很轻巧，看起来毫不费力，但是同时又感觉十分强烈。这是一种很奇特的混合。"[2]

还有两位获奖的大提琴家也是罗斯特罗波维奇的学生，毫无疑问他们也都是苏联学派的优秀产物。他们就是古特曼和麦斯基。

纳塔利亚·古特曼于 1942 年生于苏联的喀山，家中几代人都与音乐有关：母亲是位钢琴家；外祖父阿纳西姆·伯林是位小提琴家，师从奥尔；祖母也是位小提琴家，曾经跟奥尔和约阿希姆学习过；继父罗曼·萨波兹尼科夫是位大提琴

①② 由本书作者采访所得。

教师，曾写过许多有关大提琴教学的文章，颇有名气。

当古特曼还是一位小姑娘时，就在家中旁听继父给学生上大提琴课。五岁时她得到一把小尺寸的大提琴，并立即开始学习。她的继父为她上了最初的几次课，她进步得如此之快，以至于她小小年纪就被格涅辛音乐学校录取。在这所音乐学校中，她先是跟随阿兹拉玛齐安学琴，四年级以后就师从加琳娜。古特曼认为她能被加琳娜选中是非常幸运的。"她是当今最重要的大提琴教师之一，教出了许多优秀的大提琴家。我感到非常幸运的是，当我到莫斯科音乐学院继续学习的五年里，仍然在她班上学琴。"① 古特曼从莫斯科音乐学院毕业后，又花了四年时间在列宁格勒音乐学院师从罗斯特罗波维奇攻读研究生。

在这之后，古特曼在莫斯科及周边地区举行了一系列成功的音乐会，并在国内外许多比赛中获奖，例如莫斯科的柴科夫斯基比赛、维也纳学生音乐节、慕尼黑室内乐比赛以及布拉格的德沃夏克比赛。

之后她就在世界各地演出，1980 年在爱丁堡音乐节上的演出是她在英国的首演，当时是由叶甫根尼·斯维特拉诺夫指挥伦敦交响乐团协奏，她与她的丈夫奥列格·卡根一起演奏勃拉姆斯的《二重协奏曲》。

1985 年 7 月，古特曼再次来到英国，仍然是与伦敦交响乐团一起合作，由阿巴多指挥，演奏普罗科菲耶夫为大提琴与乐队写的交响协奏曲。罗伯特·汉德森在《每日电讯报》中写道："星期三在巴比肯中心，罗斯特罗波维奇过去的一位学生举行了音乐会，演奏非常精彩，甚至罗斯特罗波维奇本人也难胜过。"②

古特曼本人也承认普罗科菲耶夫的协奏曲最难演奏。"它比我演奏的另一首鲁托斯拉夫斯基的协奏曲难多了。"③ 事实上她演奏了许多现代作曲家为大提琴所写的协奏曲，只要她喜欢，她是很乐意演奏新作品的。当她在练习一首

①③　由本书作者采访所得。
②　见 *Daily Telegraph*，1985 年 8 月 2 日。

专门为她写的作品时，她会先找到这首作品的总体感觉，然后再去研究大提琴声部。"我尽量自己研究作品的演奏之道，如果有困难的话我会让作曲家来帮助我。"

评论家称赞她有着辉煌的技巧，演奏起来也很轻松，这主要是因为她相信"练习是成功之母"。她说在苏联，小孩子从小就练习音阶，音阶练习是每位音乐家每天的必修课。她认为这是获得良好技巧的正确道路。"我们用非常复杂的变化来进行练习，不仅仅是练习单音音阶，而且还要练习双音，还有大量的琶音。当你把这些音阶练好了，你的技术一定会有很大的提升。我注意到你们西方人并不坚持这样的音阶练习。"①

室内乐对古特曼来说也很重要。古特曼与李希特以及自己的丈夫一起演奏了大量的室内乐。"无论你是否想成为一位独奏家，室内乐演奏都是非常重要的。因为室内乐对音乐家的成长是必不可少的一部分，我为能和我的丈夫一起演奏大量的室内乐而感到特别荣幸。我认为，如果你喜欢演奏室内乐的话，那么室内乐的影响也会通过你的独奏表现出来。毕竟独奏这个领域是很个体化的，而在演奏室内乐时，人们相互之间可以有很多交流，因此，对我来说演奏室内乐是从音乐上得益最大之事。"②

古特曼和丈夫一起录制过多张室内乐和独奏唱片，包括拉威尔为小提琴和大提琴所作的奏鸣曲和古拜杜林娜的《庆祝》。

1944 年，凯琳娜·乔治亚出生在莫斯科的一个音乐世家。她的母亲加琳娜·萨哈罗夫是著名女高音歌唱家；她的父亲阿芒·乔治亚曾师从阿纳托利·布兰德科夫，他不仅是一位出色的大提琴演奏家，而且曾在莫斯科格涅辛音乐学院任教六十余载。

乔治亚五岁开始跟随父亲学习大提琴，七岁时进入格涅辛音乐学院继续跟随

①② 由本书作者采访所得。

其父学习大提琴。十八岁时，乔治亚考入莫斯科音乐学院，师从罗斯特罗波维奇。毕业后，二十三岁的乔治亚继续跟随罗斯特罗波维奇学习了两年时间。罗斯特罗波维奇认为乔治亚应该拓展自己的视野，于是鼓励她将莫斯科的绘画、文学以及艺术生活融入音乐中。罗斯特罗波维奇的这一方法对于乔治亚来说是一份弥足珍贵的礼物。她曾说："他的教学关注音乐的表达，这大大增加了我的表现力，让我能挖掘乐器最大的潜力，并通过乐器去表达自我。"①除了她的导师，乔治亚也受到埃米尔·贾尔斯、斯维亚托斯拉夫·李希特、大卫·奥伊斯特拉赫等到访过莫斯科音乐学院的著名音乐家的影响。在她听过的唱片中，乔治亚称赞富特文格勒"对空间与结构有着最深入的了解"，爵士钢琴音乐家埃罗尔·加纳的"音乐创作充满自由和想象力"。②

十九岁那年，乔治亚举行了首次独奏会。演出中，她与伊格尔·马克维奇指挥的莫斯科音乐学院管弦乐团合作演奏了柴科夫斯基《洛可可主题变奏曲》。三年后，乔治亚获得了 1966 年的柴科夫斯基比赛的金奖。首战告捷后，乔治亚开始了与苏联各大管弦乐团以及指挥家基里尔·康德拉辛、根纳季·罗杰斯特文斯基和叶甫根尼·斯维特拉诺夫的合作。1968 年，乔治亚到访美国芝加哥、印第安纳波利斯和费城等地，让美国的观众和艺术家们有机会了解了由哈恰图良自己作曲并指挥的《大提琴狂想曲》。此外，乔治亚还在美国的卡内基音乐厅举行了独奏音乐会，并受到广泛好评。

尽管前途一片光明，但是在随后两年时间里，乔治亚只能在国内演出。1980年，乔治亚定居伦敦；1984 年，她接替安德烈·纳瓦拉，任职于代特莫尔德音乐学院。此后，她经常往返于英国和德国。1989 年，乔治亚与尤里·泰密卡诺夫指挥的费城管弦乐团合作演出了肖斯塔科维奇第二大提琴协奏曲。虽然乔治亚专注于大提琴独奏演出，但是她一直非常喜爱室内乐，并且与帕维尔·基里洛夫和小

①② 由本书作者采访所得。

提琴家维克托·特列基亚科夫合作演奏钢琴三重奏。

乔治亚对现代作品也尤为热爱，她经常与一些作曲家合作。"在我合作过的作曲家中，我要特别提一下阿尔弗莱德·施尼特凯，他为我创作了《第四圣歌》。还有索菲亚·古拜杜林娜，我曾经多次演奏她的《最后七个字》。1996 年，为了庆祝她的六十五岁生日，我与手风琴家詹姆斯·克莱布和伦敦小交响乐团一起在伊丽莎白女王大厅演奏了这首乐曲。"①

乔治亚对待演出非常认真。她非常感谢能有一位音乐家父亲，让她与音乐结缘。她并不介意是否能够展示自己，而是竭尽所能地展现音乐的内涵。她也曾尝试过听取同事们的建议，演奏一些更适合观众口味的音乐，但是她自己感觉并不舒服，认为这种方法并不成功。无论是在身体上还是精神上，她都精心地准备每一场演出。此外，她还尝试将大提琴与瑜伽等放松的锻炼方式结合起来。难怪《泰晤士报》评价说"她的表演非常引人入胜，富于变化的颤音和节奏使音乐更富表现力。她深入挖掘音乐的结构，以强烈且直接的方式进行表达"。②

立陶宛大提琴家戴维·盖林加斯于 1946 年出生在维尔纽斯。盖林加斯家有四个男孩，戴维排行老三，而这四个孩子从小就展现出了音乐方面的天赋。盖林加斯从六岁开始进入屈尔里奥尼斯艺术学校（在这里，孩子接受正常教育，并可选择音乐、芭蕾或绘画作为一门额外的艺术科目）学习大提琴。该所学校的管弦乐团非常出色，而盖林加斯也在乐团中待了六年。

十七岁时，盖林加斯第一次登台演出，与立陶宛爱乐乐团合作。同年，他参加了莫斯科音乐学院的入学考试，并以第一名的成绩进入莫斯科音乐学院学习。当时罗斯特罗波维奇的班级里正好有一个名额，当他在走廊里遇见盖林加斯时，他说："嗨，老家伙（罗斯特罗波维奇喜欢叫他的学生'老家伙'），太不走运了，

① 由本书作者采访所得。
② 见 *The Times*，1984 年 3 月 28 日。

你得来我的班级上课了。"[1]

　　盖林加斯后来说，刚开始学习时非常困难，因为罗斯特罗波维奇对学生要求非常严格，他经常要求学生在短短的几天时间内学会一首新曲子。课程和大师班特别富有挑战性，当然要求也非常高。"罗斯特罗波维奇希望所有学生都能进步，他更多的是从音乐角度去启发学生。他常常坐在钢琴旁，而不是演奏大提琴。他经常引用交响乐或歌剧中的片段去教学，或者只演奏一段伴奏，以一种突破性的方式去表达自己的音乐理念。"[2]1968 年，盖林加斯以优异的成绩从莫斯科音乐学院毕业。随后的五年时间，他继续跟随罗斯特罗波维奇学习。1969 年，盖林加斯获得了在巴库举行的全苏大提琴比赛的一等奖；第二年，获得了在莫斯科举行的柴科夫斯基比赛第一名。

　　1975 年，盖林加斯与妻子塔加纳离开苏联，定居德国汉堡。移居德国后，盖林加斯获得卡拉扬基金授权，受邀在萨尔茨堡复活节期间与柏林爱乐乐团合作演出一个月，收入足够支撑他们一家的生活。盖林加斯曾有四年时间任北德广播管弦乐团大提琴首席，随着个人独奏事业的发展，盖林加斯离开了乐团。

　　这时的盖林加斯不仅仅是一位大提琴演奏家，也是一位大提琴教师。1977 年，他任汉堡一所大学的教授。1980 年，他任吕贝克的大学教授。他将教学描述为他"人生的第二个高潮"，并且强调教学方法的重要性。他认为，学生应该有能力发现乐曲表现中的不同，对此，他是这样解释的：

　　　　通常我们在课堂上是这样的，并且尝试着去接近音乐的源头。这样，我们就可以发现一些新颖的想法或者一些更好的方法。在最流行的一些乐曲中……我们通常在从来没演奏过的曲子上下功夫，这样我从一位教师变成了音乐会上表演的艺术家。但是，反之，我在表演方面的经验对于我的教学也

[1][2] 见 *The Strad*，1991 年 1 月，第 55～58 页。

是至关重要的。可以这样讲，表演与教学的结合使我的人生更具创造性。^①

　　盖林加斯的特别之处在于他对各个时期的音乐都非常感兴趣。他既通晓勋伯格、施尼特凯、乔治·利盖蒂和埃尔文·舒尔霍夫的作品，又谙熟巴赫、鲍凯里尼和勃拉姆斯的创作。他走在音乐发展的前沿，曾将许多俄罗斯先锋作曲家的作品介绍到西方，并演奏了很多作曲家特别为他创作的作品。1994 年，盖林加斯首次演奏了古拜杜林娜的大提琴协奏曲。而同时，他还深入研究与古拜杜林娜作品风格相反的鲍凯里尼的音乐作品。对于他来说，"音乐本身丰富多彩，充满了美妙的旋律和无尽的想象力"。^② 他录制的鲍凯里尼协奏曲系列唱片获得查尔斯·克洛斯唱片大奖，其中包括二十世纪八十年代末才被人们发现的鲍凯里尼第十二协奏曲。

　　1980 年，盖林加斯开始研究乔万尼·加布里埃利和亚历山德罗·斯卡拉蒂创作的意大利教会奏鸣曲，从此，盖林加斯对早期的大提琴音乐产生了浓厚的兴趣。他偶然间发现了海顿的低音三重奏，于是迷恋上了早期音乐和那一时期的演奏。他委托德国汉堡的制琴师休伯特·施诺尔制作了三把老式提琴（中提琴、大提琴和低音提琴），随后便熟练地演奏起这三件乐器。1982 年，盖林加斯与弗拉基米尔·门德尔松和艾米尔·克莱恩成立了盖林加斯弦乐三重奏，在阿姆斯特丹、罗马和柏林等地受到好评。除了上百首海顿的三重奏作品外，他们还演奏其他风格的音乐，包括作曲家特别为他们创作的新作品。

　　内容的丰富一直是盖林加斯个人演奏的特色。除现代大提琴和古低音大提琴外，他还演奏高音大提琴。在演奏的同时，他一直致力于大提琴历史的研究，希望能够对乐曲有更加深刻和真实的理解：

①② 见 *The Strad*，1991 年 1 月，第 55 ～ 58 页。

如果没有稳固的根基，想要在一个领域立足是很困难的。而我们的根基就在那些古老的音乐中。理解我们前人的音乐是非常重要的，我们要追寻巴赫到他的儿子们，从他们再到莫扎特和海顿，然后再到贝多芬。我们一定要清清楚楚地明白这些音乐传统，而且演奏十八世纪的勃拉姆斯或者巴赫之类的作品时一定不能用演奏浪漫主义风格的方法去演绎。[①]

盖林加斯相信，音乐家一定要勇于接受新鲜事物。"作为一位艺术家，我一直在追求真理，一直在不断探索。而对于我来说，这条探索之路永无止境。"[②]

米沙·麦斯基 1948 年生于里加的一个音乐家庭，由于他的哥哥和姐姐已经学习小提琴和钢琴了，所以他就学习大提琴，八岁时开始上第一堂课，不久就加入了家庭三重奏。

后来麦斯基从儿童音乐学校进入里加音乐学院，但是逐渐觉得那里的一切课程都安排得过于死板。十七岁时他移居列宁格勒，在那里他感到可以学到更多东西，而且他有机会参加全国大提琴比赛，并在比赛中获得第一名。第二年他在莫斯科举行的柴科夫斯基国际比赛中获奖，从而改变了他的生活。罗斯特罗波维奇当时是评审之一，他邀请麦斯基到莫斯科去跟他学琴。于是，麦斯基定期拜访位于莫斯科近郊的罗斯特罗波维奇的别墅，并受到罗斯特罗波维奇父亲一般的照拂。"罗斯特罗波维奇是一位了不起的老师，我对他终生感激不尽。他对每一首音乐作品都能找出一个适当的故事，并知道这首乐曲的相关背景。"[③]

接下来就发生了一连串的事件，那是从他的姐姐移民到以色列开始，之后他在黑市上买了一台录音机，情况就变得更坏了，最终导致他被捕入狱，结果在高尔基劳改农场关了十四个月。

①② 见 *The Strad*，1991 年 1 月，第 55 ~ 58 页。
③ 见 Hanno Rinke，"A Profile"：DG 通讯。

被释放后的麦斯基进入了精神病院，以逃避到军中服役。后来他被批准离开苏联，但是要偿还国家为培养他所花的一切费用。当时耶路撒冷的市长科列克与一位美国富翁进行联系，这位美国人答应帮助麦斯基偿还债务，等到麦斯基有钱以后再还给他。1972 年 11 月，麦斯基离开苏联到达以色列并在那里定居。

一年后麦斯基来到美国纽约，是应巴伦博伊姆和祖宾·梅塔的邀请与以色列爱乐乐团合作进行巡回演出。接下来他就在斯坦伯格指挥的匹兹堡交响乐团的协奏下，在卡内基大厅举行了成功的首演。音乐会结束后，有位年轻人来到后台请求麦斯基为他那位坐在轮椅上的叔叔演奏一曲，麦斯基欣然答允。这位老者非常感动，就把自己的一把蒙塔尼亚纳大提琴作为礼物送给了他，并且说这也许就是命运的安排。从那以后，麦斯基就用这把琴举行所有的音乐会，而且至今他都不敢相信这把琴就是这样来到他手中的。

由于罗斯特罗波维奇当时仍然住在苏联，所以麦斯基就不得不另寻一位合适的老师以便继续自己的学业。后来，有人将他介绍给皮亚蒂戈尔斯基，于是麦斯基就搬到加州去，成为皮亚蒂戈尔斯基的关门弟子。所以麦斯基也就成了唯一和两位伟大的俄国名家学习过的大提琴家。"我在加州度过的时间远比在莫斯科短得多，但是那时我更加成熟了，所以就能够更好地吸收和消化皮亚蒂戈尔斯基给我的建议，他对我的演奏给予必要的最后修饰。"[①]

1976 年麦斯基在皇家爱乐乐团的协奏下在伦敦首次公演，接下来他就与众多英国著名乐团一起演出。1977 年他在卢普的钢琴伴奏下于女王大厅举行了英国的首次独奏会。在此之前，1969 年，他就与卢普在莫斯科演出了贝多芬奏鸣曲。汉德森在《每日电讯报》中对这场音乐会进行了如下描述："这两件乐器之间如此完美的统一与平衡……又充分地显示了每个人的个性，他们从一开始就获得了一个十分成熟同时又令人满意的统一体。他们在乐句的表现、音节的划分以及色

---

① 见 Hanno Rinke，"A Profile"：DG 通讯。

俄国大提琴家｜Russia-Home and Away

289

彩的浓淡各方面，都经历了十分纯净的提炼，互相都有非常敏锐的反应，如果只是集中在某一件乐器而牺牲另外一件乐器的表现，就会大大削弱他们非常自然的表现和演奏。"①

麦斯基现在正在和他的一位新的钢琴搭档阿格里奇一起在欧洲巡演。他们共同录制的巴赫《大提琴（低音维奥尔琴）奏鸣曲》以及麦斯基所录制的巴赫组曲，获得了法国唱片大奖和东京的唱片奖。罗斯特罗波维奇曾经建议麦斯基不要过早地录制唱片。"他告诉我不要忙于录制唱片，因为在录制过程中我可能当时对自己的处理感到很满意，但过段时间或许就会发现不足之处，而唱片继续在市面上销售，自己却无能为力。"② 没过多久，麦斯基成为ＤＧ唱片公司的第一位签约大提琴家。

1985 年 10 月，麦斯基在伦敦的威格穆尔大厅举行了一场巴赫组曲的独奏会。一位评论家感慨颇深，他说："麦斯基演奏的巴赫有着不寻常的诗意、说服力并使人信服……可以十分坦率地说，他演奏的巴赫的每首组曲中的每个乐章，都有它独具的特点：作品的结构在不可思议的变化，而这一切又都被一种强有力的节奏感所支撑着。"③

这一系列的演奏特点都在 1984 年麦斯基为ＤＧ唱片公司所录制的六首组曲的唱片中充分体现出来。评论家们赞扬了他那十分明显的创造性和连贯性。约翰森描述他的演奏"有着浪漫主义的锐利光彩，以及不同于十八世纪演奏实践的新美学的一种很有说服力的连奏风格"。④

麦斯基与小提琴家克雷莫一起，在阿什肯纳齐指挥ＢＢＣ交响乐团协奏下演奏了勃拉姆斯的《二重协奏曲》，因其声音与色彩的对比而受到好评。他的能力

---

① 见 *Daily Telegraph*，1977 年 9 月 26 日。
② 见 Hanno Rinke，"A Profile"：DG 通讯。
③ 见 *Financial Times*，Dominic Gill，1985 年 10 月 3 日。
④ 见 *Ovation*，1986 年 6 月。

在于"能从统一中达到极度兴奋，而不是像通常那样靠冲突来达到这一目的"。①
麦斯基曾经把自己描述为具有极端感情的人物。他那满头怪发、深沉的眼神和敏捷的动作，纯粹是一种内心冲突的外在表现，从而使他在表现伟大作曲家的作品时变得十分敏感。他用下面这句话总结了自己："生活只给予我两张牌，那就是极大的满足和极大的灾难！"②

鲍里斯·帕加曼契诃夫也是一位享誉国际的大提琴演奏家和室内乐音乐家，并从事教学工作。他于 1948 年出生在列宁格勒，是家中的独生子。父亲是一位大提琴家，母亲是一位钢琴家，擅长声乐伴奏。鲍里斯从六岁起开始学习大提琴和作曲，师从列宁格勒音乐学院教授伊曼纽尔·菲斯曼。后来，鲍里斯进入列宁格勒音乐学院专业学习音乐，他的大提琴、钢琴和作曲老师都劝他选择他们的科目为主修专业，但是十八岁的鲍里斯最终选择了大提琴。同年，鲍里斯在列宁格勒音乐学院举行了自己的第一场独奏音乐会，演奏了鲍凯里尼、柴科夫斯基和他自己创作的音乐作品。

在大学的四年时间里，他荣获了全苏大提琴比赛冠军，并获得布拉格之春比赛的一等奖。随后，他多次在国内进行大提琴演出，并与列宁格勒爱乐乐团共同录制了他的第一张个人唱片。1974 年，鲍里斯获得了在莫斯科举行的柴科夫斯基比赛金奖。然而，尽管他收到了许多来自国外的演出邀请，但是那时候鲍里斯几乎没有去国外演出过。1977 年，鲍里斯离开苏联，到维也纳找寻执教的机会。然而，他却在德国科隆的一所大学找到一个教师的职位，任教至今。

同时，他的独奏事业也稳步发展，得到了全世界各大管弦乐团的欣赏和肯定。鲍里斯起初的大部分演出都是在欧洲的德语国家，不久后他就开始在整个欧洲演出。1989 年到 1990 年期间，他到波兰、捷克斯洛伐克等地演出。他在列宁

① 见 *The Times*，Hilary Finch，1983 年 6 月 2 日。
② 见 Hanno Rinke，"A Profile"：DG 通讯。

格勒的演出受到了人们的热烈欢迎。1982 年，他首次在美国纽约的第 92 街基督教青年会举办独奏会；两年后，鲍里斯在纽约的梅尔金音乐厅举行了第二场独奏会。《纽约时报》的艾伦·休斯曾评论说："无论从哪个角度来讲，鲍里斯·帕加曼契诃夫都是世界一流的大提琴家，但是很难理解为什么他在纽约没有得到更多的关注……他演奏的普罗科菲耶夫、德彪西和勃拉姆斯的奏鸣曲以及肖邦的《C大调引子与华丽的波兰舞曲》无论是在演奏技巧、音调还是音乐的理解方面都是顶级的。"① 因此，我们不难理解当被问到对他影响最大的大提琴家是谁时，鲍里斯回答说："费尔曼、罗斯特罗波维奇、夏弗朗和卡萨尔斯。"②

鲍里斯录制的唱片不计其数，不仅有协奏曲，还包括室内乐。钢琴家帕维尔·基里洛夫是鲍里斯多年的室内乐搭档，他们二人在音乐学院读书时就认识了。"当我们一起演奏时，并不像独奏和伴奏的关系，而是像一个真正的二重奏，这就是最大的不同。当我们排练时，我们可以探讨对音乐的理解——我们不需要去考虑两个人是否要同步之类的。我们经常在台上即兴演奏。"③

尽管鲍里斯经常到世界各地去演出，但是他对待教学仍然非常严谨认真。对于教学，他有两个主要观点：鼓励学生独立思考，教会学生如何用音乐表达自己的情感。"我认为诠释音乐作品，最重要的事情就是要努力去想象作曲家创作时的情感。将音乐的美妙表达出来的感觉让人陶醉。"④

1996 年，鲍里斯与安德烈·席夫共同参加了在伦敦的威格穆尔大厅举行的一系列纪念勃拉姆斯的音乐会。在《为单簧管、大提琴和钢琴而作的 a 小调三重奏》结束后，《泰晤士报》的希拉里·芬奇写道："鲍里斯·帕加曼契诃夫的演奏直达音乐作品的精髓。"⑤ 各大评论家也都对鲍里斯的演奏持相似观

① 见 *New York Times*，1984 年 1 月 29 日。
② 见 Pergamenschikow 写给作者的信。
③④ 见 *The Strad*，1991 年 3 月，第 242 页。
⑤ 见 *The Times*，1996 年 11 月 20 日。

点。1996 年，当鲍里斯在德累斯顿演奏柴科夫斯基的《洛可可主题变奏曲》时，《德累斯顿新闻晚报》评论说："帕加曼契诃夫将音乐的内涵与表达完美地结合在一起。高超的演奏技巧、超强的音乐领悟力以及音乐表现力在这一刻汇集。"①

① 见 *Dresdener Neueste Nachrichten*，1996 年 4 月 23 日。

一位精力充沛的俄国人

在所有移居西方的俄国人中，最著名的就是穆斯基斯拉夫·罗斯特罗波维奇。然而他并不是其家族中第一位具世界级水平的艺术家。他的父亲利奥波德·罗斯特罗波维奇是一位很有才能的大提琴家，也是当时最著名的人物。他虽出生在一个音乐世家，但却是家中第一位职业音乐家。他很小就开始学习钢琴，但很快便显示出对大提琴的特殊爱好，十二岁时就公开演出了。之后他继续在圣彼得堡音乐学院师从维尔兹比洛维契，并于十五岁时就开始在一家私立音乐学校教学。

对他那过分热情的个性曾经有过许多有趣的描述。他有这样的习惯，会像旋风一样进入教室，用他的双臂搂住教授的脖子。维尔兹比洛维契对他的印象不是很好。他感到很遗憾，虽然这孩子"很有才能"，但由于经常不准时来上课，所以担心他将一事无成。而当时音乐学院的院长格拉祖诺夫并不那样悲观。他被孩子动听的声音以及"天生的完美无瑕的技巧"所感动，他称这孩子是"一位伟大的演奏家和音乐天才"。格拉祖诺夫还说，这个孩子的手非常适合演奏大提琴。

利奥波德·罗斯特罗波维奇于1911年在华沙首演，并受到评论界的热烈好评，然后他就到巴黎去跟年轻的卡萨尔斯学琴。自此以后他的演奏生涯获得了巨大的动力，他在欧洲以及他自己的国家举行多次巡回演出。

作为一位重要的教师，多年来他在许多音乐学院任职。毫无疑问如果不是因为疾病使他英年早逝的话，他一定会成为一位国际知名的人物。在1942年4月他举行的最后一场音乐会上，他演奏了其子穆斯基斯拉夫·罗斯特罗波维奇写的一首大提琴协奏曲，并由作曲家亲自担任钢琴伴奏。

穆斯基斯拉夫·罗斯特罗波维奇是L.罗斯特罗波维奇最重要的学生，1927年出生于阿塞拜疆的巴库。四岁时跟母亲学习钢琴，就在这时他已经开始创作。六岁时他拿了一把扫帚和一根棍子当大提琴来演奏，显然他和他的父亲一样喜欢大提琴，"所以我在乐器上演奏的第一首曲子是没有声音的"[①]。六年来他一直跟随他的父亲学琴。"他不一定是最好的老师，因为他从来不注意手的姿势等等一些通常其他教师们给予高度重视的东西。但是他那极其珍贵的音乐修养激励了我，使我热爱音乐，这是作为师者极为重要的品质。"[②]

第二次世界大战爆发后，罗斯特罗波维奇全家移居奥伦堡，小罗斯特罗波维奇在那里接受了正常的教育，并就读当地的儿童音乐学校。他的演奏事业是从八岁开始的，那时他与姐姐在音乐会上演奏二重奏。十三岁时在乌克兰斯拉温思克管弦乐团的伴奏下，他首次演出了圣—桑的《a小调协奏曲》。战争期间，政府把列宁格勒的小歌剧院转移到奥伦堡，这样就让这位年轻的大提琴家有了随团到附近城市演出的机会。

①②　由本书作者采访所得。

1943 ～ 1948 年他在莫斯科音乐学院师从科索留波夫学习大提琴，同时还师从肖斯塔科维奇学习作曲。罗斯特罗波维奇十分感激科索留波夫，"是他使我非常完美地掌握了大提琴"。罗斯特罗波维奇的学习过程是很有趣的，从一开始他就没遇到任何技术困难。"我所有的老师对我演奏钢琴和大提琴的姿势都很生气，这一点与我父亲在开始教我拉大提琴时一样。他时常说'手肘要抬高'，为了他，我只好把手肘抬高，但是我感到很不舒服。上完课之后，手肘又低下来了。我一直用低手肘的位置演奏，因为这很适合我。这种姿势使我感到很舒服。"[①] 正是因为这个原因，罗斯特罗波维奇对学生的要求也总是很灵活的，只有当他认为绝对必要时才定出某些规矩，比如保持弓与琴桥平行，或者在演奏时弓子不要走"8"字形等。"当我告诉他们这样做时，他们会问我应当怎样或在何处拉成直线，我就对他们说不要太担心，因为每个人手臂的长度都不一样。我只要求弓与琴桥平行，并与琴弦垂直，只要能做到这一点，其他感到舒适就行了。"[②]

1955 年罗斯特罗波维奇与莫斯科大剧院的著名女高音歌唱家加利娜·维什涅夫斯卡娅结婚。由于他能演奏钢琴，因此他们可以在世界各地开音乐会，现在他们已经成为世界上最著名的音乐伴侣之一。但是在 1956 年他们还没有出名时，罗斯特罗波维奇在纽约卡内基大厅开了一场几乎空场的大提琴独奏会。

自从 1956 年他首次在伦敦皇家节日大厅出现，演奏德沃夏克协奏曲以来，英国人就喜欢上了这位热情的俄罗斯人。他那超凡的魅力、令人难以置信的对乐器的控制力以及天生的音乐感，强烈地吸引着听众，甚至评论界也觉得很难反对他某些蛮横的处理方式，同样的情况如果发生在某些二流的演奏家身上，就会受到猛烈的抨击。我们反复听到的辩解就是："罗斯特罗波维奇就是罗斯特罗波维奇。"关于他在 1961 年演奏的肖斯塔科维奇第一协奏曲，《斯特拉迪瓦里家族》这样评价："这部作品在他手中显示出它所具有的幽默感，热情、丰富多彩、亲

①② 由本书作者采访所得。

切而且辉煌。他在演奏快速乐章时，其节奏真是势如破竹。他将这部作品抒情的中间乐段处理得也十分亲切而具有权威性，使人难以忘怀。"[①]

本杰明·布里顿是罗斯特罗波维奇的密友之一。1960 年布里顿第一次听到罗斯特罗波维奇的演奏，后来他这样说道："很难用几句话来描述我与罗斯特罗波维奇的友谊，以及我对他的崇敬。在伦敦听他演奏时，我完全被他的天才与个性所征服，虽然从前我从来没有被作为一件独奏乐器的大提琴所吸引，但是听了他的音乐会之后，我立即决定为他写一些东西。"[②] 后来布里顿为他写了大提琴交响曲（Op. 68）、三首无伴奏大提琴组曲以及大提琴与钢琴奏鸣曲（Op. 65）。他们的这种往来使得罗斯特罗波维奇经常在奥尔德堡音乐节上出现；在布里顿逝世后，为了纪念这位作曲家，1983 年在奥尔德堡创设了第一届罗斯特罗波维奇音乐节。

1972 年 1 月，罗斯特罗波维奇在纽约举行他的第二场独奏音乐会，门票在几个小时之内就售完了，这与他第一次在这里开音乐会的情况截然不同。1972 年 2 月的《斯特拉迪瓦里家族》刊登了斯坦菲尔德的一篇有关这场音乐会的有趣描述：

> 他的弓子在弦上拉来拉去，如果你不注意看的话，简直听不出他换弓与换弦的痕迹。他的运弓自然得就像人类的呼吸，这是所有大提琴家，从初学者直到演奏家所共同追求的目标……他左手指按弦的清晰度以及他那极富歌唱性的发音，或许是罗斯特罗波维奇先生演奏技巧中最突出的一个方面。这种技术使得他无论是演奏快的或是慢的、响的还是轻的，都能发出歌唱性的传递很远的声音来。有了优秀的音准，又有柔韧的运弓，从而使他可以随心

① 见 *Strad*，1961 年 8 月，第 117 页。
② 由本书作者采访所得。

所欲地表达乐句。

自从 1956 年以来，罗斯特罗波维奇一直是莫斯科音乐学院的教授，并受到人们极大的尊重。阿尔菲亚·纳基贝科娃是他的一位学生，对他也十分敬重："他有着惊人的幽默感，如此多才多艺，能一下子就把人看透。他一听就知道人们演奏得是否真诚。而且他有着能够识别人们潜在能力的第六感。"① 他在上公开课时，对演奏者的批评也十分坦率。纳基贝科娃永远也不会忘记这位大师对她才能的评价："你有着一切，你心里有一团火，但是围绕着火的墙壁却非常厚！"② 从那以后，她确信自己能够将内心世界打开来。当她的演奏得到改进后，罗斯特罗波维奇给了她极大的鼓励。

年轻的苏格兰大提琴家莫里·威尔士自 1969 年以来也在莫斯科音乐学院跟随罗斯特罗波维奇学习过两年：

> 所有的学生都要定期演奏给罗斯特罗波维奇的助教卡利亚诺夫听，以作好技术方面的准备。这样在这位大师给学生上课时，就只解决有关音乐方面的问题了。但有时他也会来个突然袭击，要求你演奏一首练习曲或技术练习，并当场进行移调演奏，这只是为了考察你的反应能力。这种场合往往是最可怕的。
>
> 所有的课都是对大家开放的，所以经常有学习各种乐器的学生顺道来听课。教师越是好，吸引的听众也就越多。在上课过程中经常会发现在座的听众中竟有著名的李希特或者是奥伊斯特拉赫，这真是令人伤透脑筋的处境。③

---

① ② 由本书作者采访所得。
③ 见 1986 年 10 月 24 日写给本书作者的信。

威尔士证实了纳基贝科娃的看法："罗斯特罗波维奇的教学主要是放在拓展学生的想象力方面，使学生有更大的表现力，可演奏出更多的声音来。上课时罗斯特罗波维奇很少拿起乐器示范，通常他都是在另一架钢琴上进行讲解。的确，如果一位学生学习得很不彻底的话，他对技术方面的要求是很苛刻的。"[①]

罗斯特罗波维奇在国外举行的音乐会受到广大听众的热烈欢迎，他在西方所获得的名声只有小提琴家奥伊斯特拉赫可与之相比。但是到了1970年，他与苏联政府的关系变得紧张起来，他持不同政见的作家朋友亚历山大·索尔仁尼琴据说住在罗斯特罗波维奇波罗的海的别墅中。当他去西方演出的申请受到限制后，关系就更加恶化了。最后，在他们自己的请求下，1974年，罗斯特罗波维奇与家人离开了苏联。后来，他们在伦敦、纽约和巴黎都拥有了自己的家，并获得瑞士的临时国籍。1989年以后，罗斯特罗波维奇回到了自己的祖国，并得到了英雄的礼遇。

1975年罗斯特罗波维奇指挥美国国家交响乐团首次公演，并自1977年来一直任该乐团的指挥。1980年戈尔巴乔夫执政后，曾建议恢复罗斯特罗波维奇一家的国籍，但是他们婉拒了。（然而，1991年戈尔巴乔夫下台后，罗斯特罗波维奇却在没有签证的情况下冒险回国，表示对戈尔巴乔夫的支持。）1989年柏林墙倒塌后，罗斯特罗波维奇立即组织了一场音乐会，并在1999年的十周年纪念音乐会上演出。在经历了二十五年的漂泊生涯后，罗斯特罗波维奇现在在莫斯科和圣彼得堡都有了住所，还创建了维什涅夫斯卡娅-罗斯特罗波维奇基金，以帮助病童。

许多作曲家为罗斯特罗波维奇写了作品，他们对于他的处理也是满意的，而他处理新作品的方式的确是独特的。

　　首先我必须了解作曲家的其他作品。当然不是指布里顿或肖斯塔科维奇

[①] 见 Moray Welsh 写给本书作者的信。

——一位精力充沛的俄国人 | The Russian Dynamo

的作品，因为我对他们很熟悉。但是如果是一些不太出名的作曲家的作品，我就得去了解一下他所写的其他作品——当然不一定是为大提琴写的——以了解他是怎样工作的。之后，我还是不在琴上演奏，我只看乐谱，以便在脑中形成实际的音响效果。假如我试着用大提琴演奏的话，那么在我脑中开始浮现的就是技术问题。首先我必须理解这部音乐作品，它表达的是什么想法、需要什么感情，不用乐器来读谱要容易得多。然后找出什么地方应该是明亮的，或者是悲哀的。当然最重要的是高潮，一旦找到了高潮，就表示我已经理解这部作品了。然后我试着用大提琴演奏它，这时我使用的指法和弓法会有许多是不合适的。如果人们这时听我演奏的话，会感到很糟糕。然后我确定指法和弓法。指法是表达音乐的最重要的东西，首先我使用正式演出时所应该使用的正确速度来演奏它，以便确定正确的指法。我还要找出什么地方是我的弱点，音乐处理方面的弱点以及技术方面的弱点，这两个方面应当分别加以克服。①

罗斯特罗波维奇在没有做好准备之前从不与作曲家一起工作。

　　有时我发现作曲家对许多事情并不很明确，他并不是很清楚自己想做什么，因此如果在他没有做好准备之前我就演奏给他听的话，那么我们两人就都变得不明确了。我们就不得不花许多时间反复研究。因此在拿到新作品的乐谱后，在没有做好准备之前，我不会接触作曲家。直到我做好准备之后，才与作曲家讨论有关速度和力度的问题。但这时这部作品已不仅仅是纸上的音符，而是有生命力的音符了。②

①② 由本书作者采访所得。

大约有七十多部新作品是由罗斯特罗波维奇首演的，其中有很多是二十世纪下半叶最优秀的作曲家。1951 年罗斯特罗波维奇在莫斯科首演了普罗科菲耶夫那首非常难的第二大提琴协奏曲，即《交响协奏曲》，作曲家对他说，听了他的演奏之后，他认为有必要对这部作品进行修改。现在我们演奏的这首作品就是修改后的版本。第二年，罗斯特罗波维奇还与卡巴列夫斯基合作完成了普罗科菲耶夫大提琴协奏曲（Op. 132）。

罗斯特罗波维奇非常重视大提琴演奏曲目的扩充。虽然他认为大提琴的演奏水平现在可能已经达到了顶峰，而且现在演奏这件乐器的人数也是空前的，但是如果不继续增加新曲目的话，大提琴演奏艺术也很可能面临着灭亡的危险。

> 大提琴的演奏曲目并不多。这些标准曲目非常美，但是它们所使用的技巧已经为人熟知了。我在这里不是谈乐曲处理问题，而是技巧问题。我们已经讨论过的那些作曲家，例如贝尔格与斯特拉文斯基，他们都为大提琴提供了一些新技巧。他们写的每一部作品对我们来说都是一项挑战。例如布里顿的大提琴组曲就向我们提出了一些技术性问题，正是这些作曲家才把大提琴推向前方，而且令人感到兴奋。假如我们只把自己局限在现有的这些曲目中，我们就不能前进。当我听到年青一代的大提琴家演奏时，我总是感到十分愉快，因为现在我们有这么多优秀的年轻人，如马友友、哈瑞尔和瑞典的赫尔默森等等。杜普蕾对大提琴的发展也有很大的贡献。她是如此了不起的一位天才，对大提琴的发展起了极大的促进作用，因为她演奏了各式各样的作品，并激励作曲家为她创作。[1]

他还提到富尼耶及马雷柯尔这两位老一辈的大提琴家。他们都借由演奏年轻

---

[1] 由本书作者采访所得。

作曲家的作品来支持他们的创作。

罗斯特罗波维奇现在使用的是一把著名的"迪波尔"大提琴，这把由斯特拉迪瓦里制作的大提琴曾经是让-路易·迪波尔的财产，如今这把名贵的乐器只得在边板上带上拿破仑的马刺疤痕度过它的余生。

> 这是我一生仅见最好的乐器。它并不是很有力量，但是有着非常好的音质，就像银子一般。我非常喜欢它的声音，但是我认为乐器都有适合自己演奏的音乐类型，因此一把好的大提琴就必须在声音上具备很大幅度的色彩变化。有时你需要男中音的声音，有时则需要戏剧性的或者抒情的男高音，而有时必须有很强的低音就像很深的男中音的声音。我有一把戈弗里勒大提琴，当我需要强调低音时我喜欢用这把琴演奏；当我需要不同的音质时，我喜欢换一把乐器演奏。[1]

有段时间他还有过一把斯托里奥尼和另外一把斯特拉迪瓦里，也就是被称为"维斯康提"的大提琴。他就是使用这把乐器于 1974 年在卡拉扬指挥柏林爱乐乐团协奏下录制了德沃夏克的大提琴协奏曲。

虽然他非常喜欢那把"迪波尔"大提琴，但是他也很清楚有时需要使用现代的乐器。他有一把佩雷森制作的大提琴，他认为这把琴有着强有力的穿透力。还有另外一把新琴是瓦泰罗特为他五十岁生日制作的。现代音乐厅的环境以及现代管弦乐团的巨大编制需要有适合的乐器，罗斯特罗波维奇是当代一流大提琴家中少数能认识到这一点的大提琴家。他讲述了演奏肖斯塔科维奇非常难的《第一大提琴协奏曲》时的情况："当我演奏终曲的结尾时，我用整个拳头攥住弓子，因为用一般方式握弓的话，手指的力量已经不够用了。我认为为了满足这样的要

---

[1]　由本书作者采访所得。

求，在制作大提琴方面需要有新的发展。有时一把优质的现代乐器往往更能演奏出你所需要的声音来。"如果演奏者想演奏出必要的力量的话，他认为在琴和弓两方面都有很多发展空间，在十八世纪制造这些乐器时，根本就没人想到要让它们发出这样大的力量来。"如果你不能把你的声音传得很远，那么你怎么能在五六千名观众的面前演出呢？在大厅演奏时我经常改变我的力度，但是这总是有限的。我希望能有一把有着更大能量的琴和一把更适合我手臂的弓。"

不管罗斯特罗波维奇演奏的是哪一把琴，人们总是可以认出他来。但他也曾经没被认出来过。肯尼迪总统曾邀请他在林肯中心举行的一场特别的慈善音乐会上演出，在幕间休息快要结束时，一位矮小秃头的音乐家拿了一个大提琴的箱子想走进后台，安保人员前来阻止他，并且对他说没有票不能进来。"我是罗斯特罗波维奇，我没有票。"显然他的英语说得并不是很好，于是安保人员又很慢地再对他解释一遍，回答仍然一样："我是罗斯特罗波维奇，我必须进去。"经过多次反复之后，许多安保人员与官方工作人员都围了上来，但是问题仍然在于入场券，没有票就不能进去。过了一段时间后，他们气愤地告诉他总统和其客人正在等待下一位艺术家的演奏，他妨碍了音乐会的进行。最后，正当他们处在十分尴尬的场面时，总统的私人秘书来了。他将安保人员全都撤开，并向他致以深深的歉意，然后领着这位艺术家走了。一位安保人员挠挠自己的头对同伴说："喂，罗斯特罗波维奇这家伙是什么人？"

自 1992 年担任艾维昂音乐电影节主席以来，罗斯特罗波维奇仍然坚持到世界各地演出并举办大师班。他一生获得过三十多项荣誉奖项。俄罗斯为他颁发了斯大林奖和列宁奖，并授予他"人民艺术家"称号。法国授予他法国荣誉军团勋章，英国皇室也授予他二等高级英帝国勋爵士，其他十个国家也向他颁发了自由勋章。

必要的艺术

虽然我们现在有了一些用古代小提琴演奏古代音乐的优秀演奏者，但真正使用巴洛克时代的大提琴演奏古代音乐的专业演奏者却并不多见。第一位向现代人介绍未经改良过的古乐器的人就是鲁道夫·多尔梅奇，他于 1926 年在赫泽米尔音乐节上用古乐器演奏了《第六勃兰登堡协奏曲》的大提琴声部，第二年则用巴拉克·诺曼制作的一把五根琴弦的大提琴演奏了巴赫的《第六组曲》。多尔梅奇是在古乐器专家 F. T. 阿诺尔德的建议下这样做的，而且他只有三个月的时间来掌握这个乐器。

奥古斯特·温辛格 1905 年生于瑞士的巴塞尔。他是格伦梅尔和费尔曼的学生，早在二十世纪二十年代就开始学习低音维奥尔琴，并且跟梅布尔·多尔梅奇学过，后来还学过巴洛克大提琴，现在他可以熟练演奏这三种乐器。当人们问他同时演奏这三种乐器是否会感到困难时，他回答说："唯一的困难就是你必须每天找出时间来练习这三种乐器，这样在需要轮换演奏它们时，你就不会有任何困难了。"①

另外温辛格还对美国的古乐器演奏发展做出过巨大贡献。美国俄亥俄州的奥柏林音乐学院 1972 年成立了巴洛克演奏学院，该院每年夏季都举行演出。自该院成立以来温辛格一直是该院的音乐指导。

迪米特里·马克耶维奇于 1923 年出生在瑞典的一个俄罗斯家庭中，他演奏巴洛克大提琴，也演奏现代大提琴，并且在法国的诺玛尔学校以及巴黎的拉赫玛尼诺夫音乐学院任教。他还写了一本有关大提琴的著作。

尼古拉斯·哈农库特于 1929 年出生于德国柏林，毕业于维也纳音乐学院，师从保罗·格伦梅尔和埃马努埃尔·布拉拜克。1952 年至 1969 年，哈农库特曾在维也纳交响乐团担任大提琴演奏员，在此期间，哈农库特开始研究早期音乐，并多次在音乐会上演奏古大提琴。1953 年，哈农库特成立了维也纳古乐合奏团，专门演奏早期音乐。经过四年的准备，1957 年，他们开始举行音乐会，演奏十三至十八世纪的作品，得到了观众的肯定。1966 年，乐团在美国和加拿大举行了首演。今天，哈农库特已成为早期音乐表演的权威，他录制的蒙特威尔第和拉莫的作品获得多项国际大奖。

荷兰的安纳·毕尔斯马一直被人们称作他那个时代"最伟大的巴洛克大提琴家"。显然由于他在这个领域的领先地位之故，他演奏的早期曲目大概是他最重要的成就。然而无论是从演奏曲目、演奏技巧或者他的爱好来说，他都是一位全面的音乐家。毕尔斯马借着自己对大提琴演奏史上的风格变化和技巧发展前景的透彻理解，从而把大提琴演奏中的某些基本的、被人们忽视的演奏特点，重新挖掘出来。此外，他对待浪漫主义和二十世纪的音乐也有同样的理解和热情。

① 由本书作者采访所得。

毕尔斯马 1934 年生于海牙，父亲是一位职业小提琴家、长号演奏家、作曲家以及指挥家。因为他们的家庭弦乐四重奏组缺少一位大提琴手，毕尔斯马的父亲就给这个八岁的孩子买了一把小尺寸的大提琴，并且给他上课。毕尔斯马之所以进步得如此之快，无疑与他在可塑性极强的幼年时期学习了这么多的室内乐作品有关。

　　1950 年，十六岁的毕尔斯马进入海牙皇家音乐学院，在那里他跟布姆坎普学习了五年。布姆坎普是音乐会堂管弦乐团的大提琴首席，也是荷兰弦乐四重奏组的大提琴演奏家。毕尔斯马发现布姆坎普是位对大提琴演奏历史非常感兴趣的优秀教师，而且还收藏了许多古乐器。正是在布姆坎普的藏品中，毕尔斯马第一次见到并演奏了巴洛克大提琴。

　　1958 年毕尔斯马在阿姆斯特丹的荷兰歌剧院管弦乐团担任了一年的大提琴首席（当然是现代大提琴），这是他第一个重要的专业职位。第二年他在墨西哥举行的卡萨尔斯比赛中获得了第一名，当时纳瓦拉是评委之一。对这位年轻人的演奏印象很深的纳瓦拉注意到在其运弓中存在着一些问题，于是他就邀请毕尔斯马到他巴黎的家中去跟他学琴，并且不收他的学费。"他对我非常好，给我免费上了三次非常好的课。我想那时他一定非常忙，但是他还是抽出时间给我上课。他对运弓懂得很多，特别对手指在弓杆上的位置有相当的研究。这些课给了我很大的帮助，同时我对他的慷慨行为感激不尽。"[①]

　　接下来毕尔斯马被聘任为音乐会堂管弦乐团的大提琴首席，从 1962 ~ 1968 年他一直在那里工作。尽管据他回忆在那里的工作是愉快的，而且认为那里有很优秀的大提琴声部，然而他对乐团的整体演奏持保留态度。"我同意乐团对艺术家来说提供了有益的经验，然而就整体而言，问题在于'美和丑'已经或多或少地被'正确和错误'代替了。"[②]

[①②]　由本书作者采访所得。

1963 年 3 月 10 日，毕尔斯马在威格穆尔大厅举行了首次独奏会。当时他演奏的作品是从贝多芬、韦伯、柴科夫斯基到福雷，以及一位荷兰的现代作曲家巴丁斯。从他的曲目来看，那时他还没有显示出对巴洛克作品的爱好，有评论称："他的演奏是如此具有说服力，富于乐感，同时给人们带来巨大的享受。他的技巧总是能够满足他音乐表现上的要求，他的音准极为出色。"①

毕尔斯马既能演奏现代音乐又能演奏巴洛克音乐，并能根据不同时期的作品选用不同的乐器，因而享有国际声誉。他有一把由戈弗里勒于 1695 年制作的非常漂亮的巴洛克大提琴，使用的弦是两根羊肠弦和两根镀银弦；一把 1835 年由普雷森达制作的现代大提琴，在这把琴上他装了羊肠的 A 弦、铝制的 D 弦和两根包银的羊肠低音弦；他还有一把小型大提琴，是泰洛瑞安约于 1700 年所作，他用这把琴演奏巴赫的《第六组曲》。

普利斯对他的演奏大加赞赏：

当他演奏巴赫组曲时，他并不像许多人那样将巴赫演奏得像是拉赫玛尼诺夫。我曾经多次在不同的场合听到他演奏各种类型的曲目。他是一位非常难得的演奏家，因为他可以在音乐中说出这么多不同的语言来，这里不是指某种专家所谓的那种狭隘的语言。我曾经听他演奏过肖邦的奏鸣曲，这是一首大型作品，而他演奏得十分辉煌。他还演奏了贝多芬《竖笛三重奏》，棒极了！这就是我所谓的大提琴上的音乐家而不仅仅是大提琴家。②

他定期在美国、澳洲以及欧洲各地进行演出，1986 年 3 月很难得地来到英国演出，在伦敦开了两场巴赫组曲的音乐会，场场座无虚席。听众中有那么多著

① 见 *Strad*，1963 年 4 月，第 437～439 页。
② 由本书作者采访所得。

名的大提琴家，证明了同行们对他的钦佩之情，并且在会后纷纷来到后台向他表示祝贺。

也许对毕尔斯马的演奏描述最得当的是他最亲密的朋友和学生丹古尔：

他既不是一位纯粹主义者，也不是一位学究。他首先是一位音乐家而不是一个考古学者；他讲述的是一种具有个性的而且是很高级的音乐语言。他在装上羊肠弦的古乐器上演奏，当需要时他就使用稍短而且呈拱形的巴洛克时期的弓子，握弓姿势不是放在弓根处而是放在弓杆上，将大提琴夹在两个小腿之间，而且不用尾柱。对他来说这样做就意味着可以取得更多的表情变化，而不是以此作为表情少的一种借口。他不同意某些人认为使用这样的演奏技巧只能产生虚弱、粗糙的声音，不良的音准以及完全不能进行连奏的错误想法，这些人错误地认为真正的巴洛克时期的声音是没有连奏的。从他的羊肠弦上，他能发出一种非常甜美而纯净抒情的声音，充分挖掘了羊肠弦所具有的那种特殊的音质特点，通过使用各种不同的起点，加上调整好子音和元音的比例关系从而产生一种像说话般的声音。一般说来钢丝弦更适合悠长的歌唱性的旋律线条，但羊肠弦则要求更加细致变化，从而赋予巴洛克时期的音乐以生命。在最近一次瑞典广播电台对他进行采访时他极富幽默感地说道："钢丝弦是过时的东西！"[1]

1986 年春，毕尔斯马举行了一系列的讲座，论述了从巴赫、鲍凯里尼一直到贝多芬奏鸣曲、拉威尔的二重奏以及欣德米特的独奏奏鸣曲。很多著名的大提琴家都来了，有年长的，也有年幼的，甚至常常只能站着听课。他的讲课之所以如此吸引他的同行们，不仅仅是由于他有着辉煌的技巧和自然的音乐感觉，还由

[1] 见 Armand d'Angour 写给作者的信。

于他对大提琴发展的历史以及历代著名的演奏家有着深刻的理解。他所演奏的轻快活跃的舒伯特以及极富舞蹈性的鲍凯里尼，都有着他们自己独特的生命力。

不仅舞台演奏十分有感染力，他那种令人愉悦的特质对于大师班的学生来说也同样有用。他不是那种令人折服的大演奏家，但是他说的每一句话都很引人注目。他有着一种严肃的幽默感，对学生演奏中可能存在的困难有着无限的耐心，无论是著名的演奏家或是业余爱好者，他都有能力帮助他们演奏得更好。他善于使用比喻，例如"当你拨弦时，你可以想象你正在和你不喜欢的人讲话，这样你就可以有更多的表情了"，或者"我们演奏出来的音符就像嘴里吐出的烟一样，它不会突然停在那里"。在寻找某种弓法或指法时，他的建议往往是"如果你平时能演奏得很好，而换了这种新的指法或弓法，在三天之内还不能掌握的话，我建议你把它改掉。显然对你而言这并不是一种好的指法或弓法"。他还会严肃地加上一句："其原因可能是很有趣的。"①

无论是试着在技术还是表现方面取得成功，他总是以一种幽默感将其结合在一起。尼古拉斯·赛罗在报道有关他举行的大师班时说："这位表演者给人留下了极为深刻的印象。在严肃的教学中使用幽默的手法而能取得如此积极的效果，这种才能恐怕是天生的。他说他小时候父亲反对他在换弦时过多使用整个手臂的动作，他把这比喻为'就好像是牛用后脚去抓自己的耳朵一样。了不起的技巧，但是没有必要'。"② 毕尔斯马真是大提琴演奏艺术的大师。他认为我们使用的比喻越是简单，人们就越容易记住它所包含的严肃意义。

我在教学中开玩笑的目的有两个。首先大家把事情看得太严重了，所以脑中有着沉重的负担，从而无法自由地运转。当他们坐在别人面前演奏时，

---

① 由本书作者采访所得。
② 见 *The Strad*，1986 年 6 月，第 114 页。

简直被吓呆了，因此让他们笑一笑而且放松一下是非常必要的。另外，当我向他们解释某些事情时，我力图使用某些幼稚的比喻进行讲解。这样当他们回到家之后仍能记得，而且决定自己是否要这样做。

通过毕尔斯马所举行的大师班，人们充分相信他对任何时期的音乐都有着同样深刻的理解，因此毕尔斯马不喜欢人们称他为某个时期的特殊专家。"我们不能把现代音乐和巴洛克时期的音乐截然分开，因为它们是互相影响着的。我们只有一种音乐，我本人不愿意说自己是某方面的专家。假如人们谈论巴洛克时期的音乐风格并且说他们不喜欢这种或那种风格时，这就意味着当他们第一次听到某首乐曲时，它演奏得并不好，因为如果当时的演奏风格鲜明的话，就不应该是这样的结果。"但是无论如何毕尔斯马承认，要把这两个时期的乐器都演奏得够水平是非常困难的。"最大的困难是要在现代乐器上演奏 *pianissimo*，而在古代的乐器上演奏 *fortissimo* 的音量。"[1]

毕尔斯马对音乐之外的事情也有着广泛的兴趣，其中包括历史、美术、文学和政治。他是一位很有说服力的演说家（他至少能流畅地使用四种语言），并且有着丰富的经验和幽默感。他那敏锐而非同寻常的思维方式，使他能看穿在音乐史中许多传统但不准确的看法。例如当人们问他有关大提琴演奏学派的事时，他说："所有早期的大提琴演奏学派都是法国的或是受了法国影响的意大利学派。荷兰人和法国人是欧洲最缺少才能的人，因此他们就必须发明所谓的'好品位'来糟蹋更有才能的比利时、德国和意大利人的爱好。"[2]

在战后一代中，重新使用原始乐器演奏十八世纪音乐的人是安东尼·普利斯。安东尼是威廉·普利斯的儿子，生于 1948 年，最早是跟随他的父亲学习大提琴。

[1][2] 由本书作者采访所得。

虽然安东尼激发了英国人对巴洛克大提琴演奏的兴趣，但是他也认识到这种复古运动已经经历了几个发展阶段。在六十年代，人们认为所有早期音乐不管它们的演奏状况如何，都得使用古乐器进行演奏。他指出，如果十八世纪的音乐家现在还活着的话，他们会被我们演奏两百年前的音乐所持的态度和使用的乐器吓坏的。因此他认为应该使用原作而不是使用古乐器。

我在大学念书时，受到了五十年代复古运动的影响，该运动反对维多利亚女王时代演奏巴洛克音乐的方式，也就是把古代音乐演奏得像勃拉姆斯。当时我们学的是平台式的力度变化、回声、突然的轻响、分弓以及全部清楚的分弓，而且几乎没有什么表情。我们对该运动持反对态度，而且在深入研究十八世纪的音乐后，形成了我们自己的想法，我们发现我们演奏得很有表现力。

在这个过程中有一个有趣的发现，有一次我在一份很干净的乐谱上画出我所用的表情记号，结果我发现这个版本很像维多利亚女王时代的版本！显然我们希望有更多的表现力，但却不失原来风格。

从前演奏古乐的不同团体彼此常互相嘲笑，对此他感到十分遗憾，他很想把他们组织在一起。"我最初的想法是想试着以不同的方式做某些事情。现在古乐运动已经建立起来了，同时有这么多人关心着它，我感到我的爱好已经转向了其他地方。"他很赞同毕尔斯马的远见："当人们来演奏给我听时，我们首先讨论的是在各种相对的文化组成部分中自己在哪里，而这一切都为了一件事情，那就是音乐。我们力图培养出没有偏见的新一代音乐家，他们将能超越风格的限制，而同时又能包含风格。"①

---

① 由本书作者采访所得。

克里斯托弗·科因是法国早期的领军人物，他既表演大提琴和古大提琴的独奏，又参加室内乐的演奏，并且越来越多地担任指挥。科因于 1958 年出生在法国卡昂，在卡昂开始了音乐学习后，前往巴黎，在巴黎音乐学院跟随纳瓦拉学习，并于 1974 年获得了他的第一个奖项。后来，他曾在维也纳跟随哈农库特和乔迪·沙瓦尔学习。1985 年，在克里斯托弗·霍格伍德的指导下，科因与古代音乐学院合作录制发行了海顿的协奏曲，得到了更为广泛的关注。

富于想象力的科因在 1984 年与舞蹈家鲁道夫·纽瑞耶夫合作演出了巴赫第三组曲。同年，科因与埃里希·霍巴特、安德里亚·比索夫以及安妮塔·米特雷尔组成四重奏，致力于十八世纪晚期至十九世纪早期的维也纳和巴黎的音乐曲目。1991 年，科因担任利摩日巴洛克合奏团的团长，带领两个合奏团进行唱片录制及演出。

科因还在巴黎音乐学院和巴塞尔音乐学院教授巴洛克大提琴和古大提琴，并在世界各地举办大师班。在法国，他组织了一年一度关于古乐器制作的国际会议，并担任古大提琴协会的会长。

欧洲大提琴家

艾尔灵·布伦达·本森是丹麦最著名的大提琴家，他曾经首演了居住在丹麦、挪威、瑞典和冰岛的作曲家们所写的十一首大提琴协奏曲。在他强有力的手下已为这些国家训练了许多年轻的大提琴家，二十年来他在斯德哥尔摩的埃兹伯格堡瑞典广播电台的一所音乐学校中任教，自1953年以来还一直是丹麦皇家音乐学院的教师，那里所培养出来的有才能的学生似乎都是按照他的模式发展起来的。1990年，本森被任命为密歇根大学大提琴教授。

1932年本森出生于哥本哈根的一个音乐世家，父亲是小提琴家，母亲是钢琴家。三岁时开始接触小提琴，然而他固执地拒绝把琴放在下巴下，而总是用演奏大提琴的方式去演奏小提琴，所以他的父亲就在一把中提琴上装了一个尾柱并给他上了一些课。一年以后，一位小提琴制造家给他做了一把真正的小尺寸大提琴，他认为那恐怕就是世界上最小的大提琴了。四岁半时本森首次公演，演奏的是圣-桑的《天鹅》。一年以后他的独奏曲目扩展到波佩尔和贝多芬。本森后来跟弗里茨·迪茨曼学琴，迪茨曼是丹麦皇家歌剧院管弦乐团的大提琴首席。本森在十岁时就以一位独奏家的身份与蒂沃利交响乐团合作演出。

在第二次世界大战期间，丹麦完全与外界隔离了，因此也不可能在家或出国作系统学习，在此期间本森只有通过唱片继续学习。

战争一结束，本森立即就在他母亲的祖国——冰岛开了音乐会。正是借助他所谓的"祖国"所给他的经济支持，十六岁的本森来到了美国费城柯蒂斯音乐学院学习。在那里他跟皮亚蒂戈尔斯基学习了两年，然后又担任他的助教。当皮亚蒂戈尔斯基于 1950 年移居加州之后，本森就在柯蒂斯任教并工作了三年。1951 年夏天，本森到皮亚蒂戈尔斯基在洛杉矶的家中做客，在那里进行了非常密集的学习。

本森和他的老师之间的关系远远超出了师生关系。

> 我还记得当我到他家时他对我说的第一句话："现在我们是同事了。我们可以互相演奏给对方听并交换意见。"对于一个十六岁的孩子来说，这是多么好的接待呀！他是我的朋友，又总是给我巨大的启发，他总是能够准确看出问题出在什么地方，而且找到恰如其分的解决办法。他希望他的学生能发展自己的个性，所以从不允许模仿，但是要求学生看到音乐实际所要表达的内容。他能让学生知道即使在那些已经演奏过多次的作品中仍会有新发现。皮亚蒂戈尔斯基不仅是一位优秀的教师，而且也是一位热情的朋友。[1]

1957 年本森在英国参加了逍遥音乐节，演奏的是沃尔顿的协奏曲，由萨金特爵士指挥。在那次演出之后，《泰晤士报》这样写道："从现在开始，他在任何

---

① 见本森写给作者的信。

314

时间演奏任何音乐都将会受到欢迎。"①

此后他还在另外三个场合演奏了沃尔顿的协奏曲，由作曲家本人指挥ＢＢＣ交响乐团和哈雷管弦乐团协奏。一位加拿大的评论员对他演奏的这首协奏曲使用了极为热情的词句进行评论："在他的演奏中有着热情、可靠性和至高的典雅，从而抓住了所有的听众……末乐章的华彩乐段，他演奏得极其高雅；最后的柔板是全曲的结束语，他把所有的音乐思维都凝聚成有如奥林匹亚山一样平静。"②

本森的这种平静感有一次还帮了他的忙。那是在哥本哈根演奏鲁托斯拉夫斯基的协奏曲，由布洛姆施泰德指挥丹麦广播管弦乐团协奏。在这首协奏曲开始的地方有由大提琴独奏，连续二十一次每秒钟演奏一下的Ｄ空弦。在刚演奏了八九个音之后，坐在第一排的一位老人站起来说："不对！不对！不对！总谱里不可能是这样写的！"又演奏了几个Ｄ空弦音后，这位老人放弃这不合适的斗争离开了会场。场内很快又恢复了平静，但是本森承认他的集中力明显受到影响。

除了繁忙的演出外，他还在许多大学及大师班从事教学活动。他力主对每一个学生都以不同的方式进行教学，这或许就是他从皮亚蒂戈尔斯基那里学来的。他还激励学生要有自信，要求他们自己听自己的演奏。他认为由于有了录音机，人们往往用录音机来代替自己的耳朵。"事后听录音来分析自己拉得怎样是不够的，应该在演奏时就要知道自己实际演奏得如何。"

本森录制了贝多芬所有的大提琴作品和巴赫的组曲。他认为巴赫的作品代表着一种特殊的挑战。

> 我认为很重要的一点是在演奏巴赫组曲时，人们应当实际一些并且现实一些，应当寻找并选择好每一个乐章的特性。巴赫写了七个不同的乐章，因

① 见 *The Times*，1957 年 8 月 22 日。
② 见 *Winnipeg Free Press*，1974 年 2 月 10 日。

为他希望有更多不同的特性。这都是一些舞曲乐章，我们应当把它想象为一
个室内乐队演奏出来的美妙音响。有的人在演奏巴赫时使用了许多自由处
理，如果用管弦乐队演奏的话这是不可能的。我认为我们没有理由认为由于
使用单一的乐器演奏，就可以使用这些自由处理。

　　不要想象你好像是站在一所威严的大教堂面前，当我这样说时，并不意
味着我不需要有这种崇敬感，相反的，我们要因能演奏这些最深刻的、最健
康的、最天才的和最坦诚的音乐作品而感到幸福、欢乐和光荣。①

　　本森所使用的大提琴是他的好伙伴。那是一把 1823 年由鲁波特在巴黎制作
的精美大提琴，状况良好，并保留着原来的琴颈。他觉得音乐家所使用的乐器几
乎就像一个有生命的伴侣，他的鲁波特大提琴差不多就扮演了这样的角色。他说
了一件趣事，他的旅行代理商为他订购了两张机票，并在洛杉矶的希尔顿酒店安
排了食宿。当他到达那里时，接待员对他说，已经为他们两个人订好了双人间。
他经常会想，假如他换到单人房去的话，会不会冷落了他的鲁波特大提琴。

　　本森认为，大提琴演奏"要演奏得有特点、有修养、有气质、令人信服、美
妙且富于想象和变化。要在大提琴上唱歌、说话、哭和笑。当然你首先想到的应
是音乐，然后才是大提琴。要忠于作曲家的意图。作曲家依赖你并且任你支配。
演奏对我们来说是一种享受，作为一个音乐家我们应当谦虚并感到光荣"。②

　　芬兰大提琴家阿托·诺拉于 1942 年出生于芬兰港口图尔库。他的父亲是赫
尔辛基爱乐乐团的巴松管手。五岁时诺拉开始学习大提琴，八岁时进入西贝柳
斯音乐学院，跟随约里奥·赛林学习。后来诺拉说，当时自己学习得比较慢，并
且学习目的也不明确。十九岁时，服完军役的诺拉意识到自己真正的梦想就是去
巴黎，跟随保罗·托特里耶学习大提琴。于是，诺拉跟托特里耶学习了五年的时

①② 见本森写给作者的信。

间，他把托特里耶看作是自己在音乐方面唯一的真正意义上的老师。"他在演奏技巧上要求非常严格。有的老师——我想所有老师都应该这样要求学生：只有演奏技巧足够高，才能够更好地诠释音乐作品。他还要求学生做事情要有耐心。你必须要一个小时接一个小时不断地练习，按照他的要求，改正你的缺点。只有做到这些后，他才会给你自我发挥的空间。"[1]1966 年，诺拉获得了在莫斯科举行的柴科夫斯基比赛的第二名。

诺拉演奏过大部分的传统管弦乐曲目，但是他在芬兰本土的演出多数都是室内乐。"室内乐很少让人有一种跟着第一小提琴演奏的感觉。室内乐中没有绝对的权力，有争论、有一致。如果意见不一致时，与协奏曲不同，你可以有时间和你的伙伴商量应该怎样去演奏。"[2]1978 年，诺拉与西贝柳斯音乐学院的同事赛波·图西亚恩、埃里克·坎多拉（小提琴）以及韦科·科索宁（中提琴）成立了西贝柳斯学院四重奏。

自 1970 年起就在西贝柳斯音乐学院执教的诺拉对芬兰在儿童音乐教育方面的发展感到尤为自豪。他认为，在欧洲地区，芬兰的儿童音乐教育进步最大，并且是目前发展速度最为稳定、发展范围最广的国家。自 1980 年起，诺拉一直担任纳塔利音乐节（诺拉创立的音乐节）的艺术总监，不遗余力地从事音乐创作，并在卢塞恩音乐学院开设大提琴大师班。

瑞士大提琴家弗兰斯·赫尔默森既是一位杰出的大提琴教师，同时也是享誉世界的大提琴演奏家。如果有需要时，赫尔默森还可以操控指挥棒。1945 年，赫尔默森出生于瑞士哥德堡附近的一个小镇，父母都是音乐爱好者。在赫尔默森的记忆中，家里一直充满了音乐的气息。六岁时，他开始学习小提琴，但是他对小提琴的兴趣并不高。后来，家庭室内乐需要一位大提琴手，于是他开始爱上了大提琴。

---

①② 见 *The Strad*，1996 年 1 月，第 54 ~ 57 页。

他曾师从哥德堡交响乐团大提琴首席吉多·维奇。"他精力充沛，总是有很多创意与我们分享。如果我今天有些新创意，那就是受到了他的启发。"① 当时，年轻的赫尔默森并没有打算专业从事音乐，他只是想尽量做到更好。尽管如此，二十二岁时，赫尔默森被任命为切利比达克领导的瑞典广播交响乐团的大提琴首席。

1971 年，赫尔默森参加了在西班牙举行的卡萨多比赛，并在参赛时遇见了威廉·普利斯。他与普利斯在三年前相识，这次普利斯是应邀担任比赛评委。"对我来说，普利斯为我打开了一扇新的大门。他的想象力异常丰富。普利斯一直在做的并不是教学生如何去演奏，而是如何去思考。"② 对于赫尔默森来说更为重要的是，1977 年，他在瑞典见到了前来指挥乐团的罗斯特罗波维奇。同年，赫尔默森到巴塞尔参加了罗斯特罗波维奇举办的为期五周的大师班。"在他之前，我已经装配了四个齿轮，并且运转得非常顺利。但是他让我发掘到了第五个齿轮，从此，所有的一切都与以往不同了。"③ 后来，赫尔默森曾三次担任罗斯特罗波维奇大提琴比赛的评委、在赫尔辛基举行的保罗国际大赛评委以及英国北方皇家音乐学院曼彻斯特国际大提琴比赛的评委。"至少我现在能做的是可以将我的知识与他人分享，让年轻的一代创造属于他们自己的奇迹。"④

现在，赫尔默森在马德里的埃斯库埃拉·蕾娜·索菲亚学校和科隆的一所大学教授大提琴。"从很多角度来看，教书比表演的要求更为苛刻。当我在科隆教书时，我一天八个小时都要全身心地认真观察每一位学生的表现，这比演奏德沃夏克协奏曲的时间和精力多多了！也许教育中最伟大的事情就是内嵌式的奖励。用一种力量去激发另外的力量。你越是信任学生们的智慧，你能看到的就越远。"⑤ 瑞典大提琴家托雷夫·席德登和挪威大提琴家楚尔斯·莫克是他最有名的两位学生。

①②③④⑤ 见 *The Strad*，1999 年 2 月，第 122 ~ 124 页。

托雷夫·席德登于 1962 年出生在斯德哥尔摩。他的父亲哈罗德·席德登是瑞典一流的小提琴教师。席德登很小就展现出他的音乐天赋，十岁时跟随瑞典广播交响乐团的团长欧拉·卡里森学习大提琴。后来，席德登进入爱兹伯格音乐学校，跟随赫尔默森学习了四年，席德登认为赫尔默森是"一位非常出色的老师"。[①]

1982 年，席德登担任北雪平交响乐团的大提琴首席，随后担任瑞典交响乐团的大提琴首席。两年后，他前往伦敦，参加了普利斯和杰奎琳·杜普蕾的大师班，而且他从林恩·哈瑞尔那里得到了杜普蕾使用过的大卫·泰克勒 1711 年制作的大提琴。后来，席德登获得了三项国际比赛的奖项，扬名国内外。1982 年，他与尼姆·雅尔维指挥的瑞典广播交响乐团合作表演了德沃夏克协奏曲，举办了他的第一场独奏会。

尽管席德登一直忙于独奏表演，但是他也非常精通室内乐，并在欧洲和美国的各大城市举办独奏会。1988 年，席德登与小提琴家丹·阿尔姆格伦和钢琴家斯蒂芬·波耶斯特恩组成了斯德哥尔摩艺术三重奏。席德登对现代音乐非常有激情，举行过多场独奏会，并录制多张室内乐唱片。1992 年，他首演了瑞典音乐家贡纳·布克特创作的大提琴协奏曲。同年，他在鲁托斯拉夫斯基的指挥下，演奏了作曲家本人创作的大提琴协奏曲。这段"与音乐天才近距离接触的经历"是席德登一直难以忘怀的美好记忆。[②]

在忙碌的表演之余，席德登也是一位非常受人尊重的教师。最早他只教授私人学生，目前在爱兹伯格音乐学校任教。他的教学理念与他同时期的整体教学风格很相像："我发现，理解你对面的人是非常重要的。只有在了解他是什么样的人之后，你才能找到正确的方法，激发他运用自己的想象力去学习，而不仅仅是

---

① 见 *The Strad*，1993 年 1 月，第 42 页。
② 由本书作者采访所得。

机械化地照搬老师讲的知识。"①

楚尔斯·莫克于 1961 年出生在卑尔根市一个音乐世家。他的第一堂音乐课是学习钢琴，后来学习小提琴，但是当他的大提琴家父亲用大提琴教他音乐时，他爱上了大提琴的声音，开始疯狂地练习。十七岁时，他进入距离斯德哥尔摩不远的瑞典广播音乐学校学习，赫尔默森担任他的老师。赫尔默森发现莫克的学习热情过于高涨，而班级里其他学生的学习热情过于低沉，于是他要想办法把莫克的状态调整到最佳。"弗兰斯希望我能以非常认真的态度对待我的学习和演出。他要求非常严格。我经常要用两到三个月的时间准备一首新的协奏曲，即使我可以在四五天里就学会这首乐曲。"②

出于对俄罗斯音乐学派的兴趣，莫克也曾经跟随罗斯特罗波维奇的学生纳塔利·夏科夫斯卡娅学习过一段时间。"她的演奏非常温婉，这与他们用弓拉琴时候的力度有关系。"莫克认为他在夏科夫斯卡娅身上学到很多东西："她让我在音阶和练习曲方面多努力。而且她还要求我演奏时一定要精准，无论是音阶、练习曲还是协奏曲，都应该用自己最高的水平去演奏。"③

莫克的演奏风格也受到歌唱家迪特里希·费舍尔-迪斯考的影响。通过歌唱家的演唱，莫克认为大提琴是一种最接近人声的乐器，无论是情感的表达还是旋律的质感都有着相似之处。"我感觉我没有用自己的声音，而是用大提琴向观众吟诵着。当我演奏时，尽管音符是通过大提琴一个个演奏出来的，但是我的喉咙也跟随着旋律的起伏时而紧张、时而放松。我还注意到音乐和我的气息之间的关系。在演奏时，我尝试着跟随着每一个乐句去呼吸，所以我经常是在开始一个新乐句时呼吸。"④

尽管莫克承认他一直对比赛没有任何好感，但是他在大多数的比赛中都获得

① 由本书作者采访所得。
② 见 *The Strad*，1993 年 10 月，第 914 页。
③④ 见 *Internet Cello Society Newsletter*，1999 年 7 月。

了出众的成绩，包括柴科夫斯基比赛、卡萨多比赛和瑙姆堡比赛。现在，莫克的演出日程都是安排得满满的。他正在斯塔万格策划一场音乐节，他的个人唱片也受到评论家们的好评。1993 年 7 月，莫克在威格穆尔大厅举行独奏会，其中有一条评论这样写道："他的琴声嘹亮有力，特别是演奏贝多芬、勃拉姆斯和格里格的作品时……他能驾驭大型的音乐作品，如英雄主义作品和悲剧性音乐作品。"①

在音乐领域中，兄弟二人都成为国际一流的大提琴家的事情并不多见。戴默加兄弟不仅能演奏二重奏，而且他们二人也分别是非常出色的大提琴独奏家。戴默加兄弟分别出生于 1952 年和 1954 年，在这个家庭中诞生了诸多的艺术家、演员和音乐家（他们的父母和三个姐妹都是音乐家）。虽然大提琴二重奏的音乐曲目并不多，但是他们二人自己编曲，而且托马斯·戴默加同时也是一位作曲家。

帕特里克·戴默加从六岁开始跟随佛朗索瓦斯·菲里学习大提琴。后来进入伯尔尼音乐学院，跟随约翰尼斯·布勒学习，毕业时获得伯尔尼·屈米年度最佳独奏音乐家证书。毕业后，帕特里克前往德国科隆参加了鲍里斯·帕加曼契诃夫的大师班，后来到美国纽约的朱利亚音乐学院，跟随哈维·沙皮罗学习了一年时间。

尽管帕特里克在十六岁时已经开始独奏生涯了，但是他并没有举行过正式的独奏音乐会。1984 年，他担任温特图尔市政管弦乐团大提琴首席举行了他的第一次重要演出。在随后三个季度，他加入新苏黎世四重奏。此后，他去往世界各地进行大提琴独奏和室内乐演出，并多次参加重要的音乐节。帕特里克也首演了一些作曲家专门为他创作的音乐曲目，如亚历山大·克奈菲尔、巴里·盖、莎莉·比米什以及海恩茨·霍利格尔等。1977 年，他与丹尼斯·拉索尔·戴维斯带领的维也纳广播交响乐团合作，首次演出了格哈德·谢德尔的大提琴协奏曲《慢》。

① 见 *The Strad*，1993 年 10 月，第 15 页。

帕特里克在演奏大提琴时，有着自己独特的哲学理念。他认为，除了精神和情感上的专注，音乐家需要安静才能专注于演奏音乐的核心上。对于他来说，"表达既包括幻想的内倾情绪，也包括激情的活力"。他说，当他演奏大提琴时，他的思想在跳跃，他把自己当成作曲家与观众之间的纽带。[①]

帕特里克说他之所以选择音乐，是因为通过音乐，他可以感知到音乐中强烈的人格特征和独特的气息。当他第一次演奏贝多芬的四重奏时，他"感受到了贝多芬独一无二的音乐表达，同时也领悟到了贝多芬的宗教以及人文情怀"[②]。

帕特里克在演出的同时也担任教师。从二十五岁起，他就任职于伯尔尼音乐学院，既培养大提琴独奏家，而且还负责教师培训。尽管他的个人事业非常成功，但是他没有放弃教学，并且依然不定时地举办大师班。

托马斯·戴默加与他的哥哥一样，也是六岁开始学习大提琴。启蒙老师是夏洛特·乔治斯，后来他进入伯尔尼音乐学院，跟随沃特·格里姆学习。十岁时，托马斯在洛桑世博会期间，获得了全国音乐大赛冠军。在结束与罗斯特罗波维奇在斯图加特和萨尔茨堡的大师班学习后，他在朱利亚音乐学院，跟随莱纳德·罗斯继续学习了两年时间。他还曾经跟随安东尼奥·亚尼格罗学习，托马斯曾经说过，亚尼格罗对他的影响最为深远。

1976年，托马斯在伦敦的威格穆尔大厅举行了他的首场公开演出，并得到了媒体和观众的一致褒奖。两年后，他在纽约爱丽丝·塔利大厅的表演同样得到了热烈追捧。在托马斯的独奏事业蒸蒸日上时，他与帕特里克的兄弟二重奏也颇受好评。至今，他们兄弟二人的事业依然如火如荼。1996年，他们参加了英国皇家北方音乐学院国际大提琴音乐节，乔安妮·塔尔博特报道说，为了能听到这场音乐会，学生和专业的音乐家们纷纷排队购票：

①② 见 *Der Bund*，1998 年 3 月。

兄弟二人轰动的表演和十足的幽默感令所有观众折服，他们精湛的技艺展示了兄弟二人深厚的音乐才能。演出高潮迭起，兄弟二人重新演绎的帕格尼尼的《摩西主题变奏曲》轰动全场。我猜想，很少有人能预料到托马斯演绎的艾略特·卡特创作的大提琴独奏曲《虚构》能够如此纯粹，如此迷人。①

大提琴二重奏的曲目真是少之又少，那么戴默加兄弟二人又是怎样在这样有限的条件下发展他们的二重奏事业的呢？托马斯说，有一些二重奏曲目是由大提琴作曲家创作的，如罗姆伯格和皮亚蒂，他们也曾经录制过这两位作曲家作品的唱片。但是，在大提琴二重奏的领域却鲜有伟大的作曲家。如今，现代音乐为大提琴二重奏提供了更多的选择，例如，莎莉·比米什创作的《二重奏》。然而大提琴二重奏的发展不应该仅仅依靠现代音乐。所以，戴默加兄弟开始自己编曲，并尝试将巴洛克时期的音乐作品用于大提琴二重奏，例如巴利耶大提琴奏鸣曲第三册中的第二奏鸣曲。

除编曲外，托马斯·戴默加在作曲领域也有一定的声望。曾有采访问到托马斯，作曲是否强化了他在现代音乐方面的诠释能力时，托马斯给出了明确的答案："的确，创作让我能够更轻松地领会作品内容，我可以想象创作这首作品的情感。如果是我自己创作的音乐，我也不用猜测作品的内涵。"②

大多数出生在二十世纪早期的德国大提琴家都与克伦格尔或贝克有着一些渊源。与他们同时期的威廉·兰姆平也是一位大提琴教师。他为人固执，经常为了追求演奏技巧的精准和完美，以牺牲学生未来发展为代价。有一位德国学生，他既应付得了兰姆平的迂腐，也达到了克伦格尔和贝克的要求，他就是路德维希·赫尔舍。赫尔舍出生在索林根，六岁起父亲开始教他大提琴。在学习的同时，他加入了家里的弦乐四重奏，在海顿、莫扎特、贝多芬和舒伯特的音乐作品

①② 见 *The Strad*，1996 年 10 月，第 996 ~ 997 页。

的熏陶下成长起来。他曾经跟随兰姆平学习过一段时间，后来进入慕尼黑音乐学院学习。1930 年，赫尔舍在柏林获得了门德尔松大赛的冠军，随后他曾分别在莱比锡和慕尼黑跟随克伦格尔和贝克学习。

1931 年，赫尔舍从慕尼黑音乐学院毕业。毕业后，他受邀与钢琴家艾里·奈伊和小提琴家威廉·斯特罗斯组成三重奏，在欧洲各地巡演，取得了成功。同时，他也加入了沃特·吉泽金和格哈德·塔士齐纳的三重奏。在此期间，他与马克斯·菲德勒指挥的柏林爱乐乐团合作，举行了他的首次演出，提高了他在国际上的声望。1936 年，赫尔舍被任命为柏林音乐学院教授，同时也在萨尔茨堡莫扎特学院兼职。

二战期间，由于与富特文格勒相交甚好，赫尔舍得以在乐团继续演出，但是他的独奏事业被迫中断，直到二战结束后才继续。战后，赫尔舍以演奏现代德国音乐作品而名扬海外。1947 年，赫尔舍在杜塞尔多夫音乐节上演奏欣德米特的协奏曲，获得高度评价，后来赫尔舍多次与欣德米特合作。赫尔舍还首次演奏了维尔纳·亨策创作的《西风颂》和恩斯特·克雷内克创作的《狂想曲》。到二十世纪六十年代中期，赫尔舍曾到访过五十多个国家进行演出。

赫尔舍同时也是一位受人尊敬的大提琴教师。1954 年到 1971 年期间，他曾在斯图加特大学教授大提琴，并于 1970 年出任在莫斯科举行的第四届柴科夫斯基国际大赛评委。

1958 年，赫尔舍在伦敦举行了两场独奏音乐会，对此《泰晤士报》评论说："他的音乐才能以及对大提琴音乐的完美演绎毋庸置疑。一段段美妙的旋律如泉水般自然地从弓弦间流出。他的演奏风格华贵……在演奏时，他从未表露出自己的情感。"① 但是作为一位大提琴演奏家，赫尔舍说："无论我们是通过阅读和观看来品味文学作品、欣赏美术作品还是聆听音乐，我们都需要解读。解读的目的是

① 见 *The Times*，1958 年 11 月 17 日。

不断地从艺术角度对这些伟大的作品进行再创作，所以他是在观众面前再一次展示了内心真实的独白。"[1]

德国大提琴家齐格弗里德·帕尔姆以演奏先锋派的音乐而著称。据说他曾经说过："严格说来，我至今还没见到过在大提琴上不能演奏的东西。"[2]

1927 年生于德国巴门的帕尔姆，起初跟他的父亲学习大提琴，他的父亲是当地管弦乐团的大提琴首席。十八岁时帕尔姆被任命为吕贝克市立管弦乐团的大提琴首席，后来又在汉堡的西北广播管弦乐团任大提琴首席。有一段时间他在汉马恩弦乐四重奏中演奏，该团以演奏二十世纪的作品而著称。他们演奏了勋伯格、贝尔格以及韦伯恩的所有弦乐四重奏。从 1950 年开始，他曾经连续三年参加马伊纳迪在萨尔茨堡和瑞士的琉森举行的大师班，由于他对演奏现代音乐的兴趣增强，他感到马伊纳迪对音乐作品所采取的分析态度是非常有用的。

作为一位独奏家，帕尔姆在世界各地进行演出，同时也获得了教师的声望。从 1972 ～ 1976 年他是科隆音乐学院的院长，在那里他成为作曲家施托克豪森的挚友，并从他那里获得了巨大的灵感，因为这位作曲家的作品是如此和他的心相契合。1977 年以后他在柏林音乐学院任大提琴教授，同时继续从事独奏事业，在他的演奏曲目中现代音乐占很大的比例。

约翰内斯·戈里斯基 1942 年生于德国南方的图宾根，是卡萨多的学生。在此以前他曾经跟瑞士的托贝尔学习，托贝尔曾经受到卡萨尔斯的巨大影响。后来他获得奖学金至巴黎师从纳瓦拉。他在回顾纳瓦拉与卡萨多在教学中的不同点时说："卡萨多从来不谈论有关技术方面的问题，而纳瓦拉则不谈任何其他的事情！"[3] 后来戈里斯基十分感激他所受到的两位教师的双重影响，因为是他们在他的头脑中灌输了音乐第一的思想。"在音乐的结构基础上建立技巧就容易得

[1] 见 Ginsburg, *History of the Violoncello*，第 229 页。
[2] 见 *Neue Zeitschrift für Musik*，1969 年，第九期，第 423 页。
[3] 由本书作者采访所得。

多了。"①

戈里斯基没有什么特殊的信条，他感到有必要参加各种不同类型的活动，为了完成自己的使命，他需要各方面的影响。目前他在管弦乐团协奏下从事独奏活动，并参加许多小型的室内乐演出，同时也是位于杜塞尔多夫的罗伯特·舒曼音乐学院的教授。

有位作家曾经这样描述海因里希·席夫："宽肩、中等身材，有着演奏大提琴的典型个头。他在演奏大提琴时，身体和乐器完全融合在一起，就好像乐器是他身体的一部分，你不会感到他的手太高或者某个部分过长而破坏了这个简单的统一整体。"②

席夫 1951 年生于奥地利的格蒙顿，父母都是作曲家，但在他家里戏剧和体育也是极受喜爱的东西。席夫六岁开始学习钢琴，九岁转学大提琴，当时他的教师是库内。之后他进入林茨音乐学校，本来是去向罗斯特罗波维奇学琴的，可是从未实现，二十二岁时他继续跟纳瓦拉学琴。

席夫是 1972 年进入公众视线的，当时他代替罗斯特罗波维奇出席在格拉茨举行的国际现代音乐协会音乐节，演奏了鲁托斯拉夫斯基大提琴协奏曲。这次演出得到了欧洲各大媒体的一致好评。随后，他便开始在世界各地演出，与顶尖乐团和指挥合作。

现在人们把席夫的演奏描述为"有修养的声音和表现力，这种表现力既来自他的智慧，也来自他感情的反应"，因此也就与纳瓦拉那种较为朴实的演奏风格很不相同。但是席夫认为虽然他们之间并不相同，但他受到纳瓦拉很大的影响，如他的真诚、他的艺术性的规范。"他也从来不问自己是怎样把这首曲子拉得这么好的，这是大提琴家中一种常见的使人感到十分遗憾的态度，或许是由于人们

---

① 由本书作者采访所得。
② 见 *Strad*，1982 年 11 月，第 503 页。

对待这个乐器的态度所造成的。"席夫特别喜欢纳瓦拉那种"来自艺术自豪感的自由",他说纳瓦拉对待运弓技巧的方法是"让右手的手指留神听"。关于这一点他解释说,手指尖是身体和声音的最后连接点,它们是精炼者"也就是身体对乐器进行控制的最后的控制点"①。

　　席夫现在正从事着国际性的独奏演出活动和教学活动。1982 年他在达亭顿大厅举行了一系列的大师班,他的学生们从他的演奏和教学中感到他不仅有着"音乐上的智能和技术上的成熟",而且有着"极为热情和刚毅的精神"②。

① 　见 *Gramophone*,1984 年 8 月。
② 　见 *Strad*,1982 年 11 月,第 505 页。

欧洲大提琴家 | Scandinavia and Western Europe

"只要精彩就够了"

皮亚蒂戈尔斯基于 1976 年逝世，通过他的学生们他对世界各地的大提琴演奏产生了巨大的影响。虽然他所有的学生都从他那里继承了某些俄国学派的表现手法，但是他们都不是这位大师的复制品。每个学生都有着他（她）们自己的演奏个性，对乐曲的处理也很不一样。但是他们又都有着一个共同点，那就是将技术和音乐紧密地结合成一个有机整体。

莱斯利·帕尔纳斯 1931 年生于圣路易斯，五岁开始学习钢琴，不久就改学大提琴，十四岁时作为独奏家与当地的交响乐团合作演出，之后他就到柯蒂斯音乐学院师从皮亚蒂戈尔斯基。

1957 年帕尔纳斯在巴黎举行的国际大提琴比赛中获得了卡萨尔斯奖，该事件可喜的结果是在美国的巴比罗利爵士对此事这样写道：

一位真正优秀的大提琴首席（此处所指就是帕尔纳斯），原来就是我在两三年前曾经帮助他在巴黎获得卡萨尔斯奖的那位男孩。他对找出埃尔加协奏曲中他还不了解的部分十分感兴趣，真是令人不解。虽然他在欧洲各地演出，但是在这里几乎没有人认识他。他找到了这首协奏曲的副本，我们从头到尾按照原速演奏了一遍。你相信吗？他一边读谱一边演奏，而且包括所有艰难的句子，他演奏得比我听到过的许多已经学了这首协奏曲多年的人还要好。这正像我的老朋友布施常说的"令人难以置信！"[①]

1959 年帕尔纳斯在纽约进行首演，并于 1962 年在莫斯科举行的柴科夫斯基国际比赛中获得第二名。他的演奏受到当时评审之一夏弗朗的赞扬："……了不起的艺术魅力，大胆的处理手法，出人意料，有时甚至会引起争论。"[②]

作为柴科夫斯基比赛的获奖者，帕尔纳斯很快就获得了国际认可：他和所有美国、南美、欧洲和苏联的著名管弦乐团一起合作演出。他还在普拉德以及波多黎各的音乐节上为卡萨尔斯演出。卡萨尔斯认为他是"当今最优秀、最有成就的大提琴家之一"[③]。当他在纽约演奏舒曼的大提琴协奏曲时，《纽约时报》这样写道："一位火热的、浪漫主义的大提琴家……帕尔纳斯先生的演奏极富歌唱性。但是他对音符的那种高度控制力及演奏高把位那些乐句时所具备的那种胆量，给人们增加了一种赌徒般的兴奋。"[④]

1976 年他在苏联进行巡回演出时，受到听众的热情欢迎，评论界对他那成熟、完整的演奏，特别是对他那种独到的、令人激动的处理进行了报道。帕尔纳斯特别喜欢他的俄罗斯听众，并且试图坚持不懈地在东西方之间建立某种音乐上

[①] 见 Michael Kennedy，*Barbirolli*，第 268 页。是巴比罗利写给 Audrey Napier-Smith 的信，1960 年 1 月 26 日。

[②][③][④] 见 Ginsburg，*History of the Violoncello*，第 274 页。

的桥梁。他记得有一次当他加演完一首小曲子之后，从听众中飞来一个"火箭"。"我对听众向我抛掷鲜花已经习惯了，但是这次却有点出乎意料。"这个飞来的东西是用纸折成的，当帕尔纳斯把它打开来时看到上面写着："我们喜欢你那动听的音乐，而且希望它能成为善良人民之间的桥梁。"帕尔纳斯非常珍视这位匿名人士的善良愿望。这件事情给他极大的启发，于是他和他的妻子开始一起学习俄语，并致力于发展东西方艺术家之间的良好关系。他认为我们不能改变或影响政治活动，但是我们不能再把政治信仰和艺术分离开来了。"我在演奏时，音乐不仅表明了我在感情上的自由，而且也是一种和平的讯息，也是一种每个人都可以表达他们自己的权利。"[①]

目前帕尔纳斯是波士顿大学的大提琴教授，也是林肯中心室内乐协会的创建人之一，他们在爱丽斯·塔利大厅所举行的系列音乐会门票经常销售一空。

斯蒂芬·凯茨是皮亚蒂戈尔斯基最喜爱的学生之一，他有着十分吸引人的强健演奏风格，特别擅长浪漫派作品。

凯茨 1943 年生于一个大提琴世家中，外祖父生于匈牙利，并在布达佩斯跟波佩尔学琴。他的父亲是一位职业的中提琴演奏家，在纽约爱乐乐团任职长达四十三年之久。凯茨跟罗梅特-罗山诺夫学琴，也正是在她所办的夏季学校中，他首次公开演奏了德沃夏克的大提琴协奏曲。当时他只有十五岁，但是那时他已经决定今后要成为一名专业的大提琴演奏家。

由于凯茨的家族中有许多人曾经与卡萨尔斯有过直接的接触，所以他们全家对卡萨尔斯都十分崇敬。然而当 1959 年凯茨在卡内基大厅听了罗斯特罗波维奇的独奏会后，他的偶像换人了——他简直被这位强有力的俄国人给击晕了。他知道要花一生的精力努力练琴，才能达到那天晚上他所听到的水平。当时正处在冷战阶段，他没有机会向罗斯特罗波维奇学习，人们几乎无法接近他，而且美国和

---

① 见 *Columbia Artists Management*，Linda Richardson，1978 年 7 月 2 日。

苏联之间也没有交换学生。

在美国朱利亚音乐学院跟罗斯学习的两年，对凯茨来说是另外一种类型的教学。"或许由于当时我年纪还小，罗梅特-罗山诺夫并没有对我进行仔细的分析，也没有肯定地认为我一定要怎样去做；而罗斯则不然，他让我冷静地思考和理解每一种演奏技巧，并且不许我没有控制地在大提琴上飞驰。他坚持让我练习音阶和练习曲，以让我知道自己在大提琴上要干什么，因此我的演奏变得更加有意识了。"①

1963 年凯茨参加了在布达佩斯举行的大提琴比赛，由于当时他是最年轻的选手之一，所以得到了特别荣誉奖，并且在电视台的青年音乐会中进行演出。在那次演出中他使用的是罗梅特-罗山诺夫借给他的斯特拉迪瓦里"波尔"大提琴。

接下来他就到南加利福尼亚州立大学跟皮亚蒂戈尔斯基学习了三年，这是他在学习过程中最需要时所获得的最富有成果的学习。"对我来说这是一个非常好的平衡：首先是由罗梅特-罗山诺夫给了我信心，接下来是罗斯告诉我每件事情该怎样进行，而且罗斯特罗波维奇还不时地给我很多鼓励。接下来是皮亚蒂戈尔斯基。作为一位已经半退休的艺术家，他把自己一生的演奏经验和全部时间都献给了学生，这对一位年轻人来说简直令人难以置信。"②凯茨还十分幸运地曾经在海菲茨和普里姆罗斯担任教授的音乐学院中学习。有时海菲茨在上室内乐课时需要一位大提琴演奏者，于是皮亚蒂戈尔斯基就委派他的学生去担任这项工作。"你接到他打来的电话，你就去，事情就是这样简单。"③

大师班每周上两次课，每次四小时，中间没有午饭休息时间。如果需要的话学生可以在课堂上吃一点三明治。但是如果皮亚蒂戈尔斯基认为某位学生有问题的话，他就会在自己的家里私下给他上课。通常是早上十点钟到达那里，晚上七点半才离开。上午总是拉琴，然后午餐，之后去游泳，游完泳再回来拉琴。如果

①②③　由本书作者采访所得。

你表现不错的话拉完琴你可以留下来吃晚饭。他一直跟你谈话，为你制定计划，把一切事情安排得更为合理，用他的话来说就是给你一些"建议"。"他对待每一个人的要求都是不同的。你并不需要像别人那样把每一件事情做好，但是你必须按照你能做好的程度尽量把事情做好。他的要求总是比你所能做到的要高。我记得他对我的演奏感到满意的赞扬最多不超过两次或三次。"

1963 年凯茨由金斯伯格亲自介绍给罗斯特罗波维奇。在凯茨家中吃过饭之后，罗斯特罗波维奇听了这位年轻大提琴家的演奏，并从大提琴演奏的各个方面非常仔细地给他上了一课，这堂课完全是用俄语上的，由一些懂得俄语的朋友帮他翻译。凯茨一直记得罗斯特罗波维奇所给他最重要的建议就是："要为自己找到最好的教师，要去找那些能够帮助你解决你迫切需要解决问题的老师学琴。"[1]

1966 年凯茨在第三届柴科夫斯基国际比赛中获得了银质奖章（第二名），使他一夜之间成了名。他再次被邀请与纽约爱乐合作演出，还在白宫为约翰逊总统演奏。但是接下来的两年他又回到朱利亚音乐学院跟亚当学琴，以完成他的学位。

现在凯茨主要从事独奏演出，并且自 1974 年以来他就在巴尔的摩的皮博迪音乐学院任教。他也经常在其他大学授课，1977 年和 1985 年他还在南加州大学的皮亚蒂戈尔斯基大提琴专修班任客席艺术家。1986 年应邀担任在莫斯科举行的柴科夫斯基比赛的评委。

他有一把蒙塔尼亚纳于 1793 年制作得非常漂亮的大提琴，这把琴又名"汉考克"，是从已故的汉考克船长那里得来的，他是一位著名的乐器和琴弓收藏家。凯茨还有一把佩卡蒂和两把图尔特琴弓，是汉考克夫人送给他的。

拉尔夫·柯什鲍姆是皮亚蒂戈尔斯基的学生，他因作为独奏大提琴家以及弗兰科-保乌克-柯什鲍姆三重奏的大提琴家而享有国际声誉。柯什鲍姆 1946 年生

---

① 由本书作者采访所得。

于得克萨斯州的丹顿市，是一位专业小提琴家兼指挥家的儿子。母亲演奏竖琴，他的两位哥哥演奏小提琴及中提琴，姐姐演奏钢琴。六岁时，柯什鲍姆开始跟他的父亲学习大提琴，十一岁时起跟瓜斯塔费斯特学习三年，瓜斯塔费斯特是舒斯特的学生。之后跟阿隆森学琴，阿隆森是皮亚蒂戈尔斯基的学生，也是达拉斯交响乐团的大提琴首席。

当柯什鲍姆十八岁时，阿隆森建议他去跟皮亚蒂戈尔斯基学琴，但是那时柯什鲍姆认为自己需要进一步学好其他文化课程。阿隆森对此颇感失望，因为他认为对一位有着巨大演奏才能的人来说，这种课程是不必要的。之后柯什鲍姆获得了耶鲁大学的奖学金，在那里他跟帕里索学了四年，帕里索是位优秀的独奏家、室内乐演奏家和教师，他是按照费尔曼的主张进行教学的。柯什鲍姆认为他从这两位教师那里都学到了最好的东西。

> 阿隆森有着非常动听的声音，他的右手技巧和对音乐的深刻理解尤为可贵；而帕里索有着辉煌的演奏家式的左手技巧，而且集中在发展我的左手技巧。这两位优秀教师的教学在我身上得到了十分完美的平衡。帕里索还从技术的角度来进一步发挥我的音乐想象力。

当柯什鲍姆回到达拉斯，并在国内比赛中获奖后，阿隆森十分通情达理地说他对柯什鲍姆的进步十分满意。这时柯什鲍姆已经决定以音乐作为自己的职业，但是他发现喜欢自己的乐器和靠自己的职业来谋生这两者之间有着很大的不同，这也是在他家中一直存在着的一个矛盾。

作为从事音乐专业的一个实际步骤，柯什鲍姆接纳了帕里索的建议，也就是他应该到欧洲去。从 1968 年 9 月开始他获得富布赖特奖学金，这对他也很有帮助。但是当时正处于越战时期，而八月柯什鲍姆就必须进行入伍体验，奖学金来得太迟，来不及通知有关当局。柯什鲍姆找了九位医生检查身体，但没有任何人发现他的身体有任何缺陷。只有第十位医生正好是一位热爱音乐的英国人，在检查了他的身体后说："我希望你不要指望去从军，因为你的体格检查不及格。你是扁平足！"①

在巴黎学习了一年之后，在法国政府的帮助下，柯什鲍姆于1970年在柴科夫斯基比赛中获奖，因此他的赞助人就延长了对他一年的赞助。"离开家庭可以使我能够审视自己所做过的每一件事情。这两年是我巩固自己学习的时期，它使我有了正确观察事物相互关系的新能力。"②

1970年秋天他与勒什在伦敦的威格穆尔大厅举行了独奏会。两年后他又在殷巴尔指挥新爱乐乐团协奏下演奏柴科夫斯基的《洛可可主题变奏曲》。《每日电讯报》的评论员对他的演奏才能毫不怀疑。"他的演奏既有火热的感情又十分优美，他在演奏舒缓的歌唱性的乐曲时以及在快速的技巧性作品中都充满了节奏的活力。"③这次演出他所使用的是杜普蕾借给他的斯特拉迪瓦里"达维多夫"大提琴。（现在他演奏的是一把1729年由蒙塔尼亚纳制作的大提琴，这把大提琴曾经属于皮亚蒂）。

接下来他首次与钢琴家弗隆克尔和小提琴家保乌克相遇，这是BBC的制作人兼大提琴家沃伦组织的。弗隆克尔和保乌克已经合作了十年，他们正在寻找一位大提琴家。"开始我有些担心，因为他们两个人都比我大十岁，而我只是'从美国坐船来到这里的一个男孩'。但是当我们开始一起演奏以后，我们彼此间似乎都很敏感，对音乐也有着很好的理解，从而使我们能够很好地表达音乐。总之能这样快地建立起这种感觉是很难得的。"④十八个月的时间里，他们为BBC节目演奏了大约三十首三重奏，事实上他们第一次的实况转播就是在爱丁堡音乐节上的演出。后来他们这个三重奏组被认为是最好的三重奏组之一，尽管他们每个人

①②④　由本书作者采访所得。
③　见 *Daily Telegraph*，1972年10月9日。

発现他的身体有任何缺陷。

都从事着自己繁忙的独奏演出活动，但是他们每年大概还一起开十五场音乐会。

　　在演奏室内乐时，最重要的事情就是你一直要从各种角度倾听对方的演奏。而且在音乐的结构范围内，始终有着演奏的灵活性。我们用于一起排练的时间比原来预定的要少，由于我们有着良好的密切关系，所以我们所取得的进步就比那些互相不太了解的人一起演奏要有效得多。①

1976 年柯什鲍姆在纽约大都会博物馆进行了一场轰动的首演。虽然他现在已经在英国定居，可是他还是每年回到自己的国家，并进行巡回演出。他以独奏家身份几乎与所有欧洲及美国的重要管弦乐团都一起演出过了。在他录制的唱片中最有代表性的是他为 Chandos 唱片公司录制的埃尔加和沃尔顿的协奏曲，他与保乌克和今井信子为 Phonogram 唱片公司录制蒂皮特爵士的《三重协奏曲》，这张唱片被评为 1983 年的“年度唱片”。除大师班外，他还定期在皇家北方音乐学院任教。

　　在 1978 年，纳撒尼尔·罗森获得了柴科夫斯基国际比赛的第一名，这是自 1958 年克莱本获奖以来的首位美国音乐家。

　　罗森于 1948 年诞生在加州的帕沙迪纳，他的家人都是业余的音乐爱好者：父亲是位中提琴家，哥哥演奏小提琴。他六岁时开始跟舍恩菲尔德学习大提琴，不久就开始参加家中每周五晚举办的室内音乐会，但他们从来就没想过成为专业音乐家。“我们家喜爱音乐纯粹出于文化修养的关系；他们从来也没想成为职业音乐家，直到十三岁我才决定把音乐当成自己未来的事业。”②

　　十一岁时罗森首次在州立音乐节上公演，后来又在许多当地的比赛中获奖。两年以后他又参加了一次比赛，皮亚蒂戈尔斯基是当时的评审，于是他就成为这

①②　由本书作者采访所得。

位大师最年轻的学生。

在学习的第一年，罗森把所有的时间都花在两首乐曲上：皮亚蒂的《a小调第八随想曲》和戈特曼的《a小调协奏曲》。皮亚蒂戈尔斯基鼓励他参加1966年莫斯科的柴科夫斯基比赛，十七岁的他是四十二名大提琴选手中最年轻的一个，也是三位获奖的美国选手之一。二十一岁之前，他一直参加皮亚蒂戈尔斯基在南加大举办的大师班。年仅十几岁的罗森已经在南加大担任皮亚蒂戈尔斯基的助教，并一直在那里工作到1976年皮亚蒂戈尔斯基逝世为止。

对于皮亚蒂戈尔斯基的教学，罗森回忆道：

> 最重要的是他本人对待音乐和表达感情内容的态度，当我们演奏时他会说："尝一尝血的味道。"这是一个比较强烈的比喻，但是我们都明白他的意思……他说单纯的技术分析不能帮助我们成为器乐大师。他最关心的事情是我们必须把音乐演奏活了，不管你演奏的是什么音乐。[①]

当时罗森感到洛杉矶的生活对他来说是过分舒适了，一切都安排得好好的，所以他决定离开这个安居地，到伦敦待一年，在那里或多或少碰上了失业的窘况。他在威格穆尔大厅举行独奏会，还开了一些其他的音乐会，但是没有给英国的评论界留下什么印象，于是他返回纽约，在那里进行了他所谓的"后比赛生涯"。

1977年，罗森被任命匹兹堡交响乐团的大提琴首席。在去匹兹堡定居之前，他在瑙姆堡比赛中获胜。在匹兹堡的那段日子，罗森就准备再继续参加比赛，并于1978年赴莫斯科再次参加柴科夫斯基比赛，这次他获得了第一名。在他胜利归来后，匹兹堡交响乐团为他组织了特别音乐。音乐会的票在六天之内售完，

① 由本书作者采访所得。

罗森演奏的是他参加莫斯科比赛的曲目，即柴科夫斯基的《洛可可主题变奏曲》和德沃夏克协奏曲，也获得了震耳欲聋的掌声。《音乐美国》杂志的评论员韦伯斯特对他演奏的柴科夫斯基进行了如下的描述："整个演出表明了他之所以能获得第一名全凭他的天才，他演奏的声音清晰集中而且层次分明，很具有说服力。这不是一种浓厚丰满的音色，然而却是一种杰出的独奏线条，即使是在演奏极轻的力度时，独奏线条仍有其独特的冲击力。"他还说罗森所演奏的德沃夏克协奏曲也有着同样的强烈程度。"他拥有室内乐演奏家与乐团声部恰当配合的才能，同时也有作为独奏家的即使是演奏从属的声部也能使声音变得不可缺少的才能。他的音乐构思十分宽广宏大，他所选择的速度虽然毫不迟疑地可以显示左手的快速技巧，但其目的却是使大提琴充分歌唱。"[1] 由于罗森的演奏受到了观众的极大欢迎，所以他就决定离开乐团，专门从事独奏演出。但无论是演奏还是教学，他对自己所要表达的个性都非常明确，他说在他看来有两种演奏家：一种人是在演奏每一部不同的作品时都有意识地戴上一副不同的面具，另外一种人则是表现出他们的本来面目。音乐的本质是通过他们自己的个性表达出来的，所以它对待每一位作曲家都是真诚的。

我认为我是属于后一种类型的演奏者。我并不想完全失掉我自己的个性和我自己的声音，以便迎合某种抽象，有时甚至是错误，关于不同时期的风格概念。我希望我作为音乐家的直觉能够表达好每种风格中的每首乐曲。我希望我所具有的信心能够克服所有音乐的疑难问题。假如你相信自己所做的是正确的话，那么你就一定会有自信心。

罗森的这些想法是直接受皮亚蒂戈尔斯基的影响。他认为批评自己比表扬自

---

[1] 见 VSNL，1979 年 2 月，第 8 页。引自 *Musical America*，1978 年 12 月。

己要容易得多。他坚持认为只有通过认识自己积极性的一方面，人们才能建立起自己的信心从而改进自己。他常说的一句名言是："如果你不建立起信心的话，你怎能改进自己呢？"[1] 罗森知道这在很大程度上要依赖每个人的个性，但是他仍然认为对自己有一个美好的想象是前进最重要的动力。

克里斯汀·韦利夫斯卡 1948 年诞生于洛杉矶。她的母亲是位小提琴家，父亲是位经营珍贵乐器的商人。她八岁时开始跟其父亲学习大提琴，当时使用的是一把小尺寸的伯纳德尔大提琴。十三岁时她跟随皮亚蒂戈尔斯基学习了一年。同年她举行首次公开音乐会，与华盛顿特区的国家交响乐团合作演出。十六岁的她获得奖学金至巴黎音乐学院学习，进入了马雷柯尔的班级。她是第一位在巴黎音乐学院同时获得大提琴与室内乐第一名的美国人。

1963 年她在德国成功地举行了首演后，她的演奏生涯就很自然的发展起来。接下来她就在欧洲、波兰、日本、北美、南美以及中美洲各地进行演出。她十八岁时首次在南美巡回演出，就深深地被阿根廷文化以及它的人民吸引住了。

她在阿根廷的首次音乐会是在布宜诺斯艾利斯巨大的 Teatro Colon 举行的。一周中她在那里演出了三次，以独奏家身份演奏勃拉姆斯的《二重协奏曲》及举行独奏会。她在那里的成功为她进一步在南美洲各地的演出铺平了道路，后来韦利夫斯卡结了婚，并在布宜诺斯艾利斯定居，现在她仍然在那里积极地从事独奏演出活动。

韦利夫斯卡是第一位被卡斯特罗邀请到古巴去演奏的美国艺术家，她在哈瓦那及古巴各地举行的音乐会都受到当地人们的热情欢迎。在那里演出时，她被自己所看到的一切深深感动，并在返回美国后对不分阶级、没有贫穷进行了强烈的评论。她强调所有的音乐会都该由政府进行补助，让每个人都可以来听。另外一个使人惊讶的消息是，在那样一座小岛上竟然有五十九所音乐学校及十九所音乐

[1] 由本书作者采访所得。

学院。卡斯特罗本人没有能来听音乐会，但他在深夜拜访了韦利夫斯卡并对她致上谢意。

从皮亚蒂戈尔斯基的这几名学生身上，我们就可以很清楚地看到他所产生的巨大影响。有一次和别人讨论时他提到担心音乐界会像体育界那样，为了获胜就必须成为世界上最强大或者是最好的。他转身看着墙上挂的那些画，并向人们介绍了每一幅画的作者，然后对大家说："你们会问我这些人当中谁是最好的吗？只要画得精彩不就够了吗？"①

① 见 VSNL，1977 年 3 月，第 5 页。

罗斯的学生们

罗斯对教学有着特殊的才能，因此他的早逝是一个悲痛的损失。他本人的演奏以运弓优美而著称，而且传给他的学生，学生在学习之初都倾向于模仿他的运弓。其中许多学生在事业上取得了极高的成就，两位已经获得国际声望的是林恩·哈瑞尔和马友友。而劳伦斯·福斯特如果不是在二十六岁时被一位盗车者所杀害的话，他肯定已经成为此行列中第三位著名的学生。

林恩·哈瑞尔 1944 年生于纽约，是两位专业音乐家的儿子，父亲马克是大都会歌剧院的著名低男中音歌唱家，母亲富尔顿是小提琴家。六岁时他开始学习钢琴，但是学得并不好。八岁时父母没有对他提出任何要求，他主动在一把成人使用的大提琴上开始学习。

开始时他跟从纽约爱乐乐团的大提琴演奏员海因里希·约阿希姆学琴，但是在他们举家迁移到达拉斯之后，他就开始跟列夫·阿隆森学琴，阿隆森是当时最好的大提琴教师。"是他真正的发现了我的才能，当他说我将成为一位音乐家时，没有人相信他的话。我十一岁时去跟他学琴。他向我展示了对乐器、对音乐以及对生活的热情。"[①]

后来他就到纽约朱利亚音乐学院跟随罗斯学琴了。

> 他演奏得是那样美、那样富有表情，使我终生难忘。我十五岁时第一次到梅多芒特音乐学校跟他学琴（也就是加拉米安办的音乐夏令营），十六岁时我就搬到纽约，并到朱利亚音乐学院跟他学琴了。过去我跟阿隆森学琴时手指是直的，是俄国的运弓学派。罗斯教我的则是低手腕，手腕很柔软，手指也很灵活，他向我展示了一个全新的技术天地。[②]

两年之内哈瑞尔的父母相继去世，于是他就搬到了费城，到柯蒂斯音乐学院跟奥兰多·柯尔继续学习大提琴。在临别时，他告诉罗斯他想成为一名独奏家，问他有什么建议。罗斯建议说他可以尝试去比赛或者去加入管弦乐团。罗斯提醒他说大多数著名大提琴家都在乐团中受到很好的训练。

哈瑞尔的教父名叫罗伯特·肖，他是克利夫兰管弦乐团的合唱指挥，是他帮助并决定了哈瑞尔今后的道路。哈瑞尔演奏给著名的指挥家赛尔听，赛尔很快就在管弦乐团中为他提供了一个位置。两年之后哈瑞尔就成为该乐团的大提琴首席，并在那里工作了七年。

在乐团工作多年之后，还能成为独奏家的这种状况，在年轻人中是很少见的。然而哈瑞尔就是其中之一，他认为这点对他在音乐上的发展起了重要的作用。"有一段时间我被吸引住了，这不仅由于我是在一个非常好的管弦乐团里演

[①②] 见 *The Strad*，1986 年 11 月，第 464 ~ 465 页。

奏，还由于我每个星期都固定能领到工资。"他知道对大多数学生来说，到乐团中工作就意味着个性的丧失和演奏技巧的衰退。"这种情况对我也是一样的，我的防护措施就是要不断地提高对自己无知的认识程度。"① 他第一次去参加排练时，对自己能演奏鲍凯里尼的协奏曲，以及左手音阶可以拉得很快而感到很自豪，但是他突然意识到自己从来没有从头至尾听过贝多芬的《第五交响曲》。

赛尔是一位对工作要求很高的人，也是一位优秀的音乐家和伟大的指挥，他对年轻的哈瑞尔有很大的影响。"他使我懂得了在这个世界上进行百科全书式的广泛学习只是一个起点，但这是必要的。即使从最武断的意义上来说，他也是一位最优秀的教育家。他了解过去，了解我们现代所演奏的那些音乐的来源，以及其文化基础。与一位施特劳斯的学生一起演奏《堂吉诃德》实在是非凡得令人惊奇。"②

也正是在克利夫兰，哈瑞尔结识了当时乐团的副指挥莱文。他们成了挚友，而且一直保持至今。"莱文是我音乐上的良师益友、引导者、合作者，他有无限的想象力和精力。我们生活在同一时代，然而在思想、工作、经验上，他比我前进了整整一个世代，他扩大了我的音乐视野，并帮助我找到了通往这些境界的道路。"③

大约在这个时期，哈瑞尔突然感到有必要在显微镜下检查一下自己的演奏。

我把它分开来，然后再把它组合在一起。作为一位管弦乐团的演奏员，我是能做到这一点的。我们学会了如何跟着指挥，感受力度和速度的变化。作为一位独奏家要了解整个总谱的结构，这一点是非常重要的。在做到这一点之后，我们对理解作曲家在某些地方所做的那些细节要求就容易多了。④

①②③④　见 *The Strad*，1986 年 11 月，第 464 ~ 465 页。

哈瑞尔对某些认为在管弦乐团中演奏的人都是一些次等货色的看法很不以为然。"乐团团员要能做好各种事情，他的视奏要好，要能演奏各种不同的风格，他还要能调整自己的演奏，以便能与各种不同的人和指挥一起演奏。我认为弦乐演奏者花一定的时间在管弦乐团中或在室内乐团中演奏是必要的。"①

赛尔逝世时，哈瑞尔已经二十七岁，可以开始从事独奏事业了。他把自己所有的积蓄都拿出来，在纽约开了一场几乎是空场的独奏音乐会，第二年他也仅仅开了几场音乐会，直到1972年林肯中心的室内乐协会邀请他担任客席独奏家，才使《纽约时报》的评论员勋伯格写道："这位年轻人具备了一切。"②

于是事情开始改变了，1975年他获得的费舍尔一等奖是他事业的转折点。对于这次比赛的获奖，最使他感兴趣的是这次比赛并不是以平常方式进行的：参赛者不是依靠淘汰与否进到下一轮中去。当然比赛还是存在的，然而要把参赛者过去五六年间所做的事情通过其他音乐家所写的证明材料也计算到比赛成绩中去。

自从得奖以后，哈瑞尔就以独奏家身份在世界各地出了名，他也拿出时间来从事教学工作。1986年9月他被任命接替南加大皮亚蒂戈尔斯基教授大提琴，他还在伦敦的皇家音乐学院任教。

哈瑞尔录制过许多协奏曲和室内乐唱片，这些室内乐唱片尤其使他感兴趣。其中最成功的作品之一，就是他与帕尔曼以及阿什肯纳齐一起录制的一系列钢琴三重奏。哈瑞尔是这样论述这些唱片的：

> ……这是我一生所经历过在音乐方面最为美好的互相交流。这真是一个迷人的组合，因为帕尔曼是一位天生的演奏家，他可能是我与之一起演奏过

① 见 *The Strad*，1986年11月，第464～465页。
② 见 *New York Times*，1975年12月。

最有乐感、最富有音乐直觉的小提琴家。最使人感到神奇的是，他听到了某些东西，这些东西就能立即进入他那神奇的内心，然后再以最深奥的方式表达出来。在他没有能够十全十美地把它演奏出来之前，他是不会放过任何东西的。阿什肯纳齐也是位工作十分勤恳的人，非把所有的事情练好才罢休。当帕尔曼说"我之所以这样演奏是因为我是这样感觉的"时，阿什肯纳齐会反驳说："你不能只凭感觉来演奏！你应当看一看句子的结构是怎样的！"我这个美国人夹在他们之中只能说："伙计们，让我们再拉一次吧。"①

哈瑞尔感到在他们录制的所有唱片中，柴科夫斯基的三重奏特别能够再现他们贯穿在整个录音过程中的某种能量。"我认为这种能量和激情在唱片中是能够听得出来的。"他认为这或许是由于他们只有两天的时间录制这首三重奏的缘故。"第一天我们用来进行各种试验，以便获得好的声音。阿什肯纳齐希望换一架钢琴，因为我们用的那架琴不好。而且他说假如我们现在不能录制这首作品的话，以后他也不可能再练习它了，所以我们在录制唱片时有一种紧迫感。正式录音时，我们每个人几乎都像发了烧一样。"②

被伯恩斯坦说成是"一位真正的天才"的劳伦斯·福斯特生于伊利诺伊州一个名叫奥克帕克的地区，死因是被一个盗车贼残忍地杀害。在他还是个小孩子时，第一次听到大提琴的声音就喜欢上了它，并要求学习大提琴。七岁时跟罗斯福大学所属芝加哥音乐学校的卡尔·弗鲁学琴，一年以后进行首次公演，十一岁时作为独奏家与 NBC 交响乐团在"艺术家之窗"节目中演出，并且还以独奏家的身份与当地的格兰特帕克交响乐团合作演出。

同年，还是在他十一岁时，由于他进步显著，所以获得了赴纽约朱利亚音乐

① 见 *The Strad*，1986 年 11 月，第 466 页。
② 由本书作者采访所得。

学院学习的奖学金，与此同时他还继续进行公演。十二岁时他与费城管弦乐团以及芝加哥交响乐团合作演出，每次都受到新闻媒体的极大好评。他还得过一些其他的奖项，并在全国电视台上，于伯恩斯坦主办的青年音乐会上与纽约爱乐合作演出。在这次演出之后，有两家大经纪公司与他签订了演出合约，全国各地重要交响乐团给他的邀请信亦源源不断。最有意义的是《纽约时报》的评论员表示，当伯恩斯坦称这位十四岁的孩子为真正的天才时，他丝毫没有夸张。这位评论员还表示这位年轻人"在演奏大提琴时似乎已是一位成熟的大演奏家……没有任何迹象表明他的演奏不是出自一位成熟的艺术家之手"[①]。

当福斯特十六岁离开朱利亚音乐学院时，他顺理成章地展开自己的事业，并且成为一名家喻户晓的人物。人们给他提供了大量的工作机会，电视台也多次邀请他在屏幕上出现，这可能与他个头高、金发碧眼、长得很英俊有关。在他与克拉斯纳波尔斯基指挥奥马哈交响乐团一起演出之后，一位评论员写道："他演奏大提琴如鱼得水，就像策马奔驰一样自然，在演奏很弱的力度时他有着丰满的声音，在演奏很强的力度时也丝毫没有受压迫的感觉，他有着气息极长的连奏以及从容不迫的揉弦。"[②]

然而年轻的福斯特以及他的父母都认为应该给予他的才能时间，以便使其自然地达到成熟：十六岁时他完成了在伦敦市政厅音乐戏剧学校师从普利斯的学习，与此同时他开始在伦敦学习英国文学。当人们问他为什么这样做时，他回答说："我非常想获得大学的学位，万一发生了什么事情，比如说失去一个手指，我希望自己还是可以有事情做。由于我喜欢读书，所以学习英国文学似乎就是最佳选择了。文学可以使你有更多的创造力，而且使你学会另外一种表达自己的途径。"[③]

在他大学毕业后，他继续跟普利斯学琴直至二十三岁。在这段时间他经常定

---

① 见 *New York Times*，1968 年 1 月 28 日。
② 见 *Omaha World-Herald*，1970 年 11 月 24 日。
③ 见 *Sumpter Daily Item*，1977 年 11 月 22 日。

期越过大西洋去开音乐会，普利斯至今仍然认为他是他们那一代人中最杰出的大提琴家之一。

1974 年 11 月当他十九岁时，他是在被人们称为"利兹国际音乐家的舞台"的比赛里，从八十位三十岁以下参赛者中选出来的唯一一名大提琴获奖者，后来这项比赛改名为利兹国际钢琴比赛。在福斯特死后，当时任该比赛评委的穆尔写信给福斯特的母亲说："在利兹国际比赛中我们听了他的演奏，都被他那种内在的热情诗意以及对音乐的热爱所撼动。如果能幸免的话，他一定会成为大提琴大师的。"[①]

由于利兹比赛的获胜，福斯特开了许多音乐会，进行了多次广播演出，还在 BBC 的电视节目上出现，并被布里顿邀请在奥尔德堡音乐节上演出。对于那次的演出，《卫报》的评论员把他演奏的舒曼协奏曲描述为简直可与罗斯特罗波维奇相匹敌。

马友友每年旅行的行程超过了十五万公里，举行约一百场音乐会。他的演出几乎总是满座，演奏自然而优雅、热情而有个性。指挥家赞德曾指挥波士顿交响乐团多次与马友友进行合作，他说："马友友代表着我们这个时代两种演奏传统的伟大结合：以施纳贝尔为代表的理性和分析的方式，以及以鲁宾斯坦为代表的浪漫主义和直感的方式。我之所以喜欢马友友的演奏，是因为他能使每个听众都感到满意，不论他是最严谨的理性演奏者抑或浪漫主义的崇拜者。"[②]

马友友于 1955 年生在巴黎的一个音乐家庭中，父母都是中国移民。母亲是来自香港的一位歌唱家，父亲是指挥家、作曲家及教师。马友友四岁时开始跟他的父亲学习大提琴，从那时起他的父亲就叫他每天记住巴赫组曲中的两个小节。毫无疑问，这么早就接触这样的作品和音乐结构，为他在音乐上的成熟度打下了极好的基础，这一点在他成年后的演奏中十分明显地表现出来。

马友友四岁时就在巴黎大学举行了首次独奏会，一年之后他们全家移居纽约，在那里他跟舒尔兹学琴。八岁时他在美国电视台举办的"美国露天艺术"节目中进行演出，该节目由伯恩斯坦指挥。

接下来他就考入了朱利亚音乐学院的少年部，跟罗斯学琴，这时马友友感到他很难把中国家庭教育中的那种严格性与美国大学中的那种自由性融合在一起。他承认他做了一些反抗，而且没有拿出应有的时间进行练习。那时他已经具有作为一名杰出大提琴家的声望了。1971 年他离开朱利亚音乐学院时，还没有决定今后是否将以音乐作为自己的事业。

然而在哈佛大学四年，以及与卡萨尔斯的一次会见，使他得到了他所需要的影响。当他在马尔博洛音乐节第一次见到那位伟大非凡、个头矮小的卡萨尔斯，以及其他一些献身于音乐演奏艺术的人时，他开始重新去确定自己今后的事业。"我在关键时刻遇到了卡萨尔斯。当时他已经是一位九十岁的老人，几乎已经不能再做什么事情。但是当他一走上舞台，他就大声歌唱、大喊大叫，那种力量是鼓舞人心的。按照常规他已经不能像年轻时那样演奏大提琴，但是他赋予每个音符的使命，却是令人难忘的。"[1]

他在大学学习时，还在音乐方面受到其他一些重要影响。"我在哈佛大学的教师们，例如基尔赫纳、金姆、赞德和沃斯格罗海恩等，他们使我对音乐产生信心，并提出问题让我回答。我从四岁就开始拉琴，大约拉了十二到十三年的琴。但问题是：一位年轻、有才能的音乐家怎样才能成长，怎样才能使音乐的直觉与所学来的知识结合在一起发挥作用？"他的答案则是"应该培养自己认真研究总谱，虚心听取各种不同的意见与看法"[2]。

接下来他就和几乎所有美国著名的乐团一起合作演出，并且与像马泽尔、祖

---

① ② 见 ICM 艺术家。

宾·梅塔、小泽征尔、普列文和罗斯特罗波维奇这样的知名指挥家合作演出。1978 年他获得费舍尔奖，才真正打开了他通往世界的大门，今天几乎没有哪一个有名的乐团或者指挥没有和他一起合作演出过。

他在演奏大提琴重要的传统曲目时给人们带来的那种新鲜感，受到同行极大的羡慕。他演奏的德沃夏克大提琴协奏曲与以前任何一位大演奏家对这部作品的演奏都不同。根据同一道理，他也从来没有两次完全相同的演出，因为他拒绝模仿自己。他说：

> 像德沃夏克这一类的伟大作品，正可以有许多不同的处理方式，以及许多不同的看法，……试着在每一次演奏乐曲时都有新的体会：再现你第一次听到它时所具有的那种新鲜感。你必须每晚从中发现新的东西，把它形成一个有机的总体，认识到它内在的逻辑。当你打算重复昨天晚上那场优秀的演出时你就会面临危险。一旦你试着这样做时你就会彻底失败。[1]

这位非凡的年轻艺术家生活中另外一个特点是他献身于室内乐的演奏，他定期与他那些合作伙伴们，如小提琴家张林和钢琴家科根一起演奏，他说："演奏室内乐是演奏所有一切音乐的基础。你有责任要处理好艺术上的各种问题。"[2] 作为一位大提琴家，他认识到自己是和声的基础，必须处理好与其他两个声部之间的关系，以便取得平衡。

马友友和钢琴家阿克斯所组成的二重奏被认为是当今美国年轻一代音乐家中最优秀的二重奏之一。在每个演出季他们都至少要演出十五场音乐会，并且一起录制了一些令人难忘的唱片，其中勃拉姆斯奏鸣曲的唱片获得了格莱美奖。马友

---

① 见 ICM 艺术家。
② 见 ICM 艺术家，1984 年 12 月 21 日。

友还和另外一个三重奏组一起开音乐会，包括钢琴家阿克斯和小提琴家金永克。他们自第一次在马尔博洛音乐节上认识以来，一直保持着良好的友谊，因此这个重奏组不仅是建立在良好的音乐合作基础上，同时也是建立在良好的友谊基础上的。对于这种友谊，马友友说："这种友谊可以使我们自由地讨论问题，而不会感到谁是外人。而且这里还有一种感情移入的作用，也就是说不管我们分开多久，当我们重新聚集在一起开始演奏时，立即可以开始彼此之间的感情交流。这就好像我们生活中与老朋友之间的关系一样，越是多年不见，见面时就会有更多的话要说。"[1] 马友友还与小提琴家克雷莫、菲利普斯以及中提琴家卡什卡希安一起演奏弦乐四重奏。

他丝毫没有某些人的那种骄纵之气。他青梅竹马的朋友们说，他是一个非常谦虚、喜欢开玩笑的人，认识他以及与他相处是非常有意义的。赞德说：

> 像他如此水平的人还如此谦虚真是不可思议。达到他这样的地位，而还能继续保持像学生一样的好学精神，实在是很难得。他对别人的意见总是很感兴趣，在开完音乐会后会见大量的朋友们时，他总是询问别人在做什么、想什么，无论与音乐有关或无关他都很有兴趣。他是一个非常真诚而实在的人。由于他是这样的谦虚、这样的善良、这样的关心他人，从而使他避免成为一位超级明星式的人物。[2]

有一次马友友和一位著名的物理学家讨论艺术和科学之间的不同点。这位科学家说，他认为虽然在艺术与科学这两个领域中人们都赞扬想象力和创造性，然而在科学中最好的理论也必须受到真理的检验，而艺术作品只需要依靠想象力。马友

① 见 *Gramophone*，1984 年 6 月，第 6 页。
② 见 ICM 艺术家。

友不同意他的观点并且指出，虽然科学的理论必须经过反复试验的考验，音乐的真理却是有着它自己内在的规律，是通过音乐会的形式显示出来的。马友友解释说："我是怀着与听众分享对生活的崇敬与惊奇感的心情去举行音乐会的。这种音乐会的仪式是由作曲家、演奏家和听众共同组成，而且只有当他们一起共同来描绘某种真理时，才是有意义的。我们希望，这种真理能留在所有参与者的记忆中。"[①]

马友友多年以前一直使用的是一把1722年由戈弗里勒制作的大提琴，这把琴过去曾经是属于富尼耶的。后来他买了一把蒙塔尼亚纳大提琴。在开音乐会时，他就轮流使用这把蒙塔尼亚纳大提琴和杜普蕾借给他的那把斯特拉迪瓦里"达维多夫"大提琴进行演奏。

对于巴赫的六首无伴奏组曲，马友友已经研究很多年了。1996年，巴赫的这部作品最终被录制为唱片，并且被作为背景音乐在马克·莫里斯舞蹈团、滑冰运动员托维尔和迪恩以及日本演员坂东玉三郎出演的六集电视节目《来自巴赫的灵感》中使用。这一项目起初来源于艾尔伯特·施维策的评论，他曾说巴赫是一位非常具有视觉效果的作曲家。对于马友友来说，"巴赫的作品不仅仅是某一特定时空的表达，而是通过世代流传仍然完美传递着音乐能量的作品"。[②]

① 见 *Keynote*，1985年3月，第30页。
② 见 *The Strad*，1996年11月，第1122页。

日落的绝响

　　"她是我至今为止所见过的最杰出的大提琴家和音乐天才，而且惊人得早熟。我认为她有着光辉的未来，为此值得我们给她各种帮助。"[1] 这是普利斯为十岁的杜普蕾获得苏日娅奖所写的一封推荐信。普利斯的预言肯定是对的，只是我们没想到她伟大的生涯竟然会在二十六岁时患不治之症而中途夭折。

　　杜普蕾 1945 年生于英国一个充满音乐声的家庭中，母亲曾经是专业钢琴家，父亲非常喜爱手风琴，姐姐演奏长笛。杜普蕾在会说话之前就会唱歌了，三岁时她在 BBC 的儿童节目中听到了大提琴的声音，她说她希望有一件"那样的东西"。她在四岁生日时得到了一把成人用的大提琴，而且拉起来毫无困难。由于

　　① 见 William Wordsworth，*Jacqueline du Pré: Impressions*，第 52 页。

她表现出极为明显的才华，于是在五岁时就被送到伦敦大提琴学校，去跟达里姆普学琴。当老师给她一把二分之一尺寸的大提琴时，她很不高兴，为此搅得她的老师不得安宁，最后只得答应她使用成人琴。

七岁时她举行了第一次公开音乐会，三年以后获得苏日娅奖。当时的评审中包括巴比罗利爵士。巴比罗利夫人对当天的情况还记得非常清楚："那是约翰第一次听到杜普蕾的演奏。我陪我的丈夫一起去，坐在里面听她的演奏。记得当时她在调音上遇到了一些困难，于是约翰帮助她调弦。我已经不记得当时她演奏的是什么，我只知道我完全被她的演奏深深吸引住了。她是那么有才能，一下子就把听众抓住了，真是一位非凡的奇才。"[1]

中提琴家特蒂斯当时也是评委之一，他记得当杜普蕾一开始演奏，巴比罗利就转过头来对他说："这就对了！"[2] 从那以后巴比罗利和这位年轻的大提琴家之间就建立了十分亲密的友谊，他有时也会对她的演奏提出一些建议，巴比罗利夫人还记得她的丈夫告诉杜普蕾用弓不要压得太厉害。"她是那样有才能，感情是那样充溢，一切都从她的内心倾泻而出。她需要有一点节制，我认为我的丈夫约翰能使她平静下来，她也会接受他的劝告。"[3]

在获得了苏日娅奖以后，杜普蕾就到市政厅音乐戏剧学校去跟普利斯学琴了。普利斯回忆当时第一次给她上课时的情况：

> 她演奏了一首小曲子给我听，而且演奏得很好，但是没有什么特别的地方。那时她还不是一位杰出的天才，但是我感到她心里有某些东西。我们大家都知道许多有才能的孩子一旦被唤醒以后，就能够非常迅速地开花结果。我对她的第一印象就是她是个好孩子，演奏出来的声音很好听，但是并没有什么辉煌的技巧。我当时观察到某些东西，可能由于深深地隐藏在心里，所

①②③　由本书作者采访所得。

以她自己还没有意识到。当你第一次听这些有才能的孩子演奏时，你会感到有的很天真，有的很平常，有的内心孕育着某些东西，杜普蕾就是这种孕育着某些东西的孩子；我们只需要把几扇门打开来就行了。①

当她十三岁时，这些门很快被打开了。普利斯记得他告诉杜普蕾下星期开始学习埃尔加的协奏曲和一首皮亚蒂的随想曲，四天之后她就告诉他，她已经把埃尔加协奏曲的第一乐章背下来了，并且还把那首非常困难的随想曲也背下来了，尤其令人吃惊的是她几乎把它们演奏得无懈可击。"给她上课是一件愉快的事情。她的理解是这样迅速，而且即便当时她还不能理解，后来也总是能理解的。这简直就像在变魔术。你在和她说话时就可以看到理解和动作结合在一起了。这确实是非常了不起的。"

然而上课也并不总是顺利的。"杜普蕾在十四岁左右经历了一段低潮期。我们遇到一大堆麻烦，而且需要进行某些调整。这不仅仅是一个要不要继续拉大提琴的问题。"② 然而这一切并没有留下痕迹，第二年她夺得市政厅音乐戏剧学校的皇后大奖，这是专为三十岁以下的年轻音乐家设置的，当时她只有十五岁。

卡萨尔斯也曾经给杜普蕾提过许多建议，他在她很小时就发现了她的天分。在巴黎她跟托特里耶学了几个月，有时还在莫斯科跟罗斯特罗波维奇学习，所有这一切都开拓了她的视野，但是她总认为普利斯才是她真正的老师，对普利斯的忠诚从未减少过。

1961 年 3 月 1 日，她在威格穆尔大厅举行首次独奏会。音乐会前好几天，在外面已贴出了"满座"的公告。在威格穆尔的首演本身就是一个很严格的考验，而且当世界把它的目光都集中到一个杰出的十几岁孩子身上时，它所带来的压力就更大了。杜普蕾的感受是即使对一位成熟的艺术家来说，这种压力也会令

①② 由本书作者采访所得。

日落的绝响 | The Sunset Touch

其丧失勇气。音乐会开始时一切都很顺利，突然她发现A弦松了。她继续演奏，但是后来实在无法控制，于是不得不向大家致歉，说必须到后台换琴弦。当她面带微笑返回舞台继续演奏时，好像什么事情都没发生过一样。

评论家们都认为她演奏得十分精彩，辉煌前程似可预见。梅森在《卫报》上这样描述她的演奏："在安静的地方更加冷淡有表情。她给人们带来的是纯粹古典的音乐美。她之所以能把乐曲表现得如此之美是在于她的均衡自信，在于她对节奏和声音的完美控制，在于她那纯正的声音，而不是靠任何外加的或人为做作的音乐表情。"[1] 他还说杜普蕾手指的灵巧敏捷使得她的听众透不过气来。这位十六岁的女孩把世界上口味最严苛的听众征服了，她的前途不可限量。

接下去她所取得的成功只有年轻的梅纽因可与之相比。她在欧洲各地和英国演出，并和英国所有重要乐团以及最著名的指挥合作演出，也受到了各地听众的热烈欢迎。

1965年5月14日，杜普蕾在卡内基大厅举行她在纽约的首次公演，当时她演奏的是埃尔加协奏曲，由BBC交响乐团协奏，指挥是安陶尔·杜拉第，她像暴风雨般地征服了美国人。第二天埃里克森在《纽约时报》上这样描述道：

> 杜普蕾小姐有着细高苗条的身材，金色的头发，看上去很像卡罗尔小说中的女主人公艾丽斯，又很像文艺复兴时期美术作品中演奏乐器的天使。的确，她演奏时真像一位天使，一位有着非凡热情和敏感度的天使。
>
> 这首协奏曲似乎是专为杜普蕾写的，而杜普蕾又是为这首协奏曲而生的，因为她的演奏是这样充满了浪漫主义精神。她有着巨大而又散发出光彩的声音，无论是演奏协奏曲开头的那些辉煌和弦，还是那些令人陶醉的极轻的声音，或是谐谑曲中某些快速反复而又非常均匀的音型，她都没有任何技

[1] 见 *Guardian*，1961年3月2日。

术上的困难。[1]

自从她在纽约进行首演之后，人们就爱上了她的一切。她是人们脑海中最为年轻的英国音乐天才，世界各地都急切盼望她能去演出。1967 年中东战争后，她立即在耶路撒冷与年轻的以色列钢琴家巴伦博伊姆结婚，巴伦博伊姆现在则以指挥家更著称于世。他们两人所举行的奏鸣曲音乐会真是座无虚席，评论界对他们的演出从不吝惜赞美。当他们亲密的朋友和同行、著名的小提琴家祖克曼和他们一起演出时，评论界更是用尽了所有好话。

杜普蕾用三把非常漂亮的大提琴进行演奏：两把斯特拉迪瓦里制作的大提琴，一把是 1672 年的，另外一把是 1712 年、又名"达维多夫"的大提琴，这两把琴都是由一位匿名的赞助者捐赠给她的；1971 年巴伦博伊姆又给了她一把由费城管弦乐团的佩雷森制作的大提琴。如果不是在小房间里演奏室内乐的话，她就一直使用这把琴进行演出。她说："这把琴非常健康牢固，而且强壮得像一辆坦克，它有着非常丰满的声音和极高的穿透力，能达到大厅最远的角落。"[2] 她就是使用这把琴来录制最后的那些奏鸣曲唱片，以及在演出现场录制由巴伦博伊姆指挥费城管弦乐团协奏的埃尔加协奏曲。

由于她的行程非常繁忙，所以很难找出时间来录制唱片，但她总是认真履行她的承诺。每一个为她录音的人都非常喜欢她，她的录音师格拉布对她进行了如下的描述：

> 她是一位理想的录音艺术家，要求从不苛刻，对别人的困难很能理解，也没有那种会突然爆发出来所谓的"脾气"……对于录音师来说，她是位非

① 见 *New York Times*，1965 年 5 月 15 日。
② 由本书作者采访所得。

常完美的演奏家，无论你花多少时间来调整麦克风或试音响，她从来都不抱怨。对我来说，和她一起录制唱片的六年时间实在是太短暂了，她给我留下了金色的回忆，这是一种自然、含蓄而且愉快的制造音乐的回忆。[①]

由于多发性硬化症的逐渐侵袭，病魔将她那辉煌的事业终止在了二十六岁。她不得不取消许多音乐会，1971 年夏季，她整整六个月没有碰过大提琴。同年年底，巴伦博伊姆突然打电话给录音师格拉布，说他们一起练习了肖邦和法朗克的奏鸣曲，她还演奏得像过去一样好，难道他们不应该录制这些唱片吗？这些唱片在两天之内就录制完成了。当他们完成了这个录音之后，杜普蕾建议应当开始录制贝多芬的奏鸣曲。格拉布和巴伦博伊姆都注意到她看起来已经很疲劳，但是还是同意开始录音，于是他们录制了奏鸣曲 Op.5/1 的第一乐章。"最后她把她的大提琴放回盒子里，说，'就这样吧！'她甚至不想再听一遍。这就是杜普蕾在录音室的最后情况。"[②]

她为伦敦听众最后一次演出是在 1973 年，当时她是在另外一位挚友祖宾·梅塔指挥新爱乐乐团协奏下，演奏埃尔加协奏曲。卡达斯爵士在《卫报》上这样写道："在这次演出中，如此年轻的艺术家竟能如此深刻地诠释音乐，对于听众来说这的确是一场极为非凡的演出……告诉人们埃尔加已经向生活道别，光辉灿烂的日子已经过去了，迎接他的将是黑夜。"[③] 卡达斯一定多次回想过他那富有预见性的讲话。

不久杜普蕾就到美国与丈夫团聚。在一次排练时，她终于认识到自己在和一场不可抗拒的命运进行斗争。接下来就是一个女人勇敢地与一位音乐家所能面临的最为残酷的命运抗争的故事。

她对她不能再演出抱以欣然的态度，并且勇敢转向教学。她在电视上举行的

① 见 William Wordsworth, *Jacqueline du Pré: Impressions*，第 99 页。
② 同上，第 100 页。
③ 见 *Guardian*，1973 年 2 月 9 日。

示范教学取得了巨大的成功，她有限的教学活动使许多年轻的大提琴家受益。罗伯特·科恩也是普利斯的学生，他在谈到自己和杜普蕾上课的情景时说："我们是在相同的年龄一起跟普利斯学琴的，所以我们经常一起长时间讨论我们年轻时所受到的训练，以及老师是怎样巧妙地解决我们每个人的不同问题的。跟她谈话对我来说就是一种学习。但是当人们演奏时，她则要求把每个音符所具有的要求做到之后，才放你过去。她有一种献身于每个音符的精神，这种精神对我们有着极大的启发。"①

由于她已经不能再用音乐去表达她的感情，杜普蕾转向了语言。

> 我发现我很崇拜语言。我从来没有能充分使用语言，我在语言中发现了许多我以前从来也不知道的美的新的东西。最近我为理科硕士协会朗读了旧约圣经——我是那个协会的会员，我发现一切都和音乐演奏一样：心理上的强调、结构以及时间上的控制都是一样的。我一生第一次朗诵了诗歌，我是那样喜欢它。②

在她那短暂而辉煌的演奏生涯中，杜普蕾给许多人带来了幸福。她录制了十五张唱片，最后一张则是她在普罗科菲耶夫的《彼得与狼》中任讲述者。由于录音技术在当今已经发展得相当高明了，因此她的演奏将一直给后世带来快乐。还有一个由努本执导、名为《杜普蕾》的电影，展示了她那无拘无束、精力充沛的性格，以及她那完全献身于音乐和生活的使命感。

人们经常怪她步伐太快，因此太早就把自己燃烧殆尽了。托特里耶为我们提供了一个例子。当他在达廷顿夏季学校教课时，杜普蕾要求他帮助她学习布洛赫的《所罗门》，当时已是深夜，而且已经忙碌了一整天，托特里耶认为太晚了，

---

①② 由本书作者采访所得。

杜普蕾却坚持说她知道有个房间，在那里拉琴不会妨碍别人，因此托特里耶给她上课直到第二天凌晨两点半。

也许看护她的守护神知道，在生命的帷幕降下来之前，她还有许多事情要去完成。在她的笔记本中，她十分巧妙地总结了自己的情况。她写道："如果阳光向你招手，那你就接受它的邀请，去热爱它那金色的光辉吧！"①

杜普蕾于 1987 年 10 月 19 日逝世。在她逝世后，人们试图通过各种方式刻画一个真实的杜普蕾。两部关于她的书籍已经问世，而且其中一部还被翻拍成电影。由杜普蕾的兄弟姐妹撰写的《狂恋大提琴》让我们了解了他们的姐姐，也更多地了解了他们的家庭。杜普蕾是一位天才，从很多角度讲，她的成就高于生命。这部传记中描写了杜普蕾私人生活中的细节，而且强调杜普蕾无法保护自己。在影片《希拉里与杜普蕾》中，由艾米丽·沃森饰演杜普蕾。而由伊丽莎白·威尔森创作、丹尼尔·巴伦博伊姆授权的《杰奎琳·杜普蕾》则与之前关于杜普蕾的描写恰恰相反，真实地还原了杜普蕾的演艺生涯，展现了杜普蕾传奇的一生。毫无疑问，未来还会有更多关于杜普蕾传奇人生的描写，但是她的音乐表演以及她对诸多好友的影响将会不断地散发出魅力。

---

① 见 William Wordsworth，*Jacqueline du Pré: Impressions*，第 136 页。

英国代表团

近年来，优秀的英国大提琴家的人数显著增长，而且无论是在大提琴独奏或是室内乐领域，英国大提琴家的整体水平仍然保持一定高度。

苏格兰大提琴家莫里·威尔士于1947年出生在哈丁顿一个专业的音乐家庭。威尔士九岁开始学习大提琴，启蒙老师埃莉诺·格里高森是露丝·沃德尔的学生，沃德尔的老师是苏日娅。后来威尔士也跟随琼·迪克森学习过一段时间。

在十八岁时，威尔士对自己的未来很困惑，不知道自己是否真正想成为一名大提琴家，于是他进入约克大学学习。"我当时处于青春期的焦虑阶段，而且当时认为应该学习一些有用的知识，比如说医学之类的，所以后来，我担心音乐学院的环境对我来说太狭窄、过于与世隔绝，于是同时修了英语和音乐两个学位。"①

　　威尔士的"命运封印"是与本杰明·布里顿的会见，当时布里顿与彼得·皮尔斯一同在约克大学举行音乐会。这一次会面彻底地改变了威尔士的人生。当时威尔士说服布里顿听他演奏大提琴奏鸣曲，但是他当时却找不到合适的钢琴伴奏。后来，当他发现为他伴奏的就是作曲家本人时，他完全惊呆了。"我当时非常吃惊，因为他演奏的似乎与谱面不同，他的演奏非常微妙……当他坐在那里开始演奏时，整首乐曲充满了生命。"②

　　威尔士的表现给布里顿留下了非常深刻的印象，后来布里顿将威尔士推荐给罗斯特罗波维奇。于是威尔士以英国文化协会奖学金进入莫斯科音乐学院学习。威尔士在莫斯科音乐学院跟随罗斯特罗波维奇学习了两年时间，而这两年的学习经历是极其令人难忘的，而且对他未来的演奏事业也产生了持续性的影响。在美苏对峙最为严重的时期，威尔士在莫斯科经历的贫穷、种种不适以及同学间的友谊都是令他难以忘怀的。

　　1972 年，威尔士在威格穆尔大厅举行了个人独奏会，"深情地演奏了柴科夫斯基的《随想曲》和戴维·布雷克的《场景》"。③ 从此，威尔士开始了他的大提琴巡演事业，多次参加音乐节。1981 年，他多次在音乐节上演奏休·伍德创作的协奏曲。1983 年和 1993 年的切尔滕纳姆音乐节上，威尔士分别首演了伦诺克斯·伯克利和戴维·布雷克创作的协奏曲。同时，威尔士还演奏室内乐，室内乐的演奏让他"可以从情感和思想上更接近音乐"。④ 他加入詹姆斯·高威、郑京和、安德烈·普列文、尤里·巴什梅特和马丁·罗斯科的阿玛迪斯四重奏。

　　威尔士很早就开始了教学工作，从 1975 年到 1993 年，他一直任英国皇家北

①② 见 *The Strad*，1991 年 3 月，第 222 页。
③　同上，1973 年 1 月，第 477 页。
④　同上，1991 年 3 月，第 225 页。

方音乐学院教师。他的教学方法在当时非常具有代表性：

> 我不想就坐在那里，告诉我的学生去做什么。我希望鼓励他们去思考，跟我一起谈谈音乐。体会他们的思考过程，对我来说是一种享受，但是我相信学习大提琴就像学习一门手艺一样，一定要从学徒慢慢开始练起。对于那种一夜之间就成为好的音乐家的事情，我并不感兴趣，我关注的是我的学生能够通过观察，吸收多少知识。[①]

1992 年，威尔士成为伦敦交响乐团大提琴首席，放弃了教学事业。

朱利安·劳埃德·韦伯是目前在英国个人事业最忙碌的一位大提琴演奏家，他的脚步几乎走遍了全世界各个国家。早在皇家音乐学院上学期间，朱利安就已经跟随南岸管弦乐团进行演出。1984 年，朱利安出版了回忆录《与大提琴一起旅行》，书中讲述了自己作为一位大提琴家在世界各地演出的故事。朱利安不仅以精湛的演奏技艺而被众人所熟知，而且他重新发掘并录制了许多被人们忽视的大提琴杰作。此外，为了保证大提琴音乐作品的流传，他还录制了许多不同版本的大提琴作品。

朱利安于 1951 年出生于伦敦的一个音乐世家。他的父亲威廉·劳埃德·韦伯是伦敦音乐学院院长，并创作过一些优秀的音乐作品；母亲是一位钢琴教师，尽管如此小朱利安的兴趣却不在钢琴上。他的哥哥是著名作曲家、企业家安德鲁·劳埃德·韦伯。

六岁时，朱利安开始跟随杰奎琳·杜普雷的老师艾莉森·达里姆普学习大提琴，九岁时，他拿到皇家音乐学院高级奖学金，进入音乐学院学习。十三岁时，朱利安开始与道格拉斯·卡梅伦学习，朱利安认为卡梅伦给予他莫大的帮助。"他

---

① 见 *The Strad*，1991 年 3 月，第 225 页。

总能看到学生们的优点，并且根据每个人的不同特点进行教学。"① 朱利安在皇家音乐学院跟随琼·迪克森和哈维·菲利普斯学习了四年时间，在此期间，他的首次演出就是皇家音乐学院为布利斯爵士举行的八十周年校庆音乐会，后来他参加了王室御用音乐家的演出，演奏了普罗科菲耶夫的大提琴协奏曲。布利斯对朱利安的表现给予了肯定，并邀请他在 1972 年 9 月第一次在伊丽莎白女王大厅进行了演奏。两年后，劳埃德·韦伯受邀与查尔斯·格罗夫爵士指挥的利物浦爱乐乐团在利物浦演出了四场施特劳斯的《堂吉诃德》，并于三个月后在皇家节日大厅再次演出。朱利安在演出中的表现给评论家们留下了深刻印象，他们都看好这位二十三岁年轻人的未来。

朱利安果然没有辜负评论家的期待。1979 年，朱利安作为大提琴独奏家，在索尔蒂爵士在皇家节日大厅的第一次演出中演奏了埃尔加的协奏曲。第二年，朱利安举行了在纽约的首次独奏会，他在爱丽丝·塔利厅演奏了德彪西、拉赫玛尼诺夫和布里顿的奏鸣曲，得到了一致好评。《纽约时报》报道这次独奏音乐会时是这样说的："音乐家的演奏充满了自信，高超的音乐敏感度通过音乐家精湛的表演完美地展示出来。"② 由耶胡迪·梅纽因指挥，朱利安与皇家爱乐乐团共同录制的埃尔加协奏曲获得了 1987 年英国唱片协会评选的英国最佳古典唱片奖，并被英国广播公司第三台的"唱片回顾"栏目评选为最佳协奏曲演奏唱片。

1993 年，《曼彻斯特晚报》评论说："福雷的《悲歌》中包含许多连奏，劳埃德·韦伯优美地诠释了这些音乐元素，他音色精准的演奏，完美地展示了从低吟到中强的强弱变化。"③

朱利安对大提琴演奏做出的杰出贡献就是他将一些不为人知或是曾经被忽略的音乐作品完美地展现给大众。朱利安在皇家音乐学院的图书馆发现了弗兰

---

① 见 *The Strad*，1981 年 7 月，第 180 页。
② 见 *New York Times*，1980 年 2 月 17 日。
③ 见 *Manchester Evening News*，1993 年 7 月 1 日。

克·布里奇创作的《小谐谑曲》的手稿，这部手稿已经被人们遗忘了七十七年了，1979 年 4 月，朱利安在斯内普·摩尔丁斯音乐厅首演了这首乐曲。此后，朱利安不断发掘一些未被人们注意到的音乐作品，并且录制了四十多张唱片，使很多优秀的音乐作品受到人们关注，其中包括弗兰克·布里奇的《演讲》、戴留斯的《浪漫曲》和古斯塔夫·霍尔斯特的《祈祷》。而且朱利安也演奏了许多音乐家专门为其创作的曲目，特别是杰奎因·罗德里格的《Concierto como un Divertimento》、马尔科姆·阿诺尔德的《大提琴幻想曲》以及加文·布莱恩斯的大提琴协奏曲《告别哲学》。

拉斐尔·瓦尔菲施于 1953 年出生在伦敦，音乐是瓦尔菲施家重要的一部分。他的父亲皮特·瓦尔菲施是一位著名的钢琴家，母亲安妮塔·拉斯科曾多年担任英国室内管弦乐团的大提琴首席。作为音乐家的父母从来没有强迫瓦尔菲施学习音乐，在瓦尔菲施对音乐产生兴趣时，他们开始教他小提琴和钢琴，但是小瓦尔菲施在学习一段时间后，没有任何长进。八岁时，瓦尔菲施开始跟朱丽叶·阿尔文学习大提琴，随后跟随珍妮弗·沃德-克拉克学习，但是同样，他的表现让两位老师都非常失望。瓦尔菲施在回忆这段时期时认为，这个时候的他对戏剧和电影更感兴趣。但是十四岁的一天，瓦尔菲施的一切都发生了变化。他去参加了大提琴家艾达·亨德尔和扎拉·纳尔索瓦的广播表演——《勃拉姆斯双大提琴协奏曲》，他被大提琴优美的旋律深深地吸引住了，从此迷恋上大提琴。

他的下一任大提琴老师是阿马丽利斯·弗莱明，弗莱明的教导为瓦尔菲施今后的表演事业打下了坚实的基础，并且激励了瓦尔菲施。瓦尔菲施曾回忆说："她对我的影响非常大，我一直能感觉到她与卡萨尔斯和富尼耶的共性，而且她一直在全力将这些优秀的传统传授给我。她美妙的演奏一直激励着我。"[①] 弗莱明曾评价她的这位学生非常有天赋，说他就像一块海绵一样，不断吸收着知识。她

---

① 由本书作者采访所得。

认为，出国学习将为瓦尔菲施的未来提供更好的机会，于是她安排瓦尔菲施到罗马的阿米迪奥巴尔多维奥继续学习。"他的品性非常出众，无可比拟的演奏技巧也影响了我；直到今天，我在教学中还会用到他的演奏指法，尤其是他的拇指指位。"①

结束学习回到伦敦后，瓦尔菲施回到皇家音乐学院继续深造，师从德里克·辛普森。辛普森擅用理性的方式，引导学生通过情绪来解决演奏的技术问题。1974年，瓦尔菲施申请到位于洛杉矶的南加利福尼亚大学的奖学金，于是前往美国跟随皮亚蒂戈尔斯基继续学习。他们采取一对一的授课方式，根据教学进度调整授课时间。学生们经常受邀与皮亚蒂戈尔斯基和海菲茨在晚上一起演奏室内乐，对于学生们来说，这是一段永远令人难忘的时光。在瓦尔菲施眼中，皮亚蒂戈尔斯基不仅是一位天才老师，而且为人慷慨热情，受到大家的尊敬和爱戴。

瓦尔菲斯在结束学习后，回到欧洲，开始了他的独奏事业。1977年他获得了加斯帕尔·卡萨多国际大赛的冠军。不久后，他与查尔斯·马克拉斯爵士指挥的伦敦交响乐团共同录制了德沃夏克大提琴协奏曲。《卫报》曾评论说："瓦尔菲施的力量在于，他可以按原速演奏那些最难演奏的乐章，而更让人震撼的是，他可以依然镇定地演奏作品中最抒情的部分。我想这张唱片是我听到过的最好的版本。"② 瓦尔菲施不仅演奏一些标准曲目，而且还演奏了许多英国作曲家的作品，其中一些作曲家都是一直被人们忽视的，包括亚瑟·布利斯、阿诺德·巴克斯、弗兰克·布里奇、杰拉尔德·芬齐以及 E.J. 莫兰。瓦尔菲斯为很多作曲家的作品进行过首演，特别是在澳大利亚珀斯演奏的肯尼思·莱顿的《哈利路亚》、罗伯特·辛普森的大提琴协奏曲以及罗格·斯迈利的大提琴协奏曲。曾有评论家这样写道："这是一位大胆前卫的大提琴演奏家，他需要坚强的意志、持久力、平稳

① 由本书作者采访所得。
② 见 *Guardian*，1989 年 6 月 9 日。

的手臂以及相当灵活的手指……瓦尔菲施将大提琴与乐团其他成员连接起来，形成了一种对话。"①

教学是瓦尔菲施人生中非常重要的一部分。他的第一份教师职位是在威尔斯教会学校，他在那里工作了两年时间。1979 年起，他到伦敦市政厅音乐与戏剧学校任教。之后的一段时间，他开始到瑞士苏黎世的温特图尔音乐学院工作。瓦尔菲施认为，他能跟随多位大师级的老师学习是非常幸运的，并把自己看作一种将学生与优秀的音乐传统连接在一起的纽带。

"他最典型的执弓臂展现了完美的优雅与力量。"② 这是 1981 年《每日电讯报》对演奏弗兰克奏鸣曲的亚历山大·贝利的评价。今天，除在世界各地的独奏演出，贝利还在英国和德国从事大提琴教学。

亚历山大·贝利于 1956 年出生在英国斯托克波特，他的父母都是音乐家。五岁时，贝利开始学习钢琴，但是他对钢琴的兴趣并不大。同样的情况也发生在小提琴课堂上。十二岁时，贝利开始接触到流行音乐，他认为古典音乐很"无聊"。有一次，他看到了 BBC 关于杰奎琳·杜普蕾的电视纪录片，从那时起，他心中只想演奏大提琴。于是，他开始在沃特福德音乐学校（二十世纪五十年代，贝利家已经搬到圣奥尔本斯）跟随迈尔卡·哥萨克上预科班。贝利学习进步飞快，这也引起了琼·迪克森的注意。后来，贝利拿到了基金奖学金，前往皇家音乐学院跟随迪克森继续学习。在皇家音乐学院学习期间，他也跟随安娜·沙特尔沃思学习。

贝利一直非常感激迪克森对他进行的全面的音乐基础知识教授。"她总是从全局的角度教我们。她用一首协奏曲的钢琴谱，或是一部奏鸣曲中的管弦乐部分或钢琴的部分。"③

---

① 见 *West Australian*，1997 年 2 月 24 日。
② 见 *Daily Telegraph*，1981 年 4 月 21 日。
③ 见 *The Strad*，1982 年 11 月，第 480 ~ 483 页。

1975 年夏，贝利参加了安德烈·纳瓦拉在意大利锡耶纳的奇卡纳音乐学院举办的大师班，随后他前往维也纳音乐学院继续参加纳瓦拉的课程。他认为纳瓦拉是"为数不多的教授演奏大提琴综合类作品的人"。① 回到英国后，贝利跟随威廉·普利斯学习，"在我看来，普利斯对演奏技巧和演奏方式的态度是大提琴教学的极致体现"②。

1978 年，贝利在威格穆尔大厅举行首次个人独奏音乐会，大获成功。1981年，他与马克·艾尔德指挥的 BBC 交响乐团共同演奏了亨利·杜迪耶的《Toute un monde lointain》。此后，贝利逐渐取得成功，在两年内几乎走遍了欧洲的主要城市。1982 年，贝利在威格穆尔大厅举行了鲁托斯拉夫斯基 1981 年为斯蒂芬·亚洛辛斯基创作的大提琴和钢琴曲《grave metamorphose》在英国的首演。尽管贝利演奏的大部分作品是标准的大提琴曲目，但是他对现代音乐非常感兴趣，现在他已经成为一位演奏现代大提琴作品的专家。他曾有两年时间在皮特·麦斯威尔·戴维斯团队"伦敦之火"中演奏，皮特在现代音乐方面的理念对贝利产生了积极的影响。

教学也是贝利音乐事业中的重要组成部分。在近些年，他曾在皇家音乐学院担任客座教授，并在布莱梅的音乐学院担任教授。他认为："我从教学中学到很多有价值的东西，其中一个就是直接反馈的重要性。想要让学生成功地演奏，教学可以让师生进行一些意识的转移，帮助他们进行一种意识或者是能量的互换。后来我便思考这种方式是否能用在我自己身上呢？然后我发现这也是奏效的。"③

另外一位既在国际上取得诸多演出成就，又从事教学的英国大提琴家就是科林·卡尔。卡尔于 1957 年出生在利物浦，他的母亲是一位专业的双簧管演奏家，他母亲非常喜爱大提琴，所以在卡尔五岁时，他母亲就让他学习大提琴。卡尔进步非常快，八岁时，他荣获奖学金，进入耶胡迪·梅纽因音乐学院学习。在此期

①②③　见 *The Strad*，1982 年 11 月，第 480 ~ 483 页。

间，他跟随克里斯托弗·邦廷学习，并经历了莫里斯·让德隆的铁翼教学。卡尔认为，直到这个时期，他接受的教育依然没有严格的纪律，但是不久让德隆就改变了这一情况。"他可以完全掌控住大提琴，演奏出最优美的音符。他是一个暴君——但这也正是我所需要的。如果我没有按照他说的去做，他会打飞我手上的弓，我很害怕这样……"①

十六岁时，卡尔获得了皇家海外联盟大赛的冠军，并获得古尔本基安基金金奖奖学金，继续跟随威廉·普利斯学习。"他和让德隆是两种相反的风格。他并不管你早上是不是练了音阶，他也从来不强迫你去演奏什么风格或是一些技巧。我想，普利斯可以让音乐灵活起来……他会让你感觉到，你可以演奏任何东西，这也是大提琴教师中很少见的一种教学理念。"②

卡尔的第一次演出是与耶胡迪·梅纽因和查尔斯·格罗夫爵士指挥的皇家利物浦爱乐乐团共同演奏了勃拉姆斯的双重协奏曲。此后，卡尔到访世界各地，举行独奏会，让世界各地的观众欣赏到了一流的管弦乐作品和唱片，同时，教学也是他人生的重要部分。卡尔喜欢在美国工作的一个很简单的原因就是："他们和我们不同的是，美国人从来不把教师当作失败者。教师是一种很有声望的职业，美国的一流大提琴独奏家很少不从事教学工作的……这与我们完全不同。"③卡尔在波士顿的新英格兰音乐学院工作了十六年，1988年后，他到伦敦的皇家音乐学院任教。为了能让学生更好地理解学习内容，卡尔更为细致认真地分析了自己的演奏：

> 听学生的演奏对我自己的演奏有一种直观并且积极的影响。如果他们演奏得非常优美……我感到很兴奋。同样，我也常常听到一些我不喜欢的演奏，这让我可以更好地看到为什么这样行不通。有时候，我看到学生们会犯

①②③ 见 *The Strad*，1986年5月，第51～53页。

和我同样的错误，所以这种互动的教学非常有益。①

卡尔一直追求演奏音乐的"音色要清澈有深度，音调优美，音乐应该给人一种纯净、真挚的感觉，并且要富有整体性。但是最为重要的是，音乐是用来欣赏的！这最为重要的一点几乎已经被人遗忘。"② 了解卡尔的音乐理念，我们则不难理解1993年12月，卡尔在没有伴奏的情况下，仅用大提琴演奏柯达伊、布里顿、克虏伯和舒勒的作品后，有评论说，卡尔的演奏完美地展示了抒情的美感以及演奏技巧的精湛。

很少有人能够否认，史蒂文·伊塞利斯是一位少有的音乐天才。直到今天，他依然处在世界顶级大提琴家的行列中，拥有无可撼动的卓越成就。在音乐中，他一直不断尝试新鲜事物，在他的世界里，"循规蹈矩是音乐的敌人"。③

史蒂文·伊塞利斯于1958年出生在伦敦的一个音乐世家。他的祖父是伟大的俄罗斯钢琴家朱利叶斯·伊塞利斯，他的母亲是一位钢琴教师，父亲是一位非常有才华的业余小提琴家。伊塞利斯的两个姐姐瑞秋和安妮特分别是专业的小提琴演奏家和中提琴演奏家。当伊塞利斯开始学习乐器时候，他别无选择，只好学习大提琴。伊塞利斯六岁开始跟随伦敦当地一位大提琴教师学习，他的表现让这位老师惊叹不已，于是为他免费上了一个学期的大提琴课程。七岁时，伊塞利斯开始学习钢琴，尽管他同时练习两种乐器，但是他最喜爱的还是大提琴。十岁时，伊塞利斯进入伦敦大提琴中心，跟随珍·考恩学习。伊塞利斯的大提琴演奏进步飞快，十四岁时，他在德国举行了首场个人独奏会，与节日管弦乐团在阿尔滕堡合作演奏了德沃夏克的大提琴协奏曲。在那段时间，伊塞利斯经常听卡萨尔斯的唱片，但是同时，他也发现了另一位偶像——伟大的俄国大提琴家丹尼

① 见 *The Strad*，1986年5月，第51～53页。
② 由本书作者采访所得。
③ 见 *The Strad*，1996年7月，第675页。

尔·夏弗朗。"我以前一遍又一遍地听夏弗朗的唱片，这是我在学习中与它们的对话。他的演奏非常完整，而且不拘泥于传统，是最为动人的俄国音乐。"①

1976年，伊塞利斯计划前往洛杉矶，跟随皮亚蒂戈尔斯基学习，但是由于皮亚蒂戈尔斯基在1976年的8月去世，伊塞利斯的这次学习并没有成行。幸运的是，伊塞利斯联系到了美国俄亥俄州欧柏林学校的老师理查德·卡普辛斯基。在老师卡普辛斯基的帮助下，史蒂文受到了观众们的喜爱。伊塞利斯回忆在欧柏林学校的两年学习生活时会感到很高兴，有部分原因是在这两年间，他不仅仅学习大提琴，还修了俄语学位。

1977年夏季，伊塞利斯在威格穆尔大厅举办的演出大获成功。演出中，伊塞利斯与钢琴家安东尼·桑德斯合作演奏了勃拉姆斯、柯达伊、布洛赫和普罗科菲耶夫的作品。不久后，伊塞利斯首次在阿尔滕堡音乐节上演出。1979年1月，伊塞利斯受邀参加在欧柏林举行的音乐节，在三场音乐会上演出，并举办了大师班。随后，伊塞利斯获得了两次大提琴比赛冠军，其中一次比赛为他带来了在英国音乐俱乐部的二十五场演出。1980年，伊塞利斯第二次在威格穆尔大厅举行了个人独奏会，同年，他举行了伦敦的首场演出，与尼古拉斯·克雷莫指挥的英国室内乐管弦乐团合作演奏了海顿的《D大调协奏曲》。1991年，伊塞利斯与小提琴家约书亚·贝尔和钢琴家奥利·穆斯托宁组成了三重奏，他们成功地举行了多场音乐会，现在每年都会在威格穆尔大厅举行系列音乐会。1996年，伊塞利斯接替尚多尔·韦格，担任位于英国科沃尔普鲁士湾的国际音乐家论坛艺术总监。

伊塞利斯演出的曲目大部分为大提琴标准曲目，但是同时他也与一些现代的作曲家合作，其中最为著名的是与伊塞利斯经常合作的作曲家约翰·塔夫纳创作的《保护面纱》。同时，伊塞利斯还善于发掘一些不知名的音乐作品以及挖掘一些名作中的新领域，包括亚纳切克创作的《童话》，这部在1912年后就没有被

---

① 见 *The Strad*，1982年3月，第815页。

人演奏过的作品在伊塞利斯的完美诠释后又得以重见天日。伊塞利斯还深入研究了肖斯塔科维奇创作的大提琴奏鸣曲的三个权威版本；此外，怀着对舒曼的无限崇拜，伊塞利斯将舒曼的第三小提琴奏鸣曲改编为大提琴曲，伊塞利斯认为他的改编对这部作品来说非常合理，因为没有人用小提琴演奏这部作品。有的人认为伊塞利斯的演奏更具有舒曼的风格：布莱恩·亨特在评论伊塞利斯的大提琴协奏曲的演出时写道："史蒂文·伊塞利斯的独奏如诗如画，处处散发着人性和温柔。他的音乐像一段对话一样，似乎全部是即兴演奏的，但每一个细节都完美精准。"①

但是有趣的是，伊塞利斯开始学习新作品时，都是先在钢琴上演奏，而不是大提琴：

> 我一直在钢琴上演奏作品大部分内容，因为在钢琴上演奏不会出现大提琴演奏的技术问题。对我来说，这是演奏音乐的唯一方式，我希望能够理解作品的全部内容：作曲家是怎样运用素材、怎样组织作品的形式、怎样编排琴键等等问题。和声以及其他所有问题在琴键上都更容易体现出来。②

1997 年 9 月，《BBC 音乐杂志》上一段对伊塞利斯的描述非常恰当："伊塞利斯的特点是不可否认的，而且他自信、辉煌的演出风格让他受到观众们和同行的喜爱。他运用弦乐来表达人的低吟，他是大提琴演奏家中的天才。"然而伊塞利斯却说，他最初的音乐灵感来自披头士乐队和马克斯兄弟。

出生于 1959 年的罗伯特·科恩是另一位出身于音乐世家的大提琴家。他的父亲、小提琴家雷蒙德·科恩是卡尔·弗莱什大赛的第一位冠军获得者；母亲安

① 见 *Daily Telegraph*，1996 年 12 月 14 日。
② 见 *The Strad*，1982 年 3 月，第 816 页。

西亚·雷尔是一位优秀的钢琴家，也是他父亲一生的二重奏和室内乐合作伙伴。科恩从来没有被迫学习过音乐，他是主动要求学习音乐的：他听到了费尔曼的广播录音，于是深深地喜欢上了大提琴。五岁时，科恩开始学习大提琴，三年后，获得了苏日娅大提琴奖，他的进步突飞猛进，十岁时，被威廉·普利斯纳入门下。科恩一生都非常尊敬和爱戴他的老师普利斯。

> 他提出要我改变演奏中的一些特质，但是这并不是我们师生关系的全部。在他的指导下，我每次演奏音乐都能发现新的可改进的方面。他不会对我的演奏技巧提出苛刻的要求……他一直思考的是音乐的内容。想要从情感和心理上去表达音乐中的情感和内容，最主要的就是一定要放松地去演奏。①

十二岁时，科恩在皇家节日大厅举行了首次演出，演奏了鲍凯里尼的大提琴协奏曲。十七岁时，科恩在威格穆尔大厅举行了首次独奏会，并与他的父母以三重奏的形式与观众见面。同时，他前往珀塞尔学校和市政音乐戏剧学校继续学习大提琴，并在暑假前往意大利的锡耶纳跟随安德烈·纳瓦拉学习。

科恩多次获得国际大提琴比赛的大奖，其中包括在纽约举行的青年艺术家音乐会大赛、在唐格伍德举行的皮亚蒂戈尔斯基大赛以及联合国教科文组织在捷克斯洛伐克举行的比赛。1978 年，由十九岁的科恩所演奏的埃尔加协奏曲唱片成为最畅销唱片，并且获得了银唱片，科恩因此一举成名。

此后，科恩的事业发展一直保持着强劲的势头，他在世界各地举行演出。科恩为多部大提琴新作举行了首演，如 1997 年演奏的萨利·比米什的《河》。他发行的唱片中包括与查尔斯·马克拉斯指挥的皇家爱乐乐团共同录制的埃尔加大

---

① 见 *The Strad*，1981 年 6 月，第 100 页。

提琴协奏曲，这部唱片引起了强烈反响，有评论认为，"科恩的演奏听起来成熟、有掌控力，仔细品味，音乐流畅、音调温暖丰满"①。科恩将自己的成功大部分归因于父母。"小时候，父母从来不强迫我达到什么样的高度。我在演奏大提琴后，室内乐对我的个人风格形成有着很大影响。我父母在家里排练时，我就喜欢藏在钢琴下面。我从来不用特意去寻找室内乐，因为音乐一直伴随着我成长。"但是同时，科恩的成功也与他个人的努力密不可分，"每个人都有对自己成长的一个自我评价的过程，同时也有一个自我成长的过程。一位音乐家在形成自己风格时，一定要留心，自己的演奏不应该过度地受到大师们的影响"②。

蒂姆·休于 1960 年出生在威尔士。他的父亲是一位医生，但是爱好大提琴；他的母亲是一位音乐教师，但是慈爱的母亲从来不强迫儿子学习音乐。小蒂姆在八岁时就展现出了出色的音乐天赋，于是开始跟随林赛四重奏的伯纳德·格雷戈尔-史密斯学习大提琴。蒂姆回忆说，老师要求他要升高两个八度演奏 C 大调，但是当时蒂姆认为这是根本不可能的。他说，直到今天，这依旧是他每天热身时要演奏的部分，这种方法可以让演奏者练习到大提琴的全部指位，"快速地熟悉大提琴"③。

十五岁时，蒂姆进入皇家北方音乐学院附中，师从莫里·威尔士。在那时，大提琴仅仅是蒂姆的一个爱好。当哥伦比亚大学接受他到药物学和人体学专业就读时，蒂姆依然将大提琴视为自己的爱好。但是蒂姆的父亲奉劝儿子休学一年，去美国学习大提琴。于是蒂姆前往耶鲁大学，跟随阿尔多·帕里索学习。这个机会启发了蒂姆。帕里索非常注重实践，并且从不墨守成规，这深深地吸引了十八岁的蒂姆，时至今日，帕里索也是对蒂姆的音乐事业影响最大的人。当蒂姆最后回到哥伦比亚大学时，他发现书本特别枯燥，尤其是小字密密麻麻的格雷的《解

① 见宣传册。
② 见 *The Strad*，1981 年 6 月，第 101 页。
③ 由本书作者采访所得。

剖学》。"解剖室里，我的那个尸体标本是最完整的。"①

于是，十九岁的蒂姆放弃了医学，改学大提琴。他开始跟随威廉·普利斯、杰奎琳·杜普蕾和约翰内斯·格里茨基学习。后来，蒂姆移居伦敦，曾在多姆斯钢琴四重奏演奏。1986 年，蒂姆成为 BBC 交响乐团的大提琴首席。在获得两届柴科夫斯基比赛的大奖后，蒂姆决定开始独奏事业。同时，他与小提琴家罗德内·弗兰德和钢琴家优尼特·所罗门成立了所罗门三重奏。1995 年，蒂姆与他曾经的老师莫里·威尔士共同担任伦敦交响乐团的大提琴首席。就在蒂姆准备进入乐团的最后时刻，由于罗斯特罗波维奇身体不适，蒂姆代替他参加了皮埃尔·布列兹的《猜想》在巴黎和伦敦的演出。

蒂姆·休是一位多才多艺的音乐家，无论是作为大提琴首席、独奏家还是室内乐演奏家，他都非常享受演奏大提琴的感觉。他曾与诸多欧洲顶级的管弦乐团和指挥家合作，其中包括迈克尔·迪尔森-托马斯、哈沃德·谢利、安德烈·普列文以及优尼特·所罗门。近期，蒂姆与小提琴家皮特·曼宁组成了一个名为"顶点"的新组合。蒂姆早期接受的训练使他的事业能够长久地发展，直到现在，无论是否忙碌，他依然保证每天练习。"我相信，做好时间管理，会有时间练习的。事情一件接一件，但是我总能找到时间慢速练习。我感觉，快速地演奏就像要爆炸的燃料一样，所以你可以慢慢练习，把练习当作你的消遣。"②

①② 由本书作者采访所得。

前进的道路

　　每当目睹年轻一代大提琴家逐渐成长时，我都不禁暗自发问："他（她）会是下一位杜普蕾吗？"现在，我们很难从年轻的大提琴家中抉择出如杜普蕾一样对后代们产生很大影响的艺术家。试图对每一位年轻的大提琴都进行评估，是完全不现实的。但是在世界各地，有很多大提琴家不仅享有国际盛誉，而且事业发展也蒸蒸日上。

　　荷兰的皮特·维斯帕维风格独树一帜，实力有目共睹。他录制了维瓦尔第的大提琴协奏曲，并且改变了原曲的乐章，增加了其他元素。他认为，慢乐章部分剔除了协奏曲中常见的巴洛克风格。

　　维斯帕维于 1962 年出生在桑特波尔特，家中虽没有专业的音乐家，但都十分热爱音乐。他的父亲在家庭弦乐四重奏中演奏小提琴。八岁时，维斯帕维前往阿姆斯特丹，跟随迪基·伯克学习大提琴。随后他进入阿姆斯特丹音乐学院，成为安纳·毕尔斯马的学生。这期间，维斯帕维"学到了很多非常实用的知识……尽管不是巴洛克风格的练习……但是我们练习了一些主要的曲目，包括奏鸣曲和协奏曲。让我最为感激的，还是毕尔斯马灵活的教学方式。他不会直白地讲述，而是让你自己去创造，富于创造力的学习是最吸引我的地方"①。

维斯帕维曾到美国跟随保罗·卡茨学习大提琴。随后他前往英国，在爱丁堡参加了布里顿–皮尔斯学校组织的暑期课程。在这期间，老师威廉·普利斯对维斯帕维产生了重要影响。"当然所有的学生都需要练习才能演奏出优美的旋律，但是普利斯对这些丝毫不感兴趣。他想要的就是演奏者最真实的情感。"维斯帕维认为，普利斯"不仅具有戏剧风格而且非常有才华——演奏时达到完全的释放"②。

此后，维斯帕维名扬四海。虽然他曾有一段时间在阿姆斯特丹音乐学院执教，但是他认为这段经历"限制"了他的个人发展，他更倾向于讲授大师班。"我喜欢剧院式的安排，也并不介意把教室搬到舞台上。我认为大师班对于学生们来说非常有意义，因为在短短的三十分钟内，学生们练习数月的音乐就能够得到最实用的信息和评价。"③

尽管出生于一个音乐家庭，格雷戈尔·霍尔施直到十九岁时才决定成为一名专业的大提琴演奏家。霍尔施于 1962 年出生在黑森林附近的埃滕海姆，从小就伴随着父亲的琴声长大。他的父亲是当地的一名钢琴教师。六岁时，霍尔施已经对钢琴、竖笛以及基本的乐理非常熟悉，于是他开始学习大提琴（他的两个哥哥已经在学小提琴和钢琴）。他的启蒙老师是拉尔青年音乐学校的校长克劳斯·塔塔卡斯。

1982 年，决心成为大提琴演奏家的霍尔施进入弗赖堡的音乐学院跟随克里

①②③　见 *The Strad*，1998 年 10 月，第 1072 ~ 1075 页。

斯托弗·汉克尔学习。汉克尔是亚诺什·斯塔克的学生。1987 年，霍尔施获得奖学金，进入皇家北方音乐学院学习两年时间，师从拉尔夫·基尔希鲍姆。就读期间，他曾受邀参加舒伯特 / 布里顿音乐节，在伦敦的伊丽莎白女王大厅演奏了布里顿的第一组曲。第二年，霍尔施举行了他在威格穆尔大厅的首次演出，演奏了巴赫、布里顿和肖斯塔科维奇的作品。

霍尔施多次参加世界比赛，并收获了多枚大奖，但是对他而言最重要的经历是他有机会担任荷兰 Balletorkest 乐团的大提琴首席，连续演奏了十五场《天鹅湖》。随后，霍尔施分别担任海牙王宫管弦乐团和阿姆斯特丹音乐厅的大提琴首席。1999 年，霍尔施与汉斯·沃恩克指挥的管弦乐团合作举行了自己的首次独奏会，演奏了巴伯的大提琴协奏曲。这次独奏会得到了众多好评。"从聆听感受来讲，好的大提琴演奏具有一种非常明显的人声质感，纯净的声调、叙事般的分句、自然的速度以及与众不同的音色都给人以美的享受。"①

除了忙于个人独奏事业，霍尔施还在海牙和阿姆斯特丹的皇家音乐学院任教。"我希望我的学生们能真实地听到他们演奏的音乐，通过这种方式不断自我发掘、不断进步。演奏就像编舞一样，找到最适合的表达方式，是一种持续性的动作。"②

安德烈斯·迪亚兹于 1964 年出生在智利圣地亚哥的一个音乐世家，五岁时开始学习大提琴。1967 年，迪亚兹全家移居美国佐治亚州的亚特兰大。迪亚兹曾在佐治亚音乐学院学习，师从玛莎·格切夫斯基；随后进入波士顿的新英格兰音乐学院，跟随劳伦斯·莱塞和科林·卡尔学习大提琴。

1986 年，迪亚兹获得瑙姆堡比赛冠军，并于次年在纽约的爱丽丝·塔利大厅举行了首场独奏音乐会。此次演出的成功促使迪亚兹在 1989 年再次举行独奏会。此后，迪亚兹作为大提琴独奏家，经常到美国、加拿大、澳洲、远东地区和

①② 由本书作者采访所得。

俄罗斯演出。舞台上的迪亚兹镇定、自然，1994年与纳舒厄交响乐团合作演出圣-桑的协奏曲得到了这样的评价："迪亚兹的双音以及纯净并具有深度的音调与圣-桑绚丽的弦乐作品完美融合。"①

迪亚兹与小提琴家安德烈斯·卡尔丹斯以及他的哥哥、中提琴演奏家罗伯托组成了弦乐三重奏。同时，迪亚兹还教授大提琴，在他眼中，教学是他的事业中最为重要的一部分。从1988年到1994年，迪亚兹曾分别在波士顿音乐学院和波士顿大学任教。

加拿大大提琴家肖娜·罗尔斯顿是一位天才少年，但是罗尔斯顿从不这样认为。罗尔斯顿于1967年出生在埃德蒙顿，是小提琴家托马斯·罗尔斯顿和钢琴家伊泽贝尔的女儿。两岁时，肖娜开始跟随克劳德·肯尼森学习大提琴，她使用的琴是亨利·斯特罗普尔制作的一把小尺寸大提琴。斯特罗普尔是加拿大的一位瑞士籍家具制作者，退休后，开始制作小提琴。肖娜的第一次公开演出是六岁时与父母同台表演三重奏；九岁时，举行自己的个人独奏会。

十二岁时，罗尔斯顿全家移居加拿大洛基山脉地区的班夫，肖娜的父亲担任班夫中心的艺术总监。在这里，小罗尔斯顿受到了许多来访的著名音乐家的影响，其中包括亚诺什·斯塔克、堤刚和扎拉·纳尔索瓦。另一位对罗尔斯顿影响重大的音乐家是阿尔多·帕里索。自1986年起的七年时间，罗尔斯顿每年夏天都前往耶鲁，跟随帕里索学习。罗尔斯顿获得艺术史学士学位和音乐硕士学位。

学习期间，罗尔斯顿在暑假也到欧洲参加暑期课程：一项是皮埃尔·富尼耶在日内瓦的课程，另一项是在奥尔德堡的布里顿-皮尔斯学校的课程。1983年，罗尔斯顿举行了在纽约的首次演出，获得广泛赞誉。如今，她是一位具有国际影响力的大提琴独奏家，她的表演完整、富有激情，音调美妙。有评论认为她的演奏"是从内心流露的情感"，并且"乐音纯净"。自1994年起，罗尔斯顿在多伦

---

① 见 *Daily Telegraph*，1994年10月14日。

多大学担任大提琴教授：

> 在我尝试着把创作中的许多层次讲给学生时，我发现有时候我不得不重新审视我自己的方法，提出新的问题。答案并不是固定的，只有根据循环的混合不同的声音、色度和细微差别定义出的无尽的可能性，随后需要各种不同的技巧。我只能帮助学生不断地提出问题，只有这样才能让他们突破想象的限制和界限。[①]

罗尔斯顿支持现代作品，演奏了一些新创作的大提琴协奏曲。但是她也同样重视传统曲目。"传统曲目和现代作品应是相互探索、相互交流、共同发展的，这样，大提琴音乐才能保持旺盛的生命力。"[②]

另一位加拿大的大提琴演奏家是让-古汉·奎拉斯。奎拉斯于 1967 年出生在加拿大的蒙特利尔，儿时全家移居法国。他的父母非常喜爱音乐。九岁时，父母发现奎拉斯喜爱大提琴，他们感到很高兴。奎拉斯的启蒙老师是普罗旺斯马诺斯克音乐学校的教师克莱尔·莱碧尔。后来，奎拉斯分别跟随里昂音乐学院的雷内·弗拉肖特和弗赖堡大学的克里斯托弗·汉克尔继续学习。在学习期间，他参加了在巴黎举行的罗斯特罗波维奇大赛，并荣获"最具潜力年轻艺术家"奖。

随后，奎拉斯前往纽约，跟随蒂莫西·埃迪继续学习了两年时间，奎拉斯认为这段时间的学习对他的演奏影响最大。1990 年，奎拉斯见到了皮埃尔·布列兹，并被任命为现代乐集乐团的大提琴首席。他们录制的利盖蒂的大提琴协奏曲获得了 1995 年的留声机当代音乐奖。1996 年，奎拉斯与莱奥纳德·斯拉特金指挥的法国国家管弦乐团首次演出了伊万·菲德尔的大提琴协奏曲。

奎拉斯演奏的曲目既有传统曲目，也包括现代音乐作品，在专业领域，他有

①② 由本书作者采访所得。

着自己独到的见解。"我认为，如果没有把自己限定在某一类型的音乐作品或是某一时期的音乐，如现代音乐或是巴洛克时期的音乐，如今的大提琴家成功的概率要比以往更高。他们有更大的自由度去选择表演更多样性的音乐作品，并且可以采用小众化的音乐形式。"①

路易·霍普金斯于 1968 年出生在伦敦，七岁时开始学习大提琴。十一岁时，霍普金斯进入曼彻斯特的契天音乐学校，跟随鲍里斯·海勒和丽萨·威尔森学习。后来霍普金斯进入市政音乐与戏剧学校学习，师从拉斐尔·瓦尔菲施和史蒂文·伊塞尔利斯。1989 年，还是学生的霍普金斯在巴比肯厅举行了自己的首场音乐会，与鲁托斯拉夫斯基指挥的市政交响乐团演奏了鲁托斯拉夫斯基的协奏曲。经过此次演出，《泰晤士报》的斯蒂芬·约翰逊认为"能够拥有如此特质和敏锐度的大提琴演奏家并不多见"。② 同年，霍普金斯荣获弗兰克·布里顿奖，并举行了个人在威格穆尔大厅的首次演出。

霍普金斯曾作为大提琴独奏家被邀请到英国和其他许多欧洲国家进行演出。二十五岁时，她在耶胡迪·梅纽因音乐学校和市政音乐戏剧学校同时任教。1995年，作为纪念赫斯夫人系列音乐会的一部分，她在芝加哥举行了在美国的首场演出，第二年在巴黎举行首演。1999 年，霍普金斯与钢琴家亚历山大·马扎尔合作发行了第一张 CD。如今，霍普金斯已经成为一名享有国际盛誉的大提琴独奏家和室内乐音乐家。

奥尔本·格哈特八岁时开始学习钢琴和大提琴，但是直到二十岁时，才开始作为一名专业的大提琴演奏家。格哈特于 1969 年出生在柏林的一个音乐家庭，他的母亲是一位歌剧演唱家，为了照顾五个孩子，放弃了她的演唱事业。他的父亲是柏林爱乐乐团的第二小提琴首席。

① 由本书作者采访所得。
② 见 *The Times*，1989 年 5 月 13 日。

格哈特在柏林大学学习期间，跟随鲍里斯·皮尔格曼斯科夫和弗兰斯·赫尔默森学习。1989年，曾在德国青年乐团演奏的格哈特开始了他的大提琴独奏事业。1993年，格哈特在美国的爱丽丝·塔利厅举行了在美国的首场个人独奏会，并获得了莱昂纳德·罗斯大赛的冠军。不久后，他与杰拉德·施瓦茨指挥的纽约室内交响乐团合作演奏了大提琴协奏曲。此后，他的个人独奏事业不断发展，如今，格哈特每年有八十多场演出。他擅长演奏现代大提琴作品。

在接受肯·史密斯的采访时，格哈特曾表示，他的梦想是成为一名歌手，他的大提琴演奏的灵感来源于加利娜·维什涅夫斯卡娅的歌声。[①]

中国大提琴家王健于1968年出生在山西，王健的父亲是一位专业的大提琴演奏家，王健四岁时开始跟随父亲学习大提琴。王健学习大提琴进步飞快，九岁时进入上海音乐学院，两年后，他与上海交响乐团共同演奏了圣-桑的协奏曲。1979年，王健的经历被收录在传奇的纪录片——《从毛泽东到莫扎特：伊萨克·斯特恩在中国》中，为王健建立了国际声望。斯特恩很快发现了王健卓越的音乐天赋，于是帮助他获得了去耶鲁大学音乐学院跟随奥尔多·派瑞索特学习的机会。

1987年，中国政府选出了三位跟随中央交响乐团赴美巡演的年轻大提琴独奏家，王健就是其中一位。王健曾在美国的威尔独奏厅举行纽约首演，随后在以色列和巴黎举行了独奏会。在巴黎，王健也参加了联合国教科文组织举行的公益音乐会，这场音乐会的盛况也在欧洲各国电视台进行转播。目前，王健在世界各地演出，深受听众喜爱。

另一位中国大提琴演奏家是1972年出生于上海的倪海叶。倪海叶的母亲鲁晓芳是一位专业的大提琴演奏家，倪海叶八岁开始跟随母亲学习大提琴。1996年，倪海叶获得了在赫尔辛基举办的国际保罗大提琴比赛的冠军，当时戴维·丹

---

① 见 *The Strad*，1999 年 5 月，第 505 页。

顿评价道："她是我们这个时代的象征。有时候你甚至希望她能有一个音演奏不好，以证明她是人类。她的音乐表达独具特色，她那极弱的表达非常少见……观众们都被她的演奏迷住了。"①

九岁时，倪海叶进入上海音乐学院，同年首次公开演出。她跟随多位优秀的老师学习大提琴，洛杉矶音乐学院的艾琳·夏普、朱利亚音乐学院的乔尔·克洛斯尼克、伦敦的威廉·普利斯、美国的伯纳德·格林豪斯以及从 1989 年起就担任她导师的马友友。入学后的第二年，倪海叶获得了瑙姆堡大赛的冠军，成为获得这一奖项最年轻的音乐家。她在纽约爱丽丝·塔利厅举行的独奏音乐会让评论家们赞叹不已。

此后，她的音乐会、唱片以及国际性比赛都获得了极大的成功。1997 年，倪海叶参加了马友友美国十四个城市巡演的最后一站，与中国中央民族乐团一起演奏了盛宗亮为马友友创作的协奏曲。倪海叶非常热爱她的每一位老师，包括她的母亲，但是她最喜爱的老师还是马友友。"他总是让我不断挑战自己，告诉我怎样去探索新的创意。他认为，对于一名演奏家来说，非常重要的一点就是我们要参加一些社区音乐会，以此来回馈社会。"②

1997 年 6 月，《曼彻斯特晚报》报道称，中国大提琴演奏家秦立巍，一位皇家北方音乐学院二年级的学生，不仅获得了金奖，而且得到了皇家海外协会提供的四千欧元奖学金。皇家海外协会从五百位音乐家中选出了秦立巍，认为他是最出色的一位大提琴家。"他跟随着杰奎琳·杜普蕾的步伐，杜普蕾在 1961 年也获得同一项大奖，并且是近三十年以来首位获得金奖的大提琴家。"

秦立巍于 1976 年出生在上海，从小学习大提琴。1989 年，全家移居澳大利亚，秦立巍进入墨尔本大学跟随尼尔森·库克学习大提琴。六年后，秦立巍获得

---

① 见 *The Strad*，1997 年 3 月，第 239 页。
② 由本书作者采访所得。

奖学金，进入皇家北方音乐学院，师从拉尔夫·基尔希鲍姆。

结束在曼彻斯特的学习后，秦立巍多次获得国际大奖，开始了自己的独奏事业。1997年，秦立巍在英国珀塞尔音乐厅举行了独奏会，保罗·卡茨评论说："秦立巍是我见过的最具天赋的大提琴家。除了非凡的演奏技巧（在他演奏的帕格尼尼的《摩西》引子和变奏曲可见），他的音乐聪慧敏感，表现出的成熟与深度都令人窒息。"[1] 同年六月，秦立巍获得了在莫斯科举行的柴科夫斯基国际大赛的银奖。

韩国大提琴演奏家张汉娜于1984年出生在首尔，三岁时母亲开始教她钢琴，六岁开始学习大提琴，并在八岁参加比赛获奖后，进行了首次公于演出。她的父母将女儿演奏的视频寄到了朱利亚音乐学院，朱利亚音乐学院立即录取了张汉娜，并让奥尔多·派瑞索特担任她的老师。为了女儿的学习，张汉娜全家移居美国。

1994年，张汉娜在巴黎举行的罗斯特罗波维奇比赛中获得一等奖。罗斯特罗波维奇深受震撼（"我十二岁时根本无法演奏得这样好。她的演奏非常成熟，而且情感表达也非常到位。如果闭上眼睛仔细聆听，你会感觉在听一个二十五岁的青年人演奏大提琴。我从来没有听过小孩子演奏得如此精彩"），[2] 于是邀请张汉娜到莫斯科学习。除了跟随派瑞索特学习，张汉娜还经常到锡耶纳参加米沙·麦斯基的大师班。张汉娜在1995年3月举行了首次正式演出，在首尔与朱塞佩·西诺波利指挥的德累斯顿国家交响乐团合作。此后，张汉娜与多个世界顶级的管弦乐团和指挥家合作演出。

丽贝卡·吉利弗是一位主要演奏现代作品的英国大提琴家。她于1970年出生在肯特。她的父母非常喜爱音乐，八岁时，吉利弗开始对大提琴感兴趣，父母非常支持她的学习。十一岁时，吉利弗进入耶胡迪·梅纽因音乐学校学习，师

----

① 见 *The Strad*，1998年4月，第409页。

② 见 *Telegraph Magazine*，1995年11月18日。

不朽的大提琴家 | The Great Cellists

从安东尼奥·布特勒、莫里萨·菲尔普斯，也接受过威廉·普利斯的指导，普利斯曾告诉吉利弗"要从第一个音符开始就爱上音乐，否则当你意识到你爱它时，它早已消失"。[①] 吉利弗随后进入皇家北方音乐学院，跟随莫里·韦尔什和拉尔夫·基尔希鲍姆学习，后来获得奖学金，前往巴塞尔跟随托马斯·戴默加学习大提琴。

吉利弗于 1995 年在威格穆尔大厅举行了首场独奏会，演出非常成功，被人们誉为"卓越的年轻大提琴演奏家"，她的演奏技巧"完美无瑕，独具天赋"。[②] 随后，吉利弗参加了派克兰集团在南岸举行的独奏会。吉利弗多次为作曲家的作品举行首演。最近期的一次是在 1998 年皇家北方音乐学院国家大提琴音乐节上，与钢琴演奏家西蒙·帕尔金首演了弗朗西斯-霍德的《预言》。1999 年 11 月，吉利弗在卡内基音乐厅举行了首演。

很少有独奏会能让观众们排的队从威格穆尔的售票厅一直到外面的街道上，然而 1999 年 1 月爱丽丝·内里亚的音乐会就发生了这样一幕。观众对于内里亚的热情让评论家惊叹不已。《泰晤士报》的巴利·米林顿写道："以最难的一首曲目开场——巴赫无伴奏——她流畅地演奏了 C 大调的第三组曲，这足以让老一辈的大提琴家们上一课了。"[③] 这次演出中，内里亚还演奏了阿尔弗莱德·施尼特凯和塞缪尔·巴伯的作品，同样也受到了媒体的一致好评。

爱丽丝·内里亚于 1972 年出生在温彻斯特，是著名风琴演奏家、合唱指挥家马丁·内里亚的女儿。"能在一个被古典音乐围绕的环境中长大对我来说真是特别幸运。从巴赫到乔纳森·哈维，我父亲对于音乐的激情和能力深深地感染了我。"[④] 六岁时，内里亚开始跟随菲奥娜·史密斯学些大提琴，史密斯是珍·考恩的学生。十六岁时，内里亚进入契天音乐学院，并学习了三年时间。1991 年，

①④　由本书作者采访所得。
②　见 *The Strad*，1995 年 8 月，第 833 页。
③　见 *The Times*，1999 年 1 月 21 日。

内里亚进入皇家北方音乐学院继续学习，在这期间，拉尔夫·基尔希鲍姆对内里亚产生了极大影响。随后，内里亚在位于史东尼布鲁克的纽约州立大学跟随蒂莫西·埃迪学习了两年时间。

内里亚获得过很多重要比赛的大奖，其中包括 1998 年的皮埃尔·富尼耶大奖，这次获奖也使内里亚有机会在威格穆尔大厅举行独奏会。内里亚现任戈尔德博尔顿乐团大提琴首席，并在其他几个室内乐团担任大提琴手。她非常希望能表演多种多样的音乐作品，并且认为应该让更多的观众欣赏现代音乐作品。

美国大提琴家温迪·沃纳出身于一个音乐世家。从小到大，音乐一直是她日常生活中的一部分，小沃纳经常会问其他孩子"你演奏什么乐器"？沃纳于 1972 年出生在伊利诺伊州的埃文斯顿，四岁时开始学习钢琴，六岁跟随母亲学习大提琴。在跟随罗伯塔·加斯提菲斯特学习一段时间后，沃纳进入北岸音乐中心，成为尼尔·诺瓦克的学生。十四岁时，沃纳第一次公开演出，演奏了德沃夏克大提琴协奏曲的第一乐章。两年后，沃纳在罗斯特罗波维奇位于华盛顿的公寓为他演奏了肖斯塔科维奇的第一大提琴协奏曲，罗斯特罗波维奇当即将沃纳收入门下。在此后的五年中，沃纳一直跟随罗斯特罗波维奇学习大提琴，起初是采取一对一授课的方式，后来转入柯蒂斯音乐学院（罗斯特罗波维奇在 1990 年进入这所学校任教）学习。1993 年，沃纳正式毕业。

沃纳在学习期间，曾与罗斯特罗波维奇指挥的国家交响乐团合作演奏了肖斯塔科维奇第一协奏曲。第二年，沃纳在巴黎获得了罗斯特罗波维奇国际大赛金奖。弗兰斯·赫耳莫森曾在《纽约时报》评论中写道："我不知道是否见过如此有潜力的年轻大提琴家。她所具备的是演奏大提琴所有最基本的部分的能力，但是她在台上那种自如的演奏却很难得。"[①] 后来，罗斯特罗波维奇任命沃纳为国家交响乐团在美国的两场演出的大提琴演奏家，以及班贝克交响乐团在德国演出的

① 见 *New York Times*，1990 年 11 月 28 日。

大提琴演奏家。从此，沃纳跻身世界一流的大提琴演奏家行列，广受赞誉。舞台上的沃纳魅力四射，征服了观众和评论家。

丘尔茵·菲尔森于 1972 年出生在阿姆斯特丹，是荷兰最出色的青年大提琴家之一。菲尔森的父母都是大提琴演奏家和教师，所以当他们七岁的女儿对大提琴情有独钟时，他们也并不感到惊讶。父亲是阿姆斯特丹皇家乐团成员，也是菲尔森的启蒙老师，十岁时菲尔森在电视中首次进行公开演出。四年后，菲尔森进入阿姆斯特丹的斯韦林克音乐学院学习，由吉恩·戴克路斯和迪米特里·费舍曼指导。十七岁毕业后，菲尔森进入萨尔茨堡的莫扎特音乐学院，跟随海因里希·席夫继续学习了六年时间。席夫对菲尔森的影响非常深远。"他是一位非常了不起的音乐家，他的事业非常开阔。他已经非常有学问了，但是还是不断学习。他是一个好榜样。我希望自己也像他一样，永远学习新知识。"①

1990 年，菲尔森在阿姆斯特丹音乐厅首次演出，演奏了德沃夏克的大提琴协奏曲，并在同年获得了在巴黎举行的罗斯特罗波维奇大赛的第一名。此后，她在阿姆斯特丹举行了首次独奏会，获得了无数国际大奖，并在日本举行了首次演出。

1994 年，菲尔森获得了荷兰音乐大奖。对于荷兰的年轻音乐家来说，这一奖项是最为重要的大奖——她与瓦西里·西内斯基指挥的莫斯科爱乐乐团演奏了肖斯塔科维奇的第一大提琴协奏曲。有评论认为，菲尔森的演奏"无与伦比"。"在快板部分，她的演奏强烈又狂野；而在中板部分则细腻地叙述，装饰乐段展现了她精湛的演奏技艺；在最后的部分，她的演奏似乎让大提琴都哭泣了……"②

1994 年秋天，菲尔森受邀参加了女高音歌唱家杰西·诺曼在阿姆斯特丹举行的演出，演奏了拉威尔创作的《马达加斯加歌曲》，与钢琴、长笛一同演绎了

① 由本书作者采访所得。
② 见 *Hey Parool*，1994 年 11 月 9 日。

这首乐曲的最初版本。诺曼对这次合作感到非常满意，于是邀请菲尔森和长笛演奏家马利克·史尼曼参加在伦敦皇家节日音乐厅举行的演出。1996 年，杰西·诺曼再次邀请菲尔森参加了在阿姆斯特丹和汉堡举行的两场音乐会。对于菲尔森来说，能够做到让观众们感受到女高音的歌声与大提琴的旋律融合在一起是令她最为欣慰的。在国家乐器基金会的帮助下，海恩里希·席夫赠予菲尔森一把 1715 年制作的约瑟夫·瓜奈里大提琴。

1997 年，菲尔森与赫伯特·布洛姆施泰德指挥的阿姆斯特丹皇家乐团首次合作了《洛可可主题变奏曲》。此后，她曾两次代替俄罗斯大提琴家纳塔利亚·古特曼参加演出，评论家们都认为这两次演出非常成功。菲尔森的名字也被后辈们铭记于心。

纳塔莉·克莱恩获得 1994 年 BBC 年度青年音乐家比赛冠军，从此一夜成名，随后成为第一位获得在华沙举行的欧洲电视网青年音乐家大赛的英国音乐家。克莱恩于 1977 年出生在多塞特的一个音乐家庭。她的母亲是一位专业的小提琴演奏家，在克莱恩六岁时，就鼓励她学习大提琴。克莱恩 1994 年起就跟随当地一位大提琴教师学习，1997 年，她进入皇家音乐学院，跟随安娜·沙特尔沃思学习大提琴。

1995 年，克莱恩在威格穆尔大厅与钢琴家朱利叶斯·德雷克合作举行了首场独奏会，广受赞誉。同年，与丹尼尔·哈丁指挥的伯明翰交响乐团合作了埃尔加的大提琴协奏曲。此后，克莱恩经常受邀参加重要的音乐节。1997 年，克莱恩与罗格·诺林顿指挥的国家青年室内管弦乐团合作，首次演奏了海顿的 C 大调协奏曲。希拉里·芬奇在《泰晤士报》发表评论称："这次演出完美地展现了这位年轻音乐家富有想象力的个人魅力。"[①]1998 年 6 月，克莱恩与朱利叶斯·德雷克在威格穆尔大厅举行独奏会，音乐会的门票早早被抢空，媒体评论称："克莱恩

① 见 *The Times*，1997 年 8 月 26 日。

的演奏极富感染力以及戏剧性的强烈冲击。"① 同年，克莱恩与罗杰斯特文斯基指挥的伦敦爱乐乐团在皇家节日大厅演奏了埃尔加的大提琴协奏曲，随后在马德里和瓦伦西亚也献演了这一曲目。

尽管在短短时间内就获得无数成就，但是克莱恩始终保持头脑清醒。她一直追求不断提高自己的演奏以及音乐事业的发展，因此她也抵挡住了很多诱惑。自1997年起，她前往维也纳，跟随海恩里希·席夫继续学习。

美国大提琴家亚历山大·乔西恩于1978年出生于埃里温，七岁开始跟随祖父学习大提琴。随后，乔西恩跟随扎利·萨奇希恩继续学习大提琴，1992年，乔西恩被伦敦的耶胡迪·梅纽因音乐学校录取，成为莫里萨·菲尔普斯的学生。1995年，乔西恩进入伦敦市政音乐戏剧学院攻读硕士学位，师从奥列格·科根。1997年，十九岁的乔西恩在纽约获得了青年音乐会艺术家国际评选的第一名，并于1998年在92nd Street Y文化中心参加了YCA系列演出。对于当时的情形，《纽约时报》的评论家称：

> 肖斯塔科维奇的奏鸣曲完美地展现了他的音乐天赋。慢乐章让人感慨，即使最强烈的音调也在乔西恩先生的演绎下显得如此优美。整首作品他都演奏得非常完美。他时而灵巧，时而迫切，时而两者兼具，这正符合了演奏这首奏鸣曲的要求。②

此后，乔西恩到访美国、欧洲和远东地区，与许多重要乐团合作演出。

十一岁的丹尼尔·李的演奏给罗斯特罗波维奇留下了深刻的印象，于是罗斯特罗波维奇提出让丹尼尔跟随他学习。丹尼尔·李于1980年出生在西雅图，父

---

① 见 *The Strad*，1998年9月，第971页。
② 见 *New York Times*，1998年2月27日。

母都非常喜爱音乐。儿时的丹尼尔就显现出了在音乐方面的才能，五岁时开始学习钢琴。六岁时，丹尼尔进入铃木音乐学校，跟随理查德·亚伦学习了五年大提琴。亚伦至今都记得这个特别的学生："他是我见过的孩子中最为专注的，他拥有最优美的音乐构想。"[①]1990 年，作为西北室内管弦乐青年大提琴家比赛的冠军，丹尼尔首次与管弦乐团合作演出了柴科夫斯基的《洛可可主题变奏曲》。后来，丹尼尔又获得了一系列的奖项，其中包括在 1991 年获得的华盛顿州和西北青年钢琴大赛的奖项，但是他一直都在继续努力。

丹尼尔曾有五年时间跟随罗斯特罗波维奇在柯蒂斯音乐学院学习。"他首先鼓励我成为一名音乐家，然后才是一名大提琴家。"[②] 后来，丹尼尔还先后跟随保罗·卡茨以及英国的威廉·普利斯学习。1995 年，丹尼尔在威格穆尔大厅举行了他在伦敦的首场演出。

在美国，丹尼尔与许多重要乐团和室内乐团合作演出，但无论是演奏海顿的作品，还是圣-桑或肖斯塔科维奇的作品，丹尼尔总是能得到好评。奥兰多·柯尔是柯蒂斯音乐学院的一位教授，曾经教过丹尼尔，他说："我不相信能有人比丹尼尔·李演奏得还好。他非常有音乐天赋，而且非常聪明，这些都预示他未来的成功。"[③] 与罗斯特罗波维奇一样，丹尼尔喜欢在钢琴上学习新的音乐作品。"对我而言，演奏是一件很有意思的事情。我喜欢尽可能多地想出不同的办法，比如在分节、执弓以及指法方面进行不同尝试。"[④]

有许多年轻的大提琴家已经在音乐领域取得了傲人的成绩，有一些也在国际领域表现不俗。芬兰大提琴家简-埃里克·古斯塔夫松获得了许多国际比赛大奖，并与许多国际一流的管弦乐团和指挥家合作演出。同时，他也是一位优秀的室内乐音乐家。在意大利的斯波莱托演奏肖邦的奏鸣曲后，评论这样写道："他与他

---

① 见 *Seattle Times*，1998 年 10 月 25 日。
②④ 由本书作者采访所得。
③ 见科尔给作者写的信。

的乐器完美地融合在一起""他在音乐中表达的情感非常真诚、自然。"①

　　马特·海莫威茨于 1970 年出生在以色列，七岁开始学习大提琴。后来海莫威茨前往洛杉矶跟随嘉宝·莱吉托学习，随后进入朱利亚音乐学校，成为莱奥纳德·罗斯的学生。1985 年时，十五岁的海莫威茨与祖宾·梅塔指挥的以色列爱乐乐团共同演出，第一次进入了公众视线。第二年，海莫威茨受到梅塔邀请，与纽约爱乐乐团合作演出。从此，海莫威茨开始了他在世界各地的演出。在结束与乔治·曼纳罕指挥的里士满交响乐团合作演奏舒曼的大提琴协奏曲后，评论写道："这位二十八岁的大提琴演奏家，演奏内容丰富，拥有极强的控制力，明暗的色调交织成一曲完美的音乐……演出非常引人入胜。"② 克拉克·巴斯塔德、吉姆·巴尔塔和安·加斯提奈尔也是杰出的青年大提琴家。

① 见 *Post and Courier*，1999 年 5 月 31 日。
② 见 *Richmond Times-Dispatch*，1998 年 4 月 27 日。

尾声

自十七世纪以来，大提琴演奏走过了一条漫长的道路，直至近几十年它才迅速发展起来。现在大提琴作为一项真正的技巧性乐器，可以像小提琴那样表达浪漫主义的感情，或许最明显的变化是现在年轻人对演奏大提琴的兴趣不断高涨。

这种极为特殊的现象，恐怕在很大的程度上是由于音乐界出现了像杜普蕾这样非凡音乐天才的影响而产生的。年轻人在听了杜普蕾的演奏之后受到启发，立即想学大提琴，而那些望子成龙的家长们也开始孕育着某种希望，希望他们的后代也能有同样辉煌的事业。大提琴是个庞大且难于搬运的乐器，大提琴家们往往害怕把他们珍贵的乐器作为货物进行空运，然而人们还是选择了大提琴这件乐器，其中一定有更深刻的原因。

那么到底是什么原因吸引人们去学习大提琴呢？因为它可以像女高音、女低音、男高音或男低音那样进行歌唱，它的音域比其他弦乐器都要宽广。作曲家为大提琴创作时，可以使用五个八度的音域，从而为作曲者提供了宽广的创作园地。

也可能正因为这样，我们现代社会中那些更善于深思的年轻人，会发现大提琴的低音声部更符合他们的思想趋势。另一方面，演奏可以划分成单独和集体两种。年轻人更喜欢一起演奏，这或许就是室内乐为什么在年轻人中那样普及的原因。某些成军时间不长的弦乐四重奏组有着极高的演奏水平就是这方面的有力证明。由五十至二百名演奏者组成的大提琴乐团也在世界各地出现了。这种乐团演奏出来的声音非常动听，由于演奏和声对大提琴来说极为自然，所以这种乐团的结构就非常稳定。这一点对小提琴或中提琴来说就比较难做到。这种由大量大提琴组成的乐团从某种角度来说也是必要的，因为世界各地出现了这么多的优秀大提琴家，我们总应该创造一些机会给他们。

目前我们面临着一个至关重要的问题，那就是我们水池里的水已经过满了，而年轻大提琴家每天还不断地增加。由于天才不断地产生，竞争必然加剧，因此就产生了一个天才过剩的问题。我们很容易在自己管弦乐团的大提琴声部中感觉到查尔斯·伯尼所说的那种状况："由将军组成的一支军队。"

如果这些演奏人员没有充分的工作机会的话，他们就转向教学，因此就训练出更多的大提琴家来。在美国这种状况更为严重，有时大学甚至认为演奏者是次等的。只有获得音乐博士学位的人才可能和其他专业的大学生们竞争。小提琴家坦米安卡回忆说，有一次他在一所大学举办讲座，在座的五十位音乐家中只有一个人是没有博士学位的。

不管现在情况如何，不管有才能的人有多少，有一点是肯定的：奶油（cream，亦指精华）总是浮在最上面。几个世纪以来，我们有为数众多的优秀大提琴家，但是只有廖廖无几的人被牢牢记住。这是因为仅有才能、音乐修养或是技巧还不足以流传后世，所需要的是将这些优秀品质结合在一起，并借由演奏者的个性使之产生一种能够与听众交流感情的能力，这样的人才是真正的"不朽"，即使在当今天才过剩的状况下，这样的人也仍然是极为罕见的。

致　谢

在写作本书的过程中，我得到许多人的帮助，无法一一致谢。在此向所有我采访过的以及为我提供数据的音乐家、作家、朋友们一并致谢。他们每个人都为这本书的圆满出版贡献了自己的一分力量。

在这里我要特别感谢一些人。感谢 Armand D'Angour、Steven Isserlis、Cliff Howarth 及 Sylvia Rotter 担任我的荣誉助理研究员，感谢 Charles Beare 对乐器方面的宝贵建议，感谢 Nona Pyron 对大提琴早期演奏历史提供的资料，感谢 Tomotada Soh 及 Tsuyoshi Tsutsumi 对研究日本所提供的背景资料，感谢 Keith Harvey 提供的录音资料，感谢 Edmund Kurtz 和 Christopher Bunting 对技巧等方面的建议——其中许多建议已经用到这本书中了，感谢纽约的大提琴协会和 Stephen Kates 为我搜集太平洋彼岸的有关资料。另外我还要向伦敦大学音乐图书馆的 Anthea Baird、赫特福德郡音乐图书馆的 Philip Robinson 以及巴比肯图书馆的工作人员致谢。此外，还要特别感谢 Nikki Easton 对本书再版修订的大力支持。

非常感谢我的丈夫，多年来在我写作这本书的过程中，他一直配合我的工作，并且给予我莫大的鼓励。感谢编辑 Julie Anne Sadie，她扎实的学科背景成为本书坚实的后盾。最后要感谢 Jennifer Lansbury 帮助此书实现出版。

此外，我还要感谢脚注中所提及的所有出版者和版权所有人，感谢他们允许我使用他们的资料（详见本书参考文献）。

参考文献

Applebaum, Samuel and Sada, *The Way They Play*, Paganiniana, Books I-XII（New Jerscy 1973 ~ 1983）.

——*With the Artists*，Markert（New York 1955）.

Baines，A.，*Musical Instruments Through the Ages*，Pelican（London 1969）.

Boyden，David D.，*The History of Violin Playing from its Origins to 1761*，O.U.P.（Oxford 1965）.

Brown，David，*Tchaikovsky: A Biographical and Critical Study Vol II: The Crisis Years（1874 ~ 1878）*, Gollancz（London 1982）.

Bunting，Christopher，*Essay on the Craft of Cello Playing*，Vols. I and II，Cambridge University Press（Cambridge 1982）.

Burney，Charles，*A General History of Music*，Vols. I and II，Foulis（London 1935）.

——*The Present State of Music in Germany, the Netherlands, and the United Provinces*，Publisher unknown（London 1773）.

Cooper，Martin，ed.，*The New Oxford History of Music: The Modern Age*，Vol. X，O.U.P.(Oxford 1974).

Cowling，Elizabeth，*The Cello*，Batsford（London 1975）.

De'ak，Steven，*David Popper*，Paganiniana（New Jersey 1980）.

du Pré，Hilary and du Pré，Piers，*A Genius in the Family*，Chatto & Windus(London

1997).

Elkin, Robert, *Queen's Hall(1893—1941)*, Rider（London 1944）.

Enix, Margery, *Rudolf Matz, Cellist, Teacher, Composer*, Dominus Music Ltd,
　　　（Ottawa, Canada 1996).

Fuchs, Carl, *Musical and Other Recollections*, Sherratt & Hughes（Manchester
　　　1937）.

Gavoty, Bernard, *Pierre Fournier*, Kister（Geneva 1956）.

——*Antonio Janigro*, Kister（Geneva 1962）.

Gérard, Yves, *Thematic, Bibliographical and Critical Catalogue of the Works of
　　　Luigi Boccherini*, O.U.P.（London 1969）.

Ginsburg, Lev, *History of the Violoncello*, Paganiniana（New Jersey 1983）.

Grove Dictionary of Music and Musicians, 5th and 6th eds, Macmillan; St Martin's
　　　Press（London 1954; New York 1980）.

Harley, John, *Music in Purcells's London*, Dobson（London 1968）.

Harrison, Beatrice, *The Cello and the Nightingale*, ed. Patricia Cleveland-Peck,
　　　Murray（London 1985）.

Hill, Ralph, *Brahms*, Archer（London 1933）.

Hill, W. Henry, Arthur F. and Alfred E., *Antonio Stradivari: His Life and Work
　　　（1644—1737）*, Dover（New York 1963）.

Hughes, Angela, *Pierre Fournier*, Ashgate（Aldershot 1998）.

Itzkoff, Seymour W., *Emanuel Feuermann, Virtuoso*, University of Alabama Press
　　　（Alabama 1979）.

Kahn, Albert E., *Joys and Sorrows*, Eel Pie（Chichester 1970）.

Kennedy, Michael, *Barbirolli*, McGibbon & Kee（London 1971）.

Latham, Peter, *Brahms*, Dent（London 1962）.

Lloyd Webber, Julian, *Travels with My Cello*, Pavilion Books(London 1984).

Markevitch, Dimitry, *Cello Story*, translated Florence W. Seder, Summy-Birchard Music（New Jersey 1984）.

Moore, Gerald, *Am I Too Loud ?* , Hamish Hamilton（London 1962）.

News letter, Violoncello Society Inc.(New York 1968 ~ 1984).

Piatigorsky, G., *Cellist*, Da Capo（New York 1965）.

Pincherle, M., *Vivaldi, Cenius of the Baroque*, Norton（New York 1957）.

Pleeth, W., *The Cello*, ed. Nona Pyron, Macdonald（London 1982）.

Racster, Olga, *Chats on Violoncellos*, Werner Laurie（London 1907）.

Rothschild, Germaine de, *Luigi Boccherini: His Life and Work*, translated Andreas Mayor, O.U.P.（Oxford 1965）.

Rubinstein, A., *My Young Years*, Cape（London 1973）.

——*My Many Years*, Cape（London 1980）.

Sandys & Forster, *History of the Violin*, Reeves（London 1864）.

Shaw, George Bernard, *Music in London*, Vols. II and III, Constable（London 1932）.

The Strad, Novello（London 1898—1986）.

Szigeti, J., *With Strings Attached*, Knopf（New York 1967）.

Temianka, H., *Facing the Music*, Alfred（California 1980）.

Tortelier, P., *How I Play I Teach*, Chester（London 1975）.

Tortelier, P. and Blum, D., *Paul Tortelier: A Self Portrait*, Heinemann（London 1984）.

Van Der Straeten, A.E., *History of the Violoncello, the Viola da Gamba, their Precursors and Collateral Instruments*, Reeves（London 1914）.

Wasielewski, W.J.D., *The Violoncello and its History*, translated Isobella S.E. Stigand, Novello（London 1984）.

Wordsworth, William（ ed.), *Jacqueline du Pré: Impressions*, Granada（ 1983）.

人名对照

阿巴多，克劳迪奥　Abbado，Claudio

阿巴科　Abaco

阿贝尔，卡尔·弗里德里希　Abel，Karl Friedrich

阿达莫夫斯基，约瑟夫　Adamowski，Joseph

阿杜莱斯库，拉杜　Aldulescu，Radu

阿尔巴尼，埃玛夫人　Albani，Dame Emma

阿尔贝尼斯，伊萨克　Albéniz，Isaac

阿尔博雷，弗朗西斯科　Alborea，Francesco

阿尔姆格伦，丹　Almgren，Dan

阿尔文，朱丽叶　Alvin，Juliette

阿格里奇，玛尔塔　Argerich，Martha

阿霍，卡莱维　Aho，Kalevi

阿卡尔多，萨尔瓦托雷　Accardo，Salvatore

阿克斯，伊曼纽尔　Ax，Emanuel

阿拉，乌戈　Ara，Ugo

阿拉尔，德尔芬　Alard，Delphin

阿里奥斯蒂，阿蒂利奥　Ariosti，Attilio

阿力克，福尔图纳托　Arico，Fortunato

阿隆森，列夫　Aronson，Lev

阿玛蒂，安德烈亚　Amati，Andreas

阿玛蒂，安东尼奥　Amati，Antonio

阿玛蒂，尼古拉　Amati，Nicola

阿诺尔德，马尔科姆　Arnold，Malcolm

阿皮，查尔斯·欧内斯特　Appy，Charles Ernest

阿什肯纳齐，弗拉基米尔　Ashkenazy，Vladimir

阿兹拉马齐安，谢尔盖　Azlamazyan，Sergei

埃伯利，奥斯卡　Eberle，Oscar

埃迪，蒂莫西　Eddy，Timothy

埃尔加，爱德华　Elgar，Edward

埃里克森，雷蒙德　Ericson，Raymond

埃内斯库，乔治　Enesco，Georges

埃森伯格，毛里斯　Eisenberg，Maurice

埃斯本哈恩，弗里茨　Espenhahn，Fritz

埃斯泰哈齐亲王　Eszterházy，Prince

艾尔德，马克　Elder，Mark

艾尔兰，帕特里克　Ireland，Patrick

艾尔兰，约翰　Ireland，John

爱迪生，托马斯　Edison，Thomas

安德，盖佐　Anda，Géza

安德森，玛丽安　Anderson，Marian

安哈尔特-德绍公爵　Anhalt-Dessau，Duke of

安田谦一郎　Yasuda，Kenichiro

安永彻　Yasunaga，Toru

奥博林，列夫　Oborin，Lev

奥布拉奇，卡米洛　Oblach，Camillo

奥德罗，斯特凡　Odero，Stephane

奥尔，利奥波德　Auer，Leopold

奥尔德，凯特　Ould，Kate

奥尔良公爵　Orleans，Duke of

奥芬巴赫，雅克　Offenbach，Jacques

奥曼迪，尤金　Ormandy，Eugene

奥涅格，阿尔蒂尔　Honegger，Arthur

奥诺，阿方斯　Onnou，Alphonse

奥斯本，弗兰兹　Osborn，Franz

奥伊斯特拉赫，大卫　Oistrakh，David

𝓑

贝利，亚历山大　Baillie，Alexander

贝内德蒂，雷内　Benedetti，Renè

本·海姆，保罗　Ben-Haim，Paul

本达，弗朗茨　Benda，Franz

本纳文特−奥苏纳女伯爵　Benavente-Osuna，Countess-Duchess of

本内维兹，安东宁　Bennewitz，Antonín

本森，艾尔灵·布伦达　Bengtsson，Erling Blöndal

本韦努蒂，乔瓦尼　Benvenuti，Giovanni

比安基，路易吉　Bianchi，Luigi

比彻姆，托马斯爵士　Beecham，Sir Thomas

比内，奥古斯特·范　Biene，August Van

比绍洛蒂，弗朗西斯　Bissolotti，Francesco

比斯，科特　Biss，Kurt

比索夫，安德里亚　Bischof，Andrea

彼得斯　Peters

毕尔，西尼　Beer，Sydney

毕尔斯马，安纳　Bylsma，Anner

毕契科夫，谢米扬　Bychkov，Semyon

彪罗，汉斯·冯　Bölow，Hans von

波拿巴，拿破仑　Bonaparte，Napoleon

波埃尔，马克斯　Pauer，Max

波尔　Pawle

波尔波拉，尼古拉　Porpora，Nicola

波雷蒂，多明哥　Porreti，Domingo

波雷蒂，玛丽亚　Porreti，Maria

波里阿里，奇乔　Polliari，Cicio

波里索夫斯基，瓦蒂姆　Borisovsky，Vadim

波佩尔，戴维　Popper，David

波雄，阿尔弗雷德　Pochon，Alfred

波耶斯特恩，斯蒂芬　Bojsten，Stefan

伯恩斯坦，莱奥纳德　Bernstein，Leonard

伯恩斯坦，雅沙　Bernstein，Jascha

伯格，威廉·范登　Burg，William Van den

伯格豪瑟，贾尔米尔　Burghauser，Jarmil

伯格森，亨利　Bergson，Henri

伯柯，玛丽·路易丝夫人　Bok，Mrs Mary Louise

伯克，迪基　Boeke, Dicky

伯克利，伦诺克斯　Berkeley，Lennox

伯林，阿纳西姆　Berlin，Anasim

伯林斯基，瓦伦丁　Berlinsky，Valentin

伯姆，卡尔　Böhm，Karl

伯纳德尔家族　Bernardel family

伯尼，查尔斯　Burney，Charles

柏辽兹，埃克托　Berlioz，Hector

勃尔谢，亚历山大　Berrsche，Alexander

勃拉姆斯，约翰内斯　Brahms，Johannes

勃姆，埃米尔　Böhme，Emil

博蒂奥，查尔斯·尼古拉斯　Baudiot，Charles Nicolas

博尔格，维克托尔　Borge，Victor

博尔特，阿德里安爵士　Boult，Sir Adrian

博赫曼，费迪南德　Böchmann，Ferdinand

博雷尔，马克斯　Bohrer，Max

博洛尼尼，埃吉迪奥　Bolognini，Egidio

博洛尼尼，埃尼欧　Bolognini，Ennio

博农奇尼，乔瓦尼　Bononcini，Giovanni

博努奇，阿图罗　Bonucci，Arturo

博希，欧内斯特　Boehe，Ernst

博伊托，阿里戈　Boíto，Arrigo

布克斯包姆，弗里德里希　Buxbaum，Friedrich

布克特，贡纳　Bucht，Gunnar

布拉拜克，埃马努埃尔　Brabac，Emanuel

布莱恩，扬　Burian，Jan

布莱恩斯，加文　Bryars，Gavin

布莱克，琼　Black，Joan

布兰德科夫，阿纳托利　Brandoukov，Anatoly

布兰克，休伯特·列　Blanc，Hubert le

布朗热，纳迪亚　Boulanger，Nadia

布雷，卡特　Brey，Carter

布雷顿，托马斯　Breton，Tomas

布雷克，戴维　Blake，David

布雷克，罗利　Blake，Lowri

布雷瓦尔，让-巴普蒂斯特·塞巴斯蒂安　Bréval，Jean-Baptiste Sebastien

布里顿，本杰明　Britten，Benjamin

布里格斯，克里斯托弗　Briggs，Rawdon

布里奇，弗兰克　Bridge，Frank

布里特，贺拉斯　Britt，Horace

布列兹，皮埃尔　Boulez，Pierre

布卢姆，比阿特丽斯　Bluhm，Bèatrice

布鲁赫，马克斯　Bruch，Max

布鲁内蒂，加埃塔诺　Brunetti，Gaetano

布罗萨，安东尼奥　Brosa，Antonio

布罗兹基，阿道夫　Brodsky，Adolf

布洛赫，埃内斯特　Bloch，Ernest

布洛姆施泰德，赫伯特　Blomstedt，Herbert

布姆坎普，卡雷尔·范·利文　Boomkamp，Carel van Leeuwen

布什，阿兰　Bush，Alan

布施，阿道夫　Busch，Adolf

布索尼，费鲁乔　Busoni，Ferruccio

布特，马丁　Bouette，Martin

布特勒，安东尼奥　Butler，Antonia

采齐，卡洛　Zecchi，Carlo

柴科夫斯基，彼得·伊里奇　Tchaikovsky，Peter Ilyich

绰谢夫斯基　Chorchewski

茨冈洛夫，迪米特里　Tziganov，Dimitri

达尔阿巴科，埃瓦里斯托　dall'Abaco，Evaristo

达尔阿巴科，约瑟夫　dall'Abaco，Joseph

达尔奥里奥，多明尼科　dall'Oglio，Domenico

达尔奥里奥，朱塞佩　dall'Oglio，Giuseppe

达尔伯特，尤金　d'Albert，Eugene

达莱，卡罗琳　Dale，Caroline

达里姆普，艾莉森　Dalrymple，Alison

达姆罗什，瓦尔特　Damrosch，Walter

达维多夫，卡尔　Davydov，Karl

大村卯七　Ohmura，Uhichi

戴克路斯，吉恩　Decroos，Jean

戴留斯，弗雷德里克　Delius，Frederick

戴默加，托马斯　Demenga，Thomas

戴维，费迪南德　David，Ferdinand

戴维森，沃尔特　Davison，Walter

黛敏郎　Mayuzumi，Toshiro

丹第，文森　d'Indy，Vincent

丹古尔，阿曼德　d'Angour，Armand

道森-莱尔，朱利安　Dawson-Lyell，Julian

德阿克，史蒂文　De'ak，Steven

德阿香博，皮埃尔　d'Archambeau，Pierre

德阿香博，让-米歇尔　d'Archambeau，Jean-Michel

德阿香博，伊万　d'Archambeau，Iwan

德彪西，克劳德　Debussy，Claude

德尔·马尔，诺曼　Del Mar，Norman

德尔萨特，朱尔斯　Delsart，Jules

德费，詹姆　Fer，Jambe de

德拉戈内蒂，多梅尼科　Dragonetti，Domenico

德拉伊，杰利　d'Aranyi，Jelly

德雷克，朱利叶斯　Drake，Julius

德雷西勒，卡尔　Dreschler，Karl

德沃夏克，安东宁　Dvořák，Antonín

登普西，杰克　Dempsey，Jack

堤刚　Tsutsumi，Tsuyoshi

迪波尔，让-路易　Duport，Jean-Louis

迪波尔，让-皮埃尔　Duport，Jean-Pierre

迪茨曼，弗里茨　Dietzmann，Fritz

迪克森，琼　Dickson，Joan

迪亚兹，安德烈斯　Diaz，Andrés

蒂博，雅克　Thibaud，Jacques

蒂里耶尔，约瑟夫　Tillière，Joseph

蒂姆，约瑟夫　Diem，Josef

蒂皮特，迈克尔　Tippett，Michael

丁尼库，迪米特里　Dinicu，Dimitrie

窦加，西莱尔　Degas，Hilaire

杜迪耶，亨利　Dutilleux，Henri

杜卡斯，保罗　Dukas，Paul

杜拉第，安陶尔　Dorati，Antal

杜普蕾，杰奎琳　du Pré，Jacqueline

多伯特，胡戈　Daubert，Hugo

多德，托马斯　Dodd，Thomas

多恩，史蒂芬　Doane，Steven

多尔梅奇，阿诺德　Dolmetsch，Arnold

多尔梅奇，海莲娜　Dolmetsch，Hélène

多尔梅奇，鲁道夫　Dolmetsch，Rudolph

多尔梅奇，梅布尔　Dolmetsch，Mabel

多勒，西奥多　Dohler，Theodore

多纳伊，艾尔诺　Dohnányi，Ernö

多特佐尔，贾斯特斯·约翰·弗里德里希　Dotzauer，Justus Johann Friedrich

多伊奇，奥托·埃里希　Deutsch，Otto Erich

恩本科娃，多莉　Urbankova，Dolly

恩斯特，海因里希·威廉　Ernst，Heinrich Wilhelm

法布里，翁贝托　Fabbri，Umberto

法朗克，塞扎尔　Franck，César

法朗萧姆，奥古斯特　Franchomme，Auguste

法奇里，奥迪拉　Fachiri，Adila

法雅，曼努埃尔·德　Falla，Manuel de

范蒂尼，安东尼奥　Vandini，Antonio

方廷，玛戈　Fonteyn，Margot

菲茨恩哈根，弗里德里希·威廉　Fitzenhagen，Friedrich Wilhelm

菲德尔，伊万　Fedel, Ivan

菲尔波，路易斯　Firpo，Luis

菲尔森，丘尔茵　Viersen，Quirine

菲尔普斯，莫里萨　Melissa，Phelps

菲里多尔，弗朗索瓦　Philidor，François

菲利普斯，丹尼尔　Phillips，Daniel

菲利普斯，哈维　Phillips，Harvey

菲利普斯，莉莉　Phillips，Lilly

菲斯奇，威廉·德　Fesch，William de

腓特烈大帝　Frederick the Great

腓特烈·威廉二世　Frederick Wilhelm II

费德，埃德加德　Feder，Edgard

费德，让　Feder，Jean

费蒂斯，弗朗索瓦·约瑟夫　Fétis，François Joseph

费尔曼，埃马努埃尔　Feuermann，Emanuel

费尔曼，齐格曼德　Feuermann，Zigmund

费尔曼，苏菲　Feuermann，Sophie

费舍尔，埃德温　Fischer，Edwin

费舍尔-迪斯考，迪特里希　Fischer-Dieskau，Dietrich

费舍曼，迪米特里　Ferschtman，Dmitri

费斯，古斯塔夫　Faes，Gustave

费亚拉，约瑟夫　Fiala，Joseph

芬齐，杰拉尔德　Finzi，Gerald

佛克曼，罗伯特　Volkmann，Robert

弗拉德金，丹尼尔　Fradkin，Daniel

弗拉肖特，雷内　Flachot，Reine

弗莱明，阿马丽利斯　Fleming，Amaryllis

弗莱明，彼得　Fleming，Peter

弗莱明，伊安　Fleming，Ian

弗莱什，卡尔　Flesch，Carl

弗兰德，罗德内　Friend，Rodney

弗朗哥将军　Franco，General

弗朗塞，让　Françaix，Jean

弗里德里希斯　Friedrichs

弗隆克尔，彼得　Frankl，Peter

弗鲁，卡尔　Fruh，Karl

弗伦茨，让-路易　Florentz，Jean-Louis

福尔德西，阿诺德　Földesy，Arnold

福兰卡西尼，彼得罗尼奥　Francheschini，Petronio

福兰科-门德斯，贾克斯　Franco-Mendes，Jacques

福兰科-门德斯，约瑟夫　Franco-Mendes，Joseph

福雷，加布里埃尔　Fauré，Gabriel

福斯坦堡王子　Fürstenberg，Prince

福斯特，劳伦斯　Forster，Lawrence

福斯特，特里萨　Forster，Thérèse

福斯特，威廉　Forster，William

福伊拉德，路易斯　Feuillard，Louis

富克斯，哈里　Fuchs，Harry

富克斯，卡尔　Fuchs，Carl

富尼耶，皮埃尔　Fournier，Pierre

富特文格勒，威廉　Fürtwängler，Wilhelm

盖林加斯，戴维　Geringas David

高威，詹姆斯　Galway, James

哥萨克，迈尔卡　Cossack, Malka

戈尔德贝尔格，西蒙　Goldberg, Szymon

戈弗里勒，马泰奥　Gofriller, Matteo

戈里斯基，约翰内斯　Goritsky, Johannes

戈卢布，戴维　Golub, David

戈伦，伊莱　Goren, Eli

戈塞克，弗朗西斯　Gossec, François

戈特曼，乔治·爱德华　Goltermann, Georg Edward

戈特曼，朱利叶斯　Goltermann, Julius

格哈特，奥尔本　Gerhardt, Alban

格华尔特，弗朗索瓦　Gevaert, François

格拉布，苏维拉吉　Grubb, Suvi Raj

格拉纳多斯，恩里克　Granados, Enrique

格拉萨科维兹王子　Grassalkowitz, Prince

格拉祖诺夫，亚历山大　Glazounov, Alexander

格兰杰，珀西　Grainger, Percy

格兰奇诺，乔瓦尼　Grancino, Giovanni

格劳普纳，戈特利布　Graupner, Gottlieb

格里茨基，约翰内斯　Goritsky, Johannes

格里高森，埃莉诺　Gregorson, Eleanor

格里格，爱德华　Grieg, Edvard

格里斯巴赫，阿道弗斯　Griesbach, Adolphus

格里斯巴赫，亨利　Griesbach, Henry

格林豪斯，伯纳德　Greenhouse, Bernard

格林克，弗雷德里克　Grinke, Frederick

格鲁伯格，埃里希　Gruenberg，Erich

格鲁兹马赫尔，弗里德里希·威廉　Grützmacher，Friedrich Wilhelm

格鲁兹马赫尔，列奥波德　Grützmacher，Leopold

格伦，阿尔弗雷德·冯　Glehn，Alfred von

格伦梅尔，保罗　Grümmer，Paul

格罗斯曼，沃尔特　Grossman，Walter

格切夫斯基，玛莎　Gerchefski，Martha

格吕恩菲尔德，海因里希　Grünfeld，Heinrich

葛拉米安，伊凡　Galamian，Ivan

根特，查尔斯-弗朗索瓦　Gand，Charles-François

古巴里奥夫　Gubariov

古拜杜林娜，索菲亚　Gubaidulina，Sofia

古德，马格利特　Good，Margaret

古德温，阿米娜　Goodwin，Amina

古里，弗朗哥　Gulli，Franco

古烈，丹尼尔　Guilet，Daniel

古森斯，尤金　Goossens，Eugène

古斯塔夫松，简-埃里克　Gustafsson，Jan-Eric

古特曼，纳塔利亚　Gutman，Natalia

瓜达尼尼，乔瓦尼·巴蒂斯塔　Guadagnini，Giovanni Battista

瓜奈里，约瑟夫·德尔·耶稣　Guarneri，Joseph del Gesù

瓜斯塔费斯特，罗伯塔　Guastafeste，Roberta

哈贝内克，弗朗索瓦　Habeneck，François

哈蒂，汉密尔顿　Harty，Hamilton

哈丁，丹尼尔　Harding, Daniel

哈雷，查尔斯　Hallé，Charles

哈雷特，本杰明　Hallet，Benjamin

哈里森，安妮　Harrison，Annie

哈里森，比阿特丽斯　Harrison，Beatrice

哈里森，梅　Harrison，May

哈莫维兹，马特　Haimovitz，Matt

哈农库特，尼古拉斯　Harnoncourt，Niklaus

哈恰图良，阿拉姆　Khachaturian，Aram

哈瑞尔，林恩　Harrell，Lynn

哈瑞尔，马克　Harrell，Mack

哈维，基思　Harvey，Keith

海顿，米夏埃尔　Haydn，Michael

海菲茨，雅沙　Heifetz，Jascha

海格尔，埃米尔　Hegar，Emil

海格尔，约翰内斯　Hegar，Johannes

海格耶西，路易斯　Hegyesi，Louis

海根巴特，弗兰蒂泽克　Hegenbarth，Frantisek

海勒，鲍里斯　Heller，Boris

海莫威茨，马特　Haimowitz，Matt

海内兹，伊娃　Heinitz，Eva

海沃德，马乔里　Hayward，Marjorie

汉伯格，波里斯　Hambourg，Boris

汉伯格，马克　Hambourg，Mark

汉伯格，迈克尔　Hambourg，Michael

汉伯格，扬　Hambourg，Jan

汉德森，罗伯特　Henderson，Robert

汉考克船长　Hancock，Captain

汉克尔，克里斯托弗　Henkel，Christoph

汉米，范　Hamme，Van

汉斯利克，爱德华　Hanslick，Eduard

豪普特曼，莫里茨　Hauptmann，Moritz

豪森，埃米尔　Hauser，Emil

豪斯曼，罗伯特　Hausmann，Robert

豪维尔，阿瑟　Howell，Arthur

豪维尔，爱德华　Howell，Edward

何里，卡雷尔　Halíř，Karel

何里马利，扬　Hřímalý，Jan

赫比希，甘特　Herbig，Gunter

赫伯莱恩，赫尔曼　Heberlein，Hermann

赫伯特，维克多　Herbert，Victor

赫尔曼，埃米尔　Herrmann，Emil

赫尔曼，弗里德里希　Hermann，Friedrich

赫尔默森，弗兰斯　Helmerson，Frans

赫尔舍，路德维希　Hoelscher，Ludwig

赫尔希，艾伯特　Hirsch，Albert

赫格达斯，奥尔加　Hegedus，Olga

赫金，安德烈　Hekking，André

赫金，安东　Hekking，Anton

赫金，查尔斯　Hekking，Charles

赫金，热拉尔　Hekking，Gérard

赫罗德，伊里　Herold，Jiří

赫斯，迈拉　Hess，Myra

赫特纳尔，扬·内波穆克　Hüttner，Jan Nepomuk

黑尔曼，休　Heermann，Hugo

黑尔梅斯贝格，约瑟夫　Hellmesberger，Joseph

亨德尔，艾达　Haendel，Ida

亨德尔，乔治·弗雷德里克　Handel，George Frederick

亨策，汉斯·维尔纳　Henze，Hans Werner

亨特，约翰　Hunt，John

胡拜，耶诺　Hubay，Jenö

胡贝尔曼，布隆尼斯拉夫　Huberman，Bronislav

胡顿，弗洛伦斯　Hooton，Florence

怀特豪斯，威廉　Whitehouse，William

怀特赫德，詹姆斯　Whitehead，James

霍巴特，埃里希　Hobarth，Erich

霍尔施，格雷戈尔　Horsch, Gregor

霍尔斯特，古斯塔夫　Holst，Gustav

霍夫曼，加利　Hoffman，Gary

霍夫曼，卡尔　Hoffmann，Karl

霍夫曼，约瑟夫　Hofmann，Josef

霍夫梅克勒，丹尼尔　Hofmekler，Daniel

霍格伍德，克里斯托弗　Hogwood，Christopher

霍克，约翰内斯　Hoecke，Johannes

霍洛维茨，弗拉基米尔　Horowitz，Vladimir

霍普金斯，路易　Hopkins，Louise

霍斯佐夫斯基，米耶奇斯瓦夫　Horszowski，Mieczyslaw

基尔赫纳，利昂　Kirchner，Leon

基尔希鲍姆，拉尔夫　Kirshbaum, Ralph

基里洛夫，帕维尔　Gililov，Pavel

吉利弗，丽贝卡　Gilliver，Rebecca

吉特森格，弗里茨　Kitzinger，Fritz

加布里埃利，多梅尼科　Gabrielli，Domenico

加布里洛维奇，奥西普　Gabrilowitsch，Ossip

加布沙娃，莱雅　Garbousova，Raya

加德纳，杰克夫人　Gardner，Mrs Jack

加尔维斯　Galvez

加里克，大卫　Garrick，David

加里亚诺，亚历山大　Gagliano，Alexander

加利，朱尔斯　Galley，Jules

加隆，让　Gallon，Jean

加纳，埃罗尔　Garner，Errol

加斯帕罗　Gasparo

加斯提菲斯特，罗伯塔　Guastefeste，Roberta

加瓦内，皮埃尔　Gaviniès，Pierre

加西亚，何塞　García，José

贾尔斯，埃米尔　Gilels，Emil

杰米尼亚尼，弗朗切斯科　Geminiani，Francesco

金，特里　King，Terry

金戈德，约瑟夫　Gingold，Josef

金姆，厄尔　Kim，Earl

金斯伯格，列夫　Ginsburg，Lev

金斯基王子　Kinsky，Prince

金永克　Kim，Young Uck

今井信子　Imai，Nobuko

津巴利斯特，埃弗伦　Zimbalist，Efrem

近卫皇太子　Konoe，Prince

井上赖丰　Inoue，Yoritoyo

卡巴列夫斯基，德米特里　Kabalevsky，Dimitry

卡波拉莱，安德里亚斯　Caporale，Andreas

卡茨，保罗　Katz, Paul

卡达斯，内维尔爵士　Cardus，Sir Neville

卡恩，埃里克·伊托尔　Kahn，Eric Itor

卡尔，科林　Carr, Colin

卡尔贝克，马克斯　Kalbeck, Max

卡尔丹斯，安德烈斯　Cardenes，Andre's

卡根，奥列格　Kagan，Oleg

卡拉扬，赫伯特·冯　Karajan，Herbert von

卡莱尔，尤金　Carrière，Eugène

卡利亚诺夫，斯特凡　Kalianov，Stefan

卡里森，欧拉　Karisson，Ola

卡鲁索，恩里科　Caruso，Enrico

卡梅伦，道格拉斯　Cameron，Douglas

卡明斯，道格拉斯　Cummings，Douglas

卡姆登，阿尔奇　Camden，Archie

卡普莱，安德烈　Caplet，André

卡普辛斯基，理查德　Kapucinsky，Richard

卡萨多，加斯帕尔　Cassadó，Gaspar

卡萨多，杰奎因　Cassadó，Joaquin

卡萨尔斯，帕布罗　Casals，Pablo

卡塞拉，阿尔弗雷多　Casella，Alfredo

卡塞拉，彼得洛　Casella，Pietro

卡塞拉，卡罗　Casella，Carlo

卡塞拉，塞札　Casella，Cesare

卡什卡希安，金姆　Kashkashian，Kim

卡斯塔尔迪，阿方索　Castaldi，Alfonso

卡斯特罗，菲德尔　Castro，Fidel

卡塔里尼，安杰利卡　Catalini，Angelica

卡特尔，夏尔-西蒙　Catel，Charles-Simon

卡特罗尔，阿瑟　Catterall，Arthur

卡西迪，克劳迪娅　Cassidy，Claudia

卡扎德絮，亨利　Casadesus，Henri

凯茨，斯蒂芬　Kates，Stephen

凯鲁比尼，路易吉　Cherubini，Luigi

凯撒-林德曼，威廉　Kaiser-Lindemann，Wilhelm

坎比尼，乔瓦尼·朱塞佩　Cambini，Giovanni Giuseppe

坎多拉，埃里克　Kantola，Erikki

坎彭，克里斯托弗·范　Kampen，Christopher van

坎托娄，珍·雅克　Kantorow，Jean·Jacques

康德拉辛，基里尔　Kondrashin，Kirill

康提王子　Conti，Prince de

考恩，弗雷德里克　Cowen，Frederic

考恩，珍　Cowan，Jane

考林，伊丽莎白　Cowling，Elizabeth

科埃略　Coelho

科茨，阿尔伯特　Coates，Albert

科恩，哈里特　Cohen，Harriet

科恩，罗伯特　Cohen，Robert

科尔托，阿尔弗雷德　Cortot，Alfred

科根，奥列格　Kogan，Oleg

科根，理查德　Kogan，Richard

科汉斯基，保罗　Kochanski，Paul

科克托，让　Cocteau，Jean

科莱特，米歇尔　Corrette，Michel

科勒，路易斯　Köhler，Louis

科雷利，阿尔坎杰洛　Corelli，Arcangelo

科罗尔，威廉　Kroll，William

科米申纳，塞尔久　Commissiona, Sergiu

科斯曼，伯恩哈德　Cossmann, Bernhard

科斯塔，米夏埃尔爵士　Costa, Sir Michael

科斯坦齐，乔瓦尼·巴蒂斯塔　Costanzi, Giovanni Battista

科索留波夫，西米恩　Kosolupov, Simeon

科索宁，韦科　Kosonen, Veikko

科因，克里斯托弗　Coin, Christophe

柯达伊，佐尔坦　Kodály, Zoltan

柯蒂斯，查尔斯　Curtis, Charles

柯尔，奥兰多　Cole, Orlando

柯什鲍姆，拉尔夫　Kirshbaum, Ralph

克尔普莱，耶诺　Kerpely, Jenö

克拉夫特，安东　Kraft, Anton

克拉夫特，尼古拉斯　Kraft, Nicolaus

克拉克，丽贝卡　Clarke, Rebecca

克拉克斯顿，哈罗德　Craxton, Harold

克拉斯纳波尔斯基，尤里　Krasnapolsky, Yuri

克莱本，范　Cliburn, Van

克莱伯，埃里希　Kleiber, Erich

克莱恩，纳塔莉　Clein, Natalie

克莱普汉，约翰　Clapham, John

克莱斯勒，弗里茨　Kreisler, Fritz

克劳森，拉马尔　Crowson, Lamar

克勒，汉斯　Keller, Hans

克勒姆佩雷尔，奥托　Klemperer, Otto

克雷莫，吉东　Kremer, Gidon

克雷帕兹，吉尔伯托　Crepax, Gilberto

克里布姆，马蒂奥　Crickboom, Mathieu

克里克　Kriegk

克里普斯，约瑟夫　Krips, Josef

克里森，扬　Kerrison, Jan

克里斯蒂亚尼，丽莎　Cristiani, Lisa

克利夫兰-佩克，帕特里夏　Cleveland-Peck, Patricia

克利格尔，哈特穆特　Kliegel, Hartmut

克利格尔，玛丽亚　Kliegel, Maria

克林格尔，朱利叶斯　Klengel, Julius

克林格勒，卡尔　Klingler, Karl

克林根伯格，约翰　Klingenberg, Johann

克鲁采，罗多尔夫　Kreutzer, Rodolphe

克鲁斯尼克，乔尔　Krosnick, Joel

克路易坦，安德烈　Cluytens, André

克罗克斯福特，艾琳　Croxford, Eileen

克罗姆，罗伯特　Crome, Robert

克罗斯蒂尔，约翰　Crosdill, John

克洛斯尼克，乔尔　Krosnick, Joel

克努谢维斯基，斯维亚托斯拉夫　Knushevitzky, Sviatoslav

克热内克，欧内斯特　Křenek, Ernest

克斯莱尔，兹代内克　Kosler, Zdenek

肯尼森，克劳德　Kenneson, Claude

肯普夫，威廉　Kempff, Wilhelm

库巴斯基，维克托　Kubatsky, Victor

库贝利克，拉斐尔　Kubelik, Rafael

库贝利克，扬　Kubelik, Jan

库尔兹，埃德蒙德　Kurtz, Edmund

库克，尼尔森　Cooke, Nelson

库里奇，伊丽莎白·斯普拉格　Coolidge, Elizabeth Shurtleff

库林，维维安　Couling, Vivian

库伦坎普夫，格奥尔格　Kulenkampff, Georg

库米尔，恩斯特　Kummer, Ernst

库米尔，弗里德里希·奥古斯特　Kummer, Friedrich August

库米尔，马克斯　Kummer, Max

库内，托拜厄斯　Kühne, Tobias

库皮，让-巴普蒂斯特　Cupis, Jean-Baptiste

库汀格，康特　Kündinger, Kanut

库谢维茨基，谢尔盖　Koussevitzky, Serge

库依肯，威兰德　Kuijken, Wieland

夸仁吉，古列尔莫　Quarenghi, Guglielmo

夸斯特，丹尼尔　Quast, Daniel

匡茨，约翰　Quantz, Johann

奎拉斯，让-古汉　Queyras, Jean-Guihen

拉夫，约阿希姆　Raff, Joachim

拉豪塞叶，皮埃尔　Lahoussaye, Pierre

拉赫玛尼诺夫，谢尔盖　Rachmaninoff, Sergei

拉赫纳，费迪南德　Lachner, Ferdinand

拉罗，爱德华　Lalo, Édouard

拉玛雷，雅克·米歇尔·雷尔　Lamarre, Jacques Michel Hurel

拉姆宾，克劳德-维克多　Rambeaux, Claude-Victor

拉穆勒，查尔斯　Lamoureux, Charles

拉纳，里贝罗　Lana, Libero

拉苏莫夫斯基伯爵　Rasumovsky, Count

拉威尔，莫里斯　Ravel, Maurice

莱贝尔，路德维希　Lebel, Ludwig

莱碧尔，克莱尔　Rebier, Claire

莱顿，肯尼思　Leighton, Kenneth

莱恩斯朵夫，恩里希　Leinsdorf, Erich

莱吉托，嘉宝　Rejto, Gabor

莱纳，弗里茨　Reiner, Fritz

莱塞，劳伦斯　Lesser, Laurence

莱森，伊娃　Lehnsen, Eva

莱瓦瑟尔，让·亨利　Levasseur, Jean Henri

莱文，詹姆斯　Levine, James

赖策，安东　Reicha, Anton

兰多芙斯卡，万达　Landowska, Wanda

兰诺将军　Queipo de Llano, General

兰泽蒂，萨尔维托　Lanzetti, Salvatore

朗，凯瑟琳　Long, Kathleen

劳埃德·韦伯，朱利安　Lloyd Webber, Julian

劳布，费迪南德　Laub, Ferdinand

劳斯，弗朗西斯　Routh, Francis

勒什，欧内斯特　Lush, Ernest

雷格尔，马克斯　Reger, Max

雷斯庇基，奥托里诺　Respighi, Ottorino

里德尔，罗伯特　Riedel, Robert

里克尔曼，鲍里斯　Rickelman, Boris

里姆斯基-科萨科夫，尼古拉　Rimsky-Korsakoff, Nicolas

里纳尔博士　Rynar, Dr Dago

里尼克，约翰·格奥尔　Linigke, Johann Georg

里奇，乔治　Ricci, George

里奇诺夫斯基王子　Lichnowski, Prince

里斯，弗朗茨　Ries, Franz

里托尔夫，亨利　Litolff, Henry

李，丹尼尔　Lee, Daniel

露卡斯，米奇　Lukács，Mici

罗宾斯，钱宁　Robbins，Channing

罗宾逊，沙伦　Robinson，Sharon

罗伯茨，伯纳德　Roberts，Bernard

罗伯顿，休　Roberton，Hugh

罗伯逊，保罗　Robeson，Paul

罗布科维兹王子　Lobkowitz，Prince

罗丹，弗朗索瓦　Rodin，François

罗德，皮埃尔　Rode，Pierre

罗尔斯顿，肖娜　Rolston，Shauna

罗赫利兹，约翰　Rochlitz，Johann

罗基里，彼得罗·贾科莫　Rogeri，Pietro Giacomo

罗杰斯特文斯基，根纳季　Rozhdestvensky，Gennady

罗津斯基，阿图尔　Rodzinski，Artur

罗卡，朱塞佩·安东尼奥　Rocca，Giuseppe Antonio

罗兰，罗曼　Rolland，Romain

罗兰，苏菲　Rolland，Sophie

罗梅特−罗山诺夫，玛丽　Roemaet-Rosanoff，Marie

罗姆伯格，安德烈斯　Romberg，Andreas

罗姆伯格，伯恩哈德·海因里希　Romberg，Bernhard Heinrich

罗姆伯格，塞普瑞安　Romberg，Cyprian

罗森，玛西　Rosen，Marcy

罗森，纳撒尼尔　Rosen，Nathaniel

罗森斯托克，约瑟夫　Rosenstock，Joseph

罗山诺夫，里弗　Rosanoff，Lieff

罗斯，莱奥纳德　Rose，Leonard

罗斯科，马丁　Roscoe，Martin

罗斯奇尔，杰曼·德　Rothschild，Germaine de

罗斯特罗波维奇，利奥波德　Rostropovich，Leopold

罗斯特罗波维奇，穆斯基斯拉夫　Rostropovich, Mstislav

罗瓦蒂，路易吉　Rovatti, Luigi

罗维特，马丁　Lovett, Martin

罗韦利，朱塞佩　Rovelli, Giuseppe

罗西尼，焦阿基诺　Rossini, Gioacchino

洛夫里奇，埃利斯　Loveridge, Iris

洛卡泰利，彼得罗　Locatelli, Pietro

洛特，约翰　Lott, John

吕利，让-巴蒂斯特　Lully, Jean-Baptiste

马茨，鲁道夫　Matz, Rudolf

马蒂农，让　Martinon, Jean

马丁，大卫　Martin, David

马丁，弗兰克　Martin, Frank

马尔蒂努，博胡斯拉　Martinů, Bohuslav

马尔奇，迪奥尼西奥　March, Dionisio

马尔托，弗朗茨　Marteau, Franz

马尔托，亨利　Marteau, Henri

马哈雷克，迪索　Mahalek, Dezso

马基尼，乔瓦尼·保罗　Maggini, Giovanni Paolo

马姣丽，林登·德　Marguerie, Lyndon de

马克拉斯，查尔斯　Mackerras, Charles

马克森，理查德　Markson, Richard

马克维奇，伊格尔　Markevich, Igor

马克耶维奇，迪米特里　Markevitch, Dimitry

马莱蒂克，阿纳　Maletić, Ana

马勒，古斯塔夫　Mahler，Gustav

马雷柯尔，莫里斯　Maréchal，Maurice

马切洛，贝内代托　Marcello，Benedetto

马绍，阿尔弗雷德　Massau，Alfred

马斯　Mas

马斯，罗伯特　Maas，Robert

马泰　Mattei

马伊纳迪，恩里克　Mainardi，Enrico

马伊斯　Maes

马友友　Ma，Yo Yo

马泽尔，洛林　Maazel，Lorin

马扎尔，亚历山大　Madzar，Aleksander

玛初拉，蒂博尔·德　Machula，Tibor de

玛拉，依格纳兹　Mara，Ignaz

玛拉，约翰·巴普提斯特　Mara，John Baptist

玛丽亚·克利斯汀娜女王　Maria Christina，Queen

麦尔森，亚历山大　Molzahn，Alexander

麦克阿德尔，詹姆斯　McArdell，James

麦斯基，米沙　Maisky，Mischa

曼佛雷迪，菲利普　Manfredi，Filippo

曼谷特，让　Mangot，Jean

曼利，多萝西　Manley，Dorothy

曼纳罕，乔治　Manahan，George

曼斯，奥古斯特　Manns，August

芒若，安德烈　Mangeot，André

芒克，弗朗索瓦·德　Munck，François de

芒克，约瑟夫·欧内斯特·德　Munck，Joseph Ernest de

芒克，卡米尔·德　Munck，Camille de

梅，马吕斯　May，Marius

梅尔维尔，奥德利　Melville，Audrey

梅里吉，温琴佐　Merighi，Vincenzo

梅纽因，赫齐芭　Menuhin，Hephzibah

梅纽因，耶胡迪　Menuhin，Yehudi

梅森，科林　Mason，Colin

梅斯，塞缪尔　Mayes，Samuel

梅塔，祖宾　Mehta，Zubin

门德尔松，费利克斯　Mendelssohn，Felix

门德尔松，罗伯特·冯　Mendelssohn，Robert von

门德尔松，茱丽塔·冯　Mendelssohn，Giulietta von

门盖尔贝格，威廉　Mengelberg，Willem

门特，索菲　Menter，Sophie

蒙蒂尼，查尔斯　Montigny，Charles

蒙克里夫，玛格丽特　Moncrieff，Margaret

蒙塔内兹，马蒂塔　Montañez，Martita

蒙塔尼亚纳，多梅尼科　Montagnana，Domenico

蒙特，皮埃尔　Monteux，Pierre

米尔恩，哈米什　Milne，Hamish

米尔斯坦，内森　Milstein，Nathan

米卡，约瑟夫　Micka，Josef

米凯拉克，托马斯　Michalak，Thomas

米克利，梅　Mukle，May

米兰纳，布鲁诺　Giuranna，Bruno

米勒，西波利特　Müller，Hippolyt

米勒，西奥多　Müller，Theodore

米勒，威廉　Müller，Wilhelm

米雷蒙，克劳德-奥古斯丁　Miremont，Claude-Augustin

米尼阿尔，康斯坦丁　Miniar，Konstantin

米特雷尔，安妮塔　Mitterer，Anita

米托波罗斯，迪米特里　Mitropoulos, Dimitri

米约，达律斯　Milhaud, Darius

密勒，弗兰克　Miller, Frank

明希，查尔斯　Munch, Charles

明兹，凯瑟琳娜　Meints, Catharina

莫克，楚尔斯　Mork, Truls

莫雷奥，列奥　Moreau, Léon

莫里恩，让-皮埃尔　Maurin, Jean-Pierre

莫里尼，艾莉卡　Morini, Erica

莫里森，奥格斯　Morrison, Angus

莫纳斯泰里奥，杰西·德　Monasterio, Jesus de

莫欧尔，埃马努埃尔　Moor, Emanuel

莫塞尔，伊萨克　Mossel, Isaac

莫斯克莱，伊格纳兹　Moscheles, Ignaz

莫扎特，沃尔夫冈·阿玛德乌斯　Mozart, Wolfgang Amadeus

默菲伯爵　Morphy, Count de

默克，约瑟夫　Merk, Joseph

默伦　Merlen

穆尔，杰拉尔德　Moore, Gerald

穆勒，菲利普　Muller, Philippe

穆齐尼安，妮娜　Musinian, Nina

穆斯托宁，奥利　Mustonen, Olli

N

纳尔迪尼，彼得罗　Nardini, Pietro

纳尔索夫，格雷戈尔　Nelsov, Gregor

纳尔索瓦，扎拉　Nelsova, Zara

纳基贝科娃，阿尔菲亚　Nakipbekova, Alfia

纳瓦拉，安德烈　Navarra, André

内德贝尔，奥斯卡　Nedbal, Oskar

内弗，吉内泰　Neveu, Ginette

内弗，让　Neveu, Jean

内里亚，爱丽丝　Neary, Alice

内鲁达，弗朗兹　Neruda, Franz

内鲁达，约翰·格奥尔格　Neruda, Johann Georg

内瓦达，埃玛　Nevada, Emma

尼尔森，凯瑟琳　Nelson, Catherine

尼古莱王子　Galitzin, Prince Nikolay

尼基什，阿图尔　Nikisch, Arthur

尼科里尼　Nicolini

聂杰德里，兹德涅克　Nejedlý, Zdeněk

纽曼，欧内斯特　Newman, Ernest

纽瑞耶夫，鲁道夫　Nureyev, Rudolf

努本，克里斯托弗　Nupen, Christopher

诺埃，海因里希　Noé, Heinrich

诺布林，路易斯-皮埃尔　Norblin, Louis-Pierre

诺尔克　Nolck

诺拉，阿托　Noras, Arto

诺林顿，罗格　Norrington, Roger

诺曼，巴拉克　Norman, Barak

诺曼-内鲁达，维尔玛（哈雷夫人）Norman-Neruda, Wilma（Lady Hallé）

诺瓦克，尼尔　Novak, Nell

诺兹，弗朗西斯勋爵　North, Lord Francis

帕德雷夫斯基，伊格纳西·扬　Paderewski，Ignacy Jan

帕蒂，卡洛塔　Patti，Carlotta

帕尔金，西蒙　Parkin，Simon

帕尔曼，伊萨克　Perlman，Itzhak

帕尔姆，齐格弗里德　Palm，Siegfried

帕尔纳斯，莱斯利　Parnas，Leslie

帕格尼尼，尼科洛　Paganini，Niccolò

帕加曼契诃夫，鲍里斯　Pergamenschikov，Boris

帕昆　Paquin

帕拉尼塞克，约瑟夫　Palenicek，Josef

帕里，休伯特　Parry，Hubert

帕里索，阿尔多　Parisot，Aldo

帕利基尔，克莱门蒂娜　Pelicho，Clementina

帕利堪，曼诺　Parikian，Manoug

帕森斯，杰弗里　Parsons，Geoffrey

帕斯夸里尼　Pasqualini

帕辛格，路易斯　Persinger，Louis

派伦，诺娜　Pyron，Nona

派瑞索特，奥尔多　Parisot，Aldo

潘德列茨基，克里斯托弗　Penderecki，Krzyztof

庞斯，莉莉　Pons，Lily

佩蒂特，沃尔特　Pettit，Walter

佩卡蒂，多米尼克　Peccatte，Dominique

佩雷森，谢尔吉奥　Peresson，Sergio

佩斯，威廉　Peeth，William

佩兹，亚历山大　Pezze，Alexander

皮尔格曼斯科夫，鲍里斯　Pergamenschikov，Boris

皮尔斯，彼得　Pears，Peter

皮特里克，维切斯劳斯　Petrik，Viceslaus

皮亚蒂，阿尔弗雷多　Piatti，Alfredo

皮亚蒂，安东尼奥　Piatti，Antonio

皮亚蒂戈尔斯基，格雷戈尔　Piatigorsky，Gregor

皮亚蒂-鲁其斯，罗莎　Piatti-Lochis，Rosa

皮耶内，加布里埃尔　Pierné，Gabriel

平井康三郎　Hirai，Kozaburo

平井丈一朗　Hirai，Takeichiro

平切尔，马克　Pincherle，Marc

珀金斯，路易丝　Perkins，Louise

普拉蒂奥，加布里埃利　Platteau，Gabrielle

普莱尔，奥古斯特　Prell，August

普莱福德，约翰　Playford，John

普莱斯，阿道夫　Press，Adolf

普兰根，范德尔　Planken，van der

普朗克，弗朗西斯　Poulenc，Francis

普雷森达，弗朗西斯　Pressenda，Francesco

普雷特尔，尼古拉斯·约瑟夫　Platel，Nicolas Joseph

普里赫达，瓦萨　Příhoda，Váša

普里姆罗斯，威廉　Primrose，William

普利斯，安东尼　Pleeth，Anthony

普利斯，威廉　Pleeth，William

普利特，多米尼克　Prete，Dominique

普列尔，伊格纳兹　Pleyel，Ignaz

普列文，安德烈　Previn，André

普烈斯勒，梅纳昂　Pressler，Menahem

普鲁切斯卡，约瑟法　Prochaska，Josepha

普罗布斯特　Probst

普罗科菲耶夫，谢尔盖　Prokofiev, Sergei

普洛塞克，亚历山大　Plocek, Alexander

普契尼，贾科莫　Puccini, Giacomo

Q

齐尔品，亚历山大　Tcherepnin, Alexander

契弗利奥，伊万　Chiffoleau, Yvan

乔丹-穆尔罕，海莲娜　Jourdan-Morhange, Hélène

乔齐诺夫，塞缪尔　Chotzinoff, Samuel

乔西恩，亚历山大　Chaushian, Alexander

乔治四世　George IV

乔治亚，阿芒　Georgian, Armen

乔治亚，凯琳娜　Georgian, Karine

切尔尼，拉吉斯拉夫　Cerny, Ladislav

切尔尼亚夫斯基，菲奥多尔·安德烈　Cherniavsky, Fyodor André

切尔尼亚夫斯基，米歇尔　Cherniavsky, Mischel

切尔尼亚夫斯基，亚伯拉罕　Cherniavsky, Abraham

切尔维托，乔克波·巴塞维　Cervetto, Giacobo Basevi

切尔维托，詹姆斯　Cervetto, James

切斯特，海伦　Just, Helen

R

让德隆，莫里斯　Gendron, Maurice

瑞布纳尔，沃尔夫冈　Rebner, Wolfgang

瑞芬伯格，伊娃　Reifenberg, Eva

瑞加，约瑟夫　Reicha，Joseph

瑞斯，西尔玛　Reiss，Thelma

瑞斯伯格　Rensberg

瑞托，彼得　Rejto，Peter

瑞托，加伯　Rejto，Gabor

萨巴提耶尔　Sabbatier

萨波兹尼科夫，罗曼　Sapozhnikov，Roman

萨德罗，卡雷尔·普拉夫斯拉夫　Sadlo，Karel Pravoslav

萨德罗，米洛斯　Sadlo，Milos

萨尔泽多，卡洛斯　Salzedo，Carlos

萨丰诺夫，瓦西利　Safonoff，Vassily

萨哈罗夫，加琳娜　Sakharova，Galina

萨金特，马尔科姆爵士　Sargent，Sir Malcolm

萨拉姆，罗翰　da Saram，Rohan

萨拉萨蒂，帕布罗　Sarasate，Pablo

萨莱特，埃米尔　Sauret，Emil

萨洛，加斯帕罗·达　Salò，Gasparo da

萨马提尼，乔瓦尼　Sammartini，Giovanni

萨蒙斯，阿尔伯特　Sammons，Albert

萨奇，珀西　Such，Percy

萨奇希恩，扎利　Sarkishian，Zare

塞德勒，卡尔·奥古斯特　Seidler，Karl August

塞登博格，丹尼尔　Saidenberg，Daniel

赛尔，格奥尔格　Szell，Georg

塞尔金，鲁道夫　Serkin，Rudolf

塞尔马克，约翰　Čermák，Johann

赛尔蒙，约瑟夫　Salmon，Joseph

塞尔蒙德，菲利克斯　Salmond，Felix

塞尔蒙德，诺曼　Salmond，Norman

塞弗利兹，马克斯　Seifriz，Max

塞戈维亚，安德烈斯　Segovia，Andres

赛林，约里奥　Selin，Yrjo

赛罗，尼古拉斯　Selo，Nicholas

赛纳托，弗朗西斯　Serato，Francesco

桑德斯，威廉　Saunders，William

沙姆斯基，奥斯卡　Shumsky，Oscar

沙特尔沃思，安娜　Shuttleworth，Anna

沙瓦尔，乔迪　Savall，Jordi

山崎伸子　Yamazaki，Nobuko

山斯，莫里斯　Sons，Maurice

舍恩菲尔德，埃丽诺　Schoenfeld，Eleanore

舍恩菲尔德，艾丽斯　Schoenfeld，Alice

舍夫契克，奥托卡尔　Ševčík，Otakar

舍雷梅特夫伯爵　Sheremetev，Count

舍仁斯基，塞尔吉　Shirinsky，Sergei

舍仁斯基，瓦西里　Shirinsky，Vasily

圣-桑，查尔斯·卡米尔　Saint-Saëns，Charles Camille

施波尔，路易　Spohr，Louis

施菲尔，阿道夫　Schiffer，Adolf

施里克，约翰　Schlick，Johann

施梅林，格特鲁德·伊丽莎白　Schmeling，Gertrude Elisabeth

施米特，弗洛朗　Schmitt，Florent

施米特，海因里希　Schmidt，Heinrich

施米特，希德里奇　Schmidt，Jindřich

施纳贝尔，阿图尔　Schnabel，Artur

施奈德，弗里德里希　Schneider，Friedrich

施奈德，米沙　Schneider，Mischa

施奈德，亚历山大　Schneider，Alexander

施奈德汉，沃尔夫冈　Schneiderhan，Wolfgang

施尼特凯，阿尔弗莱德　Schnittke，Alfred

施特劳斯，理查　Strauss，Richard

施特劳斯，路德维希　Straus，Ludwig

施托克豪森，卡尔海因茨　Stockhausen，Karlheinz

施瓦茨，杰拉德　Schwarz，Gerard

施瓦茨，鲁道夫　Schwarz，Rudolf

施瓦茨科普夫，伊丽莎白　Schwarzkopf，Elisabeth

史密斯，菲奥娜　Smith，Fiona

舒伯斯，戈特罗布　Schuberth，Gottlob

舒伯斯，卡尔　Schuberth，Karl

舒伯特，弗朗茨　Schubert，Franz

舒尔曼，阿兰　Shulman，Alan

舒尔兹，亚诺什　Scholz，Janos

舒曼，克拉拉　Schumann，Clara

舒曼，罗伯特　Schumann，Robert

舒彭齐格，伊格纳茨　Schuppanzigh，Ignaz

舒斯特，约瑟夫　Schuster，Joseph

斯蒂阿斯特尼，伯纳德　Stiastny，Bernard

斯蒂阿斯特尼，扬　Stiastny，Jan

斯卡拉蒂，亚历山德罗　Scarlatti，Alessandro

斯科特，西里尔　Scott，Cyril

斯夸尔，威廉·亨利　Squire，William Henry

斯拉特金，莱奥纳德　Slatkin，Leonard

斯美塔那，贝德里希　Smetana，Bedřich

斯美塔那，弗兰蒂泽克　Smetana，Frantisek

斯皮尔曼　Speelman

斯塔尔克，赫尔曼　Starcke，Herman

斯塔克，亚诺什　Starker，Janos

斯坦伯格，威廉　Steinberg，William

斯坦菲尔德，米利　Stanfield，Milly

斯坦莱恩伯爵　Stanlein，Count

斯坦纳，雅各布　Stainer，Jacob

斯特恩，列奥　Stern，Leo

斯特恩，伊萨克　Stern，Isaac

斯特拉迪瓦里，安东尼奥　Stradivari，Antonio

斯特拉滕，埃德蒙德·范·德　Straeten，E. van der

斯特拉文斯基，伊戈尔　Stravinsky，Igor

斯特兰斯基，约瑟夫　Stransky，Josef

斯特罗普尔，亨利　Stroppel，Henry

斯特纳吉，大卫　Strange，David

斯图克，让-巴普蒂斯特　Stuck，Jean-Baptiste

斯图兹契夫斯基，约阿希姆　Stutschewsky，Joachim

斯托科夫斯基，利奥波德　Stokowski，Leopold

斯托里奥尼，洛伦佐　Storioni，Lorenzo

斯维特，朱尔斯·德　Swert，Jules De

斯维特拉诺夫，叶甫根尼　Svetlanov，Yevgeny

斯文森，约翰　Svendsen，Johann

思维洛克斯，帕布罗　Svilokos，Pablo

苏，约翰　Hsu，John

苏尔泽尔，约瑟夫　Sulzer，Joseph

苏金德，沃尔特　Susskind，Walter

苏克，约瑟夫　Suk，Josef

苏日娅，古伊列尔米娜　Suggia，Guilhermina

所罗门·卡特纳　Solomon Cutner
所罗门，优尼特　Solomon, Yonty
索尔蒂，格奥尔格　Solti，Georg
索耶，大卫　Soyer，David

塔尔，约瑟夫　Tal，Josef
塔尔蒂尼，朱塞佩　Tartini，Giuseppe
塔夫纳，约翰　Tavener，John
塔塔卡斯，克劳斯　Tatakas，Klaus
泰克勒，大卫　Tecchler，David
泰勒，弗雷德里克　Teller，Frederick
泰密卡诺夫，尤里　Temirkanov，Yuri
坦米安卡，亨利　Temianka，Henri
唐·刘易斯亲王　Don Luis，Infante
唐斯，奥林　Downes，Olin
陶伯，迈克尔　Taube，Michael
特蒂斯，莱昂内尔　Tertis，Lionel
特卡尔西克，朱洛　Tkalčić，Juro
特列基亚科夫，维克托　Tretyakov，Viktor
藤原真理　Fujiwara，Mari
滕施泰特，克劳斯　Tennstedt，Klaus
梯伯特，雅克-皮埃尔　Thibout，Jacques-Pierre
图尔特，弗朗索瓦　Tourte，François
图西亚恩，赛波　Tukiainen，Seppo
托贝尔，鲁道夫·范　Tobel，Rudolf van
托比亚斯，保罗　Tobias，Paul

托诺尼，卡洛-安东尼奥　Tononi，Carlo-Antonio

托切，弗朗西斯　Touche，Francis

托斯卡尼尼，阿尔图罗　Toscanini，Arturo

托特里耶，保罗　Tortelier，Paul

托维，唐纳德　Tovey，Donald

瓦尔菲施，彼得　Wallfisch，Peter

瓦尔菲施，拉斐尔　Wallfisch，Raphael

瓦尔特，安东　Walter，Anton

瓦尔特，布鲁诺　Walter，Bruno

瓦格纳，理查德　Wagner，Richard

瓦拉契尼，安东尼奥　Veracini，Antonio

瓦列恩，赫伯特　Walenn，Herbert

瓦伦蒂尼，朱塞佩　Valentini，Giuseppe

瓦鲁切　Vanucci

瓦洛克，彼得　Warlock，Peter

瓦斯林　Vaslin

瓦泰罗特，艾蒂安　Vatelot，Etienne

瓦西莱夫斯基，约瑟夫　Wasielewski，Joseph

威尔第，朱塞佩　Verdi，Giuseppe

威尔森，丽萨　Wilson，Lisa

威尔森，舒娜　Wilson，Shuna

威尔士，莫里　Welsh，Moray

威利克，威廉　Willeke，Willem

威塞尔，乌兹　Wiesel，Uzi

威瑟斯，赫伯特　Withers，Herbert

威斯鲍戈，约瑟夫　Weissberger，Josef

维奥蒂，乔瓦尼·巴蒂斯塔　Viotti, Giovanni Battista

维厄当，亨利　Vieuxtemps, Henri

维尔豪斯基伯爵　Wielhorsky, Count Mathieu

维尔兹比洛维契，亚历山大　Wierzbilowicz, Alexander

维汉，哈努斯　Wihan, Hanus

维纳，大卫　Vernier，David

维尼亚夫斯基，亨利　Wieniawski, Henri

维奇，吉多　Vecchi, Guido

维什涅夫斯卡娅，加利娜　Vishnevskaya, Galina

维斯帕维，皮特　Wispelwey, Pieter

维塔利，乔瓦尼·巴蒂斯塔　Vitali, Giovanni Battista

维托，乔空达·德　Vito, Gioconda de

维瓦尔第，安东尼奥　Vivaldi, Antonio

维尧姆，让-巴蒂斯特　Vuillaume, Jean-Baptiste

维泽依，弗朗茨·冯　Vecsey, Franz von

韦伯，卡尔·玛丽亚·冯　Weber, Carl Maria von

韦伯，朱利安·劳埃德　Webber, Julian Lloyd

韦伯恩，安东·冯　Webern, Anton von

韦伯斯特，丹尼尔　Webster, Daniel

韦达尔，路易斯　Vidal，Louis

韦尔托瓦伯爵　Vertova, Count of Bergamo

韦格，尚多尔　Végh, Sándor

韦利夫斯卡，克里斯汀　Walewska, Christine

韦纳，莱昂　Weiner, Leo

韦斯曼，阿道夫　Weissmann, Adolf

维尔纳，约瑟夫　Werner, Joseph

魏格尔，约瑟夫　Weigl, Joseph

魏斯，弗朗茨　Weiss, Franz

魏因加特纳，费利克斯　Weingartner, Felix

温辛格，奥古斯特　Wenzinger, August

沃德尔，露丝　Waddell, Ruth

沃恩·威廉斯，拉尔夫　Vaughan Williams, Ralph

沃恩克，汉斯　Vonk, Hans

沃尔顿，威廉　Walton, William

沃尔夫，艾伯特　Wolff Albert

沃尔夫–费拉里，埃尔曼诺　Wolf-Ferrari, Ermanno

沃尔夫斯塔，约瑟夫　Wolfsthal, Joseph

沃卡德罗，伯纳德　Vočadlo, Bernard

沃伦，埃莉诺　Warren, Eleanor

沃伦斯坦，阿尔弗雷德　Wallenstein, Alfred

沃纳，温迪　Warner, Wendy

沃斯格罗海恩，路易丝　Vosgerohian, Luise

沃特曼，戴维　Waterman, David

沃依格特，卡尔·路德维希　Voigt, Karl Ludwig

乌尔豪斯，埃德蒙德　Woolhouse, Edmund

乌尔曼，伯纳德　Ullmann, Bernard

乌伦菲尔德伯爵　Uhlenfeld, Count

伍德，亨利　Wood, Henry

伍德，休　Wood, Hugh

西尔曼，玛达莱娜·隆巴尔迪尼　Sirmen, Maddalena Lombardini

西尔维斯特里，皮埃尔　Silvestre, Pierre

西盖蒂，约瑟夫　Szigeti, Josef

西洛蒂，亚历山大　Siloti, Alexander

西蒙内蒂，阿西尔　Simonetti, Achille

西内斯基，瓦西里　Sinaiski, Vassili

西诺波利，朱塞佩　Sinopoli, Giuseppe

西普鲁蒂尼　Siprutini

希尔，亨利　Hill, Henry

希迈王子　Chimay, Prince de

希纳斯特拉，阿尔贝托　Ginastera, Alberto

席德登，哈罗德　Thedeen, Harald

席德登，托雷夫　Thedeen, Torlief

席尔瓦，路易吉　Silva, Luigi

席夫，海因里希　Schiff, Heinrich

席特里默，亚历山大　Shtrimer, Aleksander

夏弗朗，丹尼尔　Shafran, Daniel

夏科夫斯卡娅，纳塔利　Schakowskaya, Natalia

夏里亚宾，菲奥多尔　Chaliapin, Feodor

夏皮罗，哈维　Shapiro, Harvey

夏普，艾琳　Sharp, Irene

肖，罗伯特　Shaw, Robert

肖邦，弗雷德里克　Chopin, Frédéric

肖斯塔科维奇，德米特里　Shostakovich, Dmitri

萧伯纳　Shaw, George Bernard

小泽征尔　Osawa, Seiji

谢德尔，安东　Seidl, Anton

谢尔特尔，弗里茨　Schertel, Fritz

谢尔瓦斯，阿德里安·弗朗索瓦　Servais, Adrien François

谢尔瓦斯，约瑟夫　Servais, Joseph

谢洛夫，亚历山大　Serov, Alexander

谢维拉德，皮埃尔·亚历山大　Chevillard, Pierre Alexandre

辛，奥塔卡尔　Sin, Otakar

辛格尔，埃德蒙德　Singer，Edmund

辛普森，德里克　Simpson，Derek

辛普森，克里斯托弗　Simpson，Christopher

欣德米特，保罗　Hindemith，Paul

休，蒂姆　Hugh，Tim

休厄德，莱斯利　Heward，Leslie

休姆尔，瓦茨拉夫　Huml，Václav

选帝侯埃马努埃尔　Max Emanuel，Elector

选帝侯约瑟夫　Max Joseph，Elector

勋伯格，阿诺德　Schoenberg，Arnold

勋伯格，哈罗德　Schonberg，Harold

Y

亚当，克劳斯　Adam，Claus

亚基尼，朱塞佩　Jacchini，Giuseppe

亚历山尼安，迪兰　Alexanian，Diran

亚伦，理查德　Aaron，Richard

亚尼格罗，安东尼奥　Janigro，Antonio

雅尔维，尼姆　Jarvi，Neeme

雅各布，戈登　Jacob，Gordon

雅各布斯，爱德华　Jacobs，Edouard

雅卡尔，利昂　Jacquard，Leon

岩崎洸　Iwasaki，Ko

扬，菲利斯　Young，Phyllis

扬波尔斯基，弗拉基米尔　Yampolsky，Vladimir

扬森，让-巴普蒂斯特·阿米·约瑟夫　Janson，Jean-Baptiste Aimée Joseph

伊贝尔，雅克　Ibert，Jacques

伊德勒，珀尔·萨瑟兰　Ideler，Pearl Sutherland

伊夫林，比阿特丽斯　Eveline，Beatrice

伊格罗伊，托马斯　Igloi，Thomas

伊萨依，尤金　Ysaÿe，Eugène

伊塞利斯，史蒂文　Isserlis，Steven

伊斯托明，尤金　Istomin，Eugene

伊万斯，沃里克　Evans，Warwick

伊兹科夫，西摩·威廉　Itzkoff，Seymour William

依波里托夫-伊万诺夫，米哈伊尔　Ippolitov-Ivanov，Mikhail

殷巴尔，埃利亚胡　Inbal，Eliahu

菅野博文　Kanno，Hirofumi

尤索波夫伯爵　Youssopov，Count

尤索波娃公主　Youssopova，Princess

原智惠子　Hara，Chieko

约阿希姆，海因里希　Joachim，Heinrich

约阿希姆，约瑟夫　Joachim，Joseph

约翰，奥古斯特斯　John，Augustus

约翰，戴维　John，David

约翰森，哈丽雅特　Johnson，Harriett

约翰森，劳伦斯　Johnson，Lawrence

约翰逊，巴塞洛缪　Johnson，Bartholomew

赞贝里，万纳　Zambelli，Vanna

赞德，本杰明　Zander，Benjamin

赞德，帕特里夏　Zander，Patricia

泽比尼　Zerbini

泽拉恩，卡尔　Zerrahn，Carl

泽林卡，拉季斯拉夫　Zelenka，Ladislav

扎内蒂，加埃塔诺　Zanetti，Gaetano

扎波基，玛尔塔　Szaboky，Marta

斋藤秀雄　Saito，Hideo

詹姆斯，艾弗　James，Ivor

张林　Chang，Lynn

郑京和　Kyung-Wha，Chung

朱利恩，路易·安托万　Juillien，Louis Antoine

祖克曼，平查斯　Zukerman，Pinchas